Frankfurt 23.12.91

Liebe Christine,

viel Spaß mit dem Buch
und auf ein schönes,
interessantes, abwechslungsreiches
aufregendes und erfolgreiches
Jahr 1992.

Deine Freundin
Kirstin

und deren Freund
Andreas

Rosa von Praunheim

Sex und Karriere

Erweiterte Neuausgabe

Rogner & Bernhard
bei Zweitausendeins

Erweiterte Neuausgabe, Oktober 1991.

ISBN 3-8077-0251-2

Herstellung: Dieter Kohler & Bernd Leberfinger, Nördlingen.
Druck und Bindung: Wagner GmbH, Nördlingen
Gedruckt auf chlor- und säurefreies Bilderdruckpapier, geliefert von Schneidersöhne Papier, Kelkheim.
Printed in Germany.

Dieses Buch gibt es nur bei Zweitausendeins im Versand (Postfach 610637, D-6000 Frankfurt am Main 60) oder in den Zweitausendeins-Läden in Berlin, Essen, Frankfurt, Freiburg, Hamburg, Köln, München, Saarbrücken, Stuttgart.

In der Schweiz über buch 2000, Postfach 89,
CH–8910 Affoltern a. A.
In Österreich über den VKA-Buchladen-Versand,
Stiegengasse 20, Postfach 76, A-1060 Wien.

Vorwort zur erweiterten Neuauflage von «Sex und Karriere»

1975 schrieb ich «Sex und Karriere» in New York unter dem Druck einer heißen Liebesgeschichte und eines sexuell sehr abwechslungsreichen Lebens, das war lange vor Aids. Seitdem hat sich das schwule Leben sehr verändert, viele meiner Freunde, die im Buch erwähnt sind, sind tot, einige liegen im Sterben, unzählige sind positiv.

Diese Zeilen schreibe ich im Sommer 1991, ich bin sexuell immer noch sehr aktiv, ficke für mein Leben gern, aber safe.

Safer Sex, was heißt das für mich? Arschficken nur mit Kondom und am liebsten rausziehen, bevor man abspritzt, denn Kondome können reißen, und das kann tödlich sein. Blasen ja, aber nicht Samen schlucken. Alles andere ist nach unserem jetzigen Kenntnisstand erlaubt.

Einige haben mir in der Aidskrise vorgeworfen, daß ich mit diesem Buch Reklame fürs Rumficken gemacht hätte und nun, in Zeiten von Aids und meinem Aufruf zur Vorsicht, zum Moralisten geworden wäre. Meine sexuelle Praxis beweist das Gegenteil. Ich habe Sex mit vielen, aber ich bin vorsichtig. Immer wieder bin ich erstaunt, wenn besonders junge Leute ohne Kondom ficken wollen – mit abstrusen Argumenten wie: So alt wie du möchte ich nicht werden, oder: So sehr hänge ich nun auch nicht am Leben.

Aids ist eine teuflische Krankheit, denn sie bricht erst nach vielen Jahren aus, und vielen jungen Leuten ist die Zukunft scheißegal. Erst wenn man das Leiden und Sterben naher Freunde miterlebt, denkt man anders.

Aber Schwulsein ist nicht nur Aids.

Schwulsein macht Spaß.

Schwulsein ist aufregend.

Schwulsein bietet die Chance, aus dem vorgezeichneten, oft unerträglich spießigen Kreislauf von Ehe und Familie auszubrechen und Träume und Abenteuer wahr werden zu lassen, von denen die sogenannten «Normalen» nur in Büchern lesen. Schwul ist man nicht freiwillig, genausowenig wie heterosexuell oder pervers, aber den Mut zu finden, schwul zu leben, ist oft ein langwieriger Prozeß, den gesellschaftliche Vorurteile immer noch schwer machen.

Ich habe als Filmemacher das Glück gehabt, daß ich seit 25 Jahren immer wieder schwule Themen im Kino und im Fernsehen realisieren durfte und so ein Stück schwuler Geschichte mitgeschrieben habe. Mein neuestes Projekt ist das Schwule Fernsehen, das ich im Februar 1991 im Berliner Kabelkanal FAB begann, um zu helfen, via Flimmerkiste Vorurteile abzubauen.

Trotzdem haben von meinen über 40 Filmen weniger als 10 Filme eine schwule Thematik.

Meine größten Erfolge im Kino waren «Unsere Leichen leben noch» (1981), ein Film über fünf ältere exzentrische Frauen (dem Debüt von Lotti Huber), und «Überleben in New York» (1989), ein Film von drei jungen deutschen Frauen im Dschungel von New York. Bekannt wurde ich durch die schrille Filmkomödie von 1970, «Die Bettwurst». Seit über 20 Jahren gibt es immer wieder Fans, die sich über meine Superstars Luzi und Dietmar amüsieren, und damit auch über sich selbst. Mit meinem Film «Nicht der Homosexuelle ist pervers, sondern die Situation, in der er lebt» regte ich die Schwulenbewegung in Deutschland an. Über 40 Schwulengruppen entstanden überall im Land nach der Vorführung des Films, der die hitzigsten Diskussionen hervorrief.

Für meinen Film «Tally Brown New York» (ein Film über den New Yorker Untergroundstar Tally Brown, mit Devine und vielen Warhol-Superstars) bekam ich 1979 den Bundesfilmpreis. 1980 drehte ich «Rote Liebe», einen Film über das Ficken, und 1983 «Stadt der verlorenen Seelen», ein schrilles Musical mit Transen, Tunten, Rockstars und geilen Trapezkünstlern.

Erst kürzlich geriet ich wieder in die Schlagzeilen – durch drei Filme über Aids und mein Beharren auf Vorsorge und Aufklärung, da mir der Schutz von Menschen genauso wichtig ist wie der Erhalt von sexuellen Freiheiten. Mein Lebenswerk krönt der Film «Affengeil», eine Reise durch Lotti Hubers Leben, mit der ich jetzt schon seit 10 Jahren zusammenarbeite; und geplant ist ein autobiographischer Film, «50 Jahre pervers».

Sex und Karriere

Autobiographischer Bericht, New York, Winter 75/76

Rosa von Praunheim, Sommer 1970

Soll ich mit Hollywood anfangen, mit all dem Luxus, dem Glamour, den vielen Parties und Erfolgen. Der anstrengenden, aber schönen Arbeit.

Was sind Memoiren ohne Erfolge und ein Leben mit den interessantesten Menschen aus der ganzen Welt – Hollywood, der triviale Traum von Millionen, all die Erinnerung an das Zentrum der Welt, all die schönen begehrenswerten Menschen.

Ich war oft in Hollywood – 10 Flugstunden von Europa – und dann bei strahlendem Wetter am Airport Los Angeles. Eine Reporterin holte mich ab.

Palmen, Sonne und saubere, schöne Straßen, riesige versteckte Villen mit den exotischsten Gärten. Ich hatte mich verliebt in den Besitzer eines Geschäfts für Hundefutter: Jack.

Ich fickte ihn stundenlang auf einem Wasserbett. Zwei seiner riesigen Hunde sprangen abwechselnd auf unsere wippenden Ärsche. Er war kräftig und beherrschte dieses gemeine Ritual der amerikanischen Cowboys, den Gang, die Haltung der Arme, die coole und männliche Zeichensprache und ein strahlendes Lächeln, so scheinbar befreit von allen Problemen, ein unbekümmerter, aber nicht mehr ganz junger Mensch. Er hatte sich in mich verliebt, fuhr mich jeden Morgen in seinem großen Auto über endlose Straßen mit den sich ständig wiederholenden 10 ersten Schlagern der Saison im Autoradio. «It never rains in California.» Wir schauten uns an, hauten uns männlich auf die Schenkel, packten uns an die Hose. Auf dem Friedhof in Hollywood, Forest Lawn, gab er mir Fahrstunden, zwischen ausrangierten Kitschengeln und nachgemachten Michelangelo-Bildern.

In einer Halle mit Steinplatten viele Namen: Norma Jean Baker . . .

Ich fühlte mich wie ein Tiger, trat auf das Gas, es kribbelte in den Fußsohlen, aber seitdem bin ich nie wieder selber Auto gefahren.

Am endlosen Strand ging ich allein zwischen vielen Bodybuildern, die sich sorgsam bräunten und bedächtig Sport trieben. Ich wartete auf den Sonnenuntergang, dachte an meinen Lebensgefährten, Clark in Berlin. Ich vermißte ihn sehr, obgleich wir wenig Gemeinsamkeiten hatten, außer ungeheuer viel Sentimentalität und Masochismus. Clark war schön, groß, blond und schlank. Nicht sehr muskulös, aber er hatte einen kräftigen großen Schwanz, den ich gerne im Mund hatte und später, nach einigen Jahren, auch gerne im Arsch. Er war ungeheuer steif und hart, was sehr selten ist. Bei der kleinsten Berührung wurde er geil. Clark war nicht sehr sensibel im Bett, nicht sehr phantasievoll. Er war seit seinem 11. Lebensjahr gewohnt, gefickt zu werden. Irgendwo in einer kleinen Stadt im Norden Englands saß er stundenlang auf einem Klo und schaute durch kleine Löcher in die Nachbarzellen. Vorbeireisende Lastwagenfahrer fickten ihn anonym und geil durch. Er wurde süchtig nach diesem gefährlichen und heimlichen Abenteuer. Er verbrachte ganze Nächte und Tage auf dem Klo, die meiste freie Zeit. Nur die politische Arbeit für die kleine Liberale Partei Englands, wo er eine Jugendgruppe mitorganisierte und für eine bessere Welt kämpfte, lenkte ihn etwas ab.

Niemand wußte von ihm, von seinen intensiven und aufregenden Abenteuern. Wenn die anderen in Kneipen johlten, Mädchen anhauten und im Auto Wettfahrten unternahmen, schlich er sich auf das unauffällige kleine Klo zu neuen unbekannten Begegnungen, um dann im Glücksfall phantastisch durchgefickt zu werden, nachts heimlich in die Parterrewohnung seiner Mutter zu schleichen, der er tausend Märchen erzählte. Seine Mutter, eine sehr herbe Frau, die schon früh die Härte des Lebens erfahren hatte. Ihre Hände waren groß und rauh und sie war sehr dominierend. Clark haßte sie und wollte, daß sie stirbt, aber er fühlte sich verantwortlich für sie, verpflichtet, da sie ihn aufgezogen und versorgt hatte. Er gab ihr Geld und besuchte sie oft mit Widerwillen. Clark haßte das Leben, er wünschte sich oft den Tod, er mochte keine Menschen. Und wenn wir ausgingen auf all die vielen Parties, die extravaganten Empfänge oder wahnsinnige Leute besuchten, saß er still und schön dabei und schlief oft ein.

Ein verträumter hilfloser Prinz, ein Kind, so poetisch, rein und ehrlich. Seine Augen niedergeschlagen, sein Rücken etwas krumm, so steht er vor mir und läßt sich beschimpfen, alle Gemeinheiten dieser Welt sagen, wie doof ich ihn finde, langweilig und passiv. Er weint und sagt, daß er mich liebt und ich bin so gerührt und eitel, fange auch an zu weinen und wir reißen uns die Kleider vom Leib und erst ficke ich ihn und dann er mich. Wir wechseln immer schneller die Positionen, aus meinem Arsch, in seinen Arsch. Wir schwitzen, und wenn wir uns in den Darm spritzen,

Homosexuellendemonstration Juni 1971, New York. Foto Dagmar

klopft das Herz so laut und wir sinken erschöpft, einem Herzanfall nahe, in die Kissen.

Draußen regnet es, es ist Dezember in New York. Ich wohne im berühmten Chelsea Hotel. Eiserne Platten am Eingang erzählen von den berühmten Künstlern, die hier wohnten. Thomas Wolfe schrieb hier, Dylan Thomas und Brendan Behan schrieben, soffen und starben hier im Hotel. Janis Joplin, Marylin Monroe, Jane Fonda und all die verrückten Warhol-Superstars wie Candy Darling, die leider viel zu früh starb (sie starb an Magenkrebs mit 26, einer der schönsten Transvestiten New Yorks. Noch im Krankenbett läßt sie sich fotografieren: «Last greetings for my fans»).

Das Chelsea ist jetzt ziemlich heruntergekommen, sagt man. Mörder, Rauschgiftsüchtige, Dealer und Zuhälter. Und vor allen Dingen wird man dauernd beraubt, überfallen usw.

Irre Leute wohnen immer noch hier, die sich Gras im Zimmer säen oder sich im Zimmer verbrennen. Billi Manor, der Fotograf, wurde hier von einem Stricher ermordet. Im selben Zimmer, das ich vor vier Jahren bewohnte, wurden 30 Gäste zusammengepfercht, eingesperrt, ausgezogen und beraubt. Die Schlösser an den Türen sind schlecht und man schläft unruhig in Erwartung des Schlimmsten. Zuerst stellte ich immer ein Glas auf die Klinke, damit ich aufwache, wenn jemand reinkommt. Aber jetzt habe ich mich daran gewöhnt und wüßte keinen besseren Platz.

Die tausend Lebensgeschichten, die man sich hier erzählt: Warhol hat hier seine «Chelsea Girls» gedreht, Burroughs sein «Naked Lunch» geschrieben, und ich schreibe und drehe hier Filme.

Ich bin so hektisch, so süchtig nach Menschen, Gesprächen, Sensationen, Ablenkung. Ich kann mich schwer konzentrieren und bewundere die todkranke Hildegard Knef, die mit eiserner Disziplin ihre fürchterliche Leidensgeschichte zu Papier bringt, sie ist schon toll. In New York traf ich sie '71 im Central Park bei einer großen Schwulendemonstration. Ich filmte gerade und bemerkte zufällig beim Wechseln des Films, daß sie einen Baum weiter neben mir saß mit ihrem hübschen Mann.

Die Knef finde ich ziemlich bürgerlich und kann ihren verklemmten Schreibstil nicht ausstehen. Als Frau finde ich sie wahnsinnig, wie ein Transvestit, eine selbständige, aktive Frau . . .

Karin rief gerade an, eine deutsche Journalistin, der ich von meinem neuen Liebhaber erzählte. Barry, er ist groß und stark, 42 Jahre und einer der Bosse am größten Krankenhaus in New York. Ich lernte ihn vor ein paar Nächten in einem schwulen Lederlokal kennen – «Eaglesnest». Ich beobachtete ihn, wie er dicht neben einem anderen Typ stand, ihn so sinnlich und zärtlich anschaute, ihn aufzufressen schien ohne ihn zu berühren. Seine Augen sind so intensiv wie die vieler Schwuler, aber es waren warme braune Augen und nicht so kalte, von vielen Enttäuschungen abgehärtete, wie die der meisten. Sein Lachen war so amerikanisch, breit, strahlend, und wie er dastand, ein Holzfäller, breitbeinig, seine Arme in O-Form. Ich schaute zu, wie er den anderen anstarrte, und der wollte nicht (seine Hand fest an den Hüften, sein Mund so nahe an dem anderen, aber ohne ihn zu berühren), und Barry, der mich natürlich schon länger bemerkt hatte, lächelte. Er kam auf mich zu, preßte seinen schweren, großen Körper gegen den meinen und zerrte mich aus der Tür.

Wir küßten uns. Er fuhr mich in seine riesige, vornehme Wohnung, voll mit wahnsinnigen afrikanischen Masken, und fickte mich durch. Ich hatte keine Angst vor seinem großen Schwanz, denn ich fand ihn so toll wie noch niemanden. Das war vor drei Tagen, und jede Nacht wird intensiver. Wenn er seine große, behaarte Brust auf mich wirft, wenn ich ihm den Arsch lecke und er mir seinen Samen in den Mund spritzt, wir uns stundenlang nur anschauen und eng aneinandergeschmiegt einschlafen.

Ich habe das Gefühl, daß ich jetzt den Typ meines Lebens gefunden habe oder daß da irgend etwas bestimmt ist, dem wir uns nicht entziehen können, auch wenn wir wollten.

Ich bin am 25. November 33 Jahre alt geworden. Vor zwei Jahren hatte ich die schlimmste Zeit meines Lebens. Zwei große Filme gingen in die Hosen, mein Vater starb, die Trennung von Clark, mit dem ich vier Jahre zusammen war. Ich ging nach Frankfurt zu meiner Mutter, wohnte im 24. Stock am Rande der Stadt, vergrub mich in Bücher und schrieb Skripts und Theaterstücke. Später teilte ich mit einem heterosexuellen Typ in Frankfurt eine größere Wohnung und kapselte mich mit ihm ab, um neue Projekte auszudenken.

Wir drehten in Hollywood einen Film, der aber auch ein Reinfall wurde. Überall bemühte ich mich um Arbeit. Die vielen Skandale, die mit allen meinen Filmen verbunden waren, sprachen gegen mich. Man nahm mich zwar überall interessiert als exotisches Wundertier auf und bestaunte mich, aber tun wollte niemand etwas. Ich konzentrierte mich mehr auf das Theater und bekam endlich ein Angebot. Plötzlich verkaufte ich einen Film, von dem vor zwei Jahren noch niemand etwas wissen wollte und ging mit dem Geld nach New York. Zuerst hatte ich Angst, vor mir selbst und der großen Stadt, die ich zwar gut kannte, in letzter Zeit aber immer gescheut hatte. Sie frißt einen auf, dachte ich, macht einen fertig, das ist alles zuviel. Jedes Mal kam ich totgefickt und leer aus der Stadt zurück und war froh, wieder Ruhe zu haben, mich auf Arbeit, Bücher und Gespräche zu konzentrieren.

Diesmal war es anders. Die schwule Szene war so furchtbar, so extrem, so kommerziell, so abscheulich wie noch nie, daß ich kaum fickte. Ich hatte Angst vor Krankheiten, vor der Kriminalität und vor Drogen. Ich hatte eine Neurose, daß man mich vergiften will, heimlich Acid in den Tee tut oder in die offenstehende Milch im Coffeeshop (bevor ich wegfuhr, hatte Millie für mich in Eckhards Topf Spinat gekocht. Der Topf war sonst nur für Haschtee benutzt worden. Die abgestandenen Reste hatten eine entsetzliche Wirkung).

Jetzt bin ich zwei Monate hier, drehe ab und zu ein paar Szenen für einen Film über mich, bei dem ich noch nicht genau weiß, was es wird. Ich spiele selbst, obwohl ich das noch nie gemacht habe und immer alle Angebote abgelehnt hatte. In der Nähe von Hollywood drehte ich in

Mit Hilde Knef bei einer Homosexuellendemonstration in New York, 1971. Foto Dagmar

einem Film von Schroeter mit Christine Kaufmann in der Wüste. Die männliche Hauptrolle sollte ich spielen, aber ich rannte nach einem Tag weg. Ich hatte keine Lust, ich fuhr lieber zurück nach Los Angeles und ging ficken, in eines der vielen luxuriösen Saunabäder für Schwule: heiße dampfende Wasserbecken, in denen große, kräftige Männer liegen und wichsen. Viele Stockwerke voll mit Kabinen, kleinen Zimmern, auf deren Betten in den wahnsinnigsten aufreizendsten Posen junge Männer mit großen Schwänzen liegen, die verrücktesten Stellungen, alles in weichem sinnlichem Licht mit kitschiger Musik. Hunderte von tollen Körpern marschieren durch die Gänge, reiben sich die Schwänze und können nicht entscheiden, mit wem sie zuerst ficken wollen.

Eine Halle mit griechischen Plastiken und buntem Licht, große, abwaschbare Sessel, TV, Diskothek, Dachgarten und Bars, Orgienräume, wo zwischen kreisendem Streulicht auf einem riesigen Bett sich unzählige Körper ficken, lecken, lutschen. Zwischendurch Shows von älteren Transvestiten oder wahnsinnig exzentrischen Frauen wie Bette Midler und der ungeheuer fetten Tally Brown, die mit einem winzigen Umhang und grüner Zunge Brecht-Lieder singt. –

New York ist toll; 1 Million Schwule, zwei Millionen Juden, Millionen Schwarze und Puertoricaner, Stadtteile mit Chinesen, Italienern, Russen, Deutschen. Man sieht Indianer in der U-Bahn . . .

Gestern nacht sah ich Barry wieder. Er hatte zwei schwule Psychoanalytiker eingeladen, wahnsinnige Tunten, ungeheuer reaktionär und oberflächlich. Sie sprachen von ihren Landhäusern und über Leute, die sie nicht leiden können. Wir betranken uns, beim Dinner preßten wir unsere Knie aneinander. Ich sagte ihm, daß ich ihn liebe.

Er lächelte und sagte zum ersten Mal: «I like you.» Wir kamen spät ins Bett. Ich leckte ihm den Arsch, er kam in meinen Mund, ich schluckte es begierig, das Übliche. Er war müde und hatte am nächsten Morgen Operationen. Ich war etwas deprimiert, fühlte mich vernachlässigt. In der Nacht schläft er flach auf dem Rücken. Während ich mich an ihn presse, ignoriert er mich. Er will mich heute abend sehen. Er hat Gäste, aber ich will ihn allein. Zwischen 7 und 8 Uhr werde ich ihn anrufen. –

Ich habe mir in der 42. Straße zwischen all den Pornokinos einen kräftigen Holzprügel gekauft, schwarz lackiert. Er liegt toll in der Hand. Ich fühle mich damit sicher. Er kann leicht einen Schädel zertrümmern. Im Zimmer, wenn ich auf und ab gehe, träume, nachdenke, aus dem Fenster schaue, an ihn denke, spiele ich damit. Es macht mich scharf. –

Ich finde es so spannend zu leben, zu lieben, zu leiden, intensiv zu sein, zu beobachten. Meine Arbeit ist mir wichtiger als Liebesgeschichten. Mit Bob, dem großen Theaterboss, der fünf Theater hat, einige davon am Broadway, habe ich momentan Angst, wieder zu schlafen. Ich sollte es aber tun. Es ist wichtiger für mich, eine Inszenierung zu bekommen, als triefig neben einem Lover herzulaufen. Barry ist ziemlich rechts.

Er findet reiche Leute o. k., sagt er. «Die meisten Armen und Dummen haben selber schuld.» Den Kommunistenführer in Guatemala, der von aufgebrachten Arbeitern verprügelt wurde, der weinend und hilflos («ein Revolutionär weint nicht») ins Hospital kam, nahm er in die Arme und meinte: «Das einzige, was du brauchst, ist Liebe. Damit lösen sich alle Probleme.» Er erinnert mich an Bob Clure, diesen wahnsinnigen Dichter und Sänger aus Hollywood, das Extremste, was ich je erlebt habe. Der größte Lyrikbestseller in den Staaten, Lieder voll masochistischer Triefigkeit (es kommt nicht drauf an, wen man liebt, wie man liebt, nur daß man liebt). Er betritt die Bühne (schlank, blond, pickliges Gesicht, 45 Jahre, Tennisschuhe, Jeans, Pullover) als der Hilflose, Einsame, Sentimentale. Er läuft jungenhaft schüchtern auf einen Barhocker zu (das einzige Requisit) und singt mit gebrochener, heiserer Stimme. Das Publikum, alle in Schwarz und allein (ganz im Gegensatz zu Elvis, bei

Rosa von Praunheim in dem Film «Die Betörung der blauen Matrosen» von Ulrike Ottinger und Tabea Blumenschein. Foto Ottinger

dem die Frauen in Badeanzügen mit Blumenhandtaschen, die Männer in wahnsinnigen Rock 'n' Roll-Frisuren kommen).

Ich sprach Bob hinter der Bühne an. Er war sofort scharf auf mich. Wir machten ein Date aus. Ich marschierte in seine große Villa, mit einem riesigen Porzellanhund am Eingang. Er saß über einer Kritik von Mao-Gedichten, zeigte mir seine Plattenbar, schenkte mir 20 verschiedene Platten, davon einige japanisch, französisch und deutsch. Fast flüsternd spricht er leise Gedichte zu Geräuschen vom Meer, der Straße; leise Gitarre. Alles handelt von verlorener Liebe, Einsamkeit und Natur. Ich bin begeistert von soviel Kitsch und will sofort einen Film daraus machen. Aber nachdem ich Bob in seinem Luxusbett gefickt hatte (er hatte gerade Rückenschmerzen, und ich durfte nicht so loslegen, wie ich eigentlich wollte), wollte er nichts mehr von mir wissen. Danach führte er mich heimlich aus dem Haus, angeblich weiß sein Bruder, der mit ihm im Haus lebt, nicht, daß er schwul ist.

Ich pinkele ins Hotelwaschbecken, vorher schaue ich meinen Schwanz genau an, quetsche die Eichel zwischen meinen Fingern aus. Etwas dickliche weiße Flüssigkeit kommt raus. Ich habe Angst, daß es Tripper ist, aber es kann auch eine einfache Entzündung sein, die ich schon länger bemerkte. Ich werde unheimlich hysterisch beim Gedanken an Tripper. Ich habe es mehr als zwanzigmal gehabt, aber noch nie Syphilis (Clark hatte zweimal Syphilis, aber ich hatte mich komischerweise nie von ihm angesteckt). Viele meiner schwulen Freunde haben Gelbsucht zur Zeit. Man soll es vom Arschlecken bekommen.

Ich lasse mich nicht so gut ficken. Dabei verkrampfe ich mich so sehr und bekomme Hämorrhoiden. Im Moment habe ich eine lange dicke Hämorrhoide außen am Arschloch hängen. Das tut nicht weh, manchmal spiele ich daran. Bis jetzt hat sich noch nie jemand darüber beschwert. Rosenbäumchen hat nur ein Ei zum Beispiel, da gleichen sich die körperlichen Fehler gut aus. Rosenbäumchen ließ sich toll ficken.

Meistens muß er mir beim Ficken Geschichten erzählen, wie ihn andere ficken. Zum Beispiel Joseph, mit dem er in Berlin fickte, nachdem ich schon in Frankfurt bei meiner Mutter wohnte und er mich nur zwei Tage in der Woche besuchte (er arbeitete als Gepäcklader bei der Pan Am). Joseph fickte ihn unheimlich toll, in allen Stellungen und ungeheuer kräftig. Ich stellte mir das lebhaft vor, spürte Rosenbäumchens Schenkel, fühlte sein offenes Arschloch und spritzte sofort ab, wenn ich an Joseph dachte, der mit seinem riesigen Schwanz in denselben Arsch fickte.

Draußen scheint die Sonne wieder, früh am Morgen, als ich noch ganz verschlafen durch die 14. Straße von Barrys Appartement nach Hause ging, war es neblig und bedeckt. Abends gibt es eine Weihnachtsfeier vom deutschen Informations-Center, es wird ganz schrecklich sein, vielleicht gehe ich hin.

In Deutschland kann ich mich nicht mehr sehen lassen. Ich habe alles so benutzt und verbraucht, ausgequetscht, ausgelaugt und liegengelassen. Ich kenne alle Leute und alle kennen mich. Wettbewerb, Intrigen, Vorurteile im Kulturbereich. Ich finde niemanden toll. Die Aggression meiner Filme überträgt sich auf meine Bekannten und wendet sich gegen mich. Ich sehe keine Möglichkeit mehr, was Neues zu machen, Anregungen zu bekommen, irre Leute zu finden. Mir tun all die Typen leid, die da rumsitzen, meistens isoliert oder in Haßliebe verstrickt, und nicht rauskönnen, Angst haben, sich nie verändern. Alles ist im deutschen Kulturbetrieb so steril, unvital, akademisch. Peter Stein mit seiner durchtrainierten Gruppe, wie Marionetten, reaktionäre Methoden für bürgerliches Theater – und ein scheißliberales, konventionelles Publikum.

Sicher nicht schlecht, aber für mich ohne Leben, ohne Spontaneität, Scheißperfektionismus wie im Zirkus, aber ohne dessen Trivialität. Peter Palitzschs trockenen, falsch verstandenen Brecht, Neuenfels' gräßlichen Surrealismus, alles über den Kopf, unsinnlich und ohne Bezug zum Publikum, das sich schrecklich langweilt, aber immer noch am heiligen Ort des subventionierten Theaters nicht wagt, den Mund aufzumachen.

Peter Handkes humorloser Scheiß, an dem sich besonders die Germanisten aufgeilen (nach seiner «Publikumsbeschimpfung», die ich noch ganz lustig fand, kamen er, Martin Sperr und ich ins Gefängnis. Wir bestanden darauf, weil man einen Freund von uns mitgenommen hatte und wir solidarisch sein wollten. Der dicke Martin Sperr war toll. Volltrunken randalierte und grölte er die ganze Nacht in der Zelle. Handke indessen vornehm, zynisch und pubertär . . .)

Am meisten im deutschen Kulturbetrieb hasse ich Fassbinder. Ab und zu treffe ich ihn in der Sauna. Er wollte mich für einige Filme. Er hat mit meiner geschiedenen Frau, der Schauspielerin Carla Aulaulu, einiges gedreht, aber sie immer entsetzlich fotografiert und es immer fertiggebracht, jedes Persönliche und Tolle an dieser wahnsinnig vitalen Person zu eliminieren. Sie wurde passiv und langweilig wie alle Fassbinder-Figuren, kunstgewerblich arrangiert, triefig, voller Selbstmitleid und ohne inhaltliche Auseinandersetzung. Fassbinders stumpfe, psycho-terroristische und verklemmte Person ist genau das, was ich im Leben immer hasse, was für mich mit Leben nichts zu tun hat, sondern immer das Abstoßende an sogenannter Kunst ist. Er, der dicke, häßliche Fassbinder, und seine fetten, ekligen Superstars wollen schön sein, anstatt zu ihrem eigenen Ausdruck zu stehen. Alles wird geglättet, eingeebnet, langweilig und verlogen. Alles ist mittelmäßig, prüde und bewußt oberflächlich. Nichts wird parodiert, alles nimmt sich tierisch ernst, typisch treudeutsch.

Nicht aber wie das kleinbürgerliche Leben, das voller wahnsinniger Extreme steckt, voller irrer bunter Differenziertheiten. O. K.! Auch wenn er stilisiert, bewußt mit Oberflächlichkeit, Naivität und Langsamkeit arbeitet, kalt und unpoetisch Klischees und Zitate benutzt: es ist immer geistlos und unoriginell. Warhol dagegen ist witzig und genau. Mit endlosen Einstellungen hat er eine neue Art der Dokumentation erfunden, die am scheinbar Nebensächlichen unsere Existenz zeigt. Anyway, ich bin sicher ein typischer Ausdruck des kapitalistischen Kulturbetriebes, der Künstler gegeneinander im Wettbewerb aufhetzt. Statt solidarisch zu sein und gemeinsam Interessen durchzusetzen, haßt jeder jeden. Genau wie bei den Schwulen, die Selbsthaß und Schuldgefühle projizieren, sitzt der Künstler oder Kulturschaffende isoliert und vereinsamt da, wird vom Apparat und von den Medien manipuliert, vergewaltigt und gezwungen, dessen Normen zu akzeptieren. Die sogenannte Künstlerfreiheit ist eine Pseudofreiheit, eine Narrenfreiheit, wie sie mein Regie-Kollege Werner Schroeter zum Beispiel ausnutzt. Es ist unheimlich toll, wie er für ihn wichtige Leute provoziert. Wenn er Arm in Arm mit mir durch das Kölner Funkhaus marschiert, er als Abhängiger seinen Arbeitgeber beschimpft und das Waschbecken eines besonders reinlichen Redakteurs abmontiert oder den Abteilungsleiter «Fernsehspiel», Günther

Rohrbach, mit «Heil Hitler, wir sind die Geschwister Rohrbachs» begrüßt.

Man liebt und haßt ihn deswegen, aber er ist eben immer der Künstler, der Außenseiter, der sich das erlauben kann, der seit ewigen Zeiten nicht der bürgerlichen Norm unterworfen ist und der auch keinen Schaden anrichten kann.

Er bewegt sich in einem irrealen Raum, an dessen Perversitäten man seinen Spaß haben kann, besonders da, wo es reine Kunst ist und in einer Form ausgedrückt, die den Massen unverständlich bleibt. Kritik, wo sie direkt und gefährlich werden kann, wird sofort unterbunden. In den sozialistischen Ländern finde ich es jedoch noch schlimmer. Auch wenn dem staatlich ausgebildeten Künstler immer eine Arbeit garantiert wird, so verblödet er im Beamtenstatus, macht Reklame für die Partei, statt sich kritisch mit ihr und der Realität auseinanderzusetzen, wie es die wahre Aufgabe der Kunst ist, meiner Meinung nach. Kunst ist Protest, Provokation, Bewußtsein, Phantasie in Beziehung zum Leben. Wo sie das Kunstghetto reflektiert, nur sich selbst genügt oder Kommerz, Politik und Auftraggeber, da wird sie etwas anderes. –

Gestern sah ich zwischendurch im Chelsea Theater in Brooklyn nach der Pause einen kleinen Teil von «Süßer Vogel Jugend» von Tennessee Williams, toll kitschig, alle hatten helle Sommeranzüge an, die Männer standen oder saßen geil und breitbeinig da, schrien sich kraftvoll und aggressiv an, die Frauen süß und hysterisch. Alles vor hellblauem Hintergrund. –

Ich fuhr dann, so schnell ich konnte, zu Barry. Die U-Bahn war toll. Tolle Leute saßen drin wie immer, wunderschöne gefährliche Neger, ältere Frauen in schrillen Farben, Graffiti überall an der Wand, der ungeheure Lärm der alten U-Bahn-Züge, ab und zu schaut ein Polizist in den Waggon.

Ich wagte nicht, mich auf Barry zu freuen. Außerdem hatte ich einen so tollen Tag gehabt, daß mir meine Arbeit und meine Erlebnisse wichtiger schienen als eine Liebesaffäre. Am Morgen hatte ich, als sich das Wetter aufklärte, mit einem Fotografen, der im 10. Stock des Chelsea Hotel ein Studio hat, Fotos auf der Staten Island Ferry gemacht, die die tolle Silhouette New Yorks hinter sich läßt und die Freiheitsstatue passiert. Breitbeinig stand ich am äußersten Rand des Bootes mit meiner 16-mm-Filmkamera in der Hand, die tolle handliche Beaulieu, mit der ich oft filme. Michael lag mit wehenden langen Haaren vor mir auf dem Boden und knipste. Ich filmte ihn, während er mich fotografierte, und mein Kameramann Lloyd Williams filmte uns beide.

Zur Zeit drehe ich in New York einen autobiographischen Film (Thema: Homosexualität und Kulturbetrieb), Fiction und Reales gehen ineinander über. Wir drehen spontan mit irren Leuten (Grete Mosheim,

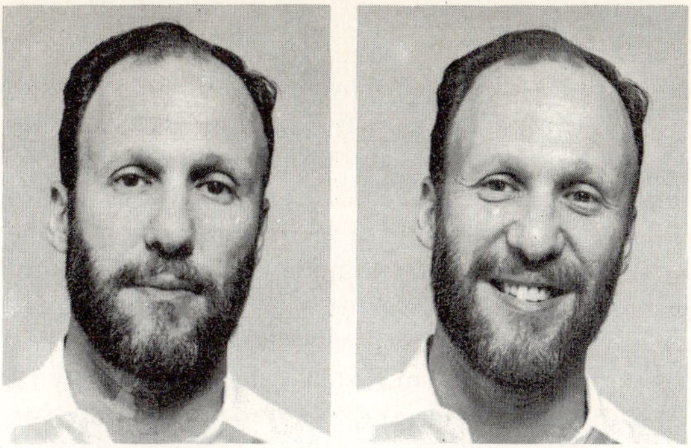

Barry, New York, 1975

Tennessee Williams, W. S. Burroughs, Tally Brown) auf Parties, auf der Straße, homosexuelle Subkultur (Orgienbars und Saunas) und hauptsächlich mich selbst.

Barry war allein, ich war so guter Dinge, und ich dachte, wenn er Schluß machen will, dann lieber jetzt, wo es mir gutgeht und alles erst am Anfang ist. Er gab mir einen verschlossenen Umschlag mit H. v. P. gezeichnet (er weiß nicht, daß ich mich Rosa nenne, das zerstört das Ritual der männlichen Schwulen), er schreibt: «Leben ist wie eine Brükke, von leerer Kindheit bis zu hoffentlich reifem Erwachsensein . . . und da habe ich Dich getroffen auf derselben Brücke. Willst Du eine Weile mit mir gehen? Ich habe die Zeit . . . ich werde sie mir nehmen, Barry.»

Dabei lagen zwei Fotos von ihm, eins von ihm signiert und datiert. Ich schmolz vor Glück dahin. Wir küßten uns. Er nahm mich in seine ungeheuer starken Arme, drückte seine schwere behaarte Brust an mich. Ich fühlte seinen weichen vollen Bart. Seine schönen Augen schauten mich an. Ich berührte seinen Kopf, strich über die wenigen Haare und küßte die freien glänzenden Flächen heiß und innig. Ich holte mir ein Bier. Ich mußte ihm sagen «I love you.» Er: «I like you very much.» Ich nenne ihn Bear, wir lagen auf dem weichen Teppich übereinander. Sein schwerer Körper, seine gewaltigen Muskeln und Fettmassen auf mir, daß ich kaum atmen konnte; ich war glücklich. Wie lange wird sich das wiederholen. Wird es ein tragisches Ende nehmen? Wie so viele Beziehungen unter Schwulen, deren Rivalität und Selbstbezogenheit so stark ist, daß ein anderer Partner nur in der Phantasie möglich ist. Ich hatte ein Date mit einer Wahrsagerin am Montag, dem 22. Dez. . . .

11. 12.

Ich bin so glücklich, alle sagen, ich sehe so relaxed und hübsch aus. Ich fühle mich toll. Barry und ich standen um 6 Uhr auf, er hatte eine Operation (er ist Chirurg, dieser riesige, schwere Typ ist ein Schlächter, mit seinen großen Händen reißt er Brust und Bauch auf, wühlt darin herum, assistiert von ignoranten chinesischen und koreanischen Krankenschwestern, die kaum Englisch sprechen und alles falsch verstehen. Das Blut saugt sich durch den Kittel auf seine Unterwäsche, blutverschmiert nimmt er mich in seine Arme). Barry ist lieb.

Ich fragte Mae, ob sie mich in den nächsten Tagen heiraten will, dadurch will ich die Arbeitserlaubnis in Amerika haben. Sie sagte, sie möchte erst im Januar heiraten, wenn sie von ihrer Opernproduktion zurück ist. Ich sagte ihr, daß es geheim bleiben muß, da sonst die deutsche Presse einsteigt, bzw. ich mit der Künneke die größten Schwierigkeiten bei der Theaterarbeit im Frühjahr habe. (Die Künneke war ein Star der 40er und 50er Jahre, die jetzt ihr Comeback feiert. Einsam und schon lange ohne Arbeit, hatte ich sie in Berlin aufgetan. Ich war fasziniert, aber sie hatte sich in mich verliebt und war in den Wahn verfallen, daß ich nicht schwul sei.)

Mae ist unheimlich toll, sie wird immer hübscher, momentan hilft sie in einem Modegeschäft aus.

Nach einer unglücklichen Liebesaffäre in San Francisco hat sie sich vor kurzem in New York angesiedelt. Die erste Zeit wohnte ich bei ihr, schlief in einem kleinen Raum mit ihr auf einer Matratze. Es kam nie zu Zärtlichkeiten. Zwischen uns lag ihr neunjähriger Mops Pudgie, der häßlichste Hund der Welt, der laut schnarcht und stinkt.

13. 12.

Das Drama ist da; sitze deprimiert an der Maschine und möchte mir das ganze Unglück von der Seele schreiben. Ich habe Barry verlassen. Gestern nacht, nach einem verrückten Theaterbesuch und einem Dinner, bei dem er sich ungeheuer reaktionär zeigte («ich will nichts Destruktives sehen, die Welt ist mies genug, ich will Positives im Theater sehen»), schlief er sofort in seiner Wohnung auf dem Fußboden ein. Ich wäre wie ein Schlafmittel, meinte er noch, kurz bevor er wegtrat. Ich war nicht müde, viel zu aufgeregt und angespannt von meiner Liebe zu ihm.

Plötzlich fühlte ich mich ungeheuer verletzt, hatte das Gefühl, daß er mich nicht mehr geil findet. Ich finde ihn langweilig. Dieses dicke, fette Schwein, wie es mit offenem Maul auf dem Teppich liegt, lahm und vollgefressen in seiner großen teueren Wohnung an der Fifth Avenue.

Evelyn Künneke und Rosa von Praunheim in Bochum. Foto Eichhorn

Seine afrikanischen Göttermasken als Ausdruck der Frustration. Ich zog Schuhe und Pullover an, setzte meine dunkle Brille auf (die Kontaktlinsen hatte ich entfernt, da sie am Abend schmerzen). Ich weckte ihn und sagte, daß ich nicht schlafen könne und noch ausgehen möchte. Er lächelte und meinte ganz cool: warum nicht? Verlogen-freundlich. Ich ging schnell, noch bevor er aufstehen konnte. Er lief nicht hinter mir her. Ich rannte die zehn Stockwerke hinunter, ich hatte keine Geduld, auf den Fahrstuhl zu warten, nahm unten sofort von meinem letzten Geld ein Taxi und fuhr zu meiner neuen Wohnung (ich war gestern bei David eingezogen, einem Bühnenbildner, der für zwei Monate in Hollywood ist).

Vom Rücksitz schaute ich hoch zu seinen Fenstern, die hell erleuchtet

Mit Mae Sackeroff in San Francisco, 1974

waren, und suchte nach seinem Schatten. Zu Hause wartete ich auf seinen Anruf, zog mich um (es war über Nacht unerträglich kalt geworden) und ging sofort in die mieseste Schwulenkneipe der Stadt, «The Anvil».

Das ist eine der extremsten Schwulenbars der Welt und seit einem halben Jahr der Hit in New York. Auf einer Bretterbühne werden Fickshows geboten, die an Widerlichkeit und kommerzialisiertem Sex alles überbieten. Neben Faustficken (jemand hängt an Ketten, und ein großer kräftiger Neger mit dickem Schwanz führt zuerst die Faust und dann den ganzen Arm in den Arsch des Partners ein) werden Hoden angebrannt, man trinkt Pisse und frißt Scheiße. Nadeln werden in die Penisöffnung gestochen und vieles mehr. Das Publikum beteiligt sich rege. Nackte Go-Go-Boys tanzen auf den verschiedenen Theken, um die dicht gedrängt, zu Hunderten, junge und alte frustrierte Männer stehen. Jeder faßt jeden an. In Leder- und Cowboy-Ausrüstung, als Arbeiter verkleidet mit Baugrubenhelm, einer in Naziuniform, tragen sie reaktionäre Männlichkeit zur Schau. Mit einer Dose Bier in der Hand, scheinbar relaxed und unbekümmert, sieht man die sich drängenden Oberkörper, die so tun, als ob nichts wäre. Unter der Gürtellinie ist die Hölle los. Man reißt sich die Schwänze aus der Hose, quetscht sie zwischen den Fäusten aus. Jeder mit jedem. Man fickt sich den Arsch, einige tauchen in der Masse unter, um auf Knien einen Schwanz nach dem anderen zu lutschen. Sie schlucken den Samen wie Wasser, und die heißen, spermigen Gaumen saugen sich fest an Hoden, Arschlöchern und an besonders kräftigen dicken und langen Schwänzen. Der Traum ist es, den größten Schwanz der Welt im Mund zu haben.

Fast alle Orgienbars werden von der Mafia in New York kontrolliert. Vor einigen Jahren, als zum ersten Mal Fickbars aufkamen, wurden sie bald wieder geschlossen, weil man jemandem den Schwanz mit einer Rasierklinge abgeschnitten hatte. In dem sinnlichen Rausch, zusammengedrängt mit Hunderten von schwitzenden Körpern, merkt man das zuerst gar nicht. Das warme Blut rinnt geil an den Beinen runter, bis man verblutet.

Ich gehe sehr oft in diese Bars, gehe überall hin, bin ständig geil, süchtig nach Liebe und Sex. Oft flog ich in den letzten Jahren zwischen Dreharbeiten für nur zwei Tage an die Fickzentren der Welt, nach Amsterdam, New York, San Francisco. Geil, unruhig saß ich zehn Stunden im Flugzeug, um mich kurz in Hollywood oder San Francisco in die fickenden Massen einer Orgienbar zu stürzen. In West Hollywood, wo fast nur Schwule wohnen, gibt es eine Bar «The Jaguar», die besonders sonntags nachmittags populär ist.

Neuerdings hört man von den Ritualmorden an Schwulen in der Wüste nahe Los Angeles. Ähnlich wie in dem berühmten Pornofilm aus Südamerika, in dem ein Mädchen vor der Kamera während der Dreharbeiten beim Ficken ermordet, zerstochen und zerstückelt wurde. Der Eintrittspreis für die Kinovorstellung ist ungeheuer hoch.

In San Francisco, der schwulsten Stadt der Welt (für Hetero-Frauen ist es frustrierend, dort zu leben), gibt es ganze Straßenzüge voll Schwulenbars. Sie teilen sich in die jeweilige sexuelle Richtung ein: ganze Stadtteile für feminine Schwule mit Diskotheken, Modegeschäften, Friseurläden und Antiquitätenläden, und für männliche Schwule mit Cowboy- und Lederbars (Folsom Prison, No Name Bar, Ramrod). Die Folsom Street ist gegen Mitternacht ein Hexenkessel von brutal erscheinenden Männern. Hunderte von Matrosen, Soldaten, in Lederuniformen und mit Motorrädern, große Löcher in den verwaschenen Jeans, damit fremde

Hände leicht an den Schwanz fassen können. Manche Hosen sind so durchlöchert, nur durch Fäden zusammengehalten. Einer trägt eine Lederkapuze, am Mund ist ein Reißverschluß. Außer Lederjacke und Stiefeln ist er nackt. An der Wand große Zeichnungen von fickenden Muskeljungens. Überdimensionierte Männlichkeit. Der Traum vom Supermann, der einen nimmt, gegen die Wand wirft und durchfickt. Eine Welt voller Selbsthaß, Schuldgefühl, Selbstbezogenheit und der Angst, Gefühle zu zeigen, enttäuscht zu werden. Jeder gibt vor, der Stärkere zu sein. Man spricht nicht miteinander. Wie ein Cowboybegräbnis, nur laute Hillbilly-Musik und irgendwo in der Ecke Pornofilme. Am Ende der Nacht, wenn man von einer Bar zur anderen gewandert ist (langsame schwere männliche Schritte, sich geil in die Augen schauen, umdrehen und cool weitergehen), trifft man sich im «Painted Wagon». In einem dunklen Schuppen reagiert man seine sexuelle Frustration ab. 500 Leute ficken. Die meisten stehen breitbeinig da und lassen sich bedienen, trinken ihr Bier, wie an einem gemütlichen Abend im Kreise der Familie.

Ich traf diesen großen kräftigen behaarten Typ. Wir bemerkten uns sofort am Eingang. Er gab gerade seine Lederjacke an der Theke ab und ging halbnackt hinein. Er wollte die Typen geil machen und zeigen, wie gut er gebaut war. Ich hinter ihm her, vor Erregung zitterte ich, äußerlich aber cool. Ich stellte mich neben ihn in die Masse von wogendem Fleisch. Er führte meine Hand an seinen Arsch, wo die Hose in der Naht geplatzt war. Ich bohrte in seinem Arschloch, das frisch eingecremt war. Von hinten drängte ich mich an ihn, holte meinen geilen, steifen, vor Erregung unglaublich pulsierenden Schwanz raus und steckte ihn in sein weiches Arschloch. Mit den Händen an seiner Hüfte fickte ich ihn durch. Kaum jemand bemerkte uns.

Beim Schreiben und in Erinnerung dieser Geschichte bin ich wieder geil geworden.

Es ist nachmittags 3 Uhr New Yorker Zeit. Draußen ist es trübe und regnet. Ich schaue auf eine Fabrik, dahinter wahnsinnige Wolkenkratzer.

Ich stelle mir offene Fotzen vor, die verlangend nach einem Schwanz schreien, und ich denke an die beiden Broadwayproducer, die mich für nächstes Wochenende auf ihr Landhaus in Long Island eingeladen haben. Erst fickt mich der eine, dann der andere. Den Schwanz des anderen kenne ich noch nicht, ich bin begeistert, wie groß und dick er ist. Ich weiß nicht mehr, ob ich dabei auch an Barry gedacht habe, ich glaube nicht. Es ist viel mehr Liebe als Sex bei uns. Ich find ihn geil, und er ist genau der dominierende starke Typ, dem ich mich unterwerfen möchte. Das hält eben nie lange an. Bald stelle ich fest, wie doof sie sind, wie wenig man gemeinsam hat. Ich liebe Barry, ein unheimlich starkes Gefühl und eine unheimliche Traurigkeit, jetzt ohne ihn zu sein.

Er hat nicht angerufen, heute wollten wir gemeinsam rausfahren.

Rosa von Praunheim. Foto Roswitha Hecke

Genau eine Woche waren wir zusammen, es war so intensiv. Gestern beim Dinner prostete er mir zu und meinte, daß heute der Tag unseres Kennenlernens sei.

Um drei Uhr nachts stand ich in derselben Bar allein, deprimiert und frustriert, wie wir uns vor einer Woche getroffen hatten. Wir waren so glücklich, aus dieser Scheißsubkultur rauszukommen, einen anderen Typ näher kennenzulernen, sich an seinen Körper langsam zu gewöhnen, viel Spaß miteinander zu haben, viel miteinander auszuprobieren und nicht kurz nach dem Ficken wegzugehen, wie es bei Tausenden von anonymen Ficks üblich ist. Entweder hat man schon in einer dieser backroom bars abgespritzt oder hinter einem Lastwagen mit einer ganzen Traube von Typen, oder wenn man Glück hat, findet man jemand, den man so geil findet, daß man ihn mit nach Hause nimmt. Die wenigsten bleiben über Nacht, man ist enttäuscht oder selber froh, wieder allein zu sein.

Es ist so schwer, jemand zu durchschauen, jeder hat Angst, seine Gefühle zu zeigen, man tastet sich ab und hat Angst, sich auszuliefern. Beide denken, es ist besser, jetzt schnell Schluß zu machen, als nach längerer Zeit; wenn es immer schwieriger wird, man sich entsetzlich quält.

Ich fühle mich unheimlich einsam.

Gerade rief Diana an, eine wahnsinnige Frau, mit der ich vor Jahren in New York gefilmt hatte. Sie lebt in der Bronx und abwechselnd in der Nervenklinik und bei ihren Eltern. In einem Theaterstück, «Vain Victory» an der Bowery, hatte ich sie gesehen. Sie hatte nur einen Satz am Schluß des Stückes zu sagen und lief dauernd mit ihrem riesigen Busen und knallroten Shorts zwischen all den glitzernden, freakigen Superstars, Transvestiten, Junkies und hysterischen middleclass kids aufgeregt auf der Bühne herum. Das Stück ist von Jacki Curtis, mal Mann, mal Frau, ganz wie er sich fühlt. Er hatte es damals mit der verstorbenen Candy Darling und Holly Woodlawn (Transvestiten aus dem Film «Trash» von Warhol) inszeniert. Geigenspielende nackte Knaben, die Schwänze mit Glitter beklebt, grellgeschminkte Gesichter, sentimentale Musik, eine Parodie auf Hollywood und amerikanische Konsumgesellschaft. Schrill, bunt und penetrant, voller fäkalischer Dialoge und viele Fickszenen. Gestern sah ich nach vier Jahren ein Remake des Stücks, es war toll. Jacki war extra aus Hollywood angereist, wo sie bei den Dreharbeiten über das Leben von James Dean mitwirkt. Heute gehe ich noch mal hin, mit Diana. Außerdem filmen wir ein paar Szenen. Ich will besonders nach der Vorstellung filmen, wenn all die Freaks aus dem Publikum hinter die Bühne kommen. Ich liebe Glitter und schlechten Geschmack, Kitsch und Sentimentalität. Übertriebenes, Extremes, Exotisches und Schockierendes. Die Zeit des Underground ist vorbei oder kommerzialisiert. Viele der wahnsinnigen Erscheinungen der 60er Jahre (u. a. Undergroundtheater und Film, Superstars, Transvestiten, Drogen, Hippies, Politparodien auf die bürgerliche Gesellschaft, Verarschung von Operetten, Musicals, neue Normen in Sex und Lebensweise, Pornographie und Emanzipation, Angriffe auf bestehende Autoritäten wie Eltern, Schule und Staat, politisches Bewußtsein in der Dritten Welt, Rassenprobleme und Minderheiten) sind verschwunden oder haben von oben Förderung, grants, Subventionen bekommen.

Einige der Typen sind draufgegangen, an Drogen abgekratzt, ihre Sensibilität hat sie getötet; wenige andere sind berühmt geworden, wie Warhol, der als reiches Schwein in der Welt lebt, die er vorher parodiert hat. Andere sind Legenden, von wenigen als Heilige verehrt, die weiter für die Kunst leiden, wie Jack Smith, der seine Filme für ein paar Mark dreht, unberechenbar geisteskrank ist und gemeingefährlich, der seine Filme nur selbst vorführt und selten vor einem größeren Publikum. Man muß geisteskrank sein, unzuverlässig, verrückt, abstoßend, um sich dem Establishment zu entziehen. Die 70er Jahre sind eine Zeit der Anpassung. In Deutschland töten die Subventionen das Theater. Wir sehen nur beamtete Scheiße, jedes Talent wird sofort vom Apparat verbraucht und hat keine Zeit, sich zu entwickeln. Selbständige Kreativität, Mut zum Risiko und der Drang, sich gegen den festgefahrenen Kulturbetrieb durchzusetzen, scheitern an der von Kommerz gesättigten Müdigkeit.

Montag, 15. Dez., 9 Uhr morgens

Dramatische Tage. Barry rief den ganzen Sonnabend nicht an, ständig überprüfte ich das Tonband, das alle Anrufe kontrolliert. Er hatte nichts hinterlassen. Abends filmten wir im Theater, im Umkleideraum von «Vain Victory». Alle waren so lieb und nett, irre phantasievolle Leute. Große, kräftige Negertransvestiten in glitzernden Kleidern. Die Hauptdarstellerin, eine unheimlich schöne, richtige Frau, ein Modell, die sich dauernd auf der Bühne lecken läßt. Viele wahnsinnige Statisten, in selbstentworfenen Kleidern. Keiner bekommt etwas gezahlt. Alle sind so ernsthaft und präzise dabei. Es ist grausam zu wissen, daß diese Leute, die das Letzte hergeben, um auf der Bühne sein zu dürfen, die auf den Strich gehen oder furchtbare Jobs machen müssen und noch zuzahlen, um spielen zu dürfen, daß das die wahren, echten Künstler sind; und die subventionierten, staatlich geprüften, die mittels Geld die Möglichkeit haben, riesige Produktionen auf die Bühne zu stellen, alles Kreative verloren haben. Jede Notwendigkeit ist weg, sein Herzblut, sein Innerstes, sein Engagement zu liefern. Ein tolles Publikum war da, phantasievoll und lebhaft beteiligt. Man wußte, warum sie da waren. Das Publikum gab seine eigene Vorstellung. Nachts waren Parties, eine verrückte schwule Dichterlesung, aber ich war so müde und depressiv. Ich ging nach Hause, zog mich um, sah etwas Fernsehen, lag zwischen all den exotischen Blattpflanzen und Spiegeln in meinem langen Kimono in Davids Wohnung.

Die Katze kuschelte sich zärtlich an mich, streckte sich lang aus. Sie liebt es, mit Menschen zu schlafen. David, der Wohnungseigentümer, ist jetzt irgendwo bei reichen Freunden in Hollywood, läßt sich bräunen von der kalifornischen Sonne, fährt andächtig und verträumt stundenlang auf den Highways, an den Strand, in den Supermarkt, downtown Los Angeles oder in eine der Millionen Villen mit exotischen Gärten, die angestrahlt von buntem Licht, mit Swimmingpool und Palmen die endlose Größe der Stadt ausmachen.

Ich war erschöpft und gleichzeitig hellwach, ich dachte an ihn. Schnell zog ich mich an, schwarze Unterwäsche, dreckige, verwaschene Jeans mit Löchern, schnallte den Ledergürtel fest um die Hüften, einen Seemannspullover drüber und meine Lederjacke. Das Haus verließ ich weit nach Mitternacht. Die Straßen waren ruhig und leer. Vereinzelt Musik von kleinen Wochenendparties. Ich lief durch einsame und unheimliche Straßen mit Lagerschuppen und abgestellten Lastwagen, die die Sicht versperrten. Nachts in New York sitzt einem die Angst im Nacken. In jedem Eingang lauert Gefahr. Aus jedem Auto springen Monster mit großen Messern oder kleinen unauffälligen Pistolen. Versteckte Junkies, die das nötige Geld für die nächste Spritze brauchen, oder vornehm gekleidete Killer, die dir den Bauch aufschlitzen, wenn du so unvorsichtig warst, zuwenig Geld bei dir zu tragen. Ich rannte zwei Blocks. Meine «adidas allround»-Sportschuhe waren lautlos. Kurz vor der Waterfront mit ihren stillgelegten Autobahnbrücken und endlosen Reihen von trucks bog ich ab in Richtung «Eaglesnest», der legendären New Yorker Lederschwulenkneipe. Ein Meer von schwarzgekleideten Männern schon vor dem Eingang, Motorräder, Halbnackte oder mit hautengen T-Shirts Bekleidete, bei klirrendem Frost auf der Straße gehen sie auf und ab, von einer Schwulenkneipe zur anderen, eitle geile Typen, die ihren durch jahrelanges Bodybuilding trainierten Körper zur Schau stellen. So dicke schwere Arme, daß sie nicht mehr den breiten Oberkörper berühren können. Ausgebildete Brüste, die vielen Frauen Konkurrenz machen können. In den überfüllten Kneipen drängt man sich an ihnen erregt vorbei, berührt ihre harte Muskulatur und schaut sich mit finsteren, verachtenden Blicken an. Dahinter liegt soviel unerfüllte Sehnsucht und eine triste Sentimentalität, die schicksalsschwer auszubrechen versucht. Schwule erkennen sich an ihrem triefigen Hundeblick, der einzigen Möglichkeit seit Jahrhunderten, sich zu erkennen zu geben. Amerikaner haben tolle durchtrainierte Körper. Eine spezielle Ernährung und viel Sport von Kindesbeinen an hat eine begehrenswerte männliche Jugend herangebildet. Das Land der

Foto Oh Muvie

Pioniere, Goldgräber, Westernhelden und Cowboys hat eine Männerwelt geschaffen, die durch und durch homosexuell ist. Die Frauen dagegen sind hart, plump, geschmacklos und unerotisch.

Im dunklen, überfüllten Raum suchte ich nach Barry, um ihm entweder auszuweichen oder in die Arme zu fallen. Ich bemerkte zuerst seinen breiten Rücken. Er sprach mit einigen uninteressanten Typen. Ich stellte mich an den gleichen Platz, an dem wir uns vor 8 Tagen zuerst sahen. Er kam langsam auf mich zu, ich lächelte, er blieb ernst. Er fragte mich, ob ich «okay» sei, ob irgend etwas nicht in Ordnung sei. Ich meinte, das wäre in einem Satz nicht zu erklären. Wir drängten uns durch bis zur hinteren Bar, ich kaufte zwei Dosen Bud (Budweiser Bier) und prostete ihm zu.

Ich erklärte ihm, daß ich weggelaufen wäre, weil ich dachte, daß er mich nicht mehr mag, weil ich mich unsicher fühlte.

Weil ich alles so intensiv erlebe und enttäuscht war, daß er eingeschlafen war. Mit einem Fremden hätte er sicher bis morgens durchgefickt. Ich schaute weg und trank mein Bier aus der Dose, hoffte, daß alles wieder gut wird. Wollte sofort mit ihm nach Hause gehen.

Ich sagte: «Let's go.» Er schaute mich ernst an und schüttelte den Kopf. Das wäre nicht so leicht, meinte er. Er hätte sich, nachdem ich gegangen wäre, auch Gedanken gemacht. Er wäre im Moment sehr wütend auf mich. Ich war wie versteinert und schaute weg, mir kamen die Tränen. Mir war es zu doof sie wegzuwischen, zog meine Nase hoch. Ich war unfähig zu sprechen. Ich fragte nach einer langen Pause, was er denn nun vorschlägt. Er meinte, ich solle morgen mittag zu ihm kommen, er hätte ein paar Freunde zum brunch (Frühstück) bei sich und danach könnten wir allein sein. Wir sollten dann alles vergessen, was gestern und heute gewesen sei, und neu anfangen. Ich sagte kurz okay, all right und verabschiedete mich schnell. Verzweifelt, den Tränen nahe, bahnte ich mir mühsam einen Weg zum Ausgang, setzte mich sofort in ein Taxi, schaute zum Ausgang, hoffte, er würde mich zurückhalten – aber er kam nicht. Ich fuhr in mein Appartement, war erregt und hellwach. Ich hatte nur noch ein paar Dollar, wollte, daß das Taxi nach ein paar Straßen umkehrt, zurück in eine andere Kneipe, um mich zu besaufen und mit irgendeinem Typ abzulenken. Ich ging schnell ins Haus, holte Geld und lief zurück in eine andere Kneipe. Dort ging ich aufs Klo und schaute auf die pissenden Schwänze. Ein Typ sprach mich an, ob ich nicht in sein kleines nettes Eastside-Appartement kommen wollte. Er sei auch vollkommen harmlos. Auf der anderen Seite war gerade Barry reingekommen, er sah mich und den Typ. Wir schauten beide weg. Mit dem anderen ging ich zur Theke, verabschiedete mich und wechselte das Lokal, schaute mir ein paar Schwänze an, die geil und fett in den Hosen lagen und ging dann gegen 4 Uhr morgens ins «Anvil». Im backroom, wo jeder jeden fickte, ließ ich mir vom ersten besten den Schwanz aus der Hose holen und einen blasen. Als ich nicht sofort kam, verlor er das Interesse weiterzulutschen. Ich ging zum nächsten über und landete schließlich in der Nähe eines wahnsinnigen Typs, den ich schon so oft gesehen und bewundert hatte. So ein Bodybuilder-Typ mit einem wahnsinnig romantischen, zarten und edlen Gesicht. Er küßte zärtlich irgend jemand, ich fuhr mit der Hand zwischen beide Körper und tastete deren Schwänze ab. Sie waren groß und steif, ich wichste daran herum. Der Bodybuilder griff mit seiner anderen Hand nach meinem Schwanz, wandte sich ab von dem anderen und kam zu mir.

Ich konnte es kaum glauben. Er hielt meinen Schwanz fest in seiner Faust und rieb in schnellem Rhythmus, bis ich kam. Es spritzte auf seine und meine Kleider. Er hatte Schwierigkeiten zu kommen und wir gaben nach einigen Versuchen auf. Befreit nahm ich ein Taxi nach Hause und schlief bald ein.

Morgens, als ich unter der Dusche war, hatte Barry schon mal angerufen und auf meinem Tonband folgende message hinterlassen, die ich mir immer wieder abspielte: «Holger» Pause «dies ist Barry» Pause «good morning» Pause «ich warte auf deinen Anruf, und ich hoffe, daß du zu Hause bist» Pause «ich habe ein Frühstück mit ein paar Freunden, und ich werde in einem Restaurant mit dem Namen ‹Omnibus› sein, auf der 12. Straße» Pause «West 7. Avenue» Pause «Hab keine Angst» Pause «Barry».

Seine Stimme haute mich um, wie ein Westernheld, ruhig, männlich, und so sinnlich, alles langsam und melodisch vorgetragen, mit großen Pausen, wie Bonanza, synchronisiert von Friedrich Schütter.

Ich sah mir bei Lloyd, der uptown in der West 86. Straße wohnt, Muster an. Sie waren zum Teil unheimlich toll. Lloyd ist ein Künstler, er macht experimentelle Filme, an denen er mehrere Jahre arbeitet. Technisch unheimlich perfekt, mit vielen Doppelbelichtungen und tausend Tricks. Hauptsächlich beschäftigt er sich mit seiner Kindheit, mit Symbolen und Träumen. Er hat viel psychoanalytische Erfahrung. Seine Eltern schickten ihn zum ersten Mal zum Psychoanalytiker, als sie erfuhren, daß er schwul ist. Man schaffte es, ihn für zwei Jahre heterosexuell zu machen, brachte ihm bei, wie man Mädchen anspricht und wie man mit ihnen schläft. Nach zwei Jahren verliebte er sich in einen Jungen und ging in eine andere Psychoanalyse, wo man ihm beibrachte, daß er stolz darauf sein sollte, schwul zu sein.

Als ich Lloyd zum ersten Mal traf, war er gerade unglücklich verliebt. Eine Freundschaft war auseinandergegangen, und er empfing mich völlig aufgelöst. Ich kam für ihn wie vom Schicksal gerufen.

Er war begeistert von meiner Filmidee und wollte gleich morgen damit anfangen. Wir gingen sofort zusammen ins Bett. Ich fickte ihn. Sein Hund bellte, er stand mitten im Akt auf, entschuldigte sich: er kann nicht, er denkt zu sehr an einen anderen . . .

Seitdem arbeiten wir zusammen, intensiv, aber ohne eine Geste der Zärtlichkeit.

So oder ähnlich waren die meisten Sexerlebnisse in New York. Oder anderswo. Jonathan hatte ich auf der 6. Straße an der lower Eastside kennengelernt, einer wüsten Gegend, man sagt, einer der gefährlichsten Gegenden von New York. Ich liebe diesen Stadtteil und möchte später einmal dort wohnen. Dort spielt sich das echte Leben ab. Die Leute zeigen sich, wie sie sind. Der verlogene Glamour von uptown mit seinem ekligen Reichtum auf Kosten der Armen und Ausgebeuteten ist zum Kotzen. Jonathan lehnte in engen Lederhosen an einem Cadillac mit

Pizza und Bierdose in der Hand. Er sah niedlich aus, ungeheuer kräftig, mit schönen langen Haaren, die mich nicht störten (lange Haare sind bei Lederschwulen nicht geil, die meisten tragen sie militärisch kurz geschnitten – sadistische Fleischerschädel). Ich ging gerade einkaufen mit dem Mopshund von Mae, den sie mir in Pflege gegeben hatte. Ich traute mich nicht sofort, ihn anzusprechen. Ich war geil wie immer, jedoch unschlüssig. Hatte Angst vor Sex und Drogen, traute mich nicht, ihn sofort zu küssen, aus Furcht, er könne ein Stück LSD im Mund haben und es mir unauffällig in den Hals schieben. Als ich zurückkam mit Tomaten, Grapefruitsaft, Brot und cottage cheese, fragte er mich, wie es mir geht. Ich sagte «Fine! How are you?» Er kam zu mir, wir tranken ein Bier zusammen. Beide hatten wir dann andere Verabredungen und trafen uns spät in der Nacht zum Ficken. Er war impotent, und sein Körper war aufgedunsen und fett. Trotzdem mochte ich ihn, liebte es, mit ihm zärtlich zu schlafen. Nach der zweiten Nacht ließ er sich entschuldigen.

Ich wohnte damals bei John und Charles, die in Santo Domingo waren, in diesem phantastischen Luxusappartement in Westvillage, einer kleinen versteckten Straße ganz in der Nähe der berühmtesten Schwulenstraße der Welt, der Christopher Street, wo sich 1969 zum ersten Mal Schwule solidarisch zeigten und bei einer Razzia gemeinsam gegen die Polizei vorgingen.

Jim, einen muskulösen Schwarzen, ganz in Leder, traf ich dort auf der Christopher Street, in einem schwulen Buchladen, wo im hinteren Raum in kleinen Zellen Pornofilme gezeigt wurden, für jeweils 25 Cent. Gleichzeitig faßte man sich an die Schwänze oder verschwand in den kleinen Zellen, zog sich die Hosen runter, saugte aus dem Schwanz den letzten Tropfen Samen oder fickte sich gegen die Zellentür, so daß die ganze Bude einzustürzen drohte. Alle zwei Minuten mußte man 25 Cent nachwerfen, da sonst der Besitzer wütend anklopfte und einen rauszuschmeißen drohte. Ich fickte Jim zuerst vor einem Pornofilm und nahm ihn dann mit nach Hause. Anschließend gab er mir seine Telefonnummer, aber ich rief nicht an.

Ich würde mich ganz gerne im Film von ihm bumsen lassen, irgendwie bin ich aber zu schüchtern anzurufen.

Nach dem Besuch bei Lloyd ging ich in den Central Park, die Filmmuster waren toll geworden. Er hatte mich onanierend im Hotelzimmer gefilmt. Auch mit Grete Mosheim fotografierte er mich, dieser legendären Max Reinhardt-Schauspielerin, die irgendwann einen der reichsten Männer Amerikas heiratete und hier in der High Society von New York eine große Rolle spielte.

Die Sonne schien warm, und die Wolkenkratzer spiegelten sich glänzend in den kleinen Teichen des Parks. Ein kitschiges, kleines Schloß bildet den Anfang des Schwulentreffs im Park. Hunderte von tollen

Rosa von Praunheim. Foto Till Leeser

Männern gehen mit ihren Hunden spazieren, verschwinden in den Büschen, legen ihre Schwänze raffiniert in die Hosen und gehen stundenlang in einem kleinen genau abgezirkelten Teil des Parks herum.

Ich entschloß mich, Barry nicht anzurufen, sondern zu ihm zu fahren. Warum sollte ich mich unglücklich machen. Ich würde nur an falschem Stolz leiden.

Er war nicht allein. Ein gleichaltriger Freund erzählte eine tragische Strichergeschichte von einer sadomasochistischen Orgie in dem Haus eines reichen Barbesitzers usw. Bald waren wir allein und fielen uns in die Arme.

Wir waren so glücklich, küßten uns immer wieder, rollten von der Couch auf den Boden. Er lag auf mir drauf, mit all seinem wundervollen Gewicht, erdrückte mich fast, preßte mich flach auf den Boden, schlug mir ins Gesicht, daß ich blutete und leckte die warme Flüssigkeit sanft auf. Wir liebten uns. Später im Bett, als ich mit gespreizten Beinen unter ihm lag, sagte er atemlos «Holger» Pause «weißt du» Pause «ich brauche dich auch, ich brauche dich sehr», und ich sagte «Bitte, laß mich nicht wieder gehen.» Er brüllte wie ein Stier, als er mir seinen Samen in den Arsch spritzte. Meinen Arsch hatte ich noch nie so entspannen können. Während des ganzen Ficks schaute ich ihm in die Augen. Soviel Leidenschaft und Gefühl war zwischen uns. Es ist toll, nach einem Streit zu ficken. Ich liebe ihn, es war einer der tollsten Ficks, die ich je hatte. Danach gingen wir unter die Dusche, ich wusch sorgfältig seinen Schwanz. Wir lagen lange auf den Kissen vor dem Television. Das Bild war wahnsinnig verzerrt. Alles sah wie von El Greco aus, die Farben und Formen zerstört. Ich lag auf seiner breiten, behaarten Brust und spielte mit meinen Zähnen an seinen Brustwarzen. Es war so entspannend.

Er hatte eine extra Zahnbürste für mich gekauft. Ich bin sehr glücklich, ich denke darüber nach, für immer in New York zu bleiben. Alles aufzugeben, einen neuen Anfang, eine neue Liebe zu erleben. Meine Zeit hier ist so toll und aufregend, spannend wie Anfang der 60er Jahre, als ich nach Berlin kam, alles neu war, ich alles zum ersten Mal erlebte: Sex, Drogen, irre Typen, Intellektuelle, Kneipen, Künstler. Ich brauchte Jahre, ehe ich die Exotik der Stadt und deren Menschen begriff. Ich war wie im Rausch, mit und ohne Drogen.

Die 60er Jahre waren revolutionär. Begeistert von der Beat-Generation (Ginsberg, Kerouac, später W. S. Burroughs, dessen «Naked Lunch» mich zu rasender Begeisterung trieb, den ich neben meine literarischen Götter wie Joyce, Musil, Genet stellte) und Pop-art (vor allem die Herzen von Jim Dine und die Blumenbilder von Warhol), versuchte ich, mir in der spießigen deutschen Kulturlandschaft meine eigene künstlerische Welt aufzubauen. Da waren der furchtbare Günter Grass und der poetische versoffene Günter Bruno Fuchs und Robert Wolfgang

Schnell, die im Berliner Arbeiterviertel Kreuzberg Dichterlesungen hielten. Da war der Maler Fritz Muehlenhaupt, in dessen Kneipe «Leierkasten» sich die ganze versoffene Kunstwelt traf. Hier traf ich Cäsar, einen heruntergekommenen Lyriker, der Bert Brecht zum Verwechseln ähnlich sieht. Er nahm mich in die ersten Stricherkneipen mit, zu «Ellis Bierbar», wo sich vom Intellektuellen bis zum Straßenbahnschaffner, Rentner, Transvestiten, Ledertypen alles traf: das exotische Ghetto der Schwulen, das durch die Liberalisierung mehr und mehr verschwindet, kommerzieller, anonymer, unmenschlicher wird. Die Ängste und Schuldgefühle sind geblieben, aber der Zwang zu echter Solidarität ist aufgehoben. Elli, die Besitzerin, war Zahnärztin. Vor dem Bau der Berliner Mauer traf sich Ost und West bei Elli, die Stricher von «drüben» konnte man für ein paar Mark kaufen, aber alle waren wie eine große Familie. Nachts auf den großen Straßen, wenn man die letzte U-Bahn verpaßt oder sein Fahrgeld versoffen hatte. Vorbei an den verfallenen Jugendstilfassaden und Kriegsruinen, den stickigen Hinterhöfen und fensterlosen, kühlen preußischen Wohnblocks, die auf großen Plätzen, umgeben von Müll und Bauschutt, Tristesse und Sehnsucht ausstrahlten.

Ich hatte eine geräumige Ladenwohnung in der Nähe des Savignyplatzes, die ich mit anderen Künstlern teilte. Hier malte ich meine großflächigen Bilder, meist ermordete Könige und Königinnen, mit denen ich mich identifizierte, auf grober Leinwand und ungeschickt gespannten Rahmen, so daß nicht wenige Kunstwerke bald auseinanderfielen. Ich hatte im Keller lebensgroße Puppen (ausgestopfte Kleider) gefertigt, die die verschiedensten Todesarten starben. Ich träumte davon, schöne junge Polizisten zu ermorden, um sie einzugipsen und als Kunstwerk zu präsentieren. Es war eine hektische, verrückte Zeit. Ich schlief mit Frauen und mit Männern. Da war ein kurzhaariges, lesbisch aussehendes Mädchen mit einem Sprachfehler, das sich durch die Küntlercliquen fickte. Ich fand es toll, meinen Schwanz in ihre weiche kribbelnde Fotze zu stecken. Ich kam aber immer viel zu früh. Sie schrie vor Lust, was ich albern fand, und stotternd stöhnte sie, iiiiiich bin so ggggeil. Sie hatte einen bürgerlichen Beruf, und wir nutzten ihre finanzielle Situation aus, wo wir nur konnten. Irgendwo verachteten wir sie.

Eine Bildhauerin mit Namen Esther hatte sich in mich verliebt, sie war groß und kräftig, hatte einen durchtrainierten Körper wie Ursula Andress, trug auffallende blonde langhaarige Perücken und einen blutroten Umhang. Ihre rauhe Stimme und ihr schwerer Gang betäubten mich. Ich fand sie unheimlich schön. Sie zog sich sofort aus und legte sich nackt aufs Bett. Ich war impotent und versuchte, es mit intellektuellen Gesprächen zu überspielen (ihre Natürlichkeit und Direktheit erschreckten mich, den Unerfahrenen).

Mein erstes bewußtes Sexerlebnis mit einer Frau und einem Jungen

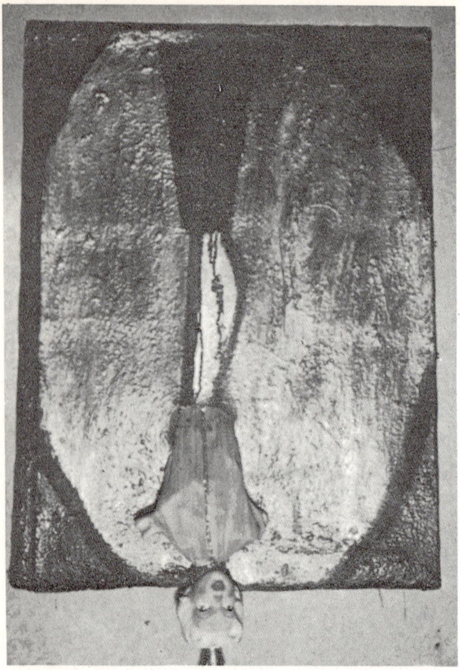

«Gemordete Könige und Königinnen»,
Kunstakademie Berlin, 1964

hatte ich im Alter von 19 Jahren. Das Mädchen hatte ich auf einer Party kennengelernt und anschließend in ihrem Zimmer, in einer Villa im Grunewald, gefickt. Ich war so aufgeregt, daß ich zuerst nicht wußte, wo ich meinen Schwanz hineinstecken sollte. Nach ein paar Stößen kam ich, wußte aber, daß man ihn kurz vorher rausziehen muß, um kein Kind zu machen. Es war ein wunderbares Gefühl, mein Schwanz war feucht und warm und klebrig. 9 Monate später hörte ich, daß sie einen Sohn geboren hatte. Von wem der nun war, ist schwer festzustellen. Ich habe sie nie wiedergesehen, wußte nur, daß sie geheiratet und ihr Mann das Kind adoptiert hat.

Ich würde gerne mal mit einer älteren Frau ficken, einer dünnen, ausgemergelten, uralten Schachtel, die nur Haut und Knochen ist. Ich träume von alten halbnackten Frauen, die bei drückender Hitze im Unterrock am offenen Fenster stehen. Die verschrumpelte Haut alter Frauen liebe ich, den faulen Geruch, die falschen Zähne (in «Madame Thérèse» von Blaise Cendras ist so eine tolle Fickszene von einer tollen alten Frau und einem Seemann). Grete Mosheim spielte im Theater «Harold und Maude», die Liebesgeschichte einer vitalen 80jährigen mit einem 16jährigen Jungen.

Grete Mosheim ist eine wunderbar poetische Erscheinung, sie ist gleichzeitig ein Monster, eine grauenhafte Gestalt wie aus einem Horrorfilm. Ihre fragile nervige Figur, auf der Theaterbühne wie ein junges Mädchen. Ihr Gesicht scheint unzählige Male geliftet, ihre Nase ganz klein von den vielen kosmetischen Operationen, ihre Haut spannt sich künstlich straff über die Backenknochen. In ihrem Hotel in New York drehte ich eine Szene mit ihr.

Gerne hätte ich Lilian Harvey geheiratet, aber erst als der blonde Traum uralt war. Leider starb sie zu früh. Wenn Lilian in ihren Filmen vor Nervosität drei Meter hochspringt, ihren spindeldürren Körper von muskulösen Männern herumwirbeln läßt, wie sie alt und verlebt mit der gleichen Vitalität ein erfolgloses Comeback versuchte (ich sah sie auf ihrem letzten Berliner Filmball), als sie schön und voll differenziertem Ausdruck, in Nizza, in ihrem schönsten Kleid, in den Sarg gelegt wurde.

Interessiert bin ich, die 101jährige Rosa Albach-Retty kennenzulernen, die immer noch recht vital in einem Wiener Altersheim leben soll. Die legendäre, berühmte Burgschauspielerin und die Urgroßmutter von Romy Schneider. Durch eine Heirat mit ihr würde ich der Stiefurgroßvater von Romy Schneider.

In meinem Leben habe ich viel von älteren Frauen geschwärmt. Frauen mit Persönlichkeit und Phantasie. Aktive, neurotische Frauen, die in ihrer Problematik den Schwulen nicht unähnlich sind. Als Sexobjekt haben sie ausgedient, wenn sie älter werden. Sie haben nichts mehr zu verlieren und können sich ausleben, ohne Rücksicht auf die frustrierenden Rituale der Jugend und ihrer Vermarktung. Schwule lieben ältere, dominierende Frauen: aus Masochismus, aus unbewältigter Mutterliebe, aus Frauenhaß (sie geilen sich am zerstörten Frauenbild auf und identifizieren sich gleichzeitig mit der Künstlichkeit, mit der sich das Alter oft krampfhaft jung zu erhalten sucht).

Marlene Dietrich, Zarah Leander, Mae West, Josephine Baker leben von der Hingabe und Verehrung von Millionen von Schwulen in der ganzen Welt. Jeder will so sein wie sie, ein männermordender Star, angestarrt und bewundert, exzentrisch und unberechenbar. Kein Weibchen, das sich unterwirft und ausnutzen läßt, sich hinter Herd und Hof zurückzieht, sondern eine Frau, die zurückschlägt; ein Vamp, der die Männer für all die dreckigen Gemeinheiten bestraft; eine Frau, die die Weltherrschaft an sich reißt, die Männer fickt mit monströsem, nachgemachtem Schwanz.

Mein Leben besteht aus einer Serie von wichtigen Frauenfreundschaften. Die erste Freundschaft begann, als ich drei Jahre alt war. Sie hieß Christa, und wir spielten viele Jahre lang in der russischen Zone, in der Nähe von Berlin, in dem großen, wildromantischen Garten meiner Eltern.

Wir hatten Ziegen und Zwerghühner, die uns nach dem Krieg ernährten. Wir bauten Hütten aus allen möglichen Abfällen und betrachteten in unserem Versteck mit einer Taschenlampe unsere Geschlechtsteile. Da wir noch nicht fähig waren, uns selbst wieder anzuziehen, daher unsere Kleider völlig falsch wieder angezogen hatten, wurden wir entdeckt und bestraft.

Mit großer Verehrung denke ich an eine der ungewöhnlichsten Frauen meines Lebens, die ich Ende der 50er Jahre in Offenbach am Main kennen und lieben lernte. Man nannte sie die Gräfin. Sie sah aus wie eine Zigeunerin auf kitschigen Bildern. Schwarze lange Haare, große, wunderschöne braune Augen. (Mein Schatz Barry hat auch wundervolle braune Augen, die so warm und sympathisch sind. Gestern nahm er mich mit zu einer Dinnerparty von schwulen Freunden. Ich fühlte mich unter

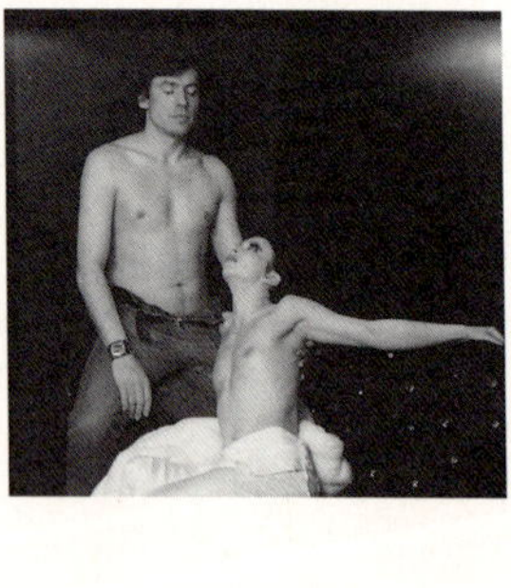

Rosa und Milli.
Foto Albert Schöpflin

An der Nordsee, 1963

nur Schwulen unwohl und war eifersüchtig und depressiv. In der Nacht kotzte ich das ganze Essen wieder aus. Meine Liebe zu ihm ist so intensiv, daß ich die damit verbundene nervliche Belastung kaum zu ertragen vermag. Er wischte mir, während ich nackt und frierend vor der Kloschüssel kniete, das Erbrochene vom Körper und sagte leise und zärtlich, daß er seit zehn Jahren keine so schöne Zeit mit jemand verbracht hätte wie mit mir. Ich liebe ihn sehr, so sehr.)

Die Gräfin war wild und exzentrisch, halb Jüdin, halb Russin. Nicht Kunst und deren verzweifelte Produkte waren für sie Ausdrucksmittel (wir besuchten zusammen die Offenbacher Kunstschule), sondern das Leben, Realität, sie selbst. Sie erfand ihr Leben neu. Sie war abstoßend und grausam. Niemand außer mir erschien sie länger ertragen zu können. Ich saugte alles begierig auf. Alles, was sie machte, waren für mich Offenbarungen. Wir beide waren asexuell (für mich war Sex eklig), und die Männer, die uns geil fanden, behandelten wir provozierend und gemein. Wir benahmen uns wie Geisteskranke, was im Gegensatz zu unserer ausgeprägten körperlichen Schönheit stand. Wie unberechenbare Kinder waren wir, destruktiv und anarchistisch, mit einer Art kranken Humors, den niemand mit uns teilen konnte. Alles wurde für uns zum großen Abenteuer. Jede Situation füllten wir mit soviel Vitalität, Dramatik, Provokation und Gemeinheit, die alles bewußter machte, genauer, in Frage stellte. Nachts führten wir auf einem Platz gegenüber einem Junggesellenhochhaus unsere köperlichen Fehler vor.

Wir schlichen uns in fremde Wohnungen, lebten in leerstehenden Schlössern, liefen tagelang barfuß durch fremde Gegenden und drückten unsere Emotionen laut und penetrant in öffentlichen Verkehrsmitteln aus. Inzwischen ist die Gräfin in Frankfurt am Main verheiratet, hat Kinder und studiert ernsthaft Politik und Soziologie, arbeitet in Frauengruppen. Nur selten macht sie einen Ausflug in die Vergangenheit, wie ihr kürzlicher Ausflug in die Nervenheilanstalt.

Ich habe nur noch mit ihrer Mutter Kontakt, einer Frau Mitte 50, die junge Männer mag. Sie lebt in der Nähe von Praunheim, in Frankfurt am Main.

Nachdem ihr Mann im Bett verbrannt war (der arme Graf war schlaftablettensüchtig), war ich ständiger Gast in ihrem Haus. Wir diskutierten bis in den frühen Morgen über unsere Probleme. Ich erzählte ihr all meine Sexprobleme, und sie, die ihr ganzes Leben begehrenswert und sexuell aktiv war, litt unter der Einsamkeit, dem Verlust ihrer ehemals rassigen Schönheit und der sexuellen Abstinenz.

Wir trauten uns nicht, miteinander zu schlafen, aber wir liebten uns, hielten uns beim Abschied lange in den Armen, tanzten eng aneinandergeschmiegt zu sentimentalen Platten und räumten in volltrunkenem Zustand ihren Keller auf, der voller Erinnerungen an ihr ausschweifendes Leben war. Wir lasen Liebesbriefe, zogen ihr Brautkleid und ihren Witwenschleier an. Wir nahmen Drogen und verloren uns in den Fragen nach der unsicheren Zukunft. Sie war die einzige, die an mich und meine Persönlichkeit glaubte. Heute ist sie Mitglied der DKP im Stadtteil Nordwestzentrum. Sie war begeistert von einem Gruppenausflug in die DDR und vertritt ungebrochen die Politik der Sowjetunion. Die Partei bedeutet für sie Solidarität, einen Ausweg aus ihrer Einsamkeit. Sie, die konventionell erzogen worden ist, ist fasziniert von der Autorität der Partei.

Mit meiner mütterlichen Freundin Gräfin Nora Stolberg zu Stolberg. Foto Oh Muvie

Gräfin Sigrid von Richthofen. Foto Albert Schöpflin

Rosa und Stanzi in New York, 1971. Foto Albert Schöpflin

Ich mag alle Frauen, Frauen sind so theatralisch, so zickig und künstlich, so weich und verträumt, so poetisch, warm und zärtlich. Frauen sind so arrogant und abweisend und dadurch, daß sich Frauen untereinander nicht leiden können, so sehr in ihrer Welt befangen, so isoliert und verklemmt.

Ich würde gern ab und zu eine Frau sein. Vielleicht würde ich eine fabelhafte Frau sein, es verstehen, mich so auszudrücken, mich so zu kleiden, mich so zu bewegen.

Ich habe oft überlegt, den Schritt zum Transvestiten zu machen, auf nichts mehr Rücksicht nehmen zu müssen, alle Schranken zu durchbrechen und meine total eigene Welt zu kreieren. So viele frustrierte Sexprobleme würden wegfallen. Dieses dauernde Spiel unter männlichen Homosexuellen (jeder muß sich wie ein Holzfäller benehmen), von dem ich so abhängig bin. Ohne diese Rituale ist Sex für mich nicht mehr befriedigend. Jede feminine Komponente eines Mannes stößt mich ab.

Oft fühlte ich mich wie eine Fickmaschine. Besonders, als ich zum ersten Mal nach Kalifornien kam, wo man den Deutschen immer noch mit Faschismus identifiziert, was die Leute sexuell stimuliert. Die tollsten, kräftigsten Typen, mit Cowboyhut und ausgeprägten Muskeln, streckten sofort die Beine hoch und schrien dabei «Heil Hitler». Sie wanden sich unter meinen Stößen. Danach zündeten sie sich eine Zigarette an und schmissen mich raus. Zum Teil bekamen sie selbst keinen steifen Schwanz mehr. Alles Gefühl liegt im Arsch.

Nach der Gräfin und ihrer Mutter aus meiner Frankfurter Zeit lernte ich bald Carla in Berlin kennen, meine spätere und inzwischen geschiedene Frau. Sie ist klein, meistens dicklich und war damals noch sehr jung. Sie besuchte mit ihrer Freundin Alix eine Klosterschule, die sie aber, sooft sie konnte, schwänzte. Man sah sie im Café am Steinplatz, gegenüber der Hochschule für bildende Künste, einem Treffpunkt für schöpferische Leute aller Art, meist ausgeflippter, lebensuntüchtiger junger Menschen, die sich mit Alkohol, Drogen und Sex betäubten. Alix und Carla stahlen im Palmengarten giftige Pflanzen, die sie kochten und sich an ihnen berauschten. Carla hatte von zu Hause alle Freiheit. Richtig kennen lernte ich sie erst, als ich von meiner Ladenwohnung und deren Hektik (dauernd hatten wir Orgien, die Polizei kam an meinem 21. Geburtstag und verhaftete den größten Teil der Mitbewohner und der Gäste wegen Rauschgifthandels; ich hatte all mein Zeug in Plastiken eingegipst, so konnte man mir nichts nachweisen) in eine kleine Wohnung nach Schöneberg zog. Im dritten Stock eines verfallenen Hinterhauses, mit Außentoilette und Wasser auf dem Flur, baute ich mir aus

Carla Aulaulu,
Cara von Goldammer
und Magdalena Montezuma
in dem Fotoroman
«Oh Muvie»
von Rosa von Praunheim
und Oh Muvie.
Foto Oh Muvie

Hochzeitsfoto Carla und Rosa

Fahrt in die Ehe. Rosa und Carla, 1967. Foto Meysenbug

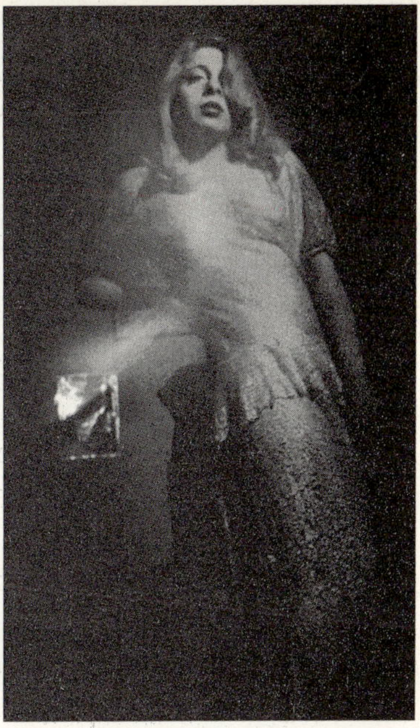

Carla Aulaulu in «Oh Muvie». Foto Oh Muvie

Abfall und Müll ein poetisches Reich auf, in das ich mich mit Büchern und Tagträumen zurückzog.

Ich liebe Barry, heute kommt sein Adoptivsohn auf Besuch, und wir werden uns seltener sehen können. Er bittet mich um Verständnis und verspricht, daß er niemanden anderen will als mich. Kam gestern nacht spät zu ihm. Ein Banktyp war da, mit dem er früher mal geschlafen hatte und der sich immer Poppers von ihm holt. Poppers ist eine Art Äther für Herzkranke, den man einatmet, was für kurze Zeit unheimlich high macht. Schwule benutzen das Zeug beim Sex. Viele tragen es in Metallkapseln an Lederschnüren um die nackte Brust. In den Saunas und Orgienbars stinkt der ganze Raum bestialisch nach dem Zeug. Jeder steckt es jedem unter die Nase, man fängt an, besinnungslos auf Schwänze einzulutschen, endlos und unheimlich geil. Der Orgasmus ist unvorstellbar, eine Explosion, der Schwanz so steif, die Zungen so sensibel und feinnervig. Viele gewöhnen sich daran, können nicht mehr ohne Poppers kommen.

Was für einen Typ mag er, was findet er scharf? Ich habe ihn nicht gefragt.

Ich gehe durch Davids Wohnung und gieße die vielen Blattpflanzen. Es macht den Raum toll gemütlich, große Palmen und andere exotische Gewächse in großen und kleinen Töpfen auf Gestellen, an der Decke und auf dem Boden. Überall Spiegel und Bilder an den Wänden, Fuchs- und Bärenfelle auf der Couch, mindestens 20 verschiedene Lampen und Lämpchen, Metallampen, Glasglocken, schwarze und braune Tütenschirme, Phosphor und buntes Licht geben dem Appartement seine eigene gemütliche Atmosphäre. Farbfernsehen mit vielen Kanälen (ein schreckliches Programm mit Talk-Shows, Musik-Shows und alten Filmen, mit entsetzlich nervender Werbung).

Gehe kurz in den Supermarkt. Ich habe den Orangensaft und die Milch weggegossen aus Drogenangst – jemand hätte gestern auf meiner Party etwas reintun können.

Sonnabend, den 20. 12.

Ich liebe einen Faschisten. Barry ist schrecklich, ich beginne zu leiden. Ich bin unglücklich und sehe immer weniger gemeinsame Zukunft für uns, und doch bin ich glücklich. Ich sehe ihn in einer Stunde. Er holt mich zu einer Theatermatinee ab. Ich liebe ihn. Er wird seinen Adoptivsohn dabei haben, der sehr nett ist, sehr sensibel, und wir werden unsere Gefühle verstecken müssen (er will es so). Wie gestern bei der langen und grauenhaften Party mit acht Männern.

Man redete über Kunst und Politik. Barry meinte, Amerika müsse die Macht, die es hat, auch benutzen, und in Vietnam hätte man gründlich aufräumen müssen, alles vollkommen auslöschen, die Soldaten hätten zu Anfang gut gekämpft, aber dann, als sie zurückkamen, wären sie demoralisiert worden. (Er erzählte die Geschichte von einem guten Soldaten, der besonders klein war und so in die unterirdischen Schlupfwinkel der Vietnamesen kriechen konnte, um ihnen dort im Schlaf die Gurgel durchzuschneiden. Er hätte so viele Menschenleben gerettet.)

Ein Maler, dessen scheußliches Bild (eine durchsichtige Plastikfolie baumelt frei in einem Metallrahmen, ein ekliger Lappen voll mit dreckigen Farben) über der Couch bei Barry hängt, erzählte von seinen neuen Projekten, über die er dann doch nichts sagen wollte, weil es ein Geheimnis sei. Ein anderer interessierte sich für biologische Illustrationen, und man diskutierte, ob Kunst erlernbar sei oder nicht. Ich wurde so müde. Die Party schien sich endlos hinzuziehen. Ich ging. Barry zog mich in den unteren Gang, etwas nervös wegen des Jungen, und ich bat ihn, mich nachts anzurufen. Er war cool und distanziert. So, als ob man sich nie wiedersieht. Ein letztes Bild von uns beiden, traurig und enttäuscht Jeder versucht, auf seine Weise darüber hinwegzukommen.

Rosa 1967. Foto Oh Muvie

Ich verliebe mich immer in die Dümmsten. Meistens sensible, poetische oder brutal aussehende Typen, mit denen ich nichts gemeinsam habe. Die die Natur lieben, Tiere oder Musik, oder gerne kochen und entsetzliche Ansichten haben. Politisch reaktionär, meistens keine ausgeprägten Interessen, ausgefüllt mit schwulen Idealen (Teeparties, lange

Telefongespräche unter rivalisierenden Tunten). Alltag und Wochenende werden genau geplant. Nichts scheint sich mehr verändern zu können. Ich stehe sprachlos davor. Mein Gefühl (ich liebe sie und brauche sie) und Verstand (ich kann soviel Dummheit und Interessenlosigkeit nicht ertragen) gehen getrennte Wege.

So stieß ich in Hollywood auf Garry. Ich sah ihn zum ersten Mal im Office des Los Angeles-Filmfestivals. Das Gesicht war so rein und schön wie das einer Puppe. So sentimental und schicksalhaft. Von einer so rührenden, reinen Traurigkeit. Nach einer verzweifelten, unglücklichen Liebe versuchte ich, ihn nachts um 12 Uhr in seinem Office (Roosevelt Hotel) zu ermorden. Er war der erste und einzige Mann, den ich umbringen wollte.

Ich habe immer dicke, behaarte, kräftige, oft große schwere Kerle als Liebhaber gehabt. Mein Idealtyp, bei dem mir die Knie zitterten, wenn ich ihn sah. Wie bei Klaus, Mitte der 60er Jahre, der auf den Berliner Marktplätzen ein medizinisches Wundermittel anpries (im Sommer in Shorts, um gesund und kräftig zu erscheinen).

Wie bei Hans in London. Im letzten Jahr, großes sinnliches Gesicht, eine lange dicke Zunge, ein ungeheuer kräftiger Schwanz.

Wie bei Rainer, Leiter der Frachtabteilung der Air France. Ungeheuer muskulös und einen großen Schwanz.

Wie bei Mariano in Las Palmas, behaart, ruhig, statischer Typ und so sensibel (die Ruhe und Sensibilität und die daraus entstehende Spannung, wie bei Filmen von Gregory Markopoulos).

Wie bei dem dicken schwulen Drucker im Wedding, in einer Kellerwohnung in Berlin, der für mich falsche Rezepte druckte, zu der Zeit, als ich tablettensüchtig war. Der mir eine falsche Arbeitsbescheinigung ausstellte, damit ich das Ehestandsdarlehen von DM 13 000 bekam. Der Grund, warum ich Carla heiratete.

Oder dem dicken Musiker, einem gemütlichen Schwaben, der nur ans Essen und Kochen dachte, genüßlich Wein trank und impotent war, aber den ich so sehr liebte.

Wie bei dem kräftigen U-Bahn-Schaffner, der detaillierte Geschichten aus seinem Berufsleben erzählte (wie er den Bahnsteig fegt, er beschreibt die verschiedensten Sorten von Schmutz, die Berufsunfälle, die Gespräche mit Kollegen).

Und bei Ree, dem Teppichreiniger, einem exotischen dunkelhaarigen Typ, der mit einer Teppichreinigungsmaschine in all die reichen Haushalte kommt.

Wie bei Volker, dem weichen Prinzen, der an den Folgen der Syphilis litt und mir vortäuschte, sein Vater sei einer der reichsten Männer der Welt.

Bei Michael, einem wunderschönen Neger aus New York, der vor

Mr. Frankfurt

vielen Jahren zu Besuch nach Berlin kam, jetzt seit langem in Athen wohnt, und den ich heute nachmittag wiedersehen werde.

Er war mir zu schön.

Sonntag, 21. 12. 75

Draußen fällt der erste Schnee. Komme gerade von John, der seinen riesigen Weihnachtsbaum schmückte, goldener Schmuck und goldene Kerzen, die aber nur bis zur Hälfte reichten, dann ging ihm das Material aus.

Er spielte deutsche Weihnachtslieder, das machte mich so depressiv, daß ich gehen mußte. Die Straßen sehen toll aus. Die verschneiten Autos, die gelben Lichter in der Dunkelheit. Bunte Tannenbäume. Die Menschen sind freundlich. New York ist eine freundliche Stadt. Nichts von Kriminalität, Härte und Aggression. Die kleinen Häuser im Village, mit ihren großen Treppenaufgängen und vielen Pflanzen in Fenster, den tollen Geschäften. Die Straßen voll von Schwulen, die ihre Wäsche zur Wäscherei bringen, einkaufen oder trotz des Wetters auf der Suche nach Sex sind. Ich wurde traurig und sentimental. Wie gerne würde ich Barry heiraten. Ich habe das Alleinsein satt. Ich möchte seiner sicher sein, mit ihm leben, mit ihm Spaß haben, wissen, daß jemand da ist, zu dem ich gehöre. Aber kann ich mit einem Faschisten leben? Ich kann nicht mit jemandem mein Leben, meine Freuden teilen, der so furchtbar reaktionäre Ansichten hat.

Mich erfüllt das alles mit einer ungeheuren Traurigkeit.

Ich werde mit Barry noch eine Zeit zusammen bleiben, wenn er will, weil ich ihn liebe und weil ich nicht wieder auf die Straße möchte, in die Bars, Saunas und Parks. Warum kann ich nicht Karin heiraten und mit ihr ihre ganze Familie (Fritz erzählte mir, daß ihr Mann einen langen Schwanz hat). Mit ihr und ihrem Mann und ihren tollen Kindern zusammen leben.

Barry holte mich zum Theater ab. Er war so zärtlich und romantisch. Ich war so sentimental, mir kamen die Tränen, die Kontaktlinsen füllten sich mit Flüssigkeit. Ich dachte, er liebt mich nicht mehr, warum, weiß ich nicht. (In meiner Phantasie bat ich ihn, kurz in meine Wohnung zu kommen. Ich hätte ihn geküßt, um ihn dann zu erwürgen oder einen schweren Gegenstand auf seiner Glatze zu zerschmettern. Ich überlegte, wie ich seine Leiche wegschaffen, wie ich sein Auto, das in meiner Straße parkte, wegfahren, wen ich um Hilfe bitten würde.) Auf der Bühne: «The Royal Family», ein Boulevardstück über eine berühmte Schauspielerfamilie. Ein großes Wohnzimmer mit Treppe, tollen Auftritten von hysterischen Frauen und Männern, viel Sentimentalität.

(Ein hauptsächlich reiches, jüdisches Publikum, reaktionär und rücksichtslos gegen jeden, der nicht zu ihrer Klasse gehört. Kein einziges schwarzes Gesicht im Publikum, obwohl Brooklyns Bevölkerung überwiegend schwarz ist.)

Boulevardstücke sind so geschickt gemacht, so sentimental, so kitschig. Ich liebe diese Form und ihre Trivialität. Ich liebe Stücke, die in reichen Häusern spielen und die von Liebe handeln. Wie die von Françoise Sagan, Aphorismen über Liebe, Bonjour tristesse. Frauen, die nur für die Liebe leben, von der Liebe träumen und glauben, zu nichts anderem zu nützen. Vornehme Frauen mit großen Roben, die aus der Zahl ihrer vielen Liebhaber den Falschen aussuchen, dem sie tragisch verstrickt sind. Frauen, die leiden und dadurch schön werden. Es ist eine Welt, mit der ich mich voll identifiziere, eine nutzlose, schöne und reiche

Meine erste Liebe

Rosa und Benjamin. Foto Roswitha Hecke

Hans aus London

Rosa und Klaus. Foto Eichhorn

Frau . . . die sich anbietet, ständig auf der Suche ist, mit dem falschen Ziel vor Augen.

Es war ein schöner Nachmittag und Abend mit Barry.

Er schaute mich so toll an, sagte, wie sehr er mich mag, lachte sein tolles amerikanisches Lachen. Ich hatte Tränen in den Augen, wagte ihn nicht anzuschauen. Er sagte: «Liebe soll glücklich machen und froh und nicht Tränen in die Augen treiben.» Warum ich immer Schwarz trage, ob ich unbewußt unglücklich und traurig sei?

Ich fühlte mich besser. In seiner Wohnung trank ich sofort mehrere Biere, spielte mit George Schach und gewann, was alle überraschte, denn George ist ein guter Spieler. Barry packte Weihnachtsgeschenke und schmückte seinen künstlichen Kamin mit Tannenzweigen aus. Es war so gemütlich. Ein Freund kam, und wir gingen alle nach «Chinatown» zum Dinner. Die fortune cookies sagten bei mir: «Deine Unwahrheiten werden von anderen schnell durchschaut» und bei ihm: «Deine Frau wird

Rosa und Peter

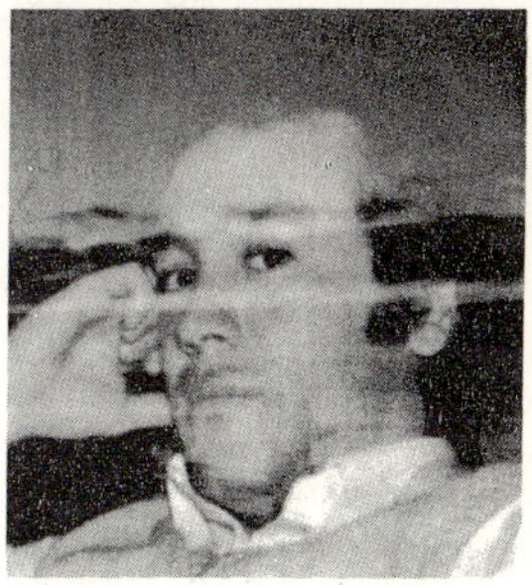

Rafael in Marbella

der Boss sein.» Wir streunten durch die Chinaläden, ich kaufte eine Chinavase für meine Tante. Danach kam er zum ersten Mal in meine Wohnung. Ich zog die Couch im living room aus. Wir gingen ins Bett und unterhielten uns, ich weiß nicht mehr, worüber. Ab und zu versuchten wir, Sex zu machen, aber ich wollte mit ihm reden. Er fragte mich: «Wohin wird das führen mit uns?»

Ich sagte: «So lange wie möglich», obwohl ich schon Zweifel habe, weil er ein Faschist ist.

Ich cremte seinen Schwanz mit KY ein, die David hiergelassen hatte, und setzte mich auf seinen Schwanz, er glitt langsam in mich hinein, es war toll. Er fickte wild und geil in mich rein. Dann drehte er mich um und nahm meine Beine über die Schulter. Er stieß tief zu, es schmerzte, er schlug mir ins Gesicht und spuckte mich an. Er kniff die Augen zu und spritzte in mich rein. Ich war etwas enttäuscht, er war nicht so leidenschaftlich wie sonst. Wir hatten uns zwei Nächte nicht gesehen, und ich hatte mehr Leidenschaft erwartet, was Unheimliches, was Einmaliges, ganz langen, harten Sex. Auf dem Bett war Scheiße, sein Schwanz war braun und stank. Ich hätte vorher auf die Toilette gehen sollen. Er beklagte sich nicht, aber es hatte ihn sicher gestört.

Ich legte meinen Kopf auf seine große Brust. Ich liebte ihn – trotz allem. Wir küßten uns. In der Nacht drehten wir uns den Rücken zu, oder ich umklammerte ihn von hinten. Wenn ich aufwachte und ihn neben mir liegen sah, war mein Herz voll Liebe. Die Zimmerpalme warf einen schönen Schatten auf unsere Körper. Davids Katze legte sich auf uns. Ich stieß sie weg, ich wollte Barry für mich allein.

It's over, baby. Ich will Schluß machen. Es hat keinen Zweck. Ich bin emotional zu sehr in der Sache drin. Ich leide wie ein Tier.

Sonnabend, 27. 12.

Ich bin depressiv und einsam, ich möchte mich umbringen, aber ich hätte nie den Mut dazu. Ich fühle mich allein, aber jede Gesellschaft wäre nur eine oberflächliche Ablenkung. Ich muß mit meinen Problemen allein fertig werden.

Am nächsten Tag ging ich zu einer jungen, hübschen Astrologin (sie hatte ein astrologisches Bild gezeichnet, mit all den Sternen und Zeichen, die bei mir eine Rolle spielen): ich habe in den nächsten zehn Jahren nur Glück im Beruf. Sie sagte, daß es mit Barry bis März hält und daß ich im nächsten Juli eine große Chance hätte, jemand für längere Zeit kennenzulernen.

Ich ging nach Hause, kaufte unterwegs noch ein paar Dosen Bier, etwas Brot, Käse, Tomaten, cottage cheese und eine Büchse Spaghetti mit Fleischklößen.

Ich war sehr müde, aber irgendwie geil oder süchtig auf all die scharfen Typen in den Bars. Es war Wochenende, draußen war plötzlich warmes Wetter, und sicher war überall viel los.

Ich zog meine Lederjacke an und verließ das Haus. Ich ging an den trucks vorbei, auf das tote Autobahngleis, nur ein schwuler Radfahrer folgte mir. Ich ging in eine Lederbar, einen Block entfernt vom «Eagle». Es war halb eins und noch nicht so voll. Am Wochenende spielte sich alles viel später ab. Mir fiel sofort ein muskulöser Typ in einem T-Shirt auf. Ich starrte ihn an, er verabschiedete sich von einem Freund. Er bemerkte mich und stellte sich neben mich. Wir sagten «Hi, how are you? What's your name?» Er hieß Steward und war Arzt, Augenarzt, 27 Jahre alt. Er fragte mich lächelnd: «Are you warm and cuddly. Willst du die ganze Nacht mit mir schlafen?» Ich fand das sympathisch, also nicht nur anonymer Sex und dann schnell weg.

Er hatte rote Haare und braune Augen (wie Barry). Als er sich bei mir auszog, bemerkte ich, daß er überall große braune Flecken hatte. Sein Bauch war von einem dicken, riesigen Leberfleck überzogen. An der Taille quoll eine Art Hautblase heraus. Ich versuchte, es zu ignorieren. Ich küßte ihn zärtlich. Er sagte, daß er mich hübsch finde und ob ich am nächsten Tag mit ihm in seinem Haus essen würde. Er wollte mich sofort ficken. Ich holte die KY-Creme, und sein schöner, kräftiger Schwanz glitt langsam in meinen Arsch. Er fickte mich von allen Seiten, und ich hatte Spaß daran. Ich dachte manchmal an seine Hautblase, an den großen Fleck auf dem Bauch, dachte aber, daß er als Arzt sicher keine gefährliche oder ansteckende Krankheit haben würde. Ich spritzte früher ab als er, dann tat es etwas weh, als er, um zu kommen, wie wild in mich reinfickte. Er war müde, und wir versuchten zu schlafen. Ich umarmte ihn zuerst, ließ es dann aber sein, weil er es nicht erwiderte. Er schlief unruhig und wachte früh auf.

Ich schrieb ein paar Briefe, ging zur Post, holte Mae von ihrer Boutique zur Mittagspause ab. Sie fragte mich, ob wir immer noch heiraten sollten. Ich sagte ja. Ich möchte sie gerne heiraten. Mit ihr heirate ich Amerika. Wir überlegten, wen wir zur Hochzeitsparty einladen sollten.

Es wird schwer sein, unsere Heirat geheimzuhalten. Evelyn Künneke wird es sicher bald erfahren, und dann ist eine zukünftige Arbeit mit ihr in Frage gestellt. Ich finde es spannend zu heiraten. Ich möchte in meinem Leben noch öfter heiraten. Mae ist ein tolles Mädchen. Sie sieht gut aus. Ich aß ein Omelett, sie einen Hamburger. Wir küßten uns zum Abschied auf die Wangen.

Ich ging durch die Christopher Street, kaufte in einem Buchladen eine Broschüre über ausrangierte Showstars und ein buntes Buch über Make-up. Ich ging in ein paar Pornoläden, aber es war nicht viel los.

Dear Barry, anpther ~~try~~ try to tell you why I feel unhappy in our relationship. You are very relaxed about the whole thing. I am not. Since you fell asleep this terrible Friday and that offended me because I thought you dont care, since then I am not satisfied, even sexual it got worse with us. The last fucks you just closed the eyes and tried to c ome so quick as possible. Possibly I see it wrong. I want everything or nothing Please just lets be friends, I want your friendship. W^e^ had a beautiful first week, the others I suffered most of the times (a nice day or night with you and two terrible ~~one~~ without you, always this fear you dont like me You are not very passionate or I just dont turn you on - Baby, I am sorry but I am diffrent and I have a bad time, why should I suffer. I want so much to belong to you- even for a week or a month(there is only a month left we would have anyway) to be yours and you are mine, this very closeness and intensly loving, but you ruin that somehow/
I dont want to criticise you and there is always one fool who loves too much - Just lets stop this loveaffair and have nice meetings and a n ice friendship next year, I think you prefer that too. You are tired of me anyway, I feel that and I am shure ~~an~~ I dont make that up. I am not so hysterical or stpid also loves makes people foolish.
I have this very strong need like everybody sometimes to love to havethe impossible dream to make it with somebody for more than a while. I wanted so much this time to give myself compltely to do something for this friedship. but you are to cool for me. You think: OK he loves me let him wait he will do anything for me, so just lets ~~him~~ try how far I can go. Baby I am so proud, so stupid proud and I had two lovers who behaved like I did with you and I hated them for that. I always was the better one. I have a lot of friends. people like me and thats fine/ If I cant finda lover thats it . I have to accept it. I hope you find somebody better there are many - come on. I am bitter and hurt. Please excuse me for bothering you. Just call me and after a while we sit around and talk and you are honest with me and if you still like me as a person so lets keep in touch and prepare nice feelings for each other.
My love will go so soon as it came- I hope and instead of hate I want to develop friendly feelings and sympathy, you deserve not as a lover, but as a human being.

Yours Holger →

its a terrible Xmas anyway,I think about you full of hate. I had so m uch if you would have called me one more time before I left New York,so much that you asked me for my telephone number here and called me,that you did something for me. In bed you just turn round and sleep. My God I know love affairs where we fucked untill we got mad - I would be kind of happy h ow things are if I would know that it is your way of doing it,but I always think you dont do it because you dont like it with me. I feel so foolish.
You dont open yourself,you ~~dont~~ very rarly tell me anything about you you hide behind jokes and convention your stupid cowboy ritual)
Anyway you know more and better about it than I do and why you are doing it I am shure you are diffrent with others. If you are really crazy about somebody you behave diffrent.

I would be so happy if you would admit that, than I would know and I could cope with it,but so you make me believethat the situation with me is special you rarely had such a marvolous week and all this shit,I dont believe you one word. Dont treat me like that dont give me that illusion,it would be to nice. It is nice to have sex to have fun,to like each other,but if there is love envolved people should be careful. It is mean to use the other persons feelings and not to be able ~~to~~ or willing to return it. Love is not fun,baby,it is a serious thing andit is very hard to fight against it and I am so much in love with yo -
at the-~~meem~~ moment,thingsand times change and I change quicker than you do but please dont hurt me, dont say to me the next time we meet'. It was a nice time but there ar no deeper feelings about you so lets not go into it
You can feel sorry for me and I am sorry for myself that that happened to me,it is hard to love and not to have a response (or a vague response. You treat me like one of many)
Shit,baby - Please help me to forget this love shit and have a good time aggin. I feel so bad,so terrible bad,but I want to live to have fun ¹ feel the right for it,but I cant do that with you how things are now

Am Nachmittag wurde ich depressiv. Ich dachte an Barry und was ich mache, wenn ich kein Geld mehr habe und hier in Amerika bleiben möchte. Aber dann fiel mir ein, daß ich ja gerade 20000 DM für einen Kurzfilm bekommen hatte. Und die Worte der Astrologin von der glänzenden Karriere.

Über Weihnachten war ich bei einer Stieftante in Falmouth, am Cape Cod, in der Nähe von Boston. Ich war vier Stunden mit der Bahn nach Providence gefahren. Sie und ihr Mann hatten mich von dort abgeholt. Ich hatte mich unheimlich auf sie gefreut. Zuletzt hatte ich sie vor 25 Jahren als 8jähriger gesehen. Sie wohnte einige Zeit bei uns in Teltow-Seehof bei Berlin. Dann war sie als junge Frau mit Hilfe von Verwandten nach Amerika gegangen, um der schlechten Nachkriegszeit zu entfliehen. Sie hatte in verschiedenen Jobs in allen möglichen US-Staaten gearbeitet und dann ihren Mann in Cleveland/Ohio geheiratet.

Beide sind schlank und sehen gut aus. Syd hat ein ausdrucksvolles, faltiges Gesicht, ein bißchen wie Samuel Beckett, den ich unheimlich verehre und dem ich in Berlin stundenlang heimlich mit der Filmkamera gefolgt bin. Marianne hat ein stolzes Gesicht, wie Ingrid Bergman.

Ich stieg mit der 16-mm-Beaulieu aus dem Zug und filmte sie, bevor sie mich begrüßten. Ich fand es romantisch und sentimental, über Weihnachten zu Verwandten zu fahren und gemeinsam in Deutschland anzurufen, wo all unsere anderen Verwandten, Mutti, Tante Ami, Tante Lielott und meine Stiefgroßmutter, Mariannes Mutter, zusammen die Weihnachtsfeiertage verbrachten.

Ihr Haus war so sauber und steril wie ein Museum, in einem winterlich trostlosen Ferienort. Am Heiligen Abend ging es in die Kirche, wo die 16jährige Tochter Nana im Weihnachtsspiel den Hauptengel darstellte. Alles war mit Kerzen erleuchtet, die österreichische Frau des Pastors sang auf deutsch «O du fröhliche» und «Stille Nacht». Ich dachte an Barry und mir kamen die Tränen. Ich war so wütend auf ihn. Ich liebe ihn, warum hat er nicht nach meiner Telefonnummer hier draußen gefragt. Warum schenkt er mir nicht ein bißchen mehr Aufmerksamkeit, zeigt, daß er mich mag. Draußen war es ohnmächtig kalt. Schnee lag auf den einsamen Straßen. Nana trug eine häßliche Zahnklammer, wie die meisten amerikanischen Teenager; sicher auch eine Art Verhütungsmittel, denn ich kann mir kaum vorstellen, daß man sich mit den Dingern küssen will.

Der Tannenbaum war nach deutschem Brauch geschmackvoll dekoriert, wie alles im Haus nach europäischem Geschmack ausgesucht war. Mich irritierte das, denn ich schwärme für besonders geschmacklose Dinge, kaufe am liebsten bei Woolworth ein und liebe Frauen wie Luzi aus meinem Film «Die Bettwurst». Ich finde das lustig. Ich liebe das Penetrante, Billige und Primitive, als Provokation für den bürgerlichen

Geschmack, der im Lauf der Zeit immer reaktionärer geworden ist. Ich schwärme für kitschige amerikanische Weihnachten, silberne, dreiteilige Tannenbäume und bunte, flackernde Lichterketten. Schmalzige Bing Crosby-Weihnachtslieder.

Wir saßen gelangweilt um den Baum. Ich ließ es mir nicht nehmen, das Ganze in Foto und Film zu dokumentieren. Ich hatte erlesene Geschenke gekauft. Für Syd einen silbernen Kugelschreiber von Tiffany, für Marianne eine schöne chinesische Vase und für Nana ein Chinaschälchen in Form einer Blüte und einen goldenen Drachenring.

Ich trank aus Verzweiflung mehrere Biere und Schnäpse, dachte immer noch an Barry, biß mir heimlich in die Finger und hielt meine Tränenflut zurück. Es war furchtbar still im Haus. Nicht einmal das Meer rauschte (die See ist hier besonders ruhig). Wir gingen früh ins Bett. Ich schlief Gott sei Dank schnell ein und überlegte, wie ich nur den nächsten Tag lebend überstehen könnte. Ich wollte sofort zurückfahren, so schnell weg wie möglich, Barry anrufen oder auch nicht. Ihm sagen, daß es aus ist zwischen uns, in eine schwule Bar gehen und mich mit dem Nächstbesten trösten.

Wir spielten Backgammon auf einem silbernen ausklappbaren Spieltischchen. Der Kamin brannte langsam herunter. Eine fürchterliche Stille, nur das Summen des Kühlschranks war zu hören. Draußen, im tiefen Schwarz, die einsame Landschaft und überall versteckt in ihren Häusern Menschen, Familien, mit ihren grauenhaften, erlernten, bürgerlichen Ritualen, die sie verzweifelt verteidigen, notfalls mit Gewalt, mit Kriegen in Vietnam und Angola, mit den dreckigsten Methoden der CIA. Ich liebe bürgerliche, reaktionäre Leute. Es ist wahnsinnig, unglaublich, was man da zu hören bekommt. Für mich ist das reinste Exotik wie für jene der Dschungel in Indonesien. Die meisten meiner Freunde sind wie ich – wilde, freakige, kritische Geschöpfe der Großstadt. Und das hier zu erleben ist spooky, wie von einer anderen Welt, «law and order», die sich gegen sich selbst richten. Wo Prinzip und Konvention wichtiger sind als der Mensch, wo versucht wird, etwas nachzuleben, was längst nicht mehr existiert. Die Protagonisten sind Schatten ihrer selbst, in verzweifeltem Bemühen, etwas in Gang zu halten . . .

Ich dachte darüber nach, ob die beiden noch Sex haben. (Zwei große Betten stehen, getrennt durch eine Sitzkombination, vor einem Fenster mit Aussicht aufs Meer. Davor wilde Kirschbäume und alle Schattierungen von Braun und Grau, die Farben des Winters, trostlos und romantisch.)

Sie erzählte mir einen Traum: ohne Paß in Ost-Berlin zu sein. Ihre Träume sind limitiert, sie beschneiden ihre Phantasie, sie kastrieren ihren Geist und Körper . . .

Gerade stundenlang mit Deutschland telefoniert, dem Theater in

Bochum, um zu verhindern, daß man meine Premiere verschiebt und so meine Pläne durcheinanderbringt (Pläne, die ich gar nicht habe, aber ich muß arbeiten, ich muß Geld verdienen).

Ich habe jetzt drei Versuche hinter mir, Theater zu machen, alle sind schiefgegangen. Am Frankfurter «Theater am Turm» hatte ich 1973/74 ein Stück konzipiert: «Die mitbestimmte Operette».

Monatelang saß ich im Theater und machte Studien. In der Zwischenzeit löste sich das Theater auf, ich sollte die letzte Premiere haben, bevor Fassbinder das Theater übernahm. Eine Reise nach Hollywood verzögerte das Projekt. Ich schickte die ersten Szenen des Stücks aus Amerika zu den Proben, die vorerst ohne mich stattfinden sollten. Als ich zurückkam, war niemand mehr da. Man fand das Stück unspielbar und hatte auch keine Lust, es zu verändern. Die ehemals politisch engagierten Schauspieler versuchten hektisch, irgendeine Arbeit am Stadttheater zu bekommen.

Dann schrieb ich ein Ballett (ein rechtsradikaler Arbeiter liebt eine liberale Unternehmerin). Es sollte eine Koproduktion zwischen Oper und Schauspiel sein, am Frankfurter Stadttheater. Wieder Monate Vorbereitung, Tänzer, Schauspieler und Sänger auswählen. Dann stellte sich heraus, daß die Oper gar nichts davon wußte und das Schauspiel unfähig war, es allein zu produzieren.

Am Thalia-Theater in Hamburg war der wahnsinnige Boy Gobert von meiner Idee eines biographischen Stückes von und über sieben ältere Frauen (reaktionäres Frauenverhalten aus einer bestimmten Erziehungsperiode) besonders angetan. Er empfing mich in seiner eleganten Privatwohnung (im englischen Stil mit rosa Couchgarnitur). Ich rutschte auf dem Türvorleger aus. Er hob mich auf und sagte mit leiser, effektvoller Stimme: «Darf ich Sie anschauen? Ich muß feststellen, ob Sie wirklich so schön sind wie im Fernsehen.» (Millionen von Deutschen hatten mich in einer nächtlichen Diskussion im Januar 73 nach meinem sensationellen und provokativen Film «Nicht der Homosexuelle ist pervers . . .» gesehen und bewundert. Nicht so sehr auf meine Argumente, sondern auf mein Aussehen ging man ein. Ich bekam viele Liebesbriefe beiderlei Geschlechtes). Ich suchte wie wahnsinnig ältere Frauen für das Stück, machte wochenlang Einzelinterviews über das Intimleben dieser exzentrischen Schauspielerinnen, und kurz vor Vertragschließung sagte man mir ab, da das Theater ein größeres Defizit zu verkraften hatte.

Ich bin gespannt, ob ich jemals den Schritt vom Film zu den «Brettern, die die Welt bedeuten» werde machen können. Aber so leicht gebe ich nicht auf. Ich werde kämpfen, denn ich habe Ideen, Tausende von Ideen, die nur darauf warten, realisiert werden zu dürfen. An die Theater dieser Welt werde ich hämmern, ich werde aufdringlich und unverschämt sein, ich werde mich durch die Betten von Produzenten schlafen, um mein

Rosa von Praunheim und Werner Schroeter. «. . . Unsere Liebe währte nur kurz, unsere Freundschaft ein Leben lang . . .» Foto Abisag Tüllmann

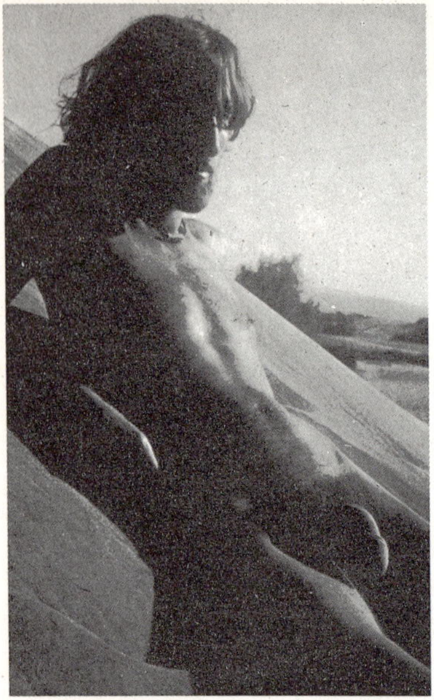
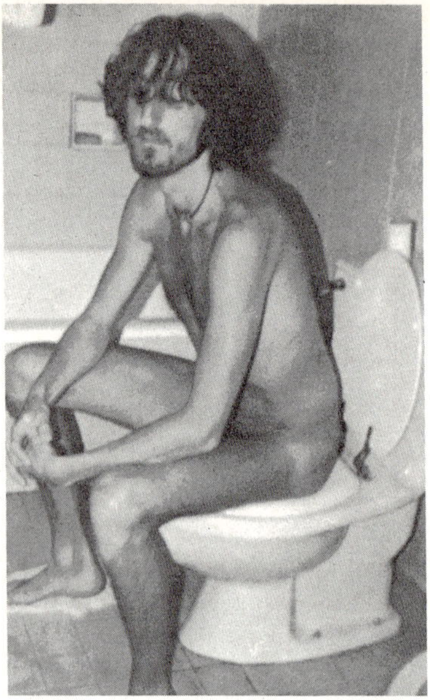

Peggy von Schnottgenberg

Ziel, meine Berufung zu erfüllen. Eben rief Bob an, der Broadway-Produzent. Habe mit ihm zweimal geschlafen. Er hat mich zu sich aufs Land eingeladen. Vielleicht kommt er nachher vorbei. Ich lasse mich sofort von ihm ficken, denn ich möchte bei ihm arbeiten. Er hat einen kleinen Schwanz, der mehr wie eine Nadel in den Arsch sticht, aber er ist schön behaart. Sein ganzer Körper ist mit langen dichten Haaren bedeckt, die mich geil machen und an denen ich stundenlang riechen kann, die in meiner Nase kitzeln und mich berauschen.

Gestern nacht ging ich verzweifelt in den «Eagle». Barry war nicht da. Er meidet mich. Er holt mich nicht zurück. Ich telefonierte mit Mae, und sie sagte: «Solche Männer holen uns nicht zurück. Wir leben wie in einem Traum. Wir hoffen, daß man uns erobert, aber die sind zu real und sachlich, die glauben nicht an Träume.»

Stundenlang stand ich in der vollen Bar. Ich sah wenige, die mir gefielen. Einigen schaute ich tief in die Augen. Niemand reagierte. Gegen 2 Uhr nachts streifte ich einen muskulösen Farbigen, der in einem T-Shirt seinen fabelhaften Oberkörper zur Schau stellte. Er reagierte positiv, kam mir nach, so wie ich es mir wünschte. (Ich möchte von allen Männern durch das ganze Lokal verfolgt werden; ich versuche, sie zu ignorieren wie eine arrogante Frau. Sie lassen sich nicht abschütteln, sie sprechen mich an. Ich reagiere kurz und schnippisch. Sie bringen mich zum Lachen. Sie werden aufdringlich. Ich wehre mich, versuche, sie abzuschütteln. Hoffe währenddessen verzweifelt, daß sie nicht nachlassen mögen, mich nicht gehen lassen; mir weitere Komplimente machen und mich schließlich überzeugen, daß sie nur mich meinen, mich den Tollsten finden, mich bestätigen, mir meine Komplexe nehmen, mir sagen, wie schön ich bin, wie schön meine Haut ist, denn seitdem ich denken kann, finde ich meinen Körper häßlich. Ich brauche Bestätigung. Deswegen gehe ich in die Sauna, wo man mich erstaunlicherweise geil findet, wo einem alles egal ist, weil jeder nur ficken will, so schnell wie möglich.)

Er hieß Alex und ist aus Jamaika, er lebt in Washington, D.C., und war heute morgen aus Los Angeles gekommen. Er arbeitet für American Airlines und ist 28 Jahre. Ein schönes, braunes, exotisches Gesicht, vielleicht etwas dumm, aber unterhaltsam. Während ich müde und stumm in Gedanken an Barry an der Wand in der Nähe des Eingangs lehnte und jeden beobachtete, der hereinkam, sprach er über das Wetter, über sein Bodybuilding, über New York usw. Wir gingen zu mir. Draußen war es kalt. Wir gingen schneller. Fünf Blocks – und wir waren in meiner Wohnung. Ich zog das Bett aus. Wir beide legten unsere Kontaktlinsen ab (seine waren hellblau getönt) und legten uns nackt aufeinander. Sein Körper war wunderschön, nicht zu muskulös, alles schmal, fest und stark. Sein Schwanz war rabenschwarz und dünn. Zuerst traute ich

mich nicht, ihn zu küssen, weil ich immer noch die Drogenparanoia habe, mir vorstellte, er hätte irgendeine Droge im Mund, die er mir zur sexuellen Stimulans beim Küssen überträgt.

Seine Haut fühlte sich so toll an. Ich nahm seinen Schwanz in den Mund, leckte ihm die Eier, traute mich nicht, seinen Arsch zu lecken. Aus Angst vor Gelbsucht. Ich fickte ihn zuerst, die KY hatte ich neben dem Bett bereitliegen.

Ich dachte an Barry, an seine große, behaarte Brust, an der ich mich so gerne ausgeruht habe, die so toll ist wie nichts anderes auf der Welt.

Warum bin ich von ihm fortgegangen.

Ich sprang unter die kalte Dusche, briet mir zwei Eier und kochte Tee, fütterte die Katze, goß die vielen Pflanzen, saugte den Teppich und entschloß mich, in den Central Park zu fahren. Es war tolles Wetter, die Leute in der U-Bahn wie immer irre und exotisch. Ich stieg in der 72. Straße West aus, ging in Richtung des «Open Air Theater», in dem im Sommer Joe Papp «freies Theater» spielt, «Hamlet» usw. Vorbei an dem kleinen Kitschschloß aus grauen dicken Quadern, das aus einem Märchenbuch nachgebaut scheint. Ich passierte kleine Brücken, die über die Flüßchen gebaut waren, verweilte an einem künstlichen See, in dem sich all die riesigen Wolkenkratzer spiegelten, und ging hinüber zu dem berühmten Brunnen, an dem im Sommer die Hölle los ist. Alle Nationen, Rassen, Touristen und Einheimische, Hippies, Freaks und Drogenhändler, exzentrisch geschminkte Gesichter, Musik von Bongotrommeln und Flöten, Gitarren und Trompeten, von kräftigen Schwarzen und Puertoricanern. Tausende von Fotoapparaten mit langen geilen Objektiven. Die Massen verlieren sich in den angrenzenden Büschen und Wegen, wo gefixt und gedealt wird, geraubt, gemordet und gefickt. Oder wo man sich nur entspannt.

Ich kann ohne Liebe nicht leben. Ich brauche soviel Wärme und Zärtlichkeit, und es ist für mich sehr viel leichter, sie von Frauen zu bekommen als von Männern. Männer geben sich kalt und hart, voller Komplexe und Schuldgefühle. Es ist so schwer, die Mauern der Abwehr zu durchbrechen. Ich bin selbst ein Mann, der Angst hat sich zu verraten, sich auszuliefern. Und dabei möchte ich von jedermann genommen werden, von jedem geliebt werden, von fast jedem gefickt werden, den ich geil finde. Sex ist mein Leben. Ich möchte eine Nutte sein, Tage, Wochen und Monate eingepfercht in eine der kleinen Fickzellen. Ich könnte mein Leben hingeben für Sex, könnte dauernd im Orgasmus sterben. Den festen, männlichen Körper erleben, den sinnlichen Rausch von Schweiß, Urin und Kot, die heißen Lippen, langen Zungen an meinem Gaumen, in meinen Nasenlöchern, in meinem Arschloch. Alles andere im Leben ist mühsam, langweilig; Kunst ist o. k., aber ich brauche Action. Ich ficke aus Langeweile und Frustration.

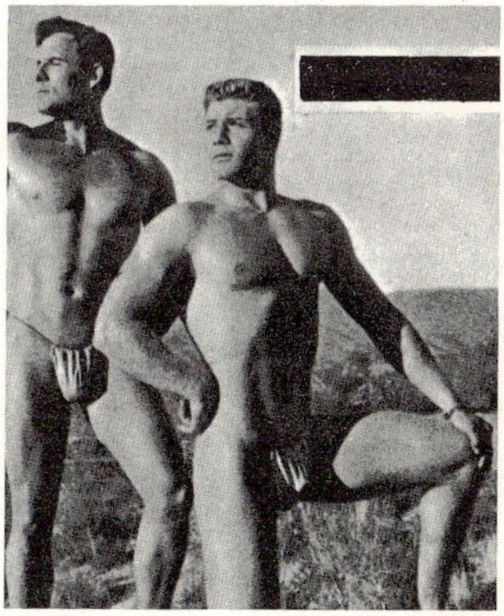

Es hat lange gedauert, ehe ich mich sexuell zu mir bekannte. Diese ersten Erlebnisse waren so anstrengend und unerträglich intensiv, daß ich es nicht zu verkraften glaubte. Ich wußte nicht, was es für mich bedeutete, und es störte mich und mein ganzes Leben. Mein Leben war bis dahin vollkommen der Kunst geweiht und alles, was da störte, verbannte ich aus meinem Kopf. Ich wünschte mir, asexuell zu sein, und damit frei und unabhängig. Aus der schillernden und hysterischen Blume, zu der ich mich am Beginn meiner Karriere stilisiert hatte, wurde eine dunkle, mystische, scheinbar statische Figur (Statue). Aus bunten Anzügen, farbigen Brillen, billigen Pelzen, glitzerndem Schmuck und weißen Ratten auf meiner Schulter wurden schwarze Hemden mit silbernen Druckknöpfen, schwarze enge Unterwäsche, schwarze feste Hosen und hohe Lederschuhe, dazu getönte dunkle Augengläser. Niemand wagte, mich zu berühren. Jahrelang stand ich allein und unfreundlich in den Kneipen, beobachtete intensiv meine nächtliche Umgebung.

(Seit meinem 17. Lebensjahr führe ich Tagebuch.)

Dieses Jahr fing dramatisch an, mit der Absage des Thalia-Theaters zum Frauenstück. Ich bemühte mich um Produzenten für meine Filmobjekte. Ich fuhr mit Evelyn zum Filmball nach München. Wir tanzten zwischen all den alten Filmstars und noch älteren Filmproduzenten, zwischen erfolgreichen Pornofilmern, zwischen Ministern und sogenannten Jungfilmern. Alle meine Bemühungen waren mit Absagen gekrönt. Evelyn war schwierig. Sie hatte einen Nervenzusammenbruch nach dem anderen. Sie bildete sich ein, ich müsse unbedingt mit ihr schlafen, unser Filmprojekt scheiterte. Ich zog mich nach Frankfurt zurück und schrieb zwei Drehbücher. Rosenbäumchen besuchte mich zweimal in der Woche. Meistens stritten wir uns, er beklagte sich, daß ich ihn nicht oft genug ficke. Evelyn haßte Rosenbäumchen. Ich versuchte, mich von Rosenbäumchen zu trennen, und lebte mit Evelyn in München, wo sie allabendlich in einem Kabarett auftrat.

Hektisch versuchte ich auf den Filmfestspielen in Berlin Kontakte zu machen und Geld aufzutreiben. Auf dem Berliner Theatertreffen lernte ich Peter Zadek kennen, der mir in Bochum eine Inszenierung von «Menschen im Hotel» für Frühjahr 76 anbot. Ich zog mich nach Frankfurt zurück, in die Wohnung meiner Mutter, schrieb hier ein Theaterstück. Für Berlin plante ich eine Bühnentalkshow, die aber scheiterte. Im Herbst verkaufte ich einen vor zwei Jahren gedrehten Spielfilm für 30000 DM an alle Dritten Fernsehprogramme. Mit dem Geld fuhr ich sofort nach New York. Der Evelyn-Film war für Dezember in Berlin geplant. Durch ihr unerwartetes Comeback verschoben sich die Termine auf unbestimmte Zeit. Ich blieb in New York. Ich drehte Teile eines Filmes («Sex und Karriere», ein Film über mein Leben). Die Dreharbeiten werden sich noch über Jahre hinziehen.

Donnerstag, 1. Januar

Ich versuchte zu schreiben oder zu lesen. Ich konnte mich nicht konzentrieren, fraß aus Frustration den ganzen Kühlschrank leer, dachte nur an Barry.

Ich war wieder völlig verwirrt, Barry ging mir nicht aus dem Kopf – Scheiße –, ich liebe ihn immer noch. Er geht mir nicht aus dem Kopf, ich will das nicht.

Draußen schien die Sonne, ich entschloß mich, in die Sauna zu gehen. In einem künstlich angelegten Garten (künstliche Palmen und exotische Pflanzen in Wasserfällen) gab es ein üppiges kaltes Buffet. Ein Kreis dicker Tunten saß auf Gartenstühlen in der Nähe. Hektisch und geil raste ich durch den Duschraum, den Orgienraum, durch mehrere Stockwerke mit Kabinenräumen, TV-Lounge und Lobby. Vorbei an jungen, drahtigen Negerknaben, mit langen schwarzen Schwänzen, reizvollen, zierlichen Filipinos und Chinesenjungen. Erst als ich einen affenartigen, muskulösen, von oben bis unten behaarten Typ sah, stoppte ich. Ich folgte ihm in den Dampfraum, wo wir uns auf glitschige, gekachelte Bänke legten. Unsere Füße berührten sich. Unsere Schwänze wurden langsam durch die Hitze immer steifer. Ich stand auf, stellte mich mit erhobenem Glied vor ihn hin, er nahm es in den Mund, ich fuhr auf seiner nassen behaarten Brust mit beiden Händen auf und ab, zwirbelte seine Brustwarzen.

Ein anderer Typ stellte sich onanierend zu uns. Ich lag auf dem Boden, die Hand des einen in meinem Arsch. Ein anderer hatte meine großen Eier in seiner Hand und massierte meinen Schwanz mit seiner kräftigen Mundmuskulatur. Ein dritter, blutjung und auffallend hübsch, schob mir seinen Schwanz in den Mund. Dann berührte er mich mit seinem Oberkörper. Ich leckte den Schweiß von seinem Körper. Der Dampf hüllte uns ein und machte uns noch geiler. Ein anderer brachte eine Poppersflasche und gab sie uns zur Stimulanz. Ich war wahnsinnig vor Erregung. Meine Hände glitschten über den Körper des Knaben, ich fühlte die große Hand in meinem Arsch, der sich hob und senkte in dem Mund des Fremden. Im Hintergrund schnürte jemand seine Eier mit einem mit Metallknöpfen genieteten Lederstreifen ab. Zuerst spritzte der Junge seinen ganzen Samen auf meine Brust, dann der andere zwischen meine Schenkel (ich wollte mich nicht ficken lassen aus Angst vor Krankheiten). Wir wuschen uns alle vor einer fünfteiligen, kreisförmigen Dusche. Wir lächelten uns zu, keiner sprach ein Wort.

Später klingelte ich am Haus von Lütze, die heute ihre traditionelle Neujahrsparty gibt. Ganz New York trifft sich hier. Jacki Curtis spielte mit kleinen glitzernden Weihnachtsbäumen. Lützes Lover, ein gutgewachsener Neger mit sehr viel Glamour, brachte mir etwas zu trinken, aber ich nahm aus Drogenangst nichts zu mir.

Bei Lütze war es irrsinnig voll. Die fünf großen Räume waren überfüllt von bizarren Partygästen. Ein mir unbekannter junger Mann aus der Schweiz sprach mich mit meinem Künstlernamen an. Er bewunderte meine Filme. Ich fand ihn doof und ging bald weg. Ich setzte mich auf eine niedrige Leiter im Flur, durch den alle irgendwann einmal kommen mußten. Ich sah unendlich traurig aus. Ich dachte an Barry. Eine zierliche blonde Frau sprach mich an. Sie hieß Anne und hat zwei Kinder. Sie machte mir Komplimente. Ich sagte ihr, daß ich unglücklich verliebt und deshalb völlig abwesend sei. (Ich konnte kaum sprechen, niemand mehr richtig anschauen, aber ich dachte: es ist besser, als alleine zu sein. Ich halte das Alleinsein nicht aus. Ich muß hier durchhalten, auf der Leiter sitzen und die Leute anstarren, krampfhaft lächeln, wenn man hallo sagt.) Sie fragte mich etwas Näheres über das Mädchen, und ich sagte ihr, daß es ein Mann ist.

Ein paar Superstars sprachen mich an. Ich liebe sie, das ist meine Welt. Groteske Gestalten, ein ausgefreakter Negertransvestit, häßlich wie die Nacht mit quäkender Stimme. Der dicke Paul begrüßte sie hysterisch. Er drehte sich um und sagte zu mir: «Ich bin froh, daß sie sich wieder gefangen hat, die Gute. Sie war in letzter Zeit so verwirrt.» (Die meisten sind drogenabhängig, gehen auf den Strich, leben von welfare.)

Paul erzählte von seiner Familie in Alabama, die alle über Weihnachten umgekommen sind, sie haben sich erschossen, Großvater, Vater und die Schwester. Er meinte, daß er froh ist, schon acht Jahre von ihnen getrennt zu leben und nichts mehr damit zu tun zu haben.

Mir war hundeelend. Ich stand irgendwo in der Mitte der sich drängelnden Partygäste. Mir schien, alle waren traurig und feindlich. Keiner hatte sich was zu sagen, keiner lachte. Jeder konzentrierte sich auf seine Probleme und biß die Zähne zusammen.

Die uralte Happeningkünstlerin Lil Picard wurde mir vorgestellt. Lil ist auf jeder Party in New York. Paul ist ein Freund von Lil, groß, schlank und blond. Er schwärmt fürs Militär und findet Lyrik altmodisch. Sein verrückter durchdringender Blick macht mich scharf. Er fing an, von Hitler zu sprechen. Ich hatte das Bedürfnis, ihn zu küssen, seinen Mund mit meinen heißen, leidenschaftlichen Küssen zum Schweigen zu bringen, ihn zu lieben; das einzige Mittel mich abzulenken. Plötzlich tauchte ein exzentrisches Geschöpf mit großen Hüften auf, eine Freundin. Später sah ich die beiden in einer Ecke übereinanderliegen. Es ist selten, nichtschwule Männer zu treffen in New York.

Mich erinnerte die Party und die triste, verzweifelte Stimmung an den ersten Chabrol-Film «Schrei wenn du kannst», in dem Jean-Claude Brialy plötzlich auf einer Party das Licht ausmacht und bei Kerzenlicht Gedichte rezitiert. Es war gespenstisch. Die Einsamkeit und Tristesse

Rosa, Sommer 1974. Foto Ulrike Ottinger

einer Gruppe junger Leute, denen nichts mehr bleibt als der frühe Tod. Nur das Bewußtsein über ihre Situation hebt sie von anderen ab. Politische Gespräche werden im Keim erstickt. Keiner will Probleme, alles soll «easy» und «funny» sein.

Lütze wurde immer betrunkener. Ihre strohblonden Haare im Gegensatz zu ihrem verfallenen, alten, rosafarbenen Gesicht. Ihre üppige Figur, die hin und her schwankt und sich an den Nächstbesten klammert. Willi, der schöne Neger, fickt sie jede Nacht durch, er hat einen schönen Schwanz, erzählt sie mir ein paar Tage später auf einer Frühstücksparty uptown, aber sie kann sich nicht mit ihm unterhalten. Sie weiß noch nicht einmal, was er arbeitet. Er ist wie ein schönes Tier.

Ich esse an irgendeiner Ecke einen Hamburger und trinke Cola. Dann bestelle ich mir noch einen Hamburger.

Zu Hause saufe ich Bier. 5 Minuten vor halb 11 rufe ich Barry an. Er kommt zu mir.

Ich erzählte ihm von dem Film «Un chant d'amour» von Jean Genet, wo die Männer in Gefängniszellen versuchen, Kontakt aufzunehmen, sich Rauch durch die Zellen zu blasen. Einer versucht, an einem Seil einem anderen einen Blumenstrauß zuzuwerfen, der andere greift mit großen Händen danach und verfehlt ihn jedesmal. So ähnlich fühle ich mich. In ständiger Hochspannung – immer wieder enttäuscht. Je mehr Barry sich verweigert, um so unerträglicher wird meine Erregung.

Ich weiß nicht, ob er mich versteht. Er ist müde, wir schlafen glücklich.

Ist das ein neuer Anfang?

Freitag, 2. 1.

Barry nahm mich nachts zu sich mit, obwohl George noch da war. Im Fernsehen sang Paul Anka. Wir gingen ins Schlafzimmer, er küßte mich leidenschaftlich. Ich fing hemmungslos an zu weinen. Ich hielt die Spannung einfach nicht mehr aus. Die Zeit war so lang, so unerträglich lang gewesen ohne ihn. «I love you so much, Barry, I love you», stöhnte ich, an seiner großen starken Brust. Zum ersten Mal, daß ich mich in meiner Verzweiflung und Einsamkeit an jemand anlehnen kann. Ich berührte mit der Zunge seine Brustwarzen, lutschte seine Achselhöhle aus. Er schrie vor Lust. Er drehte mich um und fickte mich, erst von vorn und dann von hinten. In unheimlicher geiler Erregung schrie er mich an, daß ich seine Frau sein soll, daß ich von seinem Schwanz abhängig werden soll, daß ich ihn den ganzen Tag im Arsch spüren soll. Dann schrie er mich an, daß er mich mag, daß er meine Liebe braucht, und dann in höchster Erregung, kurz vor dem Orgasmus, schrie er endlich heraus, worauf ich so lange gewartet hatte: «Yeah man, I love you.»

Den ganzen Sonnabend war ich wie gelähmt. Meine Liebe zu Barry brannte wie Feuer, alles fing von vorne an, nur schmerzhafter und qualvoller. Einen ganzen Tag und eine ganze Nacht ohne ihn erschien mir unerträglich. Ich konnte nicht arbeiten, lag auf der Erde und trank schon am frühen Morgen Bier, um meine Nerven zu beruhigen. Endlich rief jemand an, ich stürzte zum Telefon. Es war die wahnsinnige Diana, diese geisteskranke, dicke Schauspielerin aus meinem Film «Leidenschaften». Ich war einem Nervenzusammenbruch nahe. Ich sah die ganze Unmöglichkeit einer Beziehung zu Barry, ich sah meine seelische Abhängigkeit, mein tödlich sentimentales Bedürfnis nach einer Partnerschaft, nach einem Menschen, der mir das Gefühl gibt, nicht allein auf dieser Welt zu leben, an den ich mich klammern kann, aus Angst vor der feindlichen Umwelt.

Ich kann nicht alleine sein, und doch basiert der größte Teil meiner Arbeit darauf. Ich dachte an Selbstmord, ich war so aufgeregt, meine Nerven flatterten. Ich trank Bier und bekam Kopfschmerzen.

Nach 5 Minuten klingelte das Telefon wieder. Es war Karin, die gerade vom Urlaub mit ihrer Familie aus Florida wiedergekommen war. Als ich auflegte, läutete das Telefon sofort wieder. Es war Rosenbäumchen, der morgen nach New York kommen will. Er schien depressiv zu sein. Er hatte die Geschichte mit Barry durch eine Berliner Freundin gehört, der ich darüber geschrieben hatte. Es hatte ihn davon abgehalten, mich schon früher zu besuchen.

Ich freue mich auf seinen Besuch, er soll mir helfen, Barry zu überwinden, mich hoffentlich von ihm frei machen. Rosenbäumchen liebt mich. Er hatte eine furchtbare Zeit in Berlin, er hatte immer noch gehofft, mit mir zusammen leben zu können. Diesmal hat er alle seine Sachen nach Amerika mitgebracht, um hier sein Leben fortzusetzen. Ich bin ein Schwein. Ich benutze Rosenbäumchen, um mich von Barry zu befreien. Rosenbäumchen liebt mich. Ich werde ihm für einige Tage falsche Hoffnungen machen, um meine Einsamkeit überwinden zu können. Und ich werde nichts einlösen können. Ich werde mich und ihn einige Tage betrügen. Werde ich es ohne Barry aushalten können?

Werde ich endlich mit Barry Schluß machen können?

Ich ging zur Post und dann gegen Mittag auf die Christopher Street. Ich fand niemand. Dann entschloß ich mich, über das zu schreiben, was ich im Moment empfinde. Nachmittags kam Steven Holt, er war so lieb. Er fraß alle Kekse auf. Er bewundert mich, findet mich schön, fragte mich, wie es käme, daß ich so unglücklich sei, wo ich doch alles hätte, was man haben könne. Ich sei schön, intelligent, berühmt und hätte Geld (meistens sehen solche Leute aus wie Carlo Ponti, aber der ist sicher glücklicher). Ich erklärte ihm, daß meine Schönheit schon immer ein Handicap in meinem Leben gewesen sei, daß ich es sehr schwer hätte, geliebt zu werden. Daß viele Leute vor mir Angst hätten. Wir gingen essen und trennten uns.

Ich wartete auf Rosenbäumchen. Er wollte um 8 Uhr in New York landen. Es ist 10 Minuten nach 8 Uhr. Ich werde Stevens Skript lesen, er will für mich das Drehbuch zu Candy Darlings Lifestory schreiben.

Ich entschloß mich, Barry nie wiederzusehen.

New York 1976

GERARD DAMIANO'S
THE STORY
OF
JOANNA
ANNA', IS EXQUISITELY EROTIC
AND JUICY"
BOB SAIMAGGI
littering is filthy & selfish so don't do it!
FRANKFURTERS

Lebenslauf von Holger M i s c h w i t z k y.

Am 25.November 1942 erblickte Holger,Bernhard,Bruno Mischwitzky im deutschen Entbindungsheim in Riga das Licht der Welt.Ich war von der AEG ~~Frankfurt~~ Berlin nach dem Büro Riga versetzt worden.Meine Frau holte ich bald nach.Nach der Geburt von Holger übernahm meine Frau im Heim den Posten als Wirtschaftsleiterin,da wir noch keine Wohnung hatten.Im April 1943. war es dann so weit,daß ich Holger und meine Frau Trudel heimholte.Im Kaiserwald hatten wir in einer alten Villa eine nette Wohnungbekommen. Inzwischen hatte ich mir einen jungen Jagdhubd " Astor " zugelegt.Holger und Astor waren bald unzertrennliche Freunde geworden.

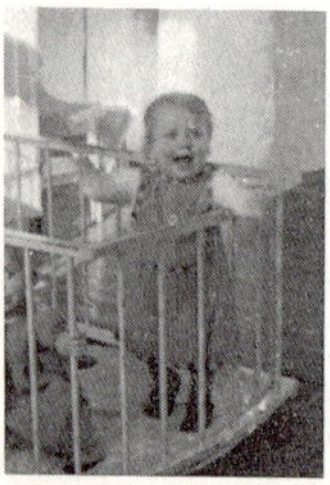

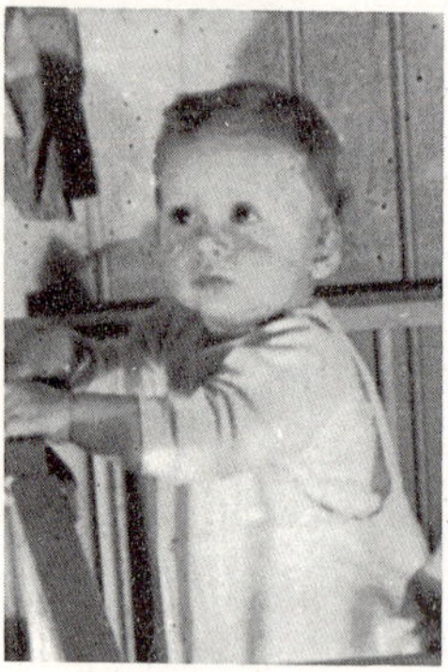
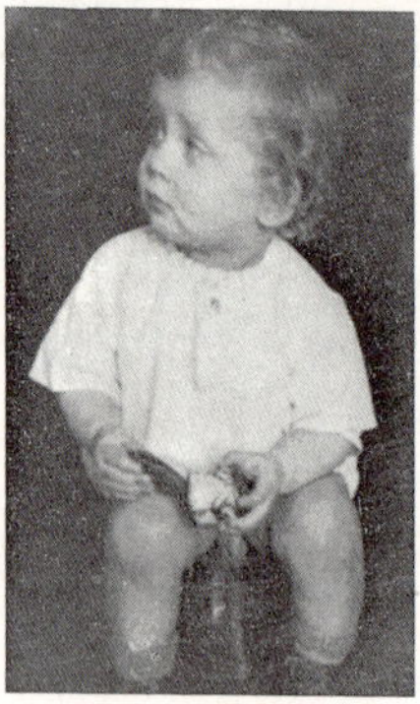

Die militärische Lage wurde immer kritischer. Mitte Juli 1944 mußten Frauen und Kinder Riga verlassen. Per Schiff landeten sie in Gotenhafen und wurden von meinen Eltern, die aus Elbing kamen, in Empfang genommen. Holger und Trudel fuhren zu einer bekannten Familie Hensellek nach dem Ostseebad Kahlberg. Frau H. wohnte dort mit ihren 4 Kindern in einem netten Häuschen. So verlebten Trudel und Holger sehr schöne Wochen an der See.

Holger in Kahlberg.

Wir Männer waren in Riga von den Russen eingeschlossen.Im Septembei wurde der Ring noch einmal geöffnet und so gelangten wir mit einigen PKW über Königsberg nach Elbing.Mir wurden jetzt von der AEG die Außenläger Bromberg, Sommerfeld und Zegdenick übertragen.1944 feierten wir noch zusammen mit meinen Eltern in Elbing ein schönes Weihnachtsfest.Es sollte das letzte Fest in Elbin sein,denn Mitte Januar 1945 wurde Elbimg von der Russen überrollt.Am 2.Weihnachtsfeiertag fuhr ich mit meiner Familie mit Hund per Bahn nach Sommerfeld in der Nähe von Guuen.Dort hatte die AEG eine Fertigung und ein Ausweichlager. Wir richteten uns notdürftig ein,feierten mit den Angestellten ein unvergessliches Sylvester 1944.Der Flüchtlingsstrom aus Schlesien und Ostpreußen flutet an unserer Fahrik vorbei.Wir bekamen Einquartierung,der Russe stzte zum Kampf über die Oder an.Am 8. Februar kam aus Berlin Hennigsdorf ein LKW der wichtige Material holen sollte.Diesem LKW übergab ich Trudel und Holger nach Berlin mit.Um die Mittagszeit stießen die ersten Sowjetpanzer nach Sommerfeld vor. Mit Fahrrad und Hund stzte ich mich ab.In Berlin traf ich meine Frau und Holge unevrsehrt wieder.Wir hatten 1938 in Teltow -Seehof ein Grundstück erworben und in der Nähe eine Wohnung.Vor der Reise nach Riga hatten wir unsere Wohnung an eine bombengeschädigte Familie übergeben.Uns wurde eine andere Wohnung zugewiesen.Ich hatte nun das Ausweichlager Zehdenick Marienthal zu betreuen.Dort lebten und arbeiteten 4 lettische Familien,die aus Riga mitgeflüchtet waren. Da die Luftangriffe auf Berlin immer unheimlicher wurden,nahm ich meine Famili nach Marienthal mit.Wir hatten in den Ziegeleien genügend Räume zur Verfügung. Wir richteten uns häuslich ein.Luftangriffe gab es dort keine.Am 28 April 1945 wurden wir von den Russen überrollt.Da die Letten auch russisch sprachen,wurde wir vor Übergriffen geschützt.Jetzt mußten wir für die Russen arbeiten.Wir hatten uns eine Ziege " Ilse " besorgt,Hühner und Kaninchen kamen bald hinzu. Für Holger war dies ein Paradies.Meine Eltern,die noch rechtzeitig vor den Russen aus Elbing herauskamen,gehörten nun auch zu unserm Haushalt.Ich wurde vom Kreis Templin als Energiebeauftragter eingestzt.Wir hatten auch genügend zu esssen.Syrup war in großen Mengen zubereitet worden.

Im Juli 1948 wurde ich wieder von der AEG jetzt VEM (Volkseigener Betrieb) übernommen.Die ganze Familie mit den Eltern,Ziege Kanninchen und Zwerghühnern siedelten nach Teltow 'Seehof über.Es lag in der Sowjetzone und nur 500 m von der Westberliner Grenze Lichterfelde entfernt.September 1948 in Westberlin eingeschult.2 Jahre später mußte die ganze Seehofer Klasse die Westberliner Schule verlassen und die Teltower Schule besuchen.

Es waren schöne Jahre in Teltow Seehof.Wir hatten ein ganzes Haus zur erfügund bekommen und konnten auch meine Schwiegermutter und ihre Mutter und meine Schwägerin Annemie aufnehmen.s.anschließende Bilder.

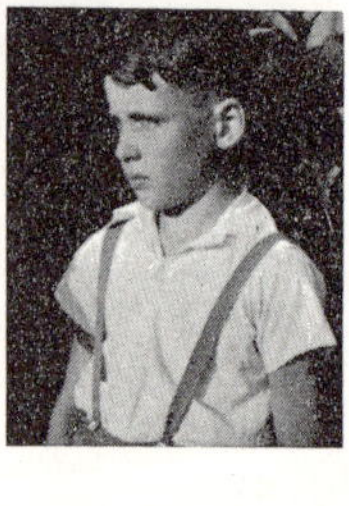

In den Ferien reisten wir an die Ostsee nach Zinnowitz, Kühlungsborn. Wir nahmen dann immer für Holger seinen Vetter Gerd Mischwitzky mit oder die Tochter meines Schulfreundes Doehring, Bärbel. s. Fotos.

1952 mußte ich flüchten und wieder von vorne anfangen. In Wesel bekam ich eine Stellung. Holger wurde wieder umgeschult. Nach Rücksprache mit dem Klassenlehrer der Volksschule, der Holger im Vergleich zu seinen Mitschülern als " sehr weit voraus " bezeichnete, meldeten wir ihn beim Gymnasium in Wesel an. Holger ging eifrig zur Kirche und war ein tüchtiger Messdiener und wurde am 25.4.54. zur Kommunion angenommen. Seine Taufpaten waren meine Mutter und Dr.Ing Mörs.

Der Neue

Holger war der Neue in der Klasse. Vor Tagen war er mit seinem Vater nach einer entbehrungsreichen Flucht aus der Ostzone nach Wesel gekommen. Der Lehrer in der Weseler Volksschule am Wackenbruch hatte kurz davon erzählt.

Und nun stand Holger vor der Klasse, etwas verschüchtert und abwartend. Er wartete auf einen Platz, den der Lehrer ihm in einer Bank zuweisen würde, und auf den Platz, den ihm die neuen Mitschüler in ihrer Gemeinschaft einräumen würden. Der Platz in irgendeiner Bank war ihm sicher. Aber der Platz in ihrer Mitte? Er stellte sich diese Frage mit der Ängstlichkeit eines Neulings. Er, der Fremdling aus dem Osten.

Die Antwort erhielt er bald. In der großen Pause meldete sich ein Mädchen bei dem Lehrer: „Herr Lehrer, wir haben beschlossen, für den Neuen zu sammeln, damit er einen Tornister bekommt."

Aber schon diese Sammlung erübrigte sich. Am nächsten Morgen lag ein Tornister ohne Absender auf dem Katheder. Die Anschrift war selbstverständlich: „Für Holger". Und dann folgten die Spenden aus der Klassenmitte wie ein Regen: Schreibzeug, Hefte, Federhalter usw.

Das schönste Geschenk aber lag ungesehen daneben: Holger war, als sei er schon Jahre da, einer der Ihren.

Hier noch einige Fotos aus "esel wo Holger in der Kirche
" Zu den heiligen Engeln "
am weißen Sonntag die erste heilige Kommunion empfing.

1954 wurde ich wieder von der AEG Frankfurt übernommen.Holger wurde ins Wöhlergymnasium eingeschult.Zuerst fanden wir in der Bergerstr. im Hinterhaus eine primitive Unterkunft.In der Feuerbachstr. war es schon bedeutend besser,bis wir schließlich in Praunheim in der Steinbacher Hohl eine sehr schöne Wohnung bekamen.In der Nähe konnten wir auch einen Garten bekommen.

Wohnung Bergerstr.

Wohnung Praunheim,Steinbacher Hohl

Vom 10.7.-8.81958 reiste Holger nach London,um sein Englisch zu verbessern.(s.Tagebuch).Auch 1959 war Holger bei einer anderen Familie nach London gefahren.Bis zur Secundareife besuchte er das Goethegymnasium.Auf eine Bewerbung Febr.1961. bei der Werkkunstschule in Offenbach wurde er abgelehnt.Bei Messebau - Werbegrafik wollte Holger dann eine Lehre absolvieren. Da er keine handwerkliche Begabung hatte,löste er von sich aus in der Probezeit den Vertrag.Im Oktober 1961 wurde er doch nach einer Prüfung in die Werkunstschule in Offenbach aufgenommen und absolvierte die 2 Grundsemester.

Im Juli 1962 nahm Holger in Salzburg an der Sommerakademie von Oskar Kokoska teil.Viele Freunde,die dort waren,luden Holger in die Schweiz ein 1962 bewarb er sich in Berlin an der Hochschule für bildende Künste

Da Holger kein Abitur hatte,wurde er im Theorätischen und Praktischen geprüft. und angenommen.Er siedelte nach Berlin über.Soldat brauchte er nicht zu werden.Im März 191963 wollte H. auf die Kunstakademie nach Wien.Ich mußte ihn früh an die Autobahn bringen,denn er reiste nur per Anhalter. Am gleichen Tage abends xxxx meldete er telefonisch von Wien seine Ankunft.Dort blieb er einige Wochen,bis wir plötzlich Nachricht aus Istambul erhielten.Lange hörten wir dann nichts von ihm.Am 30. Mai feierten wir in Strassberg auf einer einsamen Burg eine Hochzeit mit der Verwandtschaft. Holger wußte das Datum der Hochzeit.Um Mitternacht wurde ein Geisterstück aufgeführt.Plötzlich wurde die Burgglocke gezogen,der Bräutigam sagte : " es kommt noch ein interessanter Besuch ".Es war Holger, der per Anhalter mit ca 20 Fahrzeugen am Ziel seiner Rückreise war.Ich mußte ihn anfassen, ob es nicht ein Geist war.

Auf Burg Strassberg

Carolinensiel

Am 21 Juli 1963 machten wir 3 dann mit dem neuen Zelt eine Ferienreise nach Grossenbrode,Carolinensiel.Ende August wollte Holger ganz für sich alleine sein.In Soest hatte er einen Ort gefunden,er blieb einige Wochen dort und kehrte heim,als es kalt wurde.

Im Frühjahr 1964 ging H. wieder nach Berlin um auf der Hochschule für bildende Künste weiter Malerei zu studieren.Dort blieb er bis 1967. Dann wandte er sich der Filmerei zu.Am 8 Oktber 1969 erhielt er in Mannheim vom Innenministerium einen Preis von 20 000,- DM und eine Goldmedaille als Anerkennung für gute Filme. Sein Künstlername " Rosa von Praunheim " kennt man jetzt.Wie kam er zu diesem Namen ?????

Er durfte als Student sein Bilder nicht ausstellen.Da sie fast in Rosa warn und er aus Praunheim kam,nannte er seine Ausstellung.. Rosa von Praunheim.

„Rosa“-Rufe

Die zweite der Filmnächte

Nach zwei Stunden Underground-Film von Klaus Wyborny entlud sich die Enttäuschung der Besucher der zweiten Filmnacht der Experimenta im üblich gewordenen „Scheiße“-Chor. Wybornys Produktion — fragmentarisch, unscharf, technisch unvollsommen in ziemlich jeder Hinsicht — ist freilich geeignet, Frustration größten Ausmaßes zu erzeugen. Aber: warum geht nicht, wer es nicht mehr aushält? Warum bleiben sie sitzen, die den ganz persönlichen Bildern und — wegen technischer Unzulänglichkeit der Saallautsprecher unverständlichen Texten des Filmmachers weder folgen wollen noch können?

Für viele war es wohl die Aussicht auf Filme von Holger Mischwitzky, der als Rosa von Praunheim bekannt ist. „Rosa, Rosa“ rief's im Volksbildungsheim, und lang nach Mitternacht liefen „Die Schwestern der revolution“, „Rosa Arbeiter auf goldener Straße, 2. Teil“ und „Die Bettwurst“. Praunheims urkomische Art, gesellschaftliche Unterdrückungsmechanismen beim Funktionieren zu zeigen, indem er Laienschauspieler den ganzen Katalog überflüssiger oder überholter Wertvorstellungen herunterbeten läßt, war dem rezeptionsfreudigen Publikum wohl bekannt. Und so lauschte, sah und amüsierte man sich — wie Oma beim alten Ufa-Film. tk

Von seinem Werdegang hoffe ich einen kleinen Überblick gegeben zu haben. Sein weiteres Leben wird Holger selber berichten können. Manche Entbehrungen hat er auf sich genommen. Möge er sein gestecktes Ziel erreichen. Wir haben versucht ihm die Schwierigkeiten aus dem Wege zu räumen. Zwang haben wir nicht gebraucht. Er hatte einmal in Praunheim, die ganze Wohnung stand ihm zur Verfügung , eine Partie gegeben, von der seine Bekannten heute noch sprechen. Einige nachfolgenden Bilder mögen das Bild von Holger noch abrunden.

Bleibe gesund und weiterhin viel Erfolg dies wünscht Dir

Dein Vati

Frankfurt im August 1972.

Einführung zum Film

Von Jugend an faszinierten mich laute, aufdringliche und phantasievolle Menschen. Leute wie ich, die zum Scheitern verurteilt schienen und sich daraus einen Mordsspaß machten. Unpraktische und beziehungslose Typen, die von der Gesellschaft als krank und ekelhaft abgetan werden und nur mit doppelter Mühe existieren.

Für mich definiert sich alles aus dem Gegenteil. Und so wollte ich immer lernen, wie man alles falsch macht. Die Selbstdarstellung der verschiedenen Charaktere in meinen Filmen zeugen davon. Carla Aulaulu inspirierte mich schon früh durch ihre unweibliche Selbstüberschätzung. Die Perfektion in allem, was sie nicht konnte, machte sie zur Protagonistin meiner frühen Werke. Durch ihre widersprüchliche Art wurde sie zur modernen Komödiantin an sich. Die Mischung aus krank und komisch stellte eine überraschende Dialektik her. Sie war immer sehr häuslich und konnte sich überall ideal einrichten. Ich stellte sie mir in den unangenehmsten Situationen vor, und kam immer zu einem positiven Schluß. Mit ihrer herzerfrischenden Art pupste und rülpste sie, während sie eine schmackhafte Quarkspeise servierte. Ungeniert zeigte sie ihren Körper, betrachtete sich aber zu Recht als seriös und vornehm.

Sie versuchte verzweifelt, hübsch zu sein, und in den aufdringlichsten Posen, die eine Monroe nicht besser konnte, macht sie die Tragik unseres Seins deutlich.

Wie in Filmen von Genet und Markopoulos zeigt sich die Begrenzung von Glück, Liebe und Kommunikation. Auch in der Werbung und in Träumen, die immer faschistisch sind. Carla und ich durchbrachen die frustrierte Atmosphäre linker Parties, indem wir genaueste Fragen nach dem Privatleben der Anwesenden stellten. Noch mehr aber faszinierte uns die penetrante Darstellung von «Bürgerlichkeit». Pop, Beat und Hippietum wuchsen uns über den Kopf, und wir genossen die rechtsradikale Sinnlichkeit von karierten Tischtüchern, weil wir darin erst unser eigentliches Problem sahen. Das übertriebene und ungeschickte Nachspielen von bürgerlichen Riten empfanden wir als äußerst unterhaltsam und lehrreich.

Ähnlich bewältigten wir unsere Vorliebe für Kitsch und Romantik. Der billige Ausdruck einer betenden Hand aus rosa Schaumstoff schien uns wertvoller als Günter Grass und Peter Handke. Unser Ziel war es, eine Filmkomödie zu schaffen, die dem allem gerecht wurde.

Professionelle Schauspieler haben oft wenig persönliche Interessen. In den Kantinen wird meistens nur von Schnaps und Geld gesprochen. Die Schauspielschu-

Berryt Bohlen. Foto Oh Muvie

len zerstören ihre Intuition. Die Eintönigkeit von Gebrauchsstükken, ob nun Krimi oder Goethe auf einem beamteten Theater, macht sie einseitig und gefühllos.

Der Laiendarsteller, im kommerziellen Kino, häufig bei weiblichen Rollen bevorzugt, bleibt dort meist blaß und stilisiert. Erst der sogenannte Undergroundfilm wagte es, den Typ von der Straße oder dem Strich weg zu engagieren und ihm freie Bahn für jede Form von Ausdruck zu geben. Das Einbringen einer unbegrenzten persönlichen Erfahrung in jede Rolle läßt ihn erst über sich selbst hinauswachsen.

Wir werden konfrontiert mit Welten, die wir nicht einmal ahnen, weil man sie nicht erfinden kann. Ständige Selbstinszenierung, das extreme Interesse an sich selbst und oft auch der spielerische Spaß an der eigenen Unvollkommenheit, sind einige der Grundbedingungen für den Superstar.

Berryt und Steven erfüllen alle diese Bedingungen perfekt. Das Interesse und die Freude an ihrem Körper, Redezwang und ein fremdes Realitätsgefühl treiben sie zu den überraschendsten Darstellungen. Sie wären, auch wenn sie wollten, nie fähig, sich in der Kommerzfabrik zu prostituieren. Ein Talent muß heutzutage besonders ungeschickt sein, damit es nicht vom Apparat sofort verschaltet und lahmgelegt wird.

Das harte Westerngesicht von Steven und die verträumten Augen von Berryt brachte ich in einem späteren, unveröffentlichten Werk «Sylvester 70/71» zusammen. Im vorangegangenen Sommer probierte ich mit Magdalena Montezuma (deren Name aus dem großartigen Fotoroman «Little me» stammt), deren romantische Ausstrahlung die einer Garbo noch übertrifft. Die mystische Sinnlichkeit ihres groben Typs kennt man aus den Abbildungen des Jugendstil zur Genüge, aber im lebendigen Bild wirkt sie um so drastischer. Vampirhafte Häßlichkeit und die angsteinflößende Langsamkeit ihrer Gesten kollidieren mit der Schönheit ihrer Haut, die sie dazu berufen, in einen modernen Heiligenkult miteinbezogen zu werden. Aus selbstmörderischer Liebe wird jede Rolle existentiell, ein immerwährender Gang ins offene Messer.

Hier wird die starke persönliche Verbindung zum Tod im Leben der Superstars deutlich. Die schicksalhafte Krankheit eines Rainer Kranich drückt unser aller Angst und Schrecken aus, die sich wieder einmal als positive Möglichkeit zeigt und erst zur wahren Bewältigung von Freiheit führt.

Sie alle sind so schön wie Marlene Dietrich, die glänzend, wie aus Seife geschnitzt, seit zwanzig Jahren immer das gleiche macht. Als ich die Greisin 1972 im Queens Theater bewundern durfte, fiel sie leider gegen Ende der Vorstellung hin und mußte sich unter orkanartigen Ovationen auf dem Arsch hinter den Vorhang robben.

Der Undergroundfilm, der sich

thematisch und ökonomisch definiert, zeigt, wie jener große übliche Aufwand beim Film durch einen einzigen Macher bewältigt werden kann. Regie, Buch, Kamera, Schnitt, Produktion und oft auch Vertrieb liegen in einer Hand. Die sozialen Zwänge zum Beispiel bei den amerikanischen Filmemachern, die fast ohne Geld und Verleihchancen arbeiten müssen, haben sich dort positiv in Qualität niedergeschlagen, die in Deutschland durch luxuriöse Kulturförderungen allerorts bald abgetötet worden ist. Hier fällt die Notwendigkeit weg, gute Sachen zu machen, wenn sie doch nur (wie im Fernsehen) dem ignoranten Konsum dienlich sind. Vertriebssysteme wie Hamburger Coop und Kommunalkinos bedienen meist nur eine unlebendige incrowd. Das Aufbrechen einer solchen Haltung kann nur geschehen, wenn man selbst in Frage gestellt wird, und darauf können wir nur beim Zusammentreffen verschiedener unglücklicher Umstände in Zukunft hoffen.

Meine Filme sind naiv, amateurhaft und unästhetisch.

Ich mache Buch, Regie, Kamera, Schnitt und Produktion selbst, aber ich habe z. B. nie Kamera gelernt und werde es sicher auch nie lernen. Ich bin der Überzeugung, daß es beim Filmemachen nichts zu lernen gibt und daß ein guter Film nichts mit Film, sondern mit Leben zu tun hat.

Film wird bisher als elitäres Mittel weniger benutzt. Ich glaube aber, daß die Pathetik und Arroganz von Film mit Hilfe von Super-8 und Videotechnik durchbrochen wird und zum politischen Kampfmittel des Volkes werden kann.

Mein 1. Filmskript geschrieben für Carla Aulaulu 1967

1
Dem Selbstgespräch eines Regisseurs auf der Straße entnimmt man, daß er auf der Suche nach einem entscheidenden Talent ist.

2
Auf der gegenüberliegenden Straßenseite bewegt sich eine blonde, kleine Cafébedienung so vorteilhaft, daß sie ihm sein ganzes Interesse abverlangt.

3
Er nähert sich ihr spontan und erklärt ihr ohne Umschweife, daß sie die langgesuchte Person ist, der er mit einem großen Projekt zum Durchbruch verhelfen kann.

4
Sie ist überglücklich, kündigt im selben Moment ihre Stellung auf und vertraut sich dem Herrn gänzlich an, in der Hoffnung, daß sich bald alles erfüllen wird, was sie sich erträumt hat.

5
Der Herr bittet sie, in seinem großen, luxuriösen Wagen Platz zu nehmen, und braust mit ihr davon.

6
Sie halten in einer tristen, schmutzigen Vorstadtstraße, wo, wie er beruhigend erklärt, sich hinter einer nichtssagenden Fabrik ein modernes Atelier befindet. Er macht ihr tausend Komplimente und sagt ihr eine große Zukunft voraus.

7
Über eine ordinäre Eisentreppe geht es in ein hochqualifiziertes Atelier, wo sie sich sofort «wie zu Hause» fühlt. Der Regisseur hat sich nicht zuviel versprochen. Sie demonstriert in atemberaubenden Posen, mit welcher Eleganz und mondänen Geschicklichkeit sie sich darzustellen weiß.

8
Aufmerksame Reporter und Kameramänner sind herbeigeeilt, um sich ihrer anzunehmen. In gleißende Helligkeit getaucht, entpuppt sie sich als geborener Star.

9
Betroffen liegt sie im Luxusbett eines Hotels und hört den nicht enden wollenden Jubel der ausdauernden Fans anschwellen. Mit zitternden Schritten geht sie weinend auf den Balkon hinaus.

10
Carla Aulaulu, der große Star, gibt aufregende Inteviews, deren Witz allgemein großen Beifall finden. Sie paradiert ungleich graziös vor

der Presse und hält charmant Hof, wo immer sie anzutreffen ist.

11
Mit seltenem Mut und kühner Ausdauer meistert sie ungewöhnliche Dreharbeiten zu ihren ersten Filmen. Ihre Bemühtheit und Unbeholfenheit erwecken große Sympathien. Ihre Dramatik zeichnet sich durch einen Ernst aus, den mancher übertrieben findet, aber der Erfolg bleibt ihr nirgends versagt. Ob als Gefangene in einer Schiffskabine, wo sie in letzter Not mit den Fäusten gegen die Türfüllung trommelt, oder als Geheimagentin im raincoat ein Treffen in einer finsteren Kneipe meistert. Am besten gefällt sie in unkomplizierten Showszenen, wo sie mit naivem Gesang die Wünsche einer ganzen Generation vorträgt.

12.
Sie ist reich geworden und genießt ihre Vorteile. An keinem erlesenen Geschäft kann sie vorbeigehen, ohne etwas mitgehen zu lassen. Sie sonnt sich in den Vorteilen des modernen Reiseverkehrs, um all ihren Verpflichtungen rechtzeitig nachkommen zu können.

Aber auch Übersättigung und Überdruß kehren ein. Sie zeigen sich in Nervosität und Hysterie.

13
Unstetigkeit bringt Einsamkeit mit sich. Aus angeblich guten Freunden werden Neider. So kommt sie auf die Idee, sozial zu wirken. Sie bricht in die bürgerliche Welt ihrer Eltern ein und stiftet große Verwirrung. Ihren wirklich guten, kranken Freunden aber kann sie wirklich helfen, und das verschafft ihr ungeheure Befriedigung. Ihre Altersgenossen lädt sie kurzerhand zu einem eleganten Ausflug nach Übersee ein, der für alle unvergeßlich werden soll. Aber bei alledem hat sie das natürliche Bedürfnis nach Liebe vergessen, das jungen Menschen eigen ist.

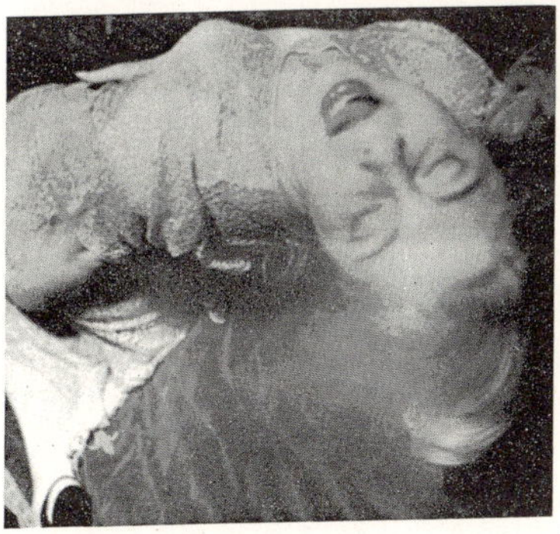

Rosa und Carla in «Oh Muvie». Foto Oh Muvie

14
Als ihr Wunsch nach Liebe öffentlich wird, sieht sie sich plötzlich einer riesigen Schar von Bewerbern gegenüber. Aber es fällt ihr schwer, sich zu entscheiden. Einmal spornt sie diesen, einmal jenen glutäugigen Verehrer an. Das schafft Verwirrung, und schließlich kommt es vor ihren Augen zu einer heftigen Auseinandersetzung, die immer schlimmere Formen annimmt. Noch ehe die Polizei eingreifen kann, haben sich die Hitzköpfe gegenseitig aufgerieben. Das Schlachtfeld gleicht einem Friedhof. Alle sind für sie gestorben.

15
Ermattet und ungepflegt flüchtet sie in den frühen Abend unerkannt in die große Stadt, die sie schon lange nicht mehr so eindringlich erlebt hat. Ihr Gesicht ist aufgequollen und ihre Bewegungen sind nachlässig, aber ihren Charme hat sie nicht verloren.

16
Sie begegnet einem einfachen Mann, und ehe sie sich versieht, hat sie Feuer gefangen. Sie erzählt ihm nichts von ihrem Schicksal. Es sind vielleicht Belanglosigkeiten, die sie austauschen, aber dahinter ist eine große Spannung, die beide nur mit Mühe ertragen. Am frühen Morgen gelangen sie an ein schneeweißes Reihenhäuschen, das er stolz sein eigen nennt. Jetzt weiß sie, wohin sie wirklich gehört. Sie erkennt die wahre Bedeutung ihres Lebens. Enttäuscht von der Scheinwelt des Films sinkt sie glücklich in seine Arme, um ein neues Leben an seiner Seite zu beginnen.

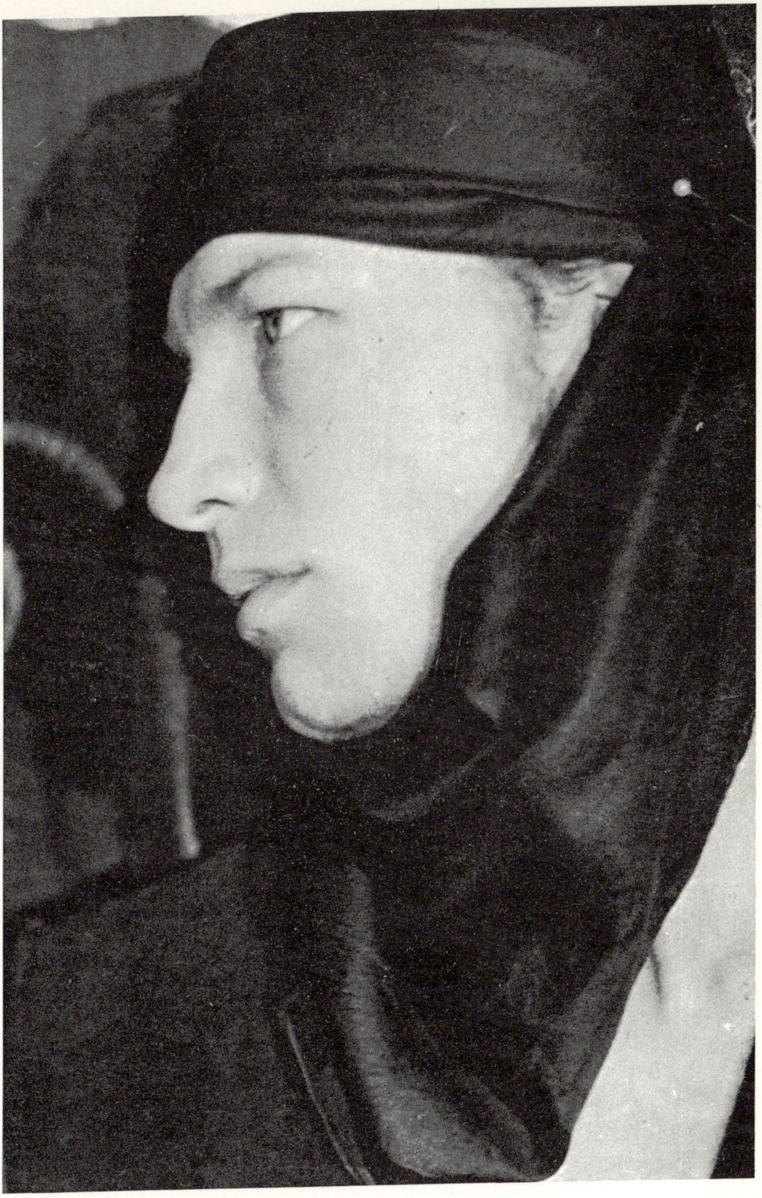

Steven Adamschewski. Foto Oh Muvie

Pardon 10/1967

Bericht über meines lieben Mannes letzte Zeit

Schon lange wanderte m. Mann mit s. Gesundheit auf sehr schmalem Grat: Angina pectoris 10 J., Prostata-Krebs 5 J., Blasenentzündung mit vorüberg. Besserung 2 J. (stetes Nässen der Unterwäsche). Febr./-März d. J. Gürtelrose (sehr schmerzhafte Form mit wenig Ausschlag u. Juckreiz – dafür Entzündung der Nervenenden, wozu Dr. B. sagte: Daß Sie diese Schmerzen noch durchmachen müssen, tut mir aufrichtig leid – das hätten Sie uns Jüngeren überlassen sollen).

Ottos vieles Stürzen im letzten J. – in d. Wohng., im Garten, vor dem Hause (seit Okt. 65 Geländer), auf der Straße – zog immer Tage nach sich, wo ich glaubte, es gehe zu Ende. Ursache waren die «cerebralen Durchblutungsstörungen» – wie unser Hausarzt sie nannte, leichte Schlaganfälle im Gehirn ausgelöst.

Eine Tragik in 22 von uns. 23 Ehejahren war s. Fersensporn im linken Fuß. Er hielt die quälenden Schmerzen, die im Winter bes. schlimm waren u. ihn wochen- und monatelang quälten, für Rheuma!!! Durch Tausende von Schmerztabl. – Trineral, Togal, Spalttabl. usw. usw. – versuchte er, die Schmerzen zu betäuben, mir alles zu verheimlichen, mich nicht zu beunruhigen. Er wußte, wie ich mit ihm mitleide. Im Nov. 65 brachte ich ihm 3mal in 1 Woche je 60 Romigaltabl. mit.

Als ich ihm dann die 4. Pckg. mitbringen sollte (er konnte wegen der großen Schmerzen nicht selbst z. Apotheke fahren), schleifte ich ihn z. Orthopäden. Der stellte lt. Röntgenbild 1 langen – aber leider den falschen Fersensporn fest. M. orthopäd. Schuhmachermeister fand dann bald darauf durch Abtasten des Fußes 1 haselnußgroßen Fersensporn an der Hacke als den Übeltäter. Mit 1 eingeklebten Fußpolster – ausgeschnitten – u. 1 Korkledereinlage – auch ausgeschnitten – war plötzlich für immer dies an sich harmlose, aber so schmerzhafte Leiden beendet. Otto hatte d. Fersensporn im Krieg v. Stiefeltragen bekommen, war auch b. Stabsarzt damals in Behandlg. gewesen – nach 22 J. war ihm nun alles klar.

Für mich waren Ottos Niesanfälle in den letzten 8 Mon. das wohl Nervenaufreibendste. Er nieste mitunter 8–10 mal so heftig, daß aus Augen, Nase, Mund das Wasser kam, er speien u. oft erbrechen mußte u. noch nach 1 Std. am ganzen Leib heftig zitterte. Das Kinn flatterte ihm oft noch $1/2$ Std. danach. Das viele Verschlucken u. Niesen hing mit der Lähmung einiger Schluckmuskeln zusammen. 1 leichte Lähmung des r. Beines besserte sich in den letzten Mon.

Sein letzter großer Wunsch, über den seit Weihn. 65 wohl fast täglich debattiert wurde (er dafür – ich dagegen, weil ich ihn nicht für reisefähig hielt – ebenso der Arzt: Reisen ist große Illusion für Sie, Herr L.), war die Harzreise.

Heute weiß ich, er wollte Abschied nehmen von dem Leben, das er so liebte, denn er sagte immer, es ist doch das letzte Mal. Schließlich einigte ich mich mit dem Arzt u. sagte: Erfüllen wir ihm seinen vielleicht letzten Wunsch – es kann ihm ja überall – auch hier zu Hause – etwas passieren!

Ich tat nun alles Menschenmögliche u. zog noch 2 Ärzte hinzu – ohne Wissen von Dr. B. Otto bekam von 1 sehr tüchtigen Dr. med. + Homöopath 9 Frischzellenspritzen «Regeneresen RN 13» (à la Adenauer, Churchill), die ihm auch gut bekamen u. ihn wohl reisefähig machten. Außerdem wurden 4 Tg. vor der Reise 12 Blutegel angesetzt – je 5 an den inneren Beinvenen – je 1 in d. Ellenbogenvene.

Eisern u. hochbeglückt glaubte er an Dr. Hapkes Worte: *Die Blutegel sind Garantie*, daß Sie in den nächsten 3 Mon. keinen Herzinfarkt u. keine Thrombose bekommen. Womit Dr. H. an sich recht hatte.

Am 27. 6. 66 fuhren wir nach Wildemann/Oberharz, wo ich mich schon Anf. d. J. für 5 Wochen zum 3. Mai wieder um unsere schöne Vollpension am Kurpark bemüht hatte (die J. vorher noch in Bad Sachsa). Vor der Fahrt bangte mir wegen der Anstrengung am meisten. Ich sagte öfters – besonders in der Hitzewelle Mai u. Juni: «Ich glaube, ich muß dich schon in Goslar ins Krankenhaus einliefern.»

Oder «Falls dir etwas in W. passiert, willst du dann im Harz beerdigt werden?»

Otto darauf: «Nein, ich will hier zum Neuen Friedhof, weil du dann *nahe* bei mir bist.» (Wir bauen nämlich gegenüber diesem schönen Waldfriedhof 1 Etagen-Eigentumswohng., 71 qm – etwa in 1 J. bezugsfertig.)

«Mit Bohnenkaffee werde ich die Fahrt schaffen», sagte Otto dann u. er behielt recht. Zu uns. netten Haushaltshilfe, die uns z. Zug brachte, sagte er: «Frl. Müller, Sie werden sehen, ich erhole mich dort gut u. komme ganz gesund *zurück!!*

Wir kamen auch wohlbehalten in der Pension an u. waren noch ca. 5 Tg. über alle Maßen dort glücklich. O. wünschte vor allem, daß *ich* mich erholen sollte. Wir wanderten zur Wassertretstelle im bezaubernden Grumbachtal, promenierten im Abendsonnenschein am Sanickel, wo die eleganten Hotels sind, hörten täglich

Kurkonzert. Selbst am 3. Tag *vor* s. Tode freute Otto sich noch vorm. im Kurpark über 1 Wiener-Walzer-Potpourri. Aber das Nässen der Wäsche u. auch der Oberhosen nahm derart zu, daß ich in der Pension in größte Schwierigkeiten kam, obwohl ich extra 1 Koffer *nur* mit Unterwäsche f. O. wegen s. Prostata bzw. Blasenleidens mitgenommen hatte.

Am Freitag, den 1. Juli, begann es dann mit Ottos Durst. Er wollte nicht die salzige Vorsuppe, sondern bestellte Malzbier. Ich sagte: «Du darfst mit deiner Prostata doch keinen Alkohol trinken!»

Fortan bestellte er *mittags* brav 1 Fl. Citr.-Sprudel. Da an allen anderen Tischen auch Getränke bestellt wurden u. ich dafür m. Suppe löffelte, schien diese 1 Fl. Sprudel ja nicht gleich so bedenklich. Ich wunderte mich bloß über die Gier, mit der O. 2½ Glas auf *einmal* austrank. Mit diesem Durst begann *der latente Blutzucker aufzuflackern* (verdecktes Erbteil mütterlicherseits).

Er steigerte sich an den 2 letzten Tg. auf 450 mg % zum Koma (Bewußtlosigkeit), womit kein Mensch leben kann, wie der jg. Assistenzarzt von 24 J. mir sagte, mit dem ich in Clausthal-Zellerfeld zu tun hatte.

Am 2. Juli holte O. mehrfach tief Luft durch den Mund, als ob er ersticken müßte. Der seit ca. 6 Wochen neu hinzugezogene Homöopath hatte ihm Mundatmung untersagt. Der Schluckauf, den er die letzten Monate hatte, sei darauf zurückzuführen, daß durch den Mund zuviel Luft ins Zwerchfell strömt. Aber es ging eben schon alles aufs Ende hin, wie ich es jetzt weiß. Auch s. Nase tropfte ihm morgens u. b. Frühstück wieder bis übers Kinn (er bekam vom Homöopathen Naso-heel-Tropfen), u. ich hatte immer genügend Tempo-Taschentücher, um ihm damit auszuhelfen.

Der 2. Juli war dann wohl der Höhepunkt unseres Glückes im Harz u. wohl auch der ganzen letzten Zeit: Wir erhielten nämlich *den Bauvertrag von Lorenzen*, den ich schon zu Pfingsten erwartet hatte. Die Zinssteigerung von 1 % – *1 Tag vor Pfingsten* – hatte mich inzwischen sehr beunruhigt. Nun waren wir ganz, ganz glücklich, u. ich sagte: «Was würde sich dein Vater (früher Bauunternehmer in Kgb. Pr.) freuen über unseren 2. Bau! 2mal waren wir hier in Harburg noch zur Baustelle gefahren, so daß Otto im Bilde war über die schöne Lage.

Ich möchte ausdrücklich betonen, daß *unser Appetit gut war*, daß uns beiden alles schmeckte, nur, daß O. statt Weißbrot sich – wie immer – Vollkornbrot ausbat u. morgens statt Marmelade Quark.

Am Montag, d. 4. Juli, nach 2 Runden durch den Kurpark, wechselte ich wieder O.s Unterwäsche, u. dann legte er sich noch 1 Std. ins Bett. Mir kam das sehr sonderbar vor.

Wir hatten schon 1 sehr unruhige Nacht gehabt (wohl schon Todesunruhe): Um 10 löschten wir das Licht, um 11, 1, $^{1}/_{2}$2, 2, 3, 5, $^{1}/_{2}$7 Uhr wollte O. aus dem Bett. Er konnte auch kaum Harn mehr halten. Ich machte ununterbrochen Zellstoffeinlagen in das aus Goslar per Express bestellte Gummihöschen. Am anderen Tag im Krankenhaus konnte man ihm keinen *einzigen* Tropfen Harn mehr abnehmen zur Urinprobe auf Harnzucker. Als er sich nun also noch *vor* dem Essen hinlegte, sagte ich: Ottochen, wollen wir nicht doch nach Hause fahren, wenn du dich nicht wohl fühlst? Antwort prompt: *Ich bleibe hier 5 Wochen!*

Am Dienstag, den 5. 7. früh: O. steht vor dem Waschbecken, taucht s. linken Unterarm mit Nacht- und Unterhemd ins Wasser – 2mal – lächelt mich geistesabwesend an u. sagt: *Ich bin gewaschen!* Dann dreht er dauernd den Kaltwasserhahn auf, so daß ich ihn kaum waschen kann. O. hatte schon zu Hause solche *nicht* ansprechbaren Tage, wo er liegen blieb, nichts aß u. wieder zu sich kam. Es handelte sich also wieder um cerebrale Durchblutungsstörungen (Gehirn). Als wir zum Frühstück gehen wollen u. ich v. d. Toilette komme, ist O. einfach *weg*. Ich suche ihn vergebens im Haus. Ohne Frühstück, weiße Mütze, Mantel u. vor allem Stock – irrt er geistesabwesend im Garten umher. *1 großer Schock u. 1 instinktive Todesahnung überfallen mich. Nach* dem Frühstück bedenkt er dann zu m. großen Erstaunen wieder dreierlei: 1. Er zieht von allein 1 Strickjacke für den Kurpark unter, 2. er fragt mich nach m. Erfolg auf d. Toilette, 3. er denkt daran, die niedl. kl. Taschenlampe aus dem Kontakt neben s. Bett rauszuziehen, die wir früh nach dem Rasieren zum evtl. Aufladen reinsteckten. Dieser stete, plötzliche Wechsel bei Otto – körperlich u. geistig – *täuschte immer wieder mich u. im besonderen unsere Besucher.* Am 6. 7. früh (Mittwoch) um 5 u. 6 Uhr fällt mir Otto über das Waschbecken, kann sich nicht mehr aufrecht halten. Ich sage: Ottochen, ich höre jemand draußen, ich will ihn holen, um dich zu stützen. *Letztes* Wort von Otto zu mir: «We(s)hal(b)?»

Er erfaßte nicht mehr die Situation, daß ich ihn nicht mehr stützen u. er sich nicht aufrecht halten konnte. Das macht mich dankbar, daß er bereits im Koma war – zwischen Wirklichkeit und Trauma schwebte. Ich glaubte, er hätte nun auch die Sprache *verloren.* Als dann der Arzt aus Lauthental noch *vor* der Sprechstunde um 1/29 kam, war Otto durch die Bettruhe wieder klarer u. beantwortete dem Arzt beide Fragen: 1. Wie heißen Sie (Lekies), 2. Wie alt sind Sie (77), u. zeigte auf Wunsch die Zunge. Dr. P. sagte: Kein akuter Schlaganfall!

Das Rotkreuz-Krankenauto brachte uns um $^{1}/_{2}$10 ins Kreiskrankenhaus Clausthal-Zellerfeld, wo ich ihn mittags noch fütterte: 3 zerdrückte Kart. + weiße Soße + etw. Apfelkompott –

nachm. noch 1 Schnabeltasse Milch-Ersatzkaffee. Trotz kleiner Schlucke natürlich wieder mit Verschlucken. Als er dort dem Arzt die Zunge zeigte, sagte der: *Der Mann ist ja völlig ausgedörrt!* Wie weit Otto im Blutzucker-Koma noch Höllenqualen von Durst hatte, ist schwer zu sagen. Ich nannte alle Befunde u. Medikamente v. 3 Ärzten.

Am Donnerstag, dem 7. 7. 66 – meinem 61. Geburtstag u. zugleich Ottos Sterbetag – sagte mir der Arzt vorm.: Hochgradige Acidose – schweres Blutzuckerkoma 450 mg %. Sicher hätte O. schon etwas Blutzucker gehabt. Ich sagte, der Durst hätte erst vor 1 Woche eingesetzt – sonst hätte er wegen seines Herzens immer wenig getrunken. Otto war im Sterbezimmer mit 2 anderen fantasierenden, wohl auch sterbenden Männern, sehr schön gebettet — halb sitzend – das furchtbare Zittern u. die Unruhe vom Tag vorher waren fort (kein Holzgitter mehr ums Bett), die Augenlider noch schwach geöffnet, Otto ganz *starr u. bewegungslos* im Koma – bekam noch ins Handgelenk 1 farblose Infusion, damit sich das Blut normalisieren sollte. Als ich ihn auf den Kopf küsse u. streichele, zog er mehrmals die *Augenbrauen hoch* – konnte die Augen aber nicht mehr öffnen. Er fühlte also, daß ich bei ihm war – wie weit s. Bewußtsein war, könnte nur jemand sagen, der solch 1 Koma *selbst* durchgestanden hat.

Am Nachm. erwartete ich – wie verabredet – in Wildemann m. Geburtstagsgäste aus dem nahen Bad Grund – unsre lb. Nachbarin, Fr. I., mit der ich jetzt im selben Block baue, u. ihre Schwester. Sie packten mir nun getreulich die 3 großen Koffer, denn um 18 h siedelte ich per Taxe nach Clausthal über. Als die Taxe vorfuhr, kam der Anruf: Otto ist um 17 Uhr 50 eingeschlafen. *Todesursache: Apoplektischer Insult.* Durchblutungsstörungen im Gehirn lösen *1 sanften, milden Tod* aus, sagte mir Arzt Nr. 3, Dr. Imkamp, Urologe. Er hatte noch Ottos Prostata 3 Wochen *vor* der Reise untersucht – sie war besser als vorig. J., normale Blutsenkung (8 mm), guter Blutdruck 150:80, nur 2 Blasenspülungen statt im vorig. J. 8 und Urinprobe *ohne Befund.*

So wurde ich 18.30 h bereits in die Leichenhalle des Krankenhauses geführt, wo Otto friedlich aufgebahrt war. Meine Geb.-Blumen wurden nun sein erster Sterbegruß!

Ottos guter Geist hatte mich sogleich wunderbar geleitet: In Wildemann standen mir mit uns. Wirtsleuten Fam. Otto u. einigen Kurgästen sowie mit der mir von Fam. Otto empfohlenen Fam. Klaus (Überführung v. Clausthal) *sehr gute* Menschen zur Seite – dazu unsere *sehr lb.* Frau Israel u. ihre Schwester, so daß ich mir nicht so verlassen vorkam.

Wundervoll war das Wetter bei der Überführung am 8. 7. – also Ottos letzte Harzfahrt: Solch schöne klare Fahrt – kühl – wenig Gegenverkehr – hätten sie selten gehabt, sagten *beide* Herren Klaus sen. u. jun. Statt der üblichen 3 Std. waren wir schon in 2¼ Std. auf dem Friedhof in Harburg.

Auch die Beerdigung war würdig und schön, bestimmt in Ottos Sinn. In der Abschiedsstunde legten wir noch *Majorsmütze u. Orden* u. ein paar rosa Röschen von s. Lieblingsstrauch in den *geöffneten* Sarg. Obwohl viele verreist waren, war 1 unerwartet großes Gefolge in der s. 2 J. neuen wundervollen Halle (für 300 Pers.) und unerwartet viele schöne Kränze u. Buketts. Im Blockhaus gegenüber war noch 1 Kaffeetafel (33 Pers.). Die Grabstelle liegt einmalig schön. In 6 Min. bin ich später von der neuen Wohng. an O.s Grab. 1 *Bänkchen* habe ich auch schon beantragt.

Ich habe mit Otto hier in Hbg. seit 1955 *viel Schönes* gesehen u. erleben dürfen: Die Parks in Blankenese, jedes J. (bis auf die 2 letzten J.) den Ohlsdorfer Friedhof zur Rhododendronblüte, die Obstblüte im Alten Land mit den schönen Dampferfahrten auf der Elbe, Wanderungen (wenn auch langsam) am Elbufer u. in uns. Stadtwald – der «Haake», die uns immer an das Wiehengeb. mit dem wunderschönen Mischwald erinnerte. Fahrten mit der Volkshochschule (Lübeck, Ratzeburg, Mölln, Celle, Lüneburg, Heidefahrten), bis zum letzten Herbst noch die schönen Stadtrundfahrten der Baubehörde: Sieh Dir an, wie Hbg. baut – dazu unsre schönen Stadtparks in Harburg (mit Außenmühlenteich) u. Hamburg – Planten un Blomen zur Tulpen-, Rosen- u. Dahlienblüte. Ich glaube, wir kennen unsre Wahlheimat *besser* als manch 1 geborener Hamburger.

Immer ausgeglichen, heiter und beherrscht, ließ Otto sich niemals seinen rapide absinkenden Gesundheitszustand anmerken.

Ich bin *beglückt* über all die vielen lieben u. warmen Worte über meinen guten Mann und danke herzlich dafür. Er verkörperte auch für mich in *höchstem* Maß Deutschtum, Treue und Ehrenhaftigkeit.

Ich ließ diesen Bericht drucken für alle uns näherstehenden Bekannten und Verwandten. Motto für mein jetziges Leben – ohne – und doch immer noch mit Otto: Leuchtende Tage . . . Weine nicht, daß sie vorüber, sondern lächle, daß sie gewesen.

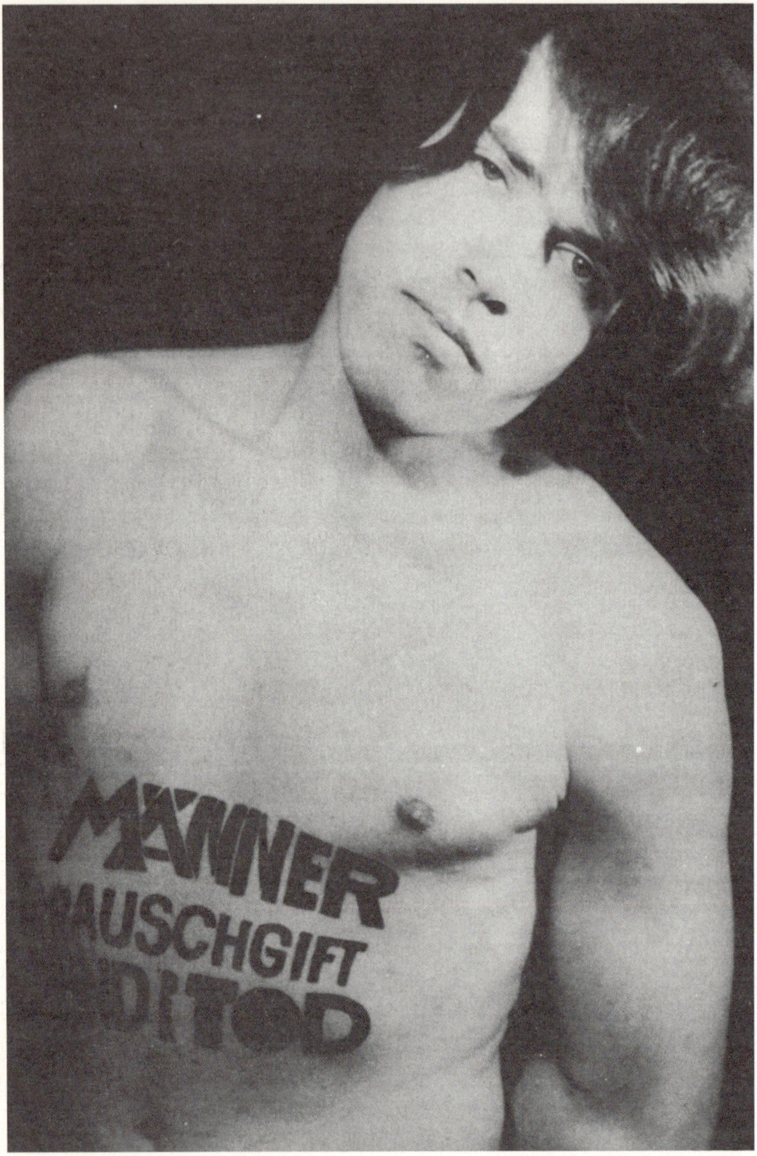

Aus «Die Leidenschaften der Rosa von Praunheim für Sylvia». studio presse hans taeger, Berlin 1967

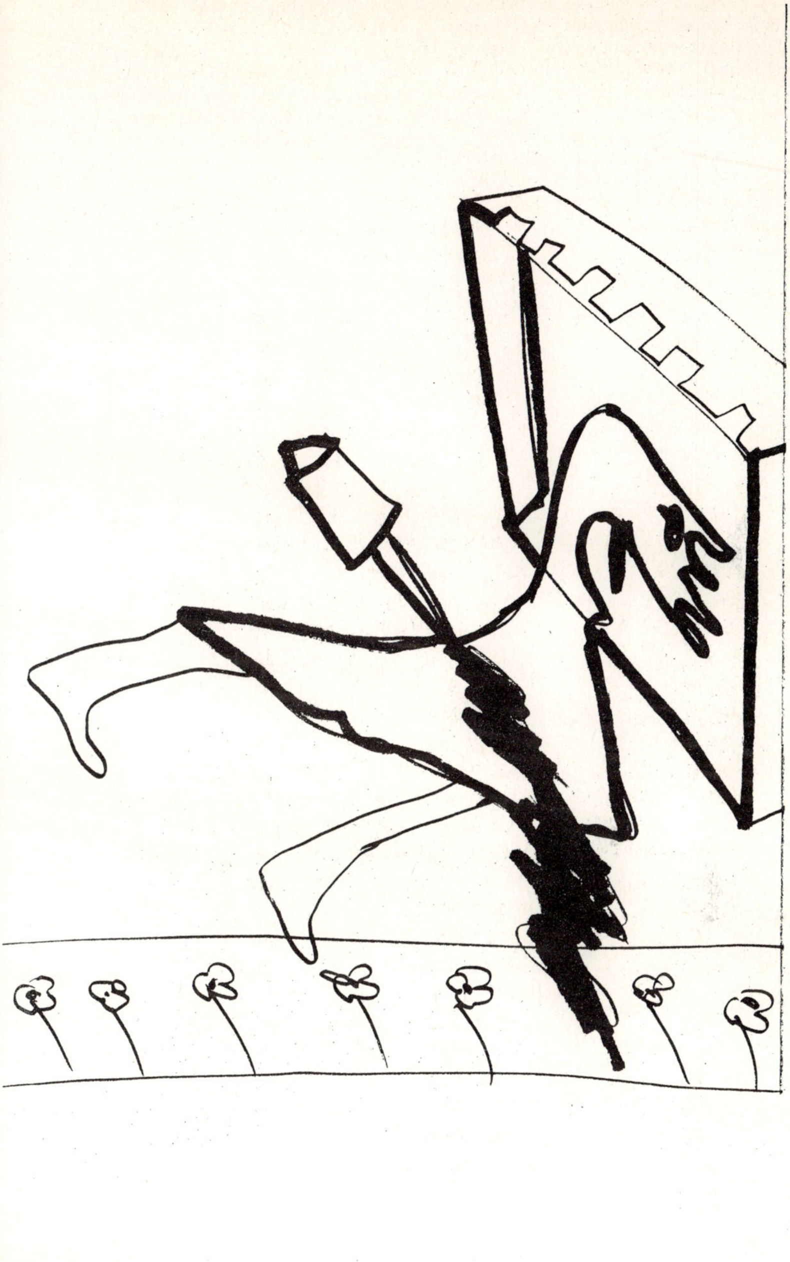

Der König in lila Sosse getaucht gluckerte, er rutschte am breiten Geländer entlang, taumelte schwer, in 100 Spiegeln reproduziert, rutschte auf Zucker aus. Die Haare verklebt in die Augen gezogen. Das Hirn gespalten. Er trieb auf dem flüssigen Teppich bis zum Ofen, verschwand im Sog des Schornsteins. An der Luft getrocknet, erhängt mit breiten Beinen, steif auf einem Plateau in der Mitte einer Kreuzung, geheiligt, vergessen und penetrant riechend. Der luxeriöse Gang, rote Spuren, herzförmig bis auf die Wände, Glanzlichter auf der Tapete. Das Abbild eines Geliebten, schwermütig, verzweifelt zusammengedrängt in eine Schachtel, hinter Glas. Die Blumen aus dem Mund des Porzellanlöwen. Das ist zuviel. Er stürzt sich weit weg. Alle Haltung verloren. Es wird einsam und herbstlich, ein paar Vögel kranke Tiere und eine alte Mutter, die nagt und sich zerfrisst.

Der König schloss sich in sein Haus ein. Er glitt die Stufen hinab bis zum Grunde des Sees.

Er schluckte kaltes dickes Wasser, schüttelte sich, stiess dabei an die Ränder von Glas.

Er tauchte sprudelnd golden glitzernd empor. Er weinte, lange Kämme durchfurchten seine Haut, vornübergeneigt gab er sich den Strahlen von mehreren künstlichen Seen hin.

Sein Herz, er roch an seinem Gesicht im gegenüberliegenden Spiegel.

Aus den Fliesen lachte es. Er bekam einen roten Kopf.

Umkränzte goldene Haut, auf seinen Fingern drinnen in seinem Mund.

Plötzlich auch alles. Er wurde furchtbar heiss
Ein anderes war in ihm.

Fortan trug er sich irgendwo an eine Stelle, die lange fort war.

Tanzend über einen Ozon, scheppernd mit Blech und all sein Hab und Gut mit den Zehennägeln betastend

Von Rosa von Praunheim

Produktionskosten DM 1000
Produktion, Buch und Regie: Rosa von Praunheim
Kamera: Dieter Krammig
Schnitt: Fee Gürsching
Darsteller: Carla Aulaulu, Frau Klostermann, die drei Töchter Klostermann
Format: 16 mm s/w Magnetton
Länge: 12 Minuten, Drehverhältnis 1:3
Gedreht in Frankfurt am Main 1967 in der Wohnung von Donatus Bölkow
Erstaufgeführt: Internationale Filmwoche Mannheim, 1968
Fernsehausstrahlung: Herbst 1968 von allen Dritten Programmen, «Auswahl Mannheimer Kurzfilme»
Verleih: Atlas Schmalfilm

Inhalt:

Ein rassistisches Problem an Hand von einer Mutter mit drei Töchtern und einem Dienstmädchen in bewußt fremder Struktur. Dadurch wird der Konflikt von Aggression und Unterdrückung auf unsentimentale Weise freigelegt. Der für uns nur verfremdet nachvollziehbare tragische Schluß erhebt Anspruch auf Objektivität.

Einführung:

Erstlingswerke haben etwas Erregendes, und da ich, wie in der Malerei auch im Film, auf die Technik schiß, war ich der Überzeugung, daß es in diesem wie in anderen Medien nichts zu lernen gab, sondern alles der direkte Ausdruck seiner selbst sei. Ich lernte mit der Zeit die schülerhafte Hilflosigkeit von Filmakademien verachten, die dumm und arrogant in einem Luxusstudium ihre Unfähigkeit kultivieren. Ich bemitleidete die Oberhausener und Münchener Film-Filmer, meistens hochstilisierte Techniker, die sich nur an komplizierten Kameras aufgeilen (jeder kann eine Geschichte erzählen, es kommt nur darauf an, wie ehrlich oder verklemmt das passiert). Das

Filmische an sich habe ich nie begriffen, zum Glück genausowenig, was eine gute Kamera oder ein guter Schnitt sein soll. Der Film unserer Zeit scheitert an Halbprofis, die auf unglückliche Weise zwischen der Genialität von Hollywood und der Unbefangenheit des Amateurs liegen.

Nachdem ich ein bißchen Filmliteratur gelesen hatte, war mir klar, daß mich Film nicht sonderlich interessierte. Die psychologische Aufgeblasenheit eines Antonioni zum Beispiel fand ich zum Kotzen, und die Groschenheftstories der meisten Kunstfilmer langweilig. Film interessiert mich heute immer noch nicht, eher alles übrige, das heißt Leben, Realität, Erfahrungen. Die Umsetzung passiert direkt und dilettantisch. Bilder und Arrangements kannte ich von der Malerei her, aber das allein fand ich zu wenig und zu dumm. Mich interessierten intellektuelle Filme (ohne zu wissen, was das war), oder die so taten als ob, wie Resnais und später Markopoulos. Ich fand, daß der Ton beim Film immer vernachlässigt wurde, und ich überlegte, wie man viele Inhalte, ohne unbedingt inhaltlich zu sein, darstellen könnte. Bei meinem ersten Film wußte ich nicht, was ich machen sollte. Ich hatte unglaublich viele Ideen, konnte mich aber zu keiner entschließen. Carla reizte am Filmen das Ordinäre, Klatsch, Intrigen und der Exhibitionismus, und mir war klar, daß nur sie für die Hauptrolle in Frage kommen würde.

Donatus Bölkow, genannt Rosenhütchen, ein rothaariger fleischiger Mann, den ich von der Offenbacher Kunstschule her kannte, vermittelte mir während der Buchmesse 67 ein Treffen mit einem ihm bekannten Kameramann vom Hessischen Fernsehen, der daran interessiert war, durch eigene kleine Experimente aus dem Routinebetrieb auszubrechen. Mein gerade erschienenes Buch «Männer, Rauschgift und der Tod

Carla Aulaulu und Familie Klostermann in dem Film «Von Rosa von Praunheim». Foto Oh Muvie

– Die Leidenschaften der Rosa von Praunheim» mag die Sache beschleunigt haben, denn schon beim ersten Treffen konnten wir zu einer Einigung gelangen. Ich fand den jungen Kameramann sexuell äußerst anziehend, und darüber hinaus faszinierte mich seine bürgerliche Ausstrahlung.

Gedreht werden sollte in der Wohnung ebenjenes Rosenhütchens, der es verstanden hatte, mit viel Zeit und gutem Geschmack seine billige Unterkunft in schloßartige Räume zu verwandeln. Carla reiste sofort mit ihrer ganzen Garderobe an, die sie für ein paar Mark aus zweiter Hand erstanden hatte. Noch in derselben Nacht überredete ich die Frankfurter Familie Klostermann mitzuwirken. Die Mutter und ihre Töchter waren nämlich alle zwei Meter groß und sollten im Kontrast zu der kleinen derben Carla das Ihre tun. Story war das wenigste, und gedreht wurde in ein paar Tagen. Ich bedauerte nur, die Kamera ganz selten selbst in der Hand halten zu dürfen. Durch die großzügige Hilfe einer Cutterin, die ich in Studentenkreisen kennengelernt hatte, kamen wir billig zu Schwarzweiß-Filmmaterial, das unter der Hand beim Fernsehen entwickelt wurde. Insgesamt entstanden mir Kosten von DM 500, die aufzubringen ich aber damals Mühe hatte.

Carla bekam von den Dreharbeiten auf den kalten Steinfliesen eine Eierstockentzündung, außerdem war sie im Zweifel darüber, ob sie durch den Geschlechtsverkehr mit Farbigen sich nicht einen Tripper zugezogen hatte, und verwechselte zu allem Unglück bei einem Schwangerschaftstest die Bedeutung von positiv und negativ. Sie saß zwischen den Szenen nackt am Schminktisch mit Schaum vor dem Mund von stimulierenden Pillen und rauchte aufgeregt eine Haschischzigarette. Die Mädchen hatten sich speziell für den Film Abendgarderobe geschneidert, und die Mutter, eine ehemalige Schauspielerin, saß dem Ganzen völlig verklemmt gegenüber und schien die Arbeit insgeheim zu verurteilen, wie später die meisten Beteiligten. Mich störte der technische Aufwand von Lampen und Belichtungsmessern. Fahrten wurden improvisiert, indem man den Kameramann, auf einer Decke liegend, hin- und herzog. Als ich das Filmmaterial zum ersten Mal sah, war ich entsetzt. Carla und ich regten uns furchtbar auf und glaubten, die ganze Arbeit sei umsonst gewesen. Die Bilder schienen unsensibel und reportagehaft. Die reizende Cutterin Fee Gürsching sprach uns daraufhin Mut zu, und wir versuchten einen ersten Schnitt an dem uns ungewohnten, aufregenden Schneidetisch. Im Gegensatz zu Fee, die einen modernen flotten Stil bevorzugt hätte, entschieden wir uns für eine naiv erzählende Bildfolge, was uns später nur recht gab. Zur gleichen Zeit versuchte ich, mit einem schlechten Kassettenrecorder einen passenden Ton zu erfinden.

Ich erinnerte mich eines früheren Versuchs, wo ich völlig unbefangen ein paar Chansons gesungen hatte, und baute die Idee aus. Für den Schlußteil des Films wagte ich mich in den Keller einer Beatband, wo mir ein verkrachter Drummer den Hintergrund zu heißem Rockgesang lieferte, an dem ich mich hier zum ersten und letzten Mal versuchte. Als ich Bild und Ton zusammen ausprobierte, war ich unendlich glücklich. Der Film war gerettet. Der unerträglich hysterische und disharmonische Ton machte den Film aggressiv, eine Mischung aus krank und komisch, Verunsicherung, Schock und Widersprüchen. Ich hatte ein wildexpressives Kunstwerk geschaffen, das im Gegensatz zu seinen puristischen Zeitgenossen zuerst auf wenig Gegenliebe hoffen durfte. Das Publikum bei der Erstaufführung im privaten Kreis blieb denn auch geteilter Meinung. Spät im Herbst jedoch, bei der Internationalen Mannheimer Filmwoche 1968, deutete der Film vor vollem Haus schon jenen großen Erfolg an, der mich bis heute nicht verlassen hat. Zu meiner großen Überraschung kaufte das Hessische Fernsehen den Film für einen Bericht über Mannheim an und legte damit den Grundstein für weitere eigenwillige Produktionen. Beinahe jedoch wäre alles nur ein schöner Traum geblieben. Familie Klostermann, der Kameramann und Rosenhütchen verschworen sich gegen mich und forderten vier Fünftel aus dem Erlös. Sie stützten ihre Begründung auf eine Zusage meinerseits, an die ich mich aber nicht mehr erinnern konnte. Ich wußte nur eins, daß dies das Ende meines weiteren Filmschaffens bedeutet hätte. Ich hatte Glück. Sie konnten die Festlegung des Geldes nicht erreichen, und nach vielen bösen Worten stellten sie die Klage ein.

Auszug aus dem Drehbuch:

Der Ton des Filmes besteht aus Liedern, die Rosa von Praunheim eigens für diesen Film geschrieben und gesungen hat.

Aufnahmen von Rosa von Praunheim: Man sieht einen jungen hübschen Mann in schwarzen Beinkleidern und schwarzem Plastikjackett

Rosa von Praunheim singt in einer ihm selbst fremden Sprache, die sich aber ans Französische anlehnt: Selibran selbjischon do preboir (hell)

residon briarschi re far to ki tue lepoir (hoch) e ce la bue oicekor koimatsche leberdon gricem bremte toi a aaaah triiii –

(Stimme des Tonmeisters: 5, 6, 7)

(lang) Mein Herz

Die Kamera gleitet auf den Revers des Jacketts mit der Aufschrift:

Von Rosa von Praunheim

(Carla singt: Du bist, du bist mein Luleby, scheri tu ba bi du leischei schei schei schei-Luleby)

Die Kamera beobachtet durch ein Türgitter, wie ein junges Mädchen, gespielt von der blutjungen Carla Aulaulu, aufs äußerste erschöpft und abgearbeitet ein Netz mit Gemüse die Treppen hochschleppt

Rosa von Praunheim singt mit tiefer Stimme: Liebe und reife Begierde unterwerfen mich dir ganz und gar

Carla verliert den Halt, läßt das Netz fallen und klammert sich hilfesuchend am Gitter fest. Großaufnahme vom Gemüsenetz, durch dessen Maschen sich steife frische Mohrrüben zwängen. Groß: die Stiefel von Carla, die sich schleppen, das Netz pendelt zwischen ihren Beinen.

Ich liebe dich, ich liebe dich
du solltest mich ewig lieben

Geliebter, denn mein Herz ist an deines geschweißt

Sie bricht auf den Fliesen des Flures zusammen und weiß sich vor exaltiertem Schmerz nicht zu halten

Oh vergiß mich nie – sonst bin ich ganz (in wildes Geschrei ausbrechend) du sollst mich mit deinem Körper – voller Luuu-rrtmm raamst mein Herz

In einem Saal sitzen drei große gelangweilte Töchter mit ihrer Mutter in Abendkleidern und bei Kerzenschein sich in vornehmster Haltung gegenüber – über die Köpfe der Töchter hinweg sieht man durch eine Tür das erschreckte Gesicht Carlas, die sich schwerfällig erhebt und weitergeht.

(Schrei) Mein Heeerz ist zerschmettert

Kamera von oben: Carla kriecht auf dem Boden durch einen Küchenvorhang hindurch. – Sie zieht sich in letzter Verzweiflung und Erschöpfung Gummihandschuhe an.

(eine Melodie im Hintergrund klingt an) – Mein Herz ach mein Herz ist voller Quaaa-aal

Carla reißt hektisch das Küchenhandtuch vom Nagel, dann gießt sie von einem Teekessel Wasser in eine Kanne, ihr Mund zum stummen Schrei geöffnet. Ihre langen blonden Haare fliegen vor Erregung um ihren Kopf. Sie nimmt die

Kanne und bricht am Boden zusammen, wo sie sich windet und am Vorhang festzuhalten versucht.

Ich leide bis zum Überdruß (gespreizte Sprache). Mein Besen in meinem Herzen ist vergoldet und ich bin voller Bluti-Bluti in meinem Herzen, denn der Schmutzi in meinem Herzen ist feucht und voller Asseln

Groß: Zwei der Töchter essen. Die unartigen großen Kinder haben sich Plastikeierbehälter auf den Kopf geschnallt, dicke Papierfetzen in die Nase gestopft. Sie führen mit eigenartigen Küchengeräten eine Verlängerungsschnur zum Mund. Carla steht mit . . .
(er kniet mit dem linken Knie vor ihr auf dem Bett)

Rosa Arbeiter auf Goldener Straße I. Teil

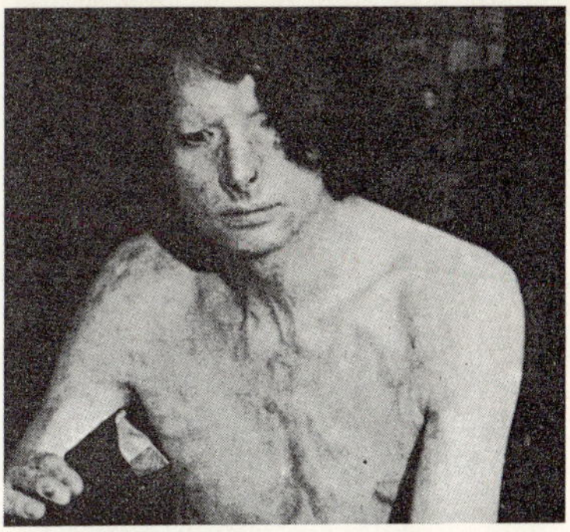

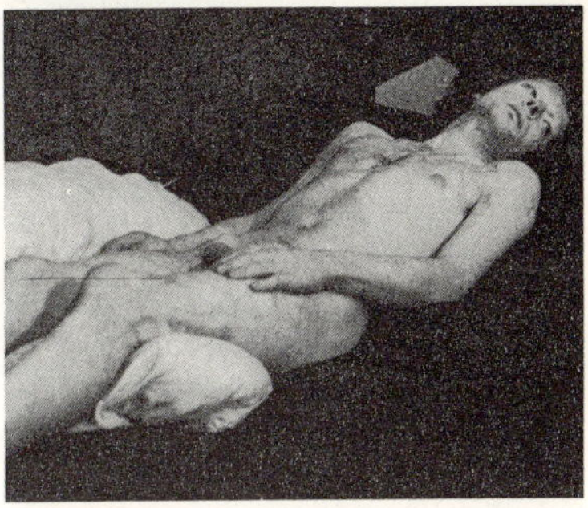

R. Kranich in «Rosa Arbeiter auf Goldener Straße», 1. Teil, 1968. Foto Oh Muvie

Produktionskosten DM 100
Produktion, Buch, Regie, Kamera und Schnitt: Rosa von Praunheim
Ton: Collage aus Schlagertexten und DDR-Rundfunk (Interviews) Zusammenstellung von Rosa von Praunheim (Ton existiert nicht mehr)
Darsteller: Carla Aulaulu, Rainer Kranich
Format: 8 mm s/w und Farbe (16-mm-Fassung ungeschnitten)
Länge: ca. 12 Minuten
Gedreht in Berlin 1968 in Rosa von Praunheims damaliger Wohnung
Uraufführung: Berlinale 1968
Vorhandene Fassung 8 mm ohne Ton im Besitz Rosa von Praunheims (der Film wurde im Projektor geschnitten)

Inhalt:

Die Liebesgeschichte eines jungen Mannes, dessen Haut nach einem Selbstmordversuch verbrannt ist, und einer quicklebendigen kleinen Frau in einer Wohnung voller poetischer Symbole (Sternenhimmel, goldener Thron, Spiegel, Blumen und Kinderspielzeug).

Die Frau versucht, den jungen Mann mit allen Mitteln von seinem Schicksal abzulenken, doch es gelingt ihr nicht. Er bleibt allein und einsam zurück.

Vorwort:

Der Titel stammt aus einem Buchtext von mir. Der Film (mein zweiter überhaupt) konnte durch ein Geldgeschenk von DM 100,– finanziert werden und ist mit geliehener Doppel-8-Kamera in meiner damaligen Wohnung im Frühsommer 1968 in Berlin, Crellestr. 17, realisiert worden. Er wurde im Projektor geschnitten. Nach einer mißglückten Aufführung am Rande der Filmfestspiele 1968 in Berlin, stellte ich eine kürzere Fassung her, von der ich glaubte, daß sie verständlicher sei. – Der Film existiert nur als Original, wurde 1972 auf 16 mm aufgeblasen, ist jedoch seiner Qualität wegen nicht aufführbar. Teile daraus sind in dem späteren Film «Was die Rechte nicht sieht . . .» enthalten. – Inzwischen ist das Original verschiedentlich mit großem Erfolg zur Aufführung gekommen.

Die Idee beruht auf der Zusammenführung zweier Protagonisten. Des verbrannten Rainer Kranich, der das ästhetische Empfinden von Spießern testen sollte, und der Carla Aulaulu, die auf ihre Art nicht weniger fremd wirkt. Es sollte eine Haushaltsgeschichte werden. Alltagsrituale bzw. die verrückte Welt des Haushalts hatten mich schon länger beschäftigt. Die äußerst gründliche Beschäftigung mit dieser Sache hatte ich in selbstgewählter Einsamkeit vervollkommnet. Das Reinigen eines Bodens oder das Herstellen von unappetitlichen Salaten wurden für mich zu einer meditativen Angelegenheit, die mich für eine Zeit von den unlösbaren Konflikten in meiner Geisteswelt befreiten. Meine poetische Hinterhofwohnung bot genügend optische Reize, und das Zusammenspiel von Carlas penetrantem Exhibitionismus, abstoßender Komik und modischen Übertreibungen und Rainers hilfloser Selbstdarstellung brachte eine Menge ungewöhnlicher Information auf die Leinwand.

Den Vorwurf, meine Darsteller grausam zur Schau zu stellen, lasse ich mir gerne gefallen. Konventionelles Verhalten fordert Unauffälligkeit, Angepaßtsein und das verlogene Interesse am Nächsten. Mit unpersönlichen Schicksalen, wie dem sozialen Leid von vielen, hat man nicht gelernt, sich zu identifizieren. Man beurteilt nach rein äußerlichen Gesichtspunkten und verachtet Minderheiten. Der ungewöhnliche einzelne, ob nun verbrannt, schwul oder hysterisch, muß bemitleidet oder versteckt werden. – Rainer Kranich erzählte mir einmal in einem privaten Gespräch, daß er vor seinen Verbrennungen hübsch und frustriert gewesen sei und sich damals seine Unsicherheit bei Mädchen verstärkte, weil er sich vorstellte, so entsetzlich auszusehen, wie er es jetzt wirklich tut. Jetzt, wo er schlimmer nicht aussehen kann, hat er den größten Erfolg bei Frauen.

Rosa Arbeiter auf Goldener Straße II. Teil

Produktionskosten: DM 2000
Produktion, Buch, Regie und Kamera: Rosa von Praunheim
Schnitt: Gisela Bienert
Darsteller: Carla Aulaulu und K.T.S.V.P.
Format: 16 mm Farbe
Länge: 12 Min., Drehverhältnis 1:3
Erstaufgeführt: Oberhausener Kurzfilmtage 69
ZDF «Der Internationale Kurzfilm»
Prädikat: «Besonders wertvoll» und Kulturfilmprämie
Verleih: Atlas Schmalfilm

Einführung:

Kaum der politischen Haft im Osten entronnen, gerät die Protagonistin in eine Theatervorstellung, in der mit der extremistischen linken intellektuellen Jugend abgerechnet wird. Die ehrliche und kraftvolle Darstellung des Hauptdarstellers, der ihr aus dem Herzen spricht, nimmt sie so gefangen, daß sie ihn für sich zu gewinnen sucht. Sie durchbricht seine selbstsichere, seriöse Art, indem sie sich ganz in seine Dienste stellt und mit der Idee eines positiven Theaters ihn zu großem künstlerischem und finanziellem Erfolg führt. Doch seine verdrängte Veranlagung hält ihrer bürgerlichen Strenge nicht stand, und er be-

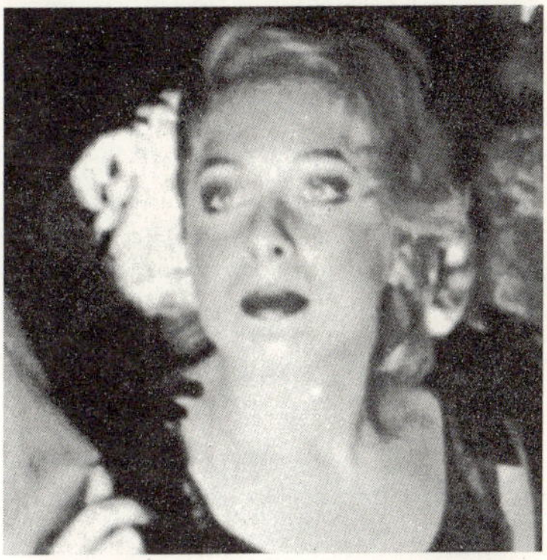

C. Aulaulu in «Rosa Arbeiter auf Goldener Straße», 2. Teil, 1968. Foto Oh Muvie

schließt, sich auf die Seite der Revolution zu schlagen. Sie, schon längst vor dem Gesetz seine Frau, sucht ihn verzweifelt, ein Kind unter ihrem Herzen. Drei Tage später ist er tot. Sie verschließt sich in einem kleinen Zimmer ihrer Villa und verfällt geistiger Umnachtung, die sie eine Theorie der Idiotie entwickeln läßt. Sie entläßt die Zuschauer mit den Worten: Nieder mit der Intelligenz – es lebe der Tod.

Vorwort:

Der Film entstand im Herbst 1968 in Berlin. Durch den Verkauf meines ersten Films ans Fernsehen konnte ich diesen leicht finanzieren, außerdem hatte ich eine halbe Stunde (altes) Agfa-Farbmaterial geschenkt bekommen, und da Werner Schroeter sich inzwischen eine 16-mm-Beaulieu-Kamera angeschafft hatte, gab es außer der Story, die mir austauschbar schien, keine Probleme. Zuerst wollte ich eine fiktive Porträtserie filmen, Schicksale unbekannter Künstler, die alle in einem Haus zusammen leben und an Phantasie und Produktivität alles bisher Dagewesene übertreffen. Dann versuchten Werner, Carla und ich unser Glück auf den Brettern eines kleinen Theaters der Berliner Schauspielbühne, die sich im inzwischen abgerissenen SDS-Haus befand. Wir versuchten, unser Privatleben auf die Bühne zu bringen, aber das Ganze scheiterte an meinem fehlenden Talent. Der Weg führte mich zurück zur Regie. Zur gleichen Zeit lernte ich in einer homosexuellen Nachtbar Klaus T. kennen, dessen Körperlichkeit mich hypnotisierte. Er war doppelt so groß und breit wie ich, und auf seinen Fettpolstern gelangte ich zu ungeahntem sinnlichem Rausch. Er fuhr einen großen amerikanischen Wagen und besaß eine Luxuswohnung am Kudamm, die mit phantastisch geschmacklosen Antiquitäten eingerichtet war. Ich war begeistert: Klaus arbeitete tagsüber auf verschiedenen Berliner Märkten, wo er viel Geld mit dem Anpreisen von medizinischen Wundermitteln verdiente. Er hatte früher einmal Schauspielstunden in einer Abendschule genommen und sprach mir mit naiver Ernsthaftigkeit sofort einen klassischen Monolog vor. Ich hatte meinen Hauptdarsteller gefunden. Sein Türschild wurde zum Künstlernamen: Klaus T. von Preußen: K.T.S.V.P. Ich sog mir eine Liebesgeschichte mit Carla aus den Fingern, die wir in wenigen Drehtagen in Berlin und Umgebung filmten. Die automatische Belichtung von Werners handlicher Kamera machte das Filmen kinderleicht, und so konnte ich unbeirrt drauflosschießen. Auf der Berliner Schauspielbühne filmte ich einige unbeholfene Showszenen. Ich lud alle meine exotischen Freunde dorthin ein und filmte Bühne und Publikum. Carla brillierte wieder in extravaganter Garderobe. Ihr Talent riß uns alle zu Begeisterungsstürmen hin. Sie war immer intensiv. Waren es ihr Egoismus, ihre weibliche Unlogik oder ihre Skandale, die uns von ihr abhängig machten? Außerdem drehten wir auch in der Wohnung des Tänzers Hans Jürgen Saschmilewski, der in seinen Räumen unglaubliche Arrangements von Kitsch (künstliche Blumen, ausgestopfte Tiere, glitzernde Ketten und sentimentale Bilder) aufgestellt hatte. Es war die Schlußszene, wie sich später beim Schnitt herausstellen sollte, und Carla war so gut wie noch nie. In einem schwarzen Kleid, hochgesteckten Haaren und hysterischer Schminke, erfand sie einen Ausdruck von stilisiertem Leid, den nur wenige große Tragödinnen darzustellen vermocht haben.

Meine Filme waren bisher immer entstanden aus der Zusammenstellung von Typen und exotischen Schauplätzen. Beim Schnitt versuchten wir, aus dem Material eine halbwegs verständliche Geschichte zu machen, und erst zum Schluß dachte ich über einen Ton nach, der dem Ganzen seine Bedeutung gab. Diesmal inspirierten mich die Bilder des Films zu einer sentimentalen Geschichte im Illustriertenstil, wie ich ihn schon bei dem Fotoroman «Oh Muvie» angewandt hatte. Ich versuchte, das vergewaltigende oder faschistische Moment beim Film zu übertreiben und durch eine Überbeanspruchung von schnell gesprochenem Kommentartext inhaltlich zu verwirren. Die zu der Zeit aufblühenden Studentenunruhen inspirierten mich zu einer Mischung aus links- und rechtstendenziellen Inhalten, die später beim Publikum auf beiden Seiten großen Anklang fanden. Der Film hatte großen Erfolg bei den Kurzfilmtagen in Oberhausen, bekam später das Prädikat «Besonders wertvoll», eine Kulturfilmprämie. Ich verkaufte den Film ans ZDF, was mein weiteres Schaffen für die nächste Zeit absicherte. Den eigentlichen Höhepunkt aber bildete mein Titelbild auf der damals großen Zeitschrift «Film» (Juni 1969), was mich über Nacht zum hoffnungsvollen Talent des neuen deutschen Films machte.

Filmtext: Auszug

Carla, gehend auf einer frühabendlichen Westberliner Straße:
Ich komme aus dem Osten und weiß, was es heißt, unter einem kommunistischen Regime leben zu müssen. Jahrelang politische Haft hat mich eingeängstigt, um so mehr glaube ich an die Notwendigkeit, die demokratische Freiheit der westlichen Welt verteidigen zu müssen. Ich ahne es, daß ich vielen Angestellten aus dem Herzen spreche, die ihr fröhliches Lachen in einer modernen Welt zu erhalten wissen. Wie gerne möchte ich mich mit ihnen verbrüdern, sie umarmen und an ihrer Seite wieder glücklich werden, doch politischer Terror hat meinen Geist deformiert, und so wird es allen de-

nen gehen, die mit einem heftigen Linksdrall liebäugeln.

Carla in einem Gang, dann auf der Treppe des Hauses mit der Bühne:

Den geraden und den rechten Mittelweg bin ich entschlossen von Anfang an zu begehen. Bescheiden und zurückhaltend möchte ich nicht mit meiner freien Meinung hinter dem Berg halten, um Ruhe und notwendige Sicherheit aufrechtzuerhalten. Auch würde ich gerne meine geistigen Fähigkeiten entwickeln wollen, in dem Maße, wie es einer Frau noch Frau zu sein erlaubt. Mit stetigem Mühen müßte es ein leichtes sein, Sprosse für Sprosse zu einem sorgenfreien Dasein zu erklimmen, um somit Kräfte freizulegen, die es erlauben, schöpferisch tätig zu sein.

Carla, auf die Bühne schauend:

Mein Gott, das ist ja der falsche Theateraufgang.

Kommentar zur Gruppe auf der Bühne:

Heute werden Intellektuelle dargestellt, bleich vor Zorn, die versucht haben, Arbeitern ihren Willen aufzuzwingen. Sie werden auf der Bühne dazu genötigt, selbst Hand an sich zu legen.

Einzelbilder auf der Bühne:

Der hier hat versucht, auf breiter Basis durch Rauschgift die gesunde Psyche zu verseuchen, er hat:

mit dem Spaten den Kopf eines Polizisten losgetrennt,

durch notorische Faulheit das Mitleid vieler Menschen ausgenutzt,

durch ständig praktizierte Homosexualität dem lieben Gott den Tag gestohlen.

Theaterszenen mit T.

T. spricht:

Jungs, wir müssen gegen diese Strolche modernste psychologische Mittel einsetzen, die aus unzufriedenen Aufrührern positive Menschen machen. Gegen kleinbürgerliches Denken zu protestieren ist doch sinnlos in einer Welt, die dank ihrer sagenhaften Technik in absehbarer Zeit ...

Carla im Kitschzimmer. Es ist Nacht, nur wenige Lichtquellen.

Gott liebt den Studenten, und er wird liebevoll lächeln wie ein Vater, der auf sein ungezogenes Kind schaut, das im Protest seine Persönlichkeit entwickelt, ihn zu züchtigen wissen. Er wird seine kranke Seele, die von ihrer eigenen Unzufriedenheit geknechtet ist, heilen, ihn vom falschen Anspruch befreien und ihn auffordern, Arroganz und Scheinbewußtsein abzulegen. Denn ich selbst bin in meiner ungeheuren Trauer zu schwach, um mich gegen eine Organisation zur Wehr zu setzen, die unter dem Deckmantel der Intelligenz die Masse mit totalem Terror verängstigt.

In den ungeheuren Bereichen der Meditation erkennt man, daß ein kritisches Bewußtsein dumm ist, daß alle Analyse ein Spiel ist, das ernst zu nehmen ein neues ist. Jedes Wollen ist egal, denn jede Gerechtigkeit ist Einbildung, und darum sollte den Menschen die Sicherheit für Gut oder Schlecht genommen werden, und man sollte sich nicht gegen Gewalt wehren, die zu verteidigen einem keinen Spaß macht.

Und man sollte sich klarmachen, daß sinnloses Töten humaner ist als sinnvolles, denn die Idiotie ist die einzig große Idee, der es nachzueifern gilt. Minderbemittelten, Schadhaften und Häßlichen sollte nicht geholfen werden, sondern man sollte von ihnen lernen, sich unökonomisch und willkürlich zu verhalten, mit dem Ziel einer ehrlichen Anspruchslosigkeit, statt für eine bessere Welt zu sterben.

Schweine, Mörder, diese Bande von Intellektuellen haben mir meinen Mann genommen, die Freude am Besitz gestohlen und mich meiner Lebensaufgabe entfremdet. Ich will nicht verändert werden, ich will glücklich sein.

Nieder mit der Intelligenz, es lebe der Tod.

film
H 2069 E
DM 4,50 / sFr. 5,50 / ÖS 34,20
Juli 1969
Ophüls und Renoir in Hollywood
DIESE BANDE VON INTELLEKTUELLEN HAT MIR DIE FREUDE AM BESITZ GESTOHLEN UND MICH MEINER LEBENSAUFGABE ENTFREM-DET
ROSA VON PRAUNHEIM
W. LINDHORST

Artikel für die Zeitschrift «Film»: «Schule für angewandte Idiotie»

Dozentin Sylvia

Dozent Horst

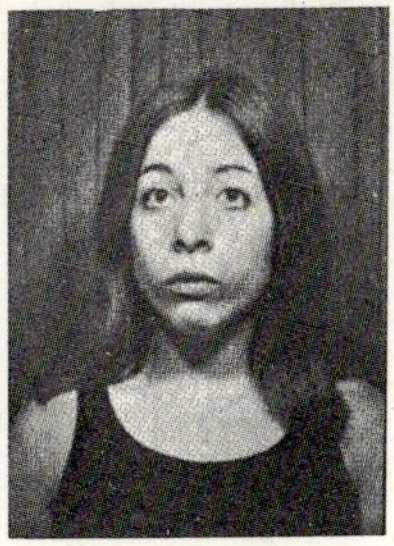
Dozentin Carla

Auszug aus der Schulordnung

Die Freude, die man gewinnt aus der Dummheit der anderen, überträgt sich auf den Dummen selbst.

Der Wert einer Sache ist ihr Verblödungsgehalt. Eine Sache gewinnt an ideologischer Bedeutung, indem man sie vom Zusammenhang isoliert.

Zerstörung gegebener Werte durch Wertlosigkeit, die sich selbst wertet. Die Ernsthaftigkeit als Voraussetzung derber, ausgelassener Fröhlichkeit.

Die Schule für angewandte Idiotie bemüht sich um den adäquaten Film.
Die Dozenten stellen sich selbst vor:

Sylvia:
Sylvia hemmt jede Entwicklung, benutzt jede Gelegenheit zu willkürlicher Dramatik und spart nicht mit falschen Ratschlägen und betrachtet ihr Leben als ausgefüllt, weil alles für sie ein großes Abenteuer ist. Die Perspektive, die es ihr erlaubt, die Dinge vom bürgerlichen und revolutionären Bewußtsein aus falsch zu sehen, beruht auf einer extremen Intelligenz, die man bislang als krank oder komisch bezeichnet hat.

Horst:
Horst will Wasser kochen und wundert sich, daß es nicht heiß wird über Tag. Die Freundin schöpft immer kalt nach.

Horst ist von Natur aus unpraktisch, und ohne das Mitleid anderer auszunutzen, hat er davon profitiert. Er sieht sein Dasein überschattet von Tragik und bemüht sich um verantwortungsvolles und gewissenhaftes Denken.

Seine Bewunderung geistigen Dingen gegenüber verfremdet sich im zu persönlichen Verständnis von intellektuellen Begriffen.

Carla:
Egoistisch und aggressiv erlaubt

sie sich, tonangebend in modischen Dingen zu sein. Die geschmacklosesten Kleider werden durch kecke und aufreizende Posen zum letzten Schrei. Ihre Ehrlichkeit geht so weit, daß sie den Mut hat, sich durch körperliche Fehler bloßzustellen. Sie versteht die Fehler anderer zu ihrer eigenen Unterhaltung einzusetzen, und oft hilft sie sich selbst, indem sie die Dinge in mystischem Zusammenhang sieht.

Aus der Schule für angewandte Idiotie stammt der «Aufbau eines Drehbuchs»:

Erste freiwillige Ausarbeitung.

Das Drehbuch unterscheidet zwischen zwei Dingen. Dem harmlosen Geschehen und dem Verbrechen. Außerdem gibt es auch Schriftarten, die von diesen beiden abweichen.

Verbrechen
Das Verbrechen besteht aus dem Zustand, dem dazukommenden Geschehnis und der Lösung, die von dem Zustand abhängt und durch eine Untersuchung zustande kommt.

Zustand
Der Zustand spielt nur eine nebensächliche Rolle, dabei sind auch Erscheinungsform und Aufbau nur von geringer Bedeutung. Lediglich bei einer späteren Untersuchung kann man sich auf diese Faktoren berufen.

Geschehnis
Auch hier ist zu sagen, daß es wie beim Zustand nur eine nebensächliche Sache ist, was für ein Geschehnis vorliegt.

Lösung
Die Lösung des Verbrechens wird durch eine Untersuchung herbeigeführt, die von den Betroffenen selbst (Zeugen oder weniger Beteiligten) durchgeführt wird. Auch kann es vorkommen, daß die Tat sich selbst löst, indem sie wiedergutgemacht wird. Wenn der Held der Handlung der Täter selbst ist, kann es vorkommen, daß er sich selbst richtet oder sich der Öffentlichkeit übergibt. Die Untersuchung wird durch Zeugenaussagen und Vernehmungen von Bekannten, Beteiligten, Verwandten geführt.

Auch kann er die Untersuchung durch ein öffentliches Gericht durchführen lassen, sofern er nicht durch Alleinüberlegung oder durch indirekte, gewaltsame oder direkte Vernehmung des Angeklagten selbst, sowie Besichtigung des Tatorts zu einem positiven Ergebnis kommt. Die Untersuchung kann durch Zeugen zustande kommen.

Das nichtverbrecherische Geschehnis

Zustand
Der Zustand trifft genauso wie in der Rubrik Verbrechen zu, wo die Geschehnisse im einzelnen keine Rolle spielen.

Geschehnis
Bei dem Geschehnis sind die einzelnen und die Art des Geschehens unwichtig. Man unterscheidet hier nur lustige und traurige Geschehnisse.

Lösung
Die Lösung ist nichts anderes als die Zurückversetzung in den alten Zustand. Alles andere ist nur zum Ausdenken. Trotzdem ist für die Wirkung der Geschichte natürlich die Originalität der Idee wichtig. Sofern die Geschichte lustig ist, wird sie jetzt durch einen Einfall mit dem hinzukommenden Geschehnis in den alten Zustand zurückversetzt.

Außer diesen Aufbauarten gibt es noch Streitgespräche, die man in Szene setzen kann. Auch gibt es Geschichten, deren Wesen und Art den Helden Anlaß zu dem Geschehnis geben.

Abschließend noch ein Hinweis zur Vereinfachung: Man findet ein Drehbuch am besten, wenn man eine Moral nimmt, aus der man ein Drehbuch machen kann. Die Schule für angewandte Idiotie existiert in Form eines Privatgefängnisses, das seine Pforten zum 1. Mai 1969 mit einem 14tägigen Intensitätskursus öffnete.

Die Teilnehmer werden in einer Gruppe von 15 Personen auf kleinstem Raum gezwungen, Kontakte zu übertreiben und filmisch auszuwerten. Erste Ergebnisse werden als Kollektivarbeit veröffentlicht.

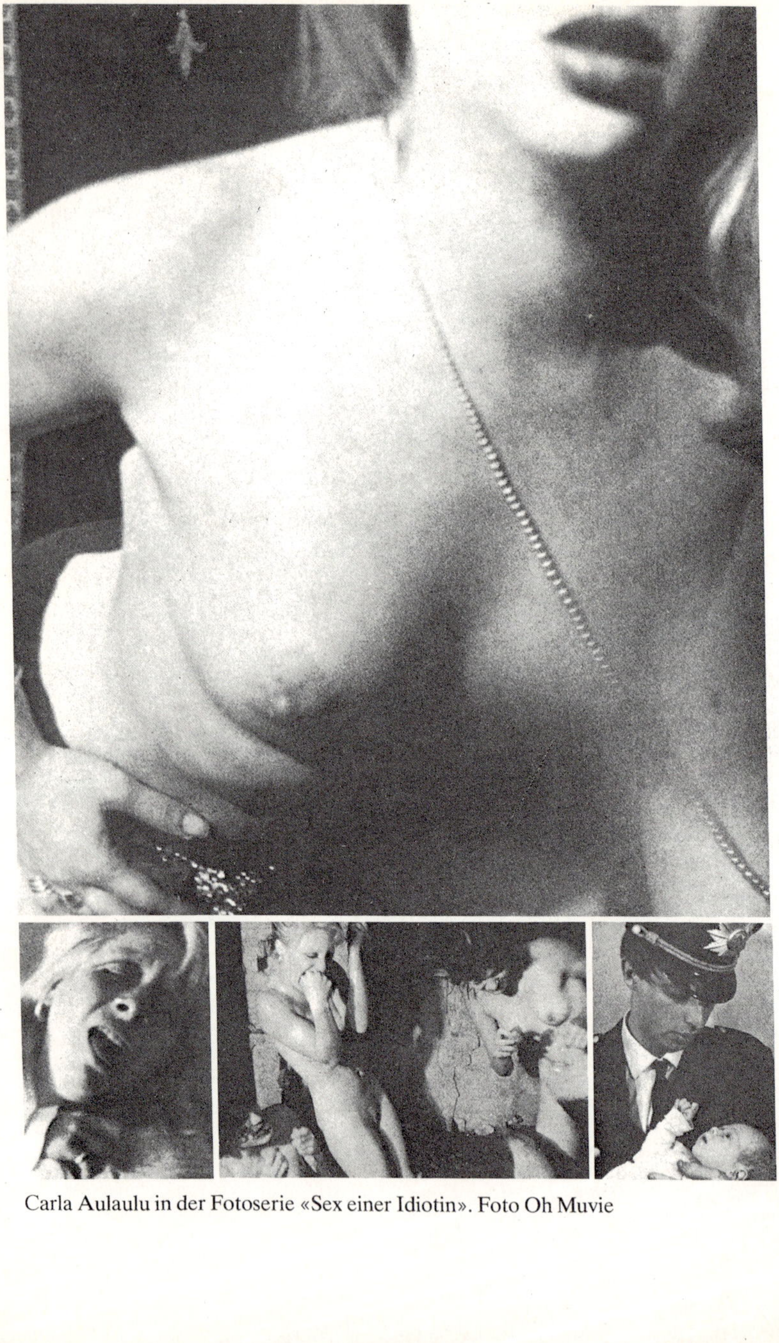

Carla Aulaulu in der Fotoserie «Sex einer Idiotin». Foto Oh Muvie

Schwestern der Revolution 1969

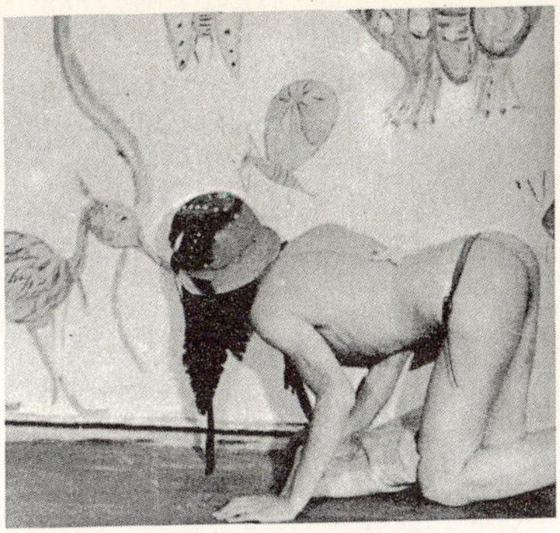

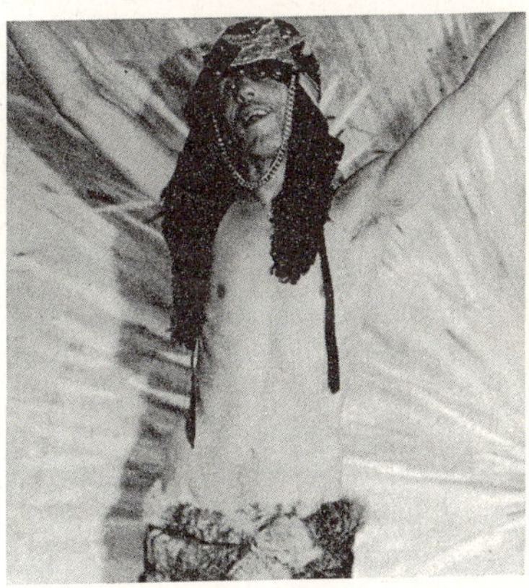

Thomas Vassileu in «Schwestern der Revolution». Foto Oh Muvie

Produktionskosten DM 10000
Regie, Buch, Kamera und Produktion: Rosa von Praunheim
Darsteller: Carla Aulaulu, Hannes Flütsch, Luzi Kryn, Alix Buchen, Werner Schroeter, Dietmar Kracht, Eva Suffa, Sven Buscha, Steven Adamschewski, Thomas Vassilev, Michael Bolze
Format: 16 mm
Länge: 20 Minuten

I. «Schwestern der Revolution» ist eine Kampftruppe von Homosexuellen, die sich für die Befreiung der Frau einsetzt. Dietmar, der die Unterdrückung und Hilflosigkeit der Frau nachspielt, weiß seinen Protest nur in den einen Satz zu kleiden: Ich will kein Osterhase sein, obwohl ich sensibel und anlehnungsbedürftig bin.

II. Das Drama einer Familie, die durch die politischen Verwicklungen lange getrennt war. Die Tochter rettet ihre alleinstehende Mutter, die die Männer als Freiwild betrachten, indem sie diese auf sich ablenkt. Bei der anschließenden Feier wird ihnen nicht bewußt, daß es der Täter selbst ist, den sie als Gesellschafter zu sich geladen haben.

III. Im Rahmen einer spartanisch bürgerlichen Ehe reiben sich die Partner durch Diskussionen über die Form ihres Miteinanderseins auf.

Auszug aus dem Treatment:

«Die Idee ist, einen Film zu machen, der aus vielen Filmen besteht. Ich meine, dramatische Anrisse zu zeichnen, Aktionen zu isolieren, Handlungsklischees, Inhalte anzureißen. Eine Gruppe führt handlungstypische Szenen vor, die den Zuschauer wegen ihrer bekannten Struktur sofort anteilnehmen lassen. Basierend auf den Gegebenheiten von innen und außen, sollen vor gegensätzlichsten Schauplätzen Spielszenen entstehen, die in ihrer unnatürlichen Abfolge durch einen dramatischen Kommentar überraschend zu einer Geschichte gefügt werden. Spiel soll bewußt Spiel sein. Plumpe Übertreibungen sollen von echter Dramatik abgelöst werden . . .»

Einleitung:

Ich wollte meinen ersten langen Spielfilm in 16 mm realisieren. Mich reizte, alles zu filmen, was mir nur im entferntesten einfiel. Geld hatte ich durch den Erfolg meines letzten Films für den Anfang genug. Dazu kam ein Ehe- und Einrichtungsdarlehen vom Berliner Senat, das ich durch die Heirat mit Carla günstig aufnehmen konnte. Trotzdem beschloß ich, in Schwarzweiß zu arbeiten und die vielen Darsteller nicht zu bezahlen. Spätere Erfahrungen gaben mir darin recht, daß das Bezahlen Schuldkomplexe und Aggressionen fördert, die eine freie, schöpferische Arbeit von allen Teilen unmöglich macht. Schauspieler sind Prostituierte. Das persönliche Interesse von Amateuren wird durch das Bewußtsein von Arbeit und Geld zerstört. Die Mitwirkung am Film war für die meisten eine Befreiung aus ihren alltäglichen Schwierigkeiten. Der Vorwurf, andere auszunutzen, kann nur dann bestehen, wenn es sich um reine Profitinteressen handelt. Hier spielten Illusionen eine viel zu große Rolle, die bald sämtlich mit meinem wachsenden Erfolg zerstört wurden. Später sahen dieselben nur noch die Möglichkeit, sich für viel Geld hinzustellen und Sachen zu machen, die sie nicht interessierten.

Mit Sigurd Wurl, einem Taxifahrer und intellektuell ambitionierten Menschen, reiste ich im Frühjahr 1969 durch das große Berlin auf der Suche nach extremen Drehorten. Es sollten die schönsten Filmarbeiten meines Lebens werden. Ich scharte viele junge fröhliche Menschen um mich, deren individuelle Ausstrahlung zu großen Hoffnungen Anlaß gab. Cara von Goldammer zum Beispiel, deren übernatürliche Schönheit ich leider nicht fähig war umzusetzen, und Uschi Beyer, die sich die lustigsten Kleider selbst entwarf, die üppige, humorvolle Alix und die geheimnisvolle Eva. Ich beobachtete sie mit der Kamera bei seriösen Unterhaltungen, bei Modeschauen und bei gefährlichen Situationen in einem Bootshaus. Werner Schroeter assi-

Steven Adamschewski und Ree Koch in «Schwestern der Revolution», 1968. Foto Oh Muvie

stierte mir und zählte die verdrehten Filmrollen, deren Anzahl er mit seinem darauffolgenden Film «Eika Katappa» noch übertreffen wollte. Oh Muvie fotografierte für ein zweites Buch, das leider nie mehr erschien. Carla, die extra zu den Filmarbeiten aus München angereist kam, konnte es nicht ertragen, diesmal nicht Star sein zu können. Außerdem zwang ich sie, ohne Schminke zu spielen und häusliche Strickjacken zu tragen, was zu den gelungensten Szenen des ganzen Films führen sollte. Ich überzeugte sie von der seriösen Faszination einer Ruth Leuwerik, die sie bis heute noch zu kopieren scheint. In einem späteren Anfall von Wut schmiß sie jedoch Werner eine schwere Tontasse an den Kopf, die ihn beinahe das Leben gekostet hätte. Seitdem ist unser Verhältnis schwer getrübt, und wir verloren uns bald ganz aus den Augen.

Ich drehte an reißenden Flüssen und Müllverbrennungsanlagen, an Gleisen, vor riesigen Ölbehältern und Sägewerken, im Krankenhaus und Zoo. Meistens handelte es sich um immer die gleichen Fluchtgeschichten, die ich in der Aufregung nicht zu variieren verstand. Begeistert von den Kulissen, drehte ich zu viele unübersichtliche Totale, idiotische Schwenks und Zooms, statt mich an informativen Detailaufnahmen zu delektieren. Außerdem benutzte ich einen zu hochempfindlichen Film, der alles im Ergebnis einheitlich grau machte.

Doch bislang unbeschwert von bösen Überraschungen fuhr ich fort, die wunderbarsten Szenen zu drehen. Steven und Thomas hatten sich mit kindlichem Eifer eine Folterkammer eingerichtet, wo sie, angeregt von Drogen aller Art, meine Neuentdeckung Dietmar Kracht entsetzlich zurichteten. Dietmar war mir in einer Kneipe durch sein tierisches Verhalten aufgefallen. Er zählte mir in seltsamem Dialekt eine lange Liste seiner Lieblingsfilme auf, und mir war klar, daß er zum Filmstar geboren schien. Mit dem Operettentänzer Sven Buscha drehte ich auf den Straßen und Plätzen von Berlin dramatische Studien, und Berryt Bohlen schmiß eigens für eine wichtige Szene sein bestes Geschirr an die Wand. Ich besuchte den literarischen Kreis von Kurt Neuburger und filmte den dunkelhäutigen Sänger Eddie Gates in einem Schneesturm. Ich dachte mir eine moderne Eifersuchtsgeschichte zwischen zwei Männern und einer Frau aus und nahm in zwielichtigen Bars und Negerkneipen deutsche Schlager im Playback auf. Zum Schluß oder zu Beginn, das weiß ich nicht mehr, reiste ich mit Alix, Sigurd, Werner und Michael, einem nervenkranken Mann mit rachitischem Gesichtsausdruck, nach Kiel zu meiner Tante Luzi. Hier mußte ich in Farbe drehen, da es die gesunde Gesichtsfarbe meiner Tante nicht anders zuließ. Inspiriert von ihren Fotoalben, wo nur sie allein in immer anderen Posen zu bewundern ist, erfand ich eine kleine Geschichte, die am Hafen an der See und in ihrem unglaublich eingerichteten Zuhause spielt. Luzi steckte uns mit ihrer nie enden wollenden Fröhlichkeit an, und wir bildeten für wenige Tage eine unvergeßliche Gemeinschaft.

Als nach langer Wartezeit die vielen Stunden Material endlich aus dem Kopierwerk kamen, konnte ich nur sehr wenig gebrauchen. Inzwischen hatte ich selbst gelernt, den Schneidetisch zu bedienen, und wählte nach expressiven Gesichtspunkten 20 Minuten aus. Ich gliederte den Film in drei verschiedene Akte, zu denen ich auch verschiedenen Ton erfand. Für Teil eins schrieb ich eine Collage nach Texten aus einem «Kursbuch» über Frauenemanzipation, die ich selbst bzw. Dietmar umständlich sprach. Für Luzi erfand ich eine einfache Familiengeschichte. Der dritte Teil besteht aus Dialogen, die teils aus einem unveröffentlichten Hochzeitsinterview von Carla und mir für die Zeitschrift «Jasmin» stammen. Auf den Kurzfilmtagen in Mannheim 1969 wurde der Film zuerst für den Wettbewerb abgelehnt, im letzten Moment jedoch zugelassen. Er wurde daraufhin mit dem Mannheimer Golddukaten ausgezeichnet und bekam das Prädikat «Wertvoll». «Rosa Arbeiter ... II» und «Schwestern» sind von mir englisch synchronisiert worden und wurden inzwischen auf der ganzen Welt gespielt.

Schwestern der Revolution

Schwarzweiß. – Zwei junge Männer in festen Kleidern kommen vom Fluß durch unerträglichen Schmutz auf einen Abhang, wo sie regungslos erstarren, bis sie diesen fortsetzen zu besteigen:

«Schwestern der Revolution» ist eine Kampftruppe von Homosexuellen innerhalb der politischen Linken, die sich für die Befreiung der Frau einsetzt. Nachdem ihr harter Kampf in grausamen Schlachten niedergeschlagen worden war, kamen sie aus ihren Verstecken heraus und betreten die Trümmer einer Zivilisation, deren Struktur sie verachten. Was ihnen bleibt, ist die Flucht, die eine gut organisierte Autorität zu verhindern trachtet, um sie vor ihren autonomen Gesetzen willkürlich abzuurteilen.

Ein schlankes, gutgewachsenes Mädchen, mit lockeren, langen Haaren, die ihre Kopfform verdekken, läuft auf einen Hund zu, der zu einem kleinen Schrottplatz gehört:

Das Geschlechtliche ist etwas Furchtbares, das mir nicht gestattet, mein eigenes Leben zu führen. Gegen die Macht der Natur konnte ich nicht meinen Willen durchsetzen, hinzugehen, wo ich will, ohne eingefangen zu werden von den Fallstricken der Liebe.

Großaufnahme von einem kleinen Teil des Oberkörpers und vielen Haaren, die das Gesicht verdekken. (Zoom:) Eva hockt mit lang angewinkelten Armen und Beinen auf einem schmalen Betonstreifen am Kanal, in dem sich eine Brücke spiegelt. Eva läuft den schmalen Streifen am Wasser entlang, auf dem Lastkähne entgegenschwimmen, bis es nicht mehr geht:

Schicksalhaft dumm treibt mich das Leben an den Gewaltakten von Männern vorbei, deren Zerstörung unsere letzte Romantik ist. Weil ich nicht ihr Werkzeug bleiben wollte, wollte ich sterben. Doch Schüsse, die nicht mir galten, schreckten mich hoch, und ich entschloß mich, zu den Männern zu gehen, die mein Schicksal in noch viel schlimmerem Maße teilten, denn sie hatten sich angeboten, Frauen Herberge zu geben, die ihr unglückliches Schicksal erkannt hatten.

Eva zündet in einem Kachelofen Feuer an, während Dietmar neben ihr im schwarzen Anzug mit der Hand in der Hosentasche an einer Tür steht und auf die Arbeitende einredet:

Wir haben uns entschlossen, Frauen, die wir nicht mögen, zu helfen, aus dem triftigen Grund, weil die Autorität des Mannes, den wir bewundern, nur scheinbare Befriedigung ist und uns nur den Ausweg läßt, Sexualität als Neurose zu erleben. Es gilt die Unterdrückung im Privatleben nicht als private zu begreifen, sondern als politisch-ökonomisch bedingte. Es gilt Privatleben qualitativ zu verändern und diese Veränderung als politische Aktion zu verstehen. Dieses beinhaltet, daß der Anspruch auf Glück in gesellschaftlicher Aktion eingelöst werden muß. Persönliches muß also identisch werden mit einer Praxis, die jetzt schon mögliche Momente einer zukünftigen Gesellschaft enthält, die sowohl alle Lebensverhältnisse erotisiert, als auch Aggressionen produktiv macht.

Evas Kopf liegt auf einem geblümten Kissen. Ihr Gesicht wird durch eine glatte Frisur bis zum Hals gerahmt, während sie langsam antwortet:

Mein bewußtloses Unglück, das zu einem unglücklichen Bewußtsein wurde, hatte für mich eine ausweglose Situation geschaffen, gerade darin liegt meine Chance, wirklich radikal zu werden, von mir selbst aus.

Dietmars und Evas Köpfe liegen, bis zur Brust im Bild, nebeneinander auf demselben Bett, während er, mit dem Blick auf die Zimmerdecke, ihr mit sicherer Mechanik seine Anschauung vermittelt:

Maßnahmen werden einsetzen, die die Frau isolieren, sie psychisch und physisch aushungern, sie zu Anpassung und Unterwerfung zwingen wollen. Das allgemeine Leiden läßt sich nicht durch Abwarten kurieren. Außerdem ist, sobald das private Unglück als allgemeines Leiden erkannt ist, die Quelle der privaten Resignation zerstört. Wir müssen es bewußt zum Motor unserer Verweigerung, unseres Ungehorsams, unserer Aufsässigkeit machen. Wenn die Frauen jetzt anfangen, sich zu organisieren, stehen wir erst am Anfang eines langen Prozesses. Aber das Übergangsstadium, in das wir uns sukzessiv hineinbewegen, verlangt von uns eine bewußte Kontrolle und immer wieder eine praktische Korrektur unserer Voraussetzungen, weil die Methode, mit der die Gesellschaft revolutioniert wird, die neue Gesellschaft unabänderlich bestimmt.

Vor einem trostlosen Gelände kämpfen sich Carla und Dietmar über Hunderte loser Holzplanken, bei starkem Wind, der ihnen die Haare zerzaust, durch.

Die Frau kann die Geschichte nur als die Geschichte des Mannes reflektieren, als die Geschichte jener Gewalt, der sie sich, solange ihre Erinnerung dauert, immer unterworfen hat.

Von der unscharfen Silhouette eines Jungen mit langen schönen Haaren geht die Optik auf eine Mädchengestalt, die ihren Kopf versunken auf den Arm stützt.

Einer Frau haftet immer etwas Mythisches an. Sie wird als Hexe verbrannt, als Heilige in ein Kloster gesperrt, als Jungfrau besungen oder verehrt. Für den Mann ist die Frau Natur, und er wendet gegen sie genau jene Gewaltsamkeit, die er im Kampf gegen die Natur sich zu eigen gemacht hat.

Zwei junge moderne Männer umklammern einander in großer Not, während sie dicht über dem Wasser mit den freien unsicheren

Armen eine steile Eisenleiter zu erklimmen versuchen.

Sie solidarisieren sich nicht in der Not, weil sie selbst von ihrer Minderwertigkeit überzeugt sind. Homosexuelle Bindungen halten nicht, weil keiner sich unterwerfen will, in einer Gesellschaft, die darauf eingespielt ist, daß man sich unterwirft.

Eine fast fliegende, fliehende Gestalt in wehendem riesigem Umhang, der sie verdeckt, bewegt sich über einen betonierten Hof, während der Schatten einer jungen Frau am Fenster eine Gardine zurückreißt und den Hof nunmehr leer findet.

Da die Frauen sich nicht als Subjekte gesetzt haben, haben sie auch keinen männlichen Mythos geschaffen, in dem sie ihre Entwürfe spiegeln. Sie haben keine Religion und keine Poesie, die ihnen eigen ist: selbst wenn sie träumen, tun sie es nur durch die Träume der Männer.

Auf einer regennassen privaten Straße laufen zwei junge Tänzer in großer Furcht, die sie immer wieder anhalten läßt, auf die Kamera zu.

Die Frau hat keinen Anteil an den Gefahren des Mannes, weil ihr infantiles Bewußtsein ihn nicht verstehen kann, seine Tätigkeiten nicht begreifen kann.

In einem blütenweißen Trikot setzt der schlankere von beiden seine Flucht an einem langgestreckten Fabrikgebäude in größter tänzerischer Ekstase fort, während eine Musik dazu eskaliert.

Anpassung des Mannes an die Frau, er spielt die Unterdrückung der Frau nach, die gelernt hat, Lust an ihrer eigenen Unterdrückung zu finden. Von Schüssen gepeitscht und durchdrungen, ist sie die Hüterin ihres KZ. Ihre Erniedrigung läßt für sie keinen anderen Traum der Vollendung zu als den des Masochismus, der vollkommenen Selbstvernichtung, des Opfers, des Martyriums. Die Konsequenz dieser Mystik ist immer Selbstvernichtung. Dieser magische Eros der Frau ist anarchistisch, weil er kein Bewußtsein von der Bedingtheit des Wirklichen erworben hat.

Vor vielen dicht hintereinander aufgestellten Ampeln vorbei läuft ein Junge mit verzerrtem Gesicht und wilden Bewegungen auf ein halbangeschnittenes Eisengitter im Vordergrund zu, das er in höchster Verwirrung überspringt.

Die irrationale Unvermittelbarkeit der sexuellen Lust mit den Institutionen führt zur Prostitutionsmoral, Herrenmoral und Sklavenmoral. Die ökonomischen und politischen Verhältnisse werden unangreifbar, wenn das ohnmächtige Individuum seine Rebellion nur als Verbrechen, Sünde oder Krankheit verstehen kann.

Für einen Moment gönnt sich Steven an einem Wohnwagen inmitten eines nebligen Waldes Ruhe, um dann erneut nach vorn zu stürzen.

Diese Selbstlegitimation der Gewalt als Herrschaft von Menschen über Menschen, als Gewalt durch und gegen die Innerlichkeit des Menschen, trifft die Frau um so härter, als sie nie an revolutionären Veränderungen von Situationen teilgenommen und damit auch kein Bewußtsein von der Bedingtheit des Wirklichen hat.

Zwei Männer in Leder wenden einen von ihnen gefesselten halbnackten Körper, um ihn an einem Besenstiel durch einen sehr persönlich gestalteten Raum zu tragen, wo sie ihn zu Fuße von gemalten wartenden Tieren niederlegen und ihn in Siegerpose bewachen.

Entfesselte Sexualität bedeutet Destruktion und Anarchismus. Die Folge einer gewaltsamen Unterdrückung von Sexualität ist die Bindung des irrationalen Triebes an Gewaltsamkeit, Verbrechen, Perversion und Anarchie. Männer erleben sie in Kategorien des Kampfes, des Raubes, der Gewalt, des Zerstörens und des Sieges – Frauen in der Unterwerfung, der bewußtlosen Hingabe, der Angst, des Opfers und des Schmerzes.

Sehnsüchtig schaut das blonde Opfer mit aufgestützten Armen, soweit es ihm die gebundenen Hände erlauben, scheinbar um Hilfe bittend, in die Kamera.

Ich will kein Osterhase sein, obwohl ich sensibel und anlehnungsbedürftig bin.

In einem Zimmer redet ein femininer Junge in exzentrischen Gesten auf das traurige Madonnengesicht eines Mädchens ein, das zum Schluß hin in einer Großaufnahme den Mund zu einem Schrei formt.

Du mußt deine alleinstehende Mutter suchen und finden, die große Gefahren umgibt, auch wenn dir ihre bürgerliche Welt zuwider sein sollte. Sie wird verfolgt von einem Unbekannten, der ihr das Leben zur Hölle macht. Die Männer sind wie Tiere, und unsere Kampftruppe hat es sich zur Aufgabe gemacht, alleinstehenden Frauen zu helfen, so gut wir können. Ich beschwöre dich. Packe geschwind deine Sachen und nimm allen Mut zusammen. Du wirst ihn mehr als nötig haben. Niemand von uns kann dich bei dieser schwierigen Mission begleiten, das würde den vermutlichen Sittentäter sofort in die Flucht schlagen, und er würde in einem anderen ungeahnten Augenblick um so entsetzlicher zuschlagen. Du darfst es nicht so weit kommen lassen. Versprich es mir. Du mußt es mir versprechen. Ich flehe dich an als dein einziger Bruder, rette unsere Mutter. (5 Sek. Schreien.)

Vor dem Panorama von auf- und niedergehenden Ölpumpen schleppt sie sich mit vielen Koffern eine schmale Holzstiege zum Meer herunter, während der Himmel sich stark verdunkelt und sie sich in der endlosen Weite des steinigen Strandes verliert.

Farbe. – Es ist Winter. Mit schwarzem Hut, Strickjacke und geblümtem Kleid läuft eine Frau, die jünger aussieht als sie ist, vor herrlich blauem Himmel und Meer aufgeregt hin und her:

Ich habe schreckliche Angst, er könnte mich finden. Mit einem Messer verfolgt er mich schon den ganzen langen Weg. Es ist aus, was mache ich nur in meiner Todesangst. Meine Tochter ist vom Wege abgekommen und irrt hilflos umher. Weder ich kann ihr, noch sie kann mir helfen. Aber es ist nur noch ein kurzes Stück und dann bin ich auf freiem Feld und kann versuchen, die Frauen bei der Feldarbeit auf mich aufmerksam zu machen. Es muß furchtbar sein, ermordet zu werden. Es ist das Schlimmste, was einem passieren kann.

In einen Pelzmantel gehüllt und mit einer weißen Korbtasche in der Form eines Herzens hastet sie durch eine verschneite Waldschonung, während sie hinter diesem oder jenem Stamm vertrauensvoll und doch ängstlich einhält, bis für einen kurzen Moment auf dem letzten Stück der uneinsichtigen Schonung ein Mann auftaucht. Sie entkommt überglücklich vor Freude auf einem schmalen Grat der freigelegenen Steilküste, die den Blick bis an den Rand des Horizonts freigibt, während der Verfolger in entgegengesetzter Richtung auf freiem Feld entkommt. Seine einsamen Spuren graben sich tief ein in den Schnee. Vor der regungslosen Gestalt eines Mädchens in grünem Kleid und Mantel schwenkt die Kamera über einen Abgrund zum Meer und zurück auf das Mädchen, bis ihr madonnenhaftes Gesicht erfaßt wird, das wie tot auf dem frischen Schnee ruht.

Vor der lauten Tapete eines Wohnzimmers sitzt Michael in angeregter Unterhaltung im Smoking vor brennenden Kerzen.

Michael: Ich gratuliere euch zu eurer wunderbaren Rettung.

Daneben in blauem Brokat mit weißblonden langen Haaren und Pony die Mutter, neben ihr die Tochter in rotem ausgeschnittenem Hosenanzug. Sie lachen, daß die Augen blitzen und sich der Teint der Älteren vor freudiger Erregung färbt.

Luzi: Meine liebe Tochter, du hast dich so großartig für mich aufgeopfert, wie soll ich dir nur danken.

Alix: Bevor er die Hände um meinen Hals legte, habe ich ganz tief Luft geholt und habe mich dann ziemlich schnell zusammensacken lassen, so daß er mich tot glaubte und von mir abließ.

Luzi: Gott sei Dank ist alles gutgegangen, und dir ist nichts passiert, es hätte alles ganz schrecklich ausgehen können. Wir dürfen uns das nicht vorstellen. Wir müssen ordentlich auf unser wiedererhaltenes Leben trinken.

Michael: Ohne diese Geschichte hättet ihr sicher nicht so schnell diese hübsche Wohnung bekommen.

Luzi: Ja, da sieht man wieder mal, wozu die Presse alles gut ist (lacht). Ich bin ja so glücklich, daß unsere Familie wieder beisammen ist nach dieser langen Trennung durch die politischen Verwicklungen.

Die Tochter raucht und die Mutter schaltet das Fernsehgerät ein, das einen Affen in Hemdchen und

Höschen zeigt, der unter der Anleitung einer Frau Späße macht.

Mein Gott ist das niedlich, das ist ja spaßig, guckt doch mal, ist das nicht was, na ja siehst du (lacht).

Ihr habt wohl noch keinen Farbfernseher, ja Glück muß der Mensch haben. Wenn ich nicht zufällig neulich an der Kirmes vorbeigekommen wäre, dann säße ich heute immer noch mit meinem Radio da. Dann hätten wir heute halb soviel spaß (lacht lange).

Die Mutter tanzt mit Michael, wobei er mit dem Kopf an die tiefhängende Deckenbeleuchtung gerät und sich die Glasverkleidung löst. Das wiederum löst große Heiterkeit aus.

Na, wollen wir nicht noch zum Abschluß ein Tänzchen wagen? Na, Michael, wie ist es, versuchen wir es mal (lacht bei Musik). Na, vorsichtig, na jetzt ist es passiert (lacht). Mein Gott, die gibt es nicht mehr nachzukaufen.

In einem langen hellgelben Nachthemd mit Spitzen und Schleifen steht sie unruhig neben ihrem Bett. Sie wälzt sich mit hochrot erhitztem Gesicht auf der Spitzendekke ihres Daunenbettes, wobei ihre Hände und Füße außer Kontrolle geraten.

Ich kann den Lebenskampf nicht alleine meistern, ich bin so hilflos und schutzbedürftig, ich brauche ihn, an dessen Seite ich altern kann, ich muß ihn haben, ich brauche Liebe. – Steh mir bei, laß mich nicht allein, gib mir Frieden ... Frieden und Liebe ... Frieden und Liebe ... Frieden und Liebe ...

Schwarzweiß. – In einem spartanisch bürgerlich eingerichteten Wohnzimmer sitzt eine verzweifelte Ehefrau mit aufgestützten Armen am Tisch. Ihr junger Ehemann steht hinter ihr. Sie reden abwechselnd aufeinander ein, bis sie ihm schluchzend in die Arme sinkt. Dann sitzen beide friedlich nebeneinander.

Er: Ich wollte nicht autoritär sein und über dich verfügen wie über ein Schwein. Es ist einfach Scheiße, daß die Rollen von Mann und Frau so vorbestimmt sind.

Sie: Was willst du eigentlich, ich habe doch gar nichts von dir gewollt. Nur weil ich freundlich bin, mußt du das gleich als Schwäche ausnutzen.

Er: Ich wollte nicht, daß wir uns durch die Ehe isolieren, um so der allgemeinen Grausamkeit und Brutalität gleichgültig zu werden. Deine häuslichen Tätigkeiten, vereinigt mit den Lasten der Mutterschaft, beschränken sich auf Wiederholungen. Deine Feinde sind Schmutz, Staub, Flecken, Kratzer. Dein wichtigstes Anliegen ist die Ordnung der Dinge. Der Ordnungswahn ist genauso ein Laster, eine Manie wie Alkoholismus oder Rauschgiftsucht. Enttäuschte und Gescheiterte ergeben sich einem Wahn. Dein Inhalt ist der Kult der Dinge für den Mann. Du selbst bist nicht du selbst, sondern der Spiegel dessen, was der Mann über dich denkt. Aber erst die aktive

Bewältigung der Natur bestimmt den Menschen zum Menschen. Die Ehe hat nichts mit Liebe oder Sexualität zu tun, sondern ist deren Vernichtung, solange sie eine Einschränkung der Freiheit bedeutet. Einen Trauschein brauchen zwei Menschen nur, weil sie einander nicht verstehen oder aufeinander verlassen können. An ein miteinander Handeln braucht man sich nicht zu gewöhnen. Für zwei Menschen, für Mann und Frau, deren, gesellschaftliche Situation so grundverschieden ist, gibt es nur eine Alternative: Entweder sich gegen die Gesellschaft und ihre Institutionen zusammenzuschließen oder sich anzupassen und in Gewöhnung zu resignieren. Wenn wir die privaten Verhältnisse verändern wollen, müssen wir Rebellion und Anarchismus ins Private tragen.

Sie: Das ist ganz großer Quatsch. Das ist alles so technisch, so durchsichtig, so reaktiv. Man muß die Ehe lieben, indem man sie liebt, kann man sie erfüllen und umgehen. Man würde der Sache eine Bedeutung geben, indem man kritisch ist, diese Machtposition darf man nicht bestätigen, man kann sie nur von innen ändern, indem man sie akzeptiert. Respekt und Bürgerlichkeit muß man verinnerlichen, lieben, sie erfüllen. Ich fühle mich nicht gehandicapt, daß ich eine Frau bin, denn ich liebe alles was ist, man muß alles akzeptieren. Gesellschaftliche Spielregeln als Mittel sich zu disziplinieren. Unsere Beziehung ist ehrfurchtsvoll und hart. Die Ehe zwingt dazu, dem anderen in der Realität zu begegnen. Nach außen hin bin ich emanzipiert, aber nicht im Innersten, es ist ein Wort, das ich nicht erfüllen kann, weil es bedeutungslos ist, da es erst geboren ist aus so verschiedenen Begriffen wie Ehe, Mann und Frau. Es ist abstrakt im äußerlichen Sinn. Wenn wir nicht unsere Fehler und Schwächen in die Ehe hineinlegen, können wir ihre Stärke ausnutzen. Man darf nicht auf seine gegenseitigen Schwierigkeiten eingehen, das muß bei jedem selbst weitergehen, ohne daß man sich dadurch belastet. Mich interessiert das nicht, was du mir sagst, ich habe dazu keine Beziehung. Du kannst mir nichts verständlich machen, denn ich kann dich nicht in deinem Sinne verstehen, so wie du mich ignorierst. Ich will keine Veränderung, keinen Kampf, sondern Verständnis, das man nicht erzwingen kann. Ich wollte ehrliche Zuneigung, die ich erwidern kann ohne Komplikationen. Deine Aktivität entspricht meiner Sensibilität, die die Dinge nicht benutzt ohne sich dazu zu verhalten. (Weinerlich:) Ich empfinde mich so stark als Frau, daß mich niemand haben will, denn niemand möchte eine Frau haben. Ich bin noch keinem Mann begegnet, der mich so nimmt wie ich bin. Ich möchte mich unterwerfen, indem ich selbst nichts dazu beitrage. Liebe meine ich so wie ich sie sage, ohne daß ich weiß was es bedeutet. (Redet, weint.) Was ist nur mit dir los, du warst noch nie so rücksichtslos und gemein zu mir. (Weint nur.) Ich bekomme Angst vor dir, von wem hast du das alles. Du willst mich los sein. Du liebst mich nicht mehr. Du nimmst keine Rücksicht auf mich, ich habe das nicht verdient. Du bist ein Schuft, meine Hilflosigkeit so auszunutzen. Ich liebe dich doch, ich will nicht ohne dich sein, kannst du das nicht begreifen. Mir ist alles andere egal. Du darfst mich nicht verlassen, sonst bringe ich mich um. Was kann ich dafür, daß ich einen Nervenzusammenbruch bekomme. Ich will mich nicht beherrschen. Du hast getrunken, ich seh's dir an, und willst dich auf so gemeine Weise an mir abreagieren. Deine Freunde können mir gestohlen bleiben, die nur Krieg und Vernichtung in unser Haus und die ganze Welt tragen wollen und sich daran aufgeilen, andere zu beschimpfen, die nichts mit ihnen zu tun haben wollen. Wenn deine Welt nicht die meine sein soll, dann weiß ich nicht mehr, was ich machen soll. Du hast dazu beizutragen, daß ich glücklich bin und ich bin am glücklichsten so wie wir hier leben, ohne allen Zierat in einer einfachen Gesinnung mit schönen Gefühlen füreinander (schluchzt und küßt ihn).

Er: Ich habe dir weh getan, verzeih mir, ich wollte dich nicht beleidigen, sondern dich nur herausfordern. Verzeih mir, wenn ich zu weit gegangen bin. Ich liebe dich doch.

Sie: Ich fürchtete schon, es wäre alles aus, ich weiß mir in solchen Situationen nicht zu helfen. Ich fühle mich überrumpelt.

Er: Ich liebe dich, glaub mir.

Sie: Ich dich auch, du weißt gar nicht wie sehr.

Er: Verzeih mir, mein Schatz, laß uns alles vergessen.

Macbeth 1970

Produktion: WDR Köln, Etat DM 40000
Buch, Regie, Kamera und Schnitt: Rosa von Praunheim
Ton nach einer Partitur Rosa von Praunheims
Darsteller: Magdalena Montezuma, Berryt Bohlen, Volker Eschke, Steven Adamschewski, Rainer Kranich
Sprecherin des Textes der Lady Macbeth: Lynn French
Format: 16 mm s/w Magnetton
Länge 45 Minuten
Gedreht in Südengland und Berlin, Januar 1970
Fernsehausstrahlung auf Wunsch der Regisseure zusammen mit der mit elektronischer Kamera aufgenommenen «Macbeth»-Fassung Werner Schroeters vom Hessischen Fernsehen, 3. Programm, am 27. 12. 1971 und vom WDR-Fernsehen am 20. 4. 1972
Verleih: Atlas Schmalfilm

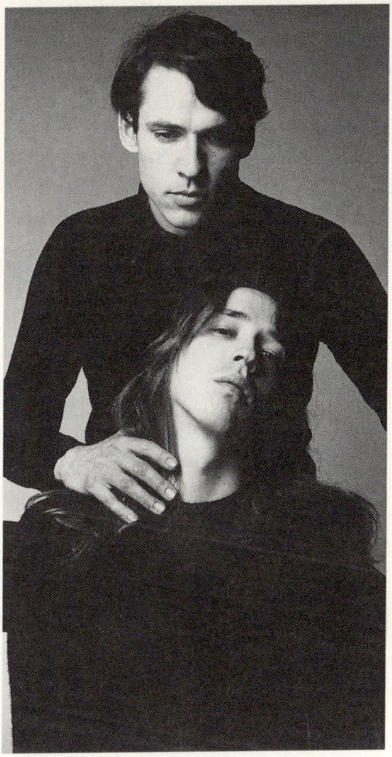

Rosa von Praunheim und Werner Schroeter, London 1970

Einleitung:

Werner Schroeters Kunst- und Kulturbewußtsein begeisterte sich schon lange an diesem klassischen Werk. Ich fand das Stück immer doof, nicht mehr als einen Krimi, zu kalt und unpoetisch. Ich fand erst Gefallen an der Idee, als mir in den Sinn kam, unsere bisherigen persönlichen Lieblingsdarstellerinnen Carla und Magdalena auszutauschen und ihnen das Stück in gegensätzlichen Versionen auf den Leib zu schneidern. Ich probierte mit Magdalena einen ganzen Sommer lang (1969) die englische Fassung. Zwischendurch bereitete sie mir Unmengen erfrischender Kartoffelsalate zu und verzehrte sich in Sehnsucht nach Werner. Ich konnte überhaupt nichts mit ihr anfangen, sie war mir zu langsam, und ich probierte bis zur Realisierung im Januar 1970 mehrere hundert verschiedener Frauengestalten im Geiste aus. Zuletzt Lynn French, eine Sekretärin aus Stratford-on-Avon, die mich während meines Aufenthaltes in London durch ihre kraftvolle Stimme in Atem hielt. Noch ehe ich die Genehmigung für die spätere Auftragsproduktion vom WDR bekam, studierte ich mit ihr den Text in Form einer modernen Oper ohne Musik ein und nahm ihn in einem Badezimmer auf Tonband auf. Ich probierte die extremsten Modulationen aus, eine Art linguistischer Übung, und oft fiel Lynn ohnmächtig in die Wanne, da sie zuviel Luft schluckte.

Ähnlich wie ich die Brüchigkeit von Laiendarstellern informativer finde, bin ich begeistert von ungeschulten Stimmen. Eine moderne Opernsängerin wäre mir zu künstlich und manieriert gewesen, davon abgesehen, daß keine sich dazu hergegeben hätte, ihre Stimme auf diese brutale Weise zu ruinieren. Lynn, die auch die Rolle im Film spielen sollte, mußte kurz vor dem Termin aus privaten Gründen absagen, und so entsann ich mich im letzten Augenblick der guten Magdalena, die ich letztlich doch am geeignetsten fand. Sie mußte sich die Rolle im Playback einstudieren, und ihre Intelligenz, Disziplin und große Begabung meisterten diese Aufgabe auf unvergleichliche Weise. In aller Eile

Volker Eschke

Steven Adamschewski

Magdalena Montezuma und Volker Eschke in «Macbeth», 1971

rannten wir durch die Londoner Innenstadt, um ein passendes Nachthemd für die Nachtwandelsszene, auf der meine Fassung hauptsächlich aufbaute, zu erstehen. Wir brauchten mehrere Tage dazu, denn nichts entsprach nur annähernd meinen Vorstellungen, und ich war schließlich drauf und dran, Magdalenas Leib in einen Taucheranzug zu hüllen. Dem Zusammenbruch nahe, fanden wir schließlich das rechte und fuhren mit dem Auto von London in Richtung Südengland, wo wir in der herben Landschaft Cornwalls drehen wollten. Nach einer Stunde Nachtfahrt prallten wir mit voller Geschwindigkeit auf einen mitten auf der Autobahn parkenden Lastwagen. Ich genoß auf eigenartige Weise die letzten Sekunden vor dem Aufprall und fing erst ein halbes Jahr später an einem Nervenschock zu leiden an, der bis heute andauert. Mir war nichts passiert, und Magdalena trug nur eine große Beule davon. In einer theatralischen Prozession, Magdalena in schwarzem Maximantel, voran eine indische Ärztin, begleiteten wir den Fahrer zum Operationssaal. Sofort organisierte ich das nächste Auto, das ich aber nur für wenige Tage zur Verfügung gestellt bekam, so daß wir in unbeschreiblicher Hetze, bei Januarkälte, Regen und Wind den größten Teil der Dreharbeiten fertigstellen mußten. Mehrmals fiel ich auf den glitschigen Steinen in Stonehenge mit der Kamera auf den Arsch. In Corfe Castle, einer Burgruine wie aus einem

Horrorfilm, mußten wir einen steilen, unwegsamen Berg mit allen Geräten erklimmen, da wir offiziell keine Dreherlaubnis bekommen hatten. Im Menac Theatre am Südwestzipfel Englands, einem Freilichttheater in Naziarchitektur, war die Arbeit am konzentriertesten. Magdalena stand schon um vier Uhr morgens auf, um sich zu schminken, und hielt den Frost trotz ihres durchsichtigen Hemdes unbeschadet durch. Am Felsenriff bei Plymouth, der letzten Station, hätte sie beinahe die peitschende Gischt ins Meer geworfen, doch sie verstand es, sich stets mit viel Alkohol zu reaktivieren. Die Kamera war bei allen Aufnahmen immer statisch und wechselte nur zwischen Totalen und Großaufnahmen ab. Magdalena mußte in Opernposen den Ton, den unser Fahrer, meist hinter Felsbrocken versteckt, auf einem Gerät abspielte, gestisch variieren. Später schnitt ich am Schneidetisch aus langen Aaa's und Ooo's Teile heraus, um die Synchronisation wiederherzustellen.

Für den Macbeth war zuallererst Dietmar vorgesehen, der nach einem Unfall Zeit hatte, in meiner Besenkammer, in der er lange Zeit wohnte, den Text einzustudieren. Ich entschloß mich dann doch, die ungewöhnlich hohe und präzise Stimme Volker Eschkes zu verwenden, der den Mabbeth meist nackt vor einer schwarzen Wand in Berlin spielte. Dietmar sprach später Teile aus seinem gelernten Text in dem Film «Die Bettwurst».

Für den König hätte ich gern Rudolf Nurejev benutzt, den ich auf einer kleinen Party in London kennenlernte. Dann dachte ich an Rudi Dutschke, der nicht unweit von meinem Viertel entfernt wohnte, aber schließlich wurde die Rolle meisterhaft von Berryt Bohlen dargestellt. Die Schluß- und die Kampfszene Macbeth-Madduff drehte ich auf einem Schneefeld in Berlin. Steven Adamschewski als Macduff hatte sich ein phantastisches Kostüm gemacht und Holzschwerter geschnitzt. Seine naive Phantasie und sein kindlicher Sadismus geben seinen Rollen stets etwas Besonderes. Der Kameramann, der mir bei dieser Szene assistierte, hatte trotz genauer Anweisungen die Belichtung falsch eingestellt. Darüber hinaus entwickelte das Kopierwerk das restliche Material falsch, aber zum Glück gefiel mir diese Verfremdung sehr gut, und ich hatte Kämpfe mit dem Lichtbestimmer auszufechten, um eine ähnlich schlechte Kopie zu erreichen. Bei der Abnahme des fertigen Films durch Herrn Falkenberg vom WDR gerieten wir in wilden Streit. Er empfand das Werk als eine Schändung und Zumutung. Als Antwort fiel ich vor Erregung vom Stuhl, als ich meinem Gegenüber vor Wut gerade eine Gabel in den Bauch stechen wollte.

Werner Schroeter sah meinen Film und entschloß sich, zu meinem Entsetzen, für eine ähnlich musikalische Auffassung. Da Carla inzwischen von uns nichts mehr wissen wollte (sie war in die Hände eines üblen Konkurrenten gefallen), setzte auch er Magdalena in einer großen Rolle ein. Das habe ich ihm bis heute nicht vergessen. Er, der mir alles zu verdanken hat, wollte sich auf meine Kosten ein leichtes Spiel machen. Ich untersagte ihm daraufhin für längere Zeit, mich sehen zu dürfen.

«Macbeth» ist ein faschistischer Film. Der Kinosaal wird zum KZ. Der Zuschauer soll mit einer historisch grausamen Struktur bekannt gemacht und psychisch vergewaltigt werden. Ich habe den Film in Saigon und während des indisch-pakistanischen Krieges in Kalkutta gezeigt. Der Ton testet die Grenzen des Erträglichen, einer fremden Sinnlichkeit. Eine barbarische Musik zerstört konventionell schöne Bilder. Für mich bedeutet der Film Sprachanalyse, Wörter ohne Sinn und Verstand, die jegliche Toleranz in Frage stellen.

Die Bettwurst 1971

Produktionskosten DM 50 000
Produktion, Buch, Regie und Kamera: Rosa von Praunheim
Kameraassistenz: Bernd Upnmoor
Regieassistenz: Peter Hartwell, Christa Stock
Schnitt: Rosa von Praunheim, Gisela Bienert, Bernd Upnmoor
Darsteller: Luzi Kryn, Dietmar Kracht, Steven Adamschewski
Format: 16 mm Farbe Ferrania Umkehr Color, Magnetton
Länge: 78 Minuten, Drehverhältnis 1: 3
Gedreht in Kiel, Sommer 1970
Fernsehausstrahlung: Nachtstudio des ZDF im Februar 1971
Verleih: Atlas Schmalfilm

Luzi Kryn und Dietmar Kracht in «Die Bettwurst», 1970

Pressetext:

Die Bettwurst ist der zärtliche Ausdruck für eine kleine Nackenrolle, die Luzi ihrem Dietmar zur ersten gemeinsamen Weihnacht schenkt. Sie steht zugleich als Symbol für die Zeit ausschließlicher Liebe in Europa, das sie verlassen werden, um in der Gemeinschaft von vielen eine neue Zukunft zu beginnen. Luzi Kryn und Dietmar Kracht sind große Volksschauspieler, wie man sie schon lange tot glaubte. Mit ihnen hat der Zuschauer die Möglichkeit, sich selbst wiederzuentdecken und zu erfahren, wie lustig unsere eigene Dummheit ist.

Inhalt:

Luzi und Dietmar lernen sich in der Hafenstadt Kiel kennen und lieben. Sie eine ältere, kleinbürgerliche Sekretärin, er ein junger Hilfsarbeiter aus Berlin.

Beide spielen alle gutbürgerlichen Rituale durch, wie sie durch Erziehung und Medien gelernt sind.

Sie gehen zusammen in ein Ausflugslokal zum Tanz, sie zeigt ihm ihren Kleingarten und ihr Fotoalbum.

Nach einer Liebesnacht hilft er ihr beim Staubsaugen. Sie feiern gemeinsam Weihnachten.

Plötzlich treffen alte kriminelle Freunde von Dietmar ein und ent-

Aus dem «documenta V»-Katalog 1972

Undergroundfilm oder experimenteller Film zeigt auf der einen Seite, wie arrogant und überbewertet Kunst auftritt, und auf der anderen, wie politisch einfache Filmtechniken in den Händen von vielen sein können. Die «documenta» dokumentiert, nehme ich an, die Hilflosigkeit von Kunst und Künstler, die Unverschämtheit einer üblen Garde von Kunsthändlern und eitlen Musensöhnen. Mein Film «Macbeth» zeigt, wie faschistisch Film sein kann, und bei seiner Uraufführung in New York waren es sinnigerweise eine Stuhlreihe alter jüdischer Damen mit phantastischen Topfhüten, die gegen die Verrohung moderner Kunst wetterten.

Ich möchte mich deutlich als schlechtes Beispiel dokumentiert wissen, allzu schnell von einer dankbaren Kulturindustrie als freischaffende elitäre Tunte isoliert, bald in Wettbewerb und Rivalität zerschlissen und als Alibi für eine unmenschliche Gesellschaft bewundert. Die ungeheure Blödheit von Kunststudenten sieht in mir den Roy Black des «anderen Kinos». Ich wünsche ihnen allen und mir einen schrecklichen jungen Tod, um Platz zu machen einer neuen Disziplin im Dienste echter allgemeiner Bedürfnisse.

führen Luzi, um Dietmar zu zwingen, wieder mit ihnen gemeinsame Sache zu machen. Im Stil einer Filmparodie erschießt Dietmar die Täter am Strand und flieht mit Luzi mittels eines kleinen Privatflugzeugs in eine ungewisse Zukunft.

Vorwort:

Der Film «Die Bettwurst» gehört mit zu meinen größten Erfolgen. Die Kritiken überschlugen sich, und deutsche Kulturschaffende schickten mir Telegramme oder beglückwünschten mich telefonisch. Trotz der späten Sendezeit im Fernsehen war auch die Reaktion des nichtintellektuellen Publikums groß. Der Film wirkte auf unbefangene Zuschauer unterhaltend, kritisch und modern in seiner Machart. Er hätte von Anfang an eine reelle Kinochance gehabt, jedoch sind die Vorurteile der wenigen Verleihe nach einer Fernsehausstrahlung zu groß.

Einige Kritiker halten mich für grausam und zynisch: ich würde mich auf Kosten anderer lustig machen. Der Film ist radikal und verunsichert die Zuschauer, wie alle meine Filme. Er spiegelt Alltagsrituale wider und übertreibt sie am Beispiel von zwei hilflosen Individuen. Der betroffene Zuschauer hat die Möglichkeit, vorurteilsfrei über seine eigene Situation zu lachen und einen Teil der Zwänge zu entlarven, die ihm den größten Teil von Glück vorenthalten. Für viele Kritiker ist es schwer zu begreifen, daß Luzi und Dietmar selbst nicht so repressiv sind wie das, was sie darstellen. Sie selbst sind Außenseiter, naive Opfer der Gesellschaft, die es in allen konventionellen Handlungen viel schwerer haben als wir, die wir gelernt haben, uns viel bruchloser und gefährlicher anzupassen. Die spießigen Ungeschicklichkeiten der Hauptdarsteller, über die wir lachen, sind harmlos im Vergleich zu unserem eigenen moralischen Anspruch.

Luzi ist meine richtige Tante, genauer die Tochter der Schwester meines Großvaters väterlicherseits. Als ich sie in den fünfziger Jahren kennenlernte (sie kam zu einem kurzen Besuch aus Polen), war ich schockiert von ihrem auffälligen temperamentvollen Wesen, das, wie ich später feststellte, auch mein eigenes ist. Im Film spielt sie sich selbst. Beide improvisieren ihre Dialoge, und ich habe nur versucht, in die Filmstory soviel Authentisches wie möglich einzubauen. Beide halfen mir, die bürgerliche Logik der Geschichte beizubehalten. Luzis Wohnung im Film ist ihre eigene, wie auch ihre Garderobe. Dietmar kam für die Aufnahmen von Berlin nach Kiel. Sein Leben lang, angefangen mit Stiefeltern und Erziehungsheim, war er gezwungen, sich strengsten kleinbürgerlichen Idealen unterzuordnen. Er entwickelte einen eigenwilligen und egozentrischen Charakter. Zwischendurch immer wieder jede Arbeit verweigernd, scheiterte er jedoch regelmäßig an

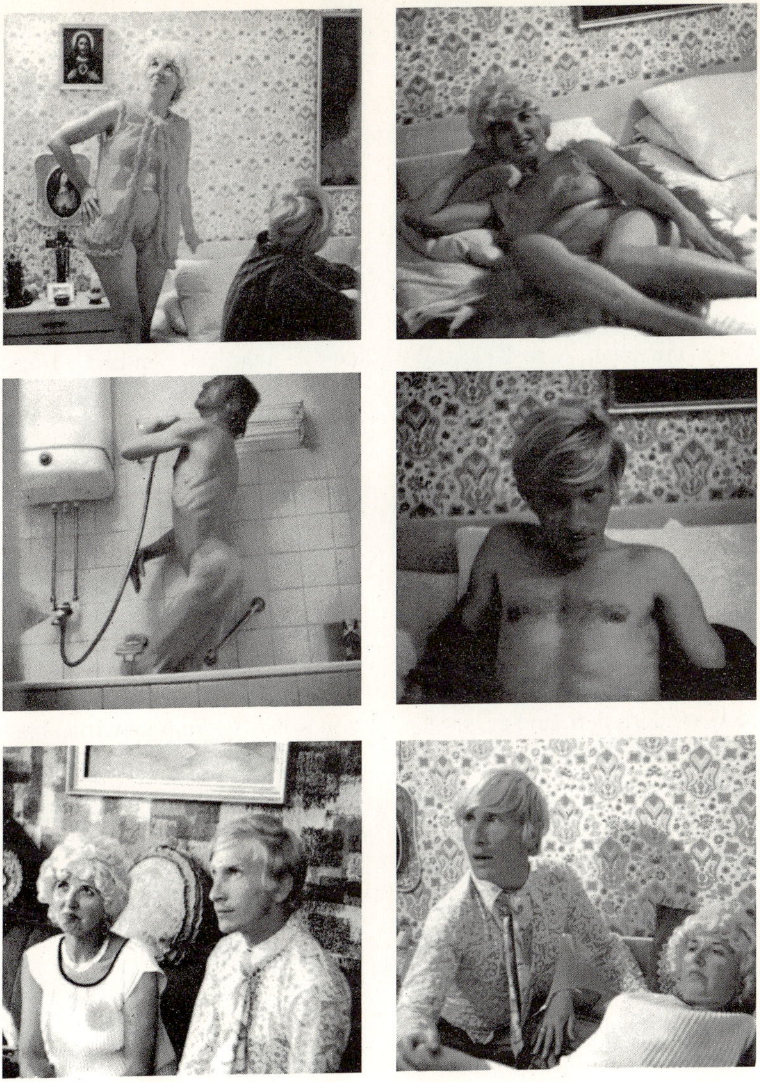

Szenenfotos aus «Die Bettwurst», Luzi und Dietmar

seiner naiven und ehrlichen Art. Er führt ein unglaublich exaltiertes Leben. Auch als Star hat sich daran nichts verändert.

Wir drehten den Film in 10 Tagen mit kleinstem Team. Bernd Upnmoor organisierte eine Arriflex Pilottonkamera in 16 mm und machte den Originalton. Wir drehten je 3 Minuten Filmrollen in einem Stück durch. Peter spielte Chauffeur, und Christa machte Fotos mit einer Agfa Klack. Wir drehten bis zu 16 Stunden am Tag, was jedoch die unzerstörbare Vitalität von Luzi und Dietmar nicht im geringsten beeinträchtigte. Nur über eines gerieten sie jedesmal in Streit: daß Luzi nicht richtig zu Wort kam, und Dietmar sich nicht aussprechen konnte. Ich fand beide ungeheuer professionell, sie konnten ihre Szenen bis zu dreimal fast wörtlich (nur manchmal sagte Dietmar statt Bettwurst Wurstkissen) wiederholen, und es gab niemals irgendwelche Schwierigkeiten.

Der Film entstand im Auftrag des ZDF mit DM 50000, über die ich frei verwalten konnte. Ich hatte ihn schon lange geplant, doch scheiterte es zuerst an Luzi, die von ihrem hirnkranken Geliebten fast ermordet worden wäre (er nahm sich das Leben – und sie kam ins Krankenhaus), und als Luzi wiederhergestellt war, sprang Dietmar vom ersten Stock einer Wohnung und brach sich Arme und Beine. Einmal, während der Dreharbeiten im Tanzcafé, gab es eine peinliche Situation, da Dietmar nicht langsamen Walzer tanzen konnte und das ganze bürgerliche Nachmittagspublikum eins-zwei-drei rief. Aber Luzi, die in Zoppot einmal als Ballkönigin ausgezeichnet worden war, meisterte die Situation schließlich. Luzi bekam nach dem Film anzügliche Anrufe aufgrund der Bettszene, aber beide sind stolz auf ihren Erfolg und geben oft und gern Autogramme. Noch immer werden sie angesprochen und gefragt: «Sind Sie die Bettwurst?»

L

Dietmar, ich liebe dich, ich liebe dich.

D

Ich liebe dich unwahrscheinlich, Luzi, du bist alles für mich. Ich liebe dich, Luzi. Ich liebe dich unwahrscheinlich.

L

Es war Liebe auf den ersten Blick. Ich will immer, daß du bei mir bleiben sollst. Es muß immer so bleiben wie heute.

D

Luzi, bitte, ich möchte dich nie verlieren.

L

Ich liebe dich

D

Du bist die erste Frau . . .

L

ich liebe dich

D

. . . die ich so liebe.

L

ich liebe dich.

D

Die erste Frau, deine Haare und alles, dein Busen und alles.

L
Wir müssen im Kalender es rot anstreichen, diesen Tag, an dem wir uns zum ersten Mal begegnet sind. Es war Liebe auf den ersten Blick.
D
Luzi
L
Dietmar
D
Luzi, ich liebe dich so, ich liebe alles an dir
L
Dietmar
D
deine Hände, deine Haare liebe ich, deine Haare, deine Augen, deinen Körper, deinen Busen, ich liebe alles an dir, Luzi.
L
Dietmar
D
Du bist die schönste Frau für mich.
L
Ich liebe dich auch, bleibe bei mir. Du mußt einfach immer bei mir bleiben, hörst du.
D
Ich brauche dich jede Sekunden, jede Sekunden wie der Hauch des Lebens, wie die Luft, wo ich atme, ich brauche dich Luzi, ich kann ohne dich nicht mehr leben. Bitte laß mich nie alleine, Luzi (er küßt sie). Ich liebe dich so, so wahnsinnig liebe ich dich. Ich glaub, ich könnte . . .
L
Immer mußt du bei mir bleiben.
D
ohne dich gar nicht mehr leben.
L
Immer mußt du bei mir bleiben.

Ich stell mir das Leben ohne dich auch nicht mehr so vor. Es muß immer so bleiben wie heute
D
Ich glaub, wenn ich das Glück . . .
L
immer
D
. . . verliere
L
Dietmar
D
wenn ich dich verlieren würde . . .
L
Dietmar
D
. . . ich würde mir das Leben nehmen (er wirft den Kopf verzweifelt hin und her, Luzi hat ihm das Hemd ausgezogen und streichelt seine Brust).
L
Dietmar, ich liebe dich
D
Ich kann ohne dich nicht mehr leben, Luzi
L
ich liebe dich
D
Luzi
L
ich liebe dich.
D
Du bist so schön, so rein deinen ganzen Art. Ich hab noch nie eine Frau geliebt, zum ersten Mal, wo ich jemanden liebe. Weißt du, der erste Tag, wo ich dich kennengelernt habe. Ich wußte sofort, du bist die Richtige für mich.
L
Für mich war das auch Liebe auf den ersten Blick. Du hast mir so gut gefallen. Deine ganze Art. Du warst nicht so frech wie andere Männer.
D
Nein, ich kann das nicht sein, denn ich brauche selber viel Liebe, und ich weiß, du liebst mich, und laß mich nie allein, ich bitte dich, ich flehe dich an (heftiger), Luzi, ich liebe dich unwahrscheinlich.
L
Du mußt immer bei mir bleiben, Dietmar
D
Luzi
L
immer.
D
Luzi
L
Wir müssen den lieben Gott darum bitten, daß er uns nicht auseinanderbringt, hörst du. (Die Kamera schwenkt langsam von den Liebenden auf ein Jesusbild. Das Deckenlicht geht an, und man bemerkt, daß es von innen beleuchtet ist, bis auch dieses Licht in einer Abblende verlöscht).
Schnitt
(Am nächsten Morgen. Beide liegen schlafend im Bett nebeneinander. Ein schriller Wecker läutet lange.)

Pressestimmen:

Auch das nichtkommerzielle Kino hat seine Meister, ihr größter in Deutschland: Rosa von Praunheim. Sein im ZDF aufgeführter Film «Die Bettwurst» bestätigte erneut, was seine schon auf vielen Festivals gezeigten Werke «Rosa Arbeiter auf Goldener Straße» und «Schwestern der Revolution» kennzeichnen: eine in Deutschland überaus seltene Mischung von künstlerischem Ideenreichtum, sozialkritischem Bewußtsein – und Humor («Frankfurter Allgemeine Zeitung»).

Da artikulieren sich in primitiver Sprache, mit kreischendem, dialektverschobenem Tonfall ein gehemmter junger Mann und ein halb verwelktes, körperlich unproportioniertes Mädchen. Sie lernen sich kennen, lieben sich und schenken sich anläßlich ihrer ersten gemeinsamen Weihnachten eine kleine Nackenrolle, die sie «Bettwurst» nennen, und finden das alles wunderbar. Und dieser Film – balancierend zwischen Groteske, komischer Nummer und anrührendem Schicksal – hat eine merkwürdige Bannkraft: Die filmungewöhnlichen Protagonisten, die Antihelden mit ihren treffend wiedergegebenen Klein-Leute-Dialogen nehmen sich in der Tat fesselnd aus – von ähnlich filmungewöhnlicher Neuheit wie authentische Volkstypen in amerikanischen Underground-Filmen («Film-Beobachter»).

Schön an der «Bettwurst» ist die Leichtigkeit bei gleichzeitiger Genauigkeit. Quadratur des Kreises: Freiheit und Form. Solch eine Balance von Sachlichkeit und Nonchalance, von Engagement und Heiterkeit habe ich noch kaum gesehen – und gewiß nicht in deutschen Filmen («Fernsehen und Film»).

So grotesk und unterhaltsam von Praunheims Trivialhandlung auf dem Bildschirm erscheint – die «Bettwurst» hat dennoch die Qualitäten eines seriösen, wohldurchdachten Soziogramms. Denn dieser ohne Drehbuch in 10 Tagen aufgenommene Film will vor allem als dokumentarisches Zustandsbild der beiden Hauptdarsteller verstanden sein. In ihren oft ungelenken Dialog-Improvisationen, Balzarien («Ich liebe dich unwahrscheinlich») und Alltagsgewohnheiten («Bei mir herrscht Ordnung») enthüllen sie jederzeit, was auch der Filmemacher in ihnen sieht: Sie sind leidende, durch ihre Lebensumstände seelisch verkümmerte Existenzen («Der Spiegel»).

Berlin den 5.2.71.

Lieber Holger!

Bitte vielmals um Endtschuldigung bei der Vorführung (des Film) diesen Film nicht bei Dir war warum daß berichte ich Dir wenn Du hier warst! Du wunderst Dich daß ich nicht mehr bei Marlene bin, daß kann ich Dir genau erklären. Erstens hat Sie mich in jeder Bar, u bei ihren Bekanntenkreisen als Putzfrau blosgestellt, dann hat Sie mir zu Weihnachten in ihren betrunkenen Zustand einen neuen Nasilackmantel wo ich mir neu gekauft hatte zerissen da bin ich natürlich eine ganze Woche nicht nach Hause gegangen u war bei einen Freund in Kreuzberg, wo ich auch jetzt bin. Dann hat Sie, sogar im betrunkenen Zustand einen Freier von mir total auf der Straße zusammengeschlagen, so daß ich Ärger mit der (Kripo) Polizei hatte. Aber zum Glück mir zuliebe hat der Freier die Anzeige mir (zu Liebe di) wieder zurückgenomen. Nun wohne ich bei einen Freund in Kreuzberg u habe es bei ihm auch viel besser u werde auch nicht ausgenützt. Wir verstehen uns platonisch sehr gut. Ich arbeite jetzt sogar bei einer

Putzstelle bei Ka. De. We. von Sieben bis Zwölf Uhr mittags. Habe gestern Marlene getroffen will unbedingt habe daß ich zurückkomme, aber ich kann nicht mehr, ich gehe da Seelich vor die Hunde.

Nun ihr haben alle mein Freund u ich die Bettwurst gesehen. war sehr schön u lustig, habe herzlich über mich u Luzie gelacht. habe mich sehr über den Film gefreut. Viele haben mich am Wittenbergplatz nach diesen Film angeredet, u in der S Bahnquelle hatten sie sogar einen Fernseher aufgestellt nur um Deinen Film anzusehen! Nun noch eine Bitte mir zuliebe, rufe nicht Marlene an, u berichte ihr nicht was ich Dir schrieb, u gebe ihr auch nicht die Adresse von hier. Komme doch bitte hierher außer Sonntag da wir nicht hier sind. Bin zu Hause von 1 Uhr mittags bis ~~(2)~~ 16 Uhr.

Adresse lautet
Wolfgang Macke.
Kreuzberg. Skalitzer Str. 78
Hinterhaus 2 Stock.
Fahre bis Schlesisches Tor.
Es grüßt Dich herzl Dein
Dietmar

Kiel, den 15. Februar 1971

Lieber Holger !

Zuerst danke ich Dir für die hübsche rote Samtkarte mit den hl. 3 Königen zum Fest recht herzl. Es war die schönste Karte von 15 Stück aus Dtschld. u. Polen. Weihnachten habe ich noch mit King zusammen gefeiert, doch schon Ende Januar ds.Js. mußte ich ihn fortgeben. Die Nachbarn hatten sich nämlich durch sein Bellen im Zwinger meines Gartens belästigt gefühlt und Anzeige beim Ordnungsamt und bei der "Neuen Heimat" erstattet. Daraufhin setzten sie mir einen Termin mit sofortiger Abgabe von King oder Räumung der Wohnung ohne Kündigung. Da ich es auf einen Prozess mit hohen Rechtsanwaltskosten nicht ankommen lassen wollte, trennte ich mich schweren Herzens von meinem Liebling. Als einziger Trost bleibt mir nur, daß er in gute Hände gekommen ist und ich ihn besuchen kann. Der Ort heisst Wahrendorf b/Lensahn in Schleswig-Holstein und ist in 2 Stunden von Kiel zu erreichen. Dort sind 3 Hündinnen zur Zucht verschiedener Rassen, nämlich außer Dobermann, noch Rottweiler und Mittelschnauzer, die Mutter von Frau Klugmann's Struppi, der in unserem Film mitgespielt hat. Mein King hat dort also keine Langeweile den ganzen Tag über und kann im ganzen Grundstück ohne Leine frei laufen. Außerdem ist dort eine Landwirtschaft mit Pferden, Kühen, Perlhühnern usw. und 3 kleinen Kindern. Am Sonntag, den 28. ds.Mts. fahre ich ihn besuchen, da er am 3. März seinen 2. Geburtstag feiert. Ich bange mich natürlich sehr nach King, denn 1 1/2 Jahre war er bei mir. Die Wochenende sind am schlimmsten zu Hause alleine, obgleich mich King's kleine Freundinnen von 12 Jahren öfters besuchen und trösten! Da beide im Zeichnen "sehr gut" haben, malen sie mir Bilder von Pferden u. Hunden und bringen mir Blumen. King's Kopf hängt in einem Rahmen 30x40 vergrössert an der Wand.

Wie mir Dein Vater telefonisch mitteilte, bist Du in Frankfurt gewesen und hest mich im Büro sprechen wollen. Weisst Du denn meine Arbeitsstelle? Sicherlich war ich gerade zu Mittag gegangen. Er gratulierte mir zu meinem Auftritt im Fernsehen und will mir die Kritik aus der Frankfurter Zeitung schicken, die ich nicht gelesen habe. Meine Fotos im Spiegel und "Hör zu" hebe ich mir zur Erinnerung auf, auch die Kieler Nachrichten brachten einen kurzen Artikel nachher. Als Tante Gretel extra an dem Tage zu spät aufblieb, um meinen Film zu sehen, streikte ihr Fernsehapparat nach dem 2. Bild schon, so daß sie nichts weiter sehen konnte. Familie Meier hat der Film gar nicht gefallen wegen der primitiven Dialoge ohne Drehbuch. Aber auf der Straße sprach mich sogar ein junger Schauspieler aus dem Kieler Stadttheater an, der mich erkannt hatte, um zu gratulieren. Von meinen lieben Nachbarn erhielt ich natürlich auch viele anonyme, gemeine Anrufe, da mein Name genannt war. Sie störte wohl die Dusch- und Schlafzimmerscene, die unnötig in die Länge gezogen wurde. Mir gefielen natürlich auch viele Bilder nicht, z.B. Muttchen im Sarge, das nicht hätte gezeigt zu werden brauchen. Auch das 1. Bild an der Gardine war zu lange eingeblendet. Dann habe ich viel zu laut gesprochen, was so klang, wie ein Feldwebel auf dem Kasernehofe. Aber in meinem Büro hörte ich nur, daß sie Dietmar schlecht verstehen konnten, weil er mit Dialekt spricht. Als ich gestern eine Schlafzimmerscene sah, gefiel sie mir viel besser als unsere, nämlich ganz ohne Worte. Sie lag im Bett, er lief im Nachthemd rum und löschte dann das Licht, was mehr Effekt hervorruft. Dann bemängelten alle, daß ich nicht mit den Händen nach hinten gefesselt war und um Hilfe schrie auf dem Laufsteg. Sehr gefallen hat dagegen allen das Bild vom Kennenlernen auf der Kaimauer und nach Abbringen bis zur Haustür, da auch das bunte Blumenkleid mit Kopftuch hübsch bunt aussah. Na ja, aus den Fehlern lernt man ja, um es in Zukunft besser zu machen.

Falls Dietmar noch bei Dir ist, grüsse ihn von mir schön. Meinen Urlaub habe ich vom 1.- 16.Juli und 15.-3o.September angesetzt.

Bleibe schön gesund, l. Holger, bis auf baldige Antwort. Deine [illegible]

Kiel, den 23. März 1972

Mein lieber Holger !

Gestern konnte ich nun glücklich Dein Geburtstagsgeschenk von meiner Nachbarin in Empfang nehmen, bei der die Postbotin es abgegeben hatte. Auf welchem Postamt es nun so lange geschmort hat, kann man wohl nicht feststellen lassen, aber sicherlich ist die Zone daran schuld. Na, die Hauptsache ist ja, daß die kostbare Lampe nicht verloren gegangen ist und unbeschädigt in meinen Besitz gelangte. Es war gar nicht so einfach, die schützenden Hüllen alle nacheinander zu entfernen mit Hilfe von Messer und Schere, aber schließlich schaffte ich es doch alleine. Als ich dann noch eine Glühbirne eindrehte und sie auf meinen Fernsehapparat stellte, war ich überwältigt von so viel Schönheit! Für dieses wertvolle Geschenk danke ich Dir herzinnigst, mein lieber Holger, denn damit hast Du mir eine riesengroße Freude bereitet. Die hübschen ungeschliffenen Edelsteine kommen abends im dunklen Zimmer am besten zur Geltung, und ich ließ sie gestern gleich den ganzen Abend brennen. Ja, dieses Lämpchen werde ich sehr in Ehren halten, damit sie mir nicht nur 1 Jahr lang sondern bis ans Lebensende leuchten kann. Vor 3 Jahren hatte ich mir selbst zum Geburtstag eine Partyleuchte mit bunten Glassteinen in derselben Form gekauft, aber nicht elektrisch sondern mit einer Kerze. Leider ist diese aber schon kaputt, denn als Bartelik mir im vorigen Frühjahr den Teppich in meiner Abwesenheit klopfte, ist sie ihm vom Tisch gefallen und zerschlagen. Als ich zurückkam, fand ich nur die Scherben vor. Er sagte ja, daß nicht er sondern ein Kind die Leuchte runtergeworfen hat, das gerade in die Wohnung kam. Aber ich glaube ihm nicht. Ich habe diesem Lämpchen sehr nachgetrauert, bis ich jetzt von Dir einen besseren Ersatz erhielt. Alle Deine Geschenke, l.Holger, haben mir bis jetzt sehr gefallen und von großem Nutzen, so als ob Du meine Gedanken erraten würdest, was ich mir wünsche.

Auch für Deinen beigelegten/Gratulations-/Brief sei herzl. bedankt. Kannst Du mir den Ausschnitt aus der Fernsehzeitung nicht ausschneiden und mitschicken im nächsten Brief, denn Du weisst doch, daß mich auch Leserbriefe über meine "Bettwurst" interessieren? Sag'mal, lieber Holger, bleibt es nun bei Deinem mir am Telefon mitgeteilten Termin, daß wir erst im Dezember nach Las Palmas fliegen? Ich muß das nämlich genau wissen, damit ich sonst 2 Wochen wo anders Urlaub machen kann. Vielleicht nach Rom oder an den Rhein. Ich habe mir schon extra einen Reisekatalog von Neckermann geholt, wo die kanarischen Inseln ganz genau beschrieben sind. Einen spanischen Reiseführer und internationale Reiseschecks von meiner Bank ließ ich mir auch schon geben. Das ist besser als viel Geld mitzunehmen, das dort gestohlen werden könnte bei der Armut. Bekannte kamen jetzt aus Teneriffa zurück und erzählten, daß die Temperatur dort 12 - 13 Grad beträgt,mehr nicht. Also kann man im Winter auch höchstens im Swimmingpool baden, wo das Wasser angewärmt wird.

Wieviel Personen spielen in Deinem neuen Film "Axel" mit und kenne ich sie? Magdalena habe ich neulich im Fernsehen in einem Stück von Werner Schröter gesehen, wo sie auch verschiedene Perücken trug. Sie spielt ihre tragischen Rollen sehr gut, einmal war sie sogar als Mann verkleidet mit Zylinderhut.Hast Du ihn auch gesehen, diesen Film? In Fassbinder`s Filmen spielt Karla jetzt wohl nicht mehr mit, denn ich sah sie nicht mehr letztens. Ist sie schon wieder verheiratet, oder hörst Du nichts mehr von ihr?

Zu Deinem Kompliment, l.Holger, nur soviel, daß mir ein alter poln. Arzt zum Abschied aus Danzig vor 6 Jahren sagte:" Sie haben die seltene Gabe, sich ewige Jugend zu bewahren". Und das kommt meinem lieben Regisseur und dem Publikum sicherlich sehr gelegen! Herzl. Ostergrüße an Dich, Peter u. Dietmar

von Deiner

Nicht der Homosexuelle ist pervers, sondern die Situation in der er lebt oder «Das Glück in der Toilette»

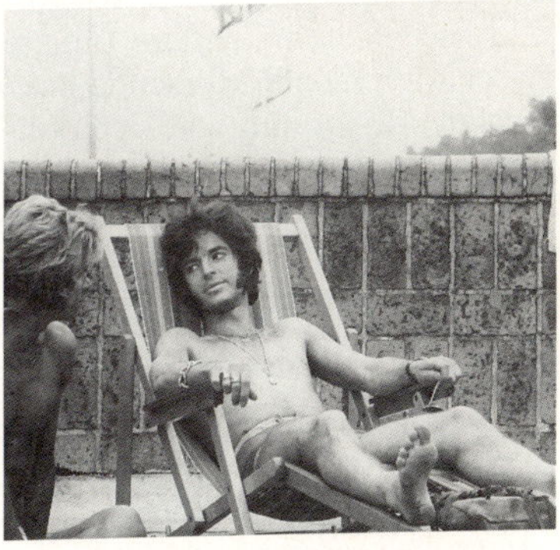

Szenen: Sentimentalität, Luxus, Strandbad.
Foto Oh Muvie

Etat zw. 200000 u. 300000 DM
Produktion: Bavaria Atelier GmbH im Auftrage des WDR
Produzent: Werner Kliess
Buch und Regie: Rosa von Praunheim
Produktionsleitung: Dieter Minx
Theoretische Mitarbeit: Martin Dannecker, Sigurd Wurl
Kamera: Robert van Ackeren
Schnitt: Jean–Claude Peroué
Darsteller: Bernd Feuerhelm, Berryt Bohlen, Ernst Kuchling u.v.a.
Sprecher: Volker Eschke, Michael Bolze, Rosa von Praunheim
Format: 16 mm Farbe Kodak Magnetton
Länge: ca. 70 Minuten.

Inhalt:

Daniel, ein junger Mann aus der Provinz, kommt nach Berlin und trifft dort zufällig Clemens. Beide erleben die große Liebe. Sie ziehen zusammen und versuchen, die bürgerliche Ehe zu kopieren. Doch nach vier Monaten endet das große Glück. Daniel hat inzwischen einen älteren, reichen Mann kennengelernt und zieht mit ihm in dessen Villa. Doch bald, bei einem Musikabend, betrügt ihn sein älte-

rer Freund. Für ihn war Daniel nur ein Objekt. Daniel arbeitet jetzt in einem Homosexuellen-Café, kleidet sich nach der neuesten Mode und lernt schnell, sich den Idealen der Subkultur anzupassen. Seine Freizeit verbringt er im Strandbad und läßt sich bewundern. Nachts geht er in Homosexuellen-Bars und wird immer abhängiger von dem ständig wechselnden sexuellen Abenteuer. Nach einiger Zeit entdeckt er den exotischen Reiz schwuler Parks und Toiletten.
Er erlebt, wie ältere Homosexuelle von Rockern zusammengeschlagen werden. Schließlich landet er in einer Transvestitenkneipe, in der sich zu später Stunde alles trifft, was bis dahin keinen Partner gefunden hat. Hier trifft er Paul, der ihn in seine schwule Wohngemeinschaft mitnimmt. Die Gruppe diskutiert mit ihm seine Probleme. Sie macht ihm klar, daß er ein oberflächliches Leben führt. Seine Aufgabe als emanzipierter Schwuler ist es, sich zu seinem Schwulsein zu bekennen, andere Inhalte zu schaffen als nur Mode und Sex.

Man schlägt ihm vor, sich politisch zu organisieren und gemeinsam mit anderen Schwulen über menschlichere Formen des Zusammenlebens nachzudenken.

Kaffeetrinken
Schwule wollen nicht schwul sein.

Sie wollen nicht anders sein, sondern so spießig und kitschig leben wie der Durchschnittsbürger. Sie sehnen sich nach einem trauten Heim, in dem sie mit einem ehrlichen und treuen Freund unauffällig ein eheähnliches Verhältnis eingehen können. Der ideale Partner muß sauber, ehrlich und natürlich sein. Ein unverdorbener, frischer Junge, so lieb und verspielt wie ein Schäferhund.

Schwule fordern vom Schwulen, ein Ästhet zu sein. Er muß auf sein Äußeres Wert legen. Darauf sind Schwule stolz, und das zeichnet sie von allen anderen aus. Da die Schwulen vom Spießer als krank und minderwertig verachtet werden, versuchen sie, noch spießiger zu werden, um ihr Schuldgefühl abzutragen mit einem Übermaß an bürgerlichen Tugenden. Ihre politische Passivität und ihr konservatives Verhalten sind der Dank dafür, daß sie nicht totgeschlagen werden. Nicht die Homosexuellen sind pervers, sondern die Situation, in der sie zu leben haben.

Schwule schämen sich ihrer Veranlagung, da man ihnen in jahrhundertelanger christlicher Erziehung eingeprägt hat, was für Säue sie sind. Deshalb flüchten sie weit weg von dieser grausamen Realität in die romantische Welt des Kitsches und der Ideale. Ihre Träume sind Illustriertenträume, Träume von einem Menschen, an dessen Seite sie aus den Widrigkeiten des Alltags entlassen werden in ausschließlicher Liebe und Romantik.

In den Schwulenmagazinen erscheinen Verlobungsanzeigen: Nunmehr gemeinsam durchs Leben, Rainer und Friedhelm. Die

Enttäuschungen sind um so größer und führen zu Depression und Trunksucht, denn die Tatsache ist, daß selten eine homosexuelle Freundschaft länger als ein halbes Jahr dauert.

Bettszene
Eine homosexuelle Freundschaft, so heiß sie auch von beiden Partnern ersehnt wird, muß zwangsläufig schiefgehen. Schwule sind gezwungen, ihre Freundschaften in krimineller Heimlichkeit (ohne Vorspiel über das Bett) zu beginnen. Reiner Sex sieht vom Partner und seinen individuellen Voraussetzungen ab. Er interessiert nur als Objekt der eigenen Geilheit, und im günstigsten Falle beruht dieses Verhältnis auf Gegenseitigkeit. Es reicht nicht aus, eine befriedigende Beziehung zwischen Menschen herzustellen.

Wohnzimmer
Schwule versuchen, die bürgerliche Ehe zu kopieren. Anstatt die, denen sie ihr ganzes Unglück verdanken, zu hassen, wäre es ihr größtes Glück, eine von Kirche und Staat erlaubte lebenslängliche Zweierbeziehung einzugehen.

Die bürgerliche Ehe funktioniert durch die Aufzucht von Kindern und die Unterdrückung der Frau. Die schwule Ehe kann nur ein lächerlicher Abklatsch sein, da fehlende gemeinsame Aufgaben ersetzt werden durch eine romantische Liebe, die fern jeder Realität ist.

Die romantische und vergötternde Liebe ist nichts anderes als Selbstliebe. Die meisten Schwulen merken nicht, daß sie in der Liebe zum anderen nur sich selbst lieben. Der Freund wird als Abgott der eigenen Hoffnungen und Sehnsüchte gesehen. Sie versuchen nicht, ihn zu verstehen und auf ihn einzugehen, sondern sie belasten ihn noch dazu mit den eigenen Schwierigkeiten. Die schwule Ehe zerbricht an der Rivalität von zwei eitlen Männern, die dazu erzogen wurden, ihre Interessen anstatt miteinander im Wettbewerb gegeneinander durchzusetzen. Die fehlenden gemeinsamen Aufgaben und die Unfähigkeit, sich zu verstehen, weil man zu sehr seiner eigenen Person verhaftet bleibt, führen bald zum tragischen Ende einer romantischen Freundschaft. Zurück bleibt die Einsamkeit und die große Leere, die bald von neuen unwirklichen und eitlen Träumen angefüllt wird.

Luxus (vor der Villa)
Der sogenannte pädagogische Eros, mit dem alte Schwule ihren Geschlechtsverkehr zu Knaben rechtfertigen, meint nichts anderes als ein autoritäres Abhängigkeitsverhältnis eines Klugscheißers zu einem hilflosen, dummen Jungen. Bildung und Kunst, die den Reichen in der Vergangenheit als todernste Freizeitbeschäftigung galt, wurde von den Schwulen als

Flucht vor ihren Problemen dankbar angenommen. Daß Schwule künstlerisch begabter sind, ist ein Ammenmärchen. Sie beschäftigen sich nur mehr damit, um, wie sie meinen, das Leben besser ertragen zu können. Für sie bleibt Kunst so oberflächlich und folgenlos im Raum, wie wenn Heydrich Klavier spielte. Solange Bildung und Kunst ein Mittel der Reichen und Mächtigen ist, über die menschlichen und wirtschaftlichen Schwierigkeiten auf der Welt hinwegzutäuschen, ist sie radikal abzulehnen, und solange Schwule sich einbilden, besonders wertvoll zu sein, wenn sie die Reichen zu kopieren versuchen, sind sie auch abzulehnen. Gerade den reichen Schwulen liegt daran, die Unfreiheit der Homosexuellen zu erhalten. Ihnen ist die Hilflosigkeit der Unterdrückten gerade recht, um sie besser ins Bett zu bekommen.

Sie sind faschistisch, wie Träume es immer sind.

Luxus (Musikabend)

Kultur ist bei Schwulen ein gesellschaftliches Mittel, um sich näherzukommen. In einer sinnlichen Atmosphäre überbetonter Förmlichkeiten lassen sie bald ihre Masken fallen. Lebenslängliche Enttäuschungen in der Liebe haben viele kalt und unmenschlich gemacht, und sie sehen den Partner nur noch als Sexualobjekt.

Homosexuelle entwickeln mehr Ehrgeiz zu Unabhängigkeit und Erfolg als andere, weil sie wissen, daß sie im Alter nicht mehr um ihrer selbst willen geliebt werden. Eine der größten Rollen bei den Schwulen spielt die Überbetonung der Jugend und Körperlichkeit, und in dem Kauf eines jungen Mannes kauft man sich ein Stück der eigenen verlorenen Jugend zurück.

Konsum (Café und Boutique)

Die meisten Homosexuellen arbeiten in kaufmännischen und Verwaltungsberufen, denn sie haben Angst vor dreckigen Fingernägeln und der Aggressivität der Arbeiter. Schwule haben es doppelt schwer zu arbeiten, denn neben der üblichen beschissenen Arbeit steht die nervenaufreibende Selbstverleugnung.

Sie werden Freizeitschwule, die aus der Verlogenheit am Arbeitsplatz nur allzu gerne in die Welt der Schwulen flüchten, wo sie zwar nicht als Menschen, aber als Schwule anerkannt werden. Sie treffen sich bei Kaffee und Kuchen, hören Chansons von Zarah Leander und der Dietrich und fahren in gemeinsame Urlaubsorte wie Sylt und Torremolinos.

Je weniger die Schwulen untereinander zu einer menschlichen Beziehung fähig sind, desto mehr brauchen sie einen Ersatz. Der Wunsch nach Glück und Erfüllung wird von der Industrie ausgenutzt und von Menschen auf Gegenstände gelenkt. Was beim Spießer die Wohnungseinrichtung, Fernsehapparat und das Auto sind, ist beim Schwulen die Mode. Wie Konsumgegenstände im Warenhaus durch ihre Verpackung vom Inhalt ablenken, so benutzt der Schwule die Mode, um nur auf sein Äußeres aufmerksam zu machen. Die Lust am Schmücken des eigenen Körpers entspricht der ungeheuren Eitelkeit der Schwulen. Was vor Jahren bei Schwulen der hellblaue Pullover war, der sich von der langweiligen Männermode auffällig unterschied, hat sich zu Exhibitionismus und Fetischismus entwickelt. Mode muß wie eine zweite Haut sein, die die Größe des Geschlechtsteils angibt. Bald sind viele Schwule zu nichts anderem mehr fähig, als wie eine vornehme Nutte darauf zu warten, von einem reichen Mann in die Welt des reinen Vergnügens und der reinen Lust entführt zu werden.

Konsum (Strandbad)
Homosexuelle haben miteinander nichts gemeinsam als den starken Wunsch, mit einem Mann zu schlafen. Der immer stärker werdende Wunsch nach einem nackten, männlichen Körper treibt sie aus ihren Familien heraus zu den Orten, wo sie Schwule treffen. In der Gesellschaft der Schwulen können sie für kurze Zeit vergessen, daß sie Aussätzige und von der Gesellschaft Verstoßene sind. Trotzdem haßt ein Schwuler den anderen, denn er sieht in dem anderen sein eigenes Unglück. Statt gegen eine Gesellschaft zu kämpfen, der sie ihr Unglück verdanken, geben sie sich lieber selber die Schuld! Sexualängste, von der Gesellschaft zugeschobene Schuldgefühle und ein starkes Konkurrenzgefühl machen die Schwulen untereinander zu heimlichen Feinden! Um aber trotzdem miteinander verkehren zu können, müssen sie eine Gemeinsamkeit vortäuschen, die nur verlogen sein kann. Sie bilden oberflächliche Rituale und Formen aus. Genauso wie der Spießer beurteilen sie sich untereinander nach äußerlichen Gesichtspunkten. Ihre sozialen und menschlichen Probleme werden verdrängt und ersetzt durch eine Maske der Äußerlichkeit. Um in der Gemeinschaft der Schwulen als einer der ihren anerkannt zu werden, ist ein junger Homosexueller bald gezwungen, seine vielleicht persönlicheren Interessen einzutauschen gegen angeblich speziell schwule Interessen und Ideale.

Homosexuelle Treffpunkte sind ein Jahrmarkt der Eitelkeit. Man stellt sich zur Schau, und jeder erwartet vom anderen, daß er um ihn wirbt.

Konsum (vor Nachtlokalen)
Kontaktlosigkeit ist bei Schwulen in einer Großstadt selten. Für Schwule ist es leicht, Sex zu finden, denn an jeder Ecke bieten sie sich wie Nutten an. Aus Angst vor dem Alter glauben sie in ihrer Jugend soviel wie möglich erleben zu müssen. Sie werden launisch, hektisch und immer triebhafter. Es gibt kaum glückliche Schwule.

Schwule haben sich alle sexuellen Freiheiten genommen, von denen der Spießer nur träumen kann, aber sie sind unfähig, diese Freiheiten für sich lustvoll auszunutzen. Schwule sind wie alle anderen in ihrer Kindheit auf Zwänge und Verbote hin erzogen worden. Für Mann und Frau setzen sich diese Vorschriften und Pflichten in der Ehe fort. Schwule aber hätten die Chance, ihre Freiheit mit eigener Verantwortung zu nutzen. Sie könnten mit einem Freund so lange zusammenleben, wie es Spaß macht. Für Schwule bedeutet Freiheit aber nicht eigene Verantwortung, sondern Chaos. Sie bleiben auf einer kindlichen Stufe stehen, sie sind dauernd geil und ziehen ein schnelles billiges Abenteuer einer vielleicht wertvolleren Freundschaft vor.

Schwule haben es schwer, eine längere Freundschaft einzugehen. Voller Eitelkeit und schlechtem Gewissen sehen sie sich in die Augen, auf der Suche nach dem großen Glück. Sie tragen das Idealbild des Mannes mit sich herum, den es nicht gibt. 2000 wechselnde Sexualpartner im Leben eines Schwulen sind oft der Ersatz für den einen, den sie sich im Grunde ihres Herzens ersehnen. Sie werden jedesmal grausam enttäuscht. Oft bleibt nur ein Gefühl des Ekels zurück.

Die Mehrzahl der Schwulen gleicht dem Typ des unauffälligen Sohnes aus gutem Hause, der den größten Wert darauf legt, männlich zu erscheinen. Er führt ein verlogenes Doppelleben und hat große Angst, als Schwuler erkannt zu werden.

Sein größter Feind ist die auffällige Tunte. Tunten sind weibische Homosexuelle, die versuchen, das Gehabe der hysterischen Frau nachzuahmen. Sie schminken sich und sind der Schrecken des Spießers und des angepaßten Schwulen, der durch sie verraten werden könnte. Tunten sind nicht so verlogen wie der spießige Schwule. Ein schwuler Charakter ist oft eitel, launisch und neidisch. Tunten übertreiben ihre schwulen Eigenschaften und machen sich über sie lustig.

Sie stellen damit die Normen in unserer Gesellschaft in Frage und zeigen, was es bedeutet, schwul zu sein.

Daniel hat keine anderen Interessen mehr als das Schwulsein. Schwulsein wird für ihn zu einer Art Sucht. Er ist auf der Suche nach immer stärkeren Reizen, um zu einer schnellen Befriedigung zu kommen.

Park (Leder)

Die absonderlichsten Typen unter den Homosexuellen sind neben den Transvestiten, die Frauenkleidung anziehen und sich ein weibliches Geschlechtsteil wünschen, die ledertragenden Supermänner. Von den Schwulen sind die Ledertypen die in ihrer Männlichkeit am meisten Geschädigten. Um den Verlust ihrer Männlichkeit zu verdecken, behängen sie sich mit den

Symbolen der Männlichkeit.

Ähnlich wie sich bei den Nazis, in Cowboyfilmen und beim Militär versteckte Homosexualität zeigt, so sehnen sich die Ledermänner in eine Welt der Gewalt.

Lust, die nicht mehr direkt erlebt werden kann, wird zur Perversion. Lederschwule sind nur fähig, sich über Hilfsmittel sexuell zu befriedigen. Mit Leder verbindet sich meist Sadismus und Masochismus, das Bedürfnis, zu bestrafen und bestraft zu werden. Lederschwule erwarten Strafe, da sie das Gefühl haben, vor sich und der Gesellschaft versagt zu haben. Sie sind häßliche und nette Menschen, die unter ihrer Schwäche leiden.

Toilette (nachts)
Toiletten sind der bekannteste Treffpunkt für Homosexuelle.

Viele Schwule mit großen Kontaktschwierigkeiten sind gezwungen, auf den öffentlichen Toiletten ihre ersten homosexuellen Erfahrungen zu machen.

Mit der Bestrafung der Homosexualität durch die Gesellschaft und dem daraus folgenden schlechten Gewissen der Schwulen haben viele ihr Schwulsein bis auf die einfachste Form von Sex beschränkt.

Die Männer stehen in dauernder Furcht, entdeckt zu werden, nebeneinander und sind gezwungen, wenn sie nach oft langem Warten jemanden gefunden haben, sich in Sekundenschnelle abzureagieren. Die nur auf das Ge-

Szenen: Park, Toilette und Kommune.
Foto Oh Muvie

schlechtsteil gerichtete Beziehung ist für eine große Gruppe von Schwulen die einzige Form der körperlichen Liebe. Sie wandern von einer Toilette zur anderen, dauernd auf der Suche nach Befriedigung, die sie im günstigsten Falle nur verstümmelt erlangen.

Für die Schwulen selbst steht die Toilette auf der untersten Stufe, und sie geben vor, die Pißbudenschwulen zu verachten. Was sie aber nicht daran hindert, sie heimlich aufzusuchen, wenn sie in ihren vornehmen Bars niemanden mehr gefunden haben. Hier finden sie Gefallen an den oft maskulinen Arbeitertypen, die selbst kein Interesse haben, ihre Geilheit unter Mode und guten Manieren zu verstecken.

Toilette (tags)

Strichjunge zu sein ist in unserer Gesellschaft weit angenehmer, als eine blöde unpersönliche Arbeit ausführen zu müssen, aber der Verdienst ist weit geringer als der der weiblichen Nutten.

Meist sind es entlaufene Fürsorgezöglinge, die sich sowieso weigern, sich einem spießigen Leben mit für sie wenig Möglichkeiten unterzuordnen.

Genau wie die Rocker, die ihre Homosexualität in ungeheure Brutalität verdrängt haben, sind die Strichjungen oft nicht schwul.

Sie hassen die Schwulen, denn Schwulsein ist in den Augen der Gesellschaft immer noch schlimmer als ein ordentlicher Verbrecher. Bei den Schwulen können die Stricher mit gutem Gewissen ihren Haß auf eine Obrigkeit abreagieren, die sie für ihr Schicksal verantwortlich machen.

Erpressung, Raub und Mord an Schwulen waren an der Tagesordnung, als durch den Paragraphen 175 alte Schwule all dies dankbar hinnehmen mußten. Das Gesetz ist abgeschafft, aber nicht die Einstellung der Bevölkerung zum einzelnen Homosexuellen, der immer noch große Furcht hat, entdeckt zu werden.

Neben der allgemeinen Altersfeindlichkeit in unserer Gesellschaft ist das Altwerden bei den Schwulen am grausamsten.

Die Schwulen schaufeln sich selbst ein frühes Grab, da sie ausschließlich den jungen, männlichen Körper anbeten und von menschlichen Qualitäten absehen. Nicht selten fängt bei Schwulen das Altern schon mit 30 an, und wenn ein älterer Schwuler nicht reich ist, ist er entweder gezwungen, kalt und aggressiv jüngere Homosexuelle auszunutzen oder sich mit Strichern in ein gefährliches Abenteuer einzulassen.

Bei alten Schwulen spielt Sex eine viel größere Rolle als beim verheirateten Mann, der vom Geschlechtsverkehr mit immer derselben Frau bald impotent wird.

Alte Schwule werden beim Anblick von jungen Männern immer neu gereizt, und sie verbrauchen sich bei der meist erfolglosen Suche nach Sex durch dunkle Toiletten und Parks, da sie in Bars verachtet werden. Oft wollen sie aus Eitelkeit ihr wirkliches Alter nicht wahrhaben und versuchen, sich künstlich jung zu erhalten, was sie lächerlich erscheinen läßt.

Arme alte Schwule haben nichts zu lachen.

Sie sind oft unmenschlicher Vereinsamung ausgesetzt, die ähnlich einem wachsenden Geschwür jegliche Freude am Leben versiegen läßt.

Kommune

Konrad: Den Pißbudenschwulen und Parkfickern helfen, aus ihrer beschissenen Situation herauszukommen. Sex soll nicht nur Wettbewerb sein und der Selbstbestätigung dienen, er soll zur Verständigung beitragen und nicht nur, wie das bei Schwulen oft der Fall ist, daß man sich nicht mehr kennt, wenn man einmal miteinander geschlafen hat.

Wir Schwule müssen aufhören, Schwule zu hassen. Wir müssen sie lieben und nicht nur als Konkurrenten behandeln. Durch die Unterdrückung der Schwulen sind der Sex und die Abenteuer um sie herum so wichtig geworden, daß es vielen zur Hauptbeschäftigung geworden ist. Versucht, persönlicher zu werden!

Unabhängiger. Die meisten versuchen, aus Angst vor dem Alter, dem Sex hektisch nachzujagen. Die Alten werden aggressiv, weil die Jungen sie verachten.

Wenn die Zeit kommen sollte, wo Schwule nicht nur den Hauptwert auf den Körper legen, dann wird das Alter auch nicht mehr so ein grauenhaftes Problem sein.

Paul: Boykottiert Parks und Toiletten, kommt raus aus euren Verstecken. Geht auf die Straße, demonstriert für eure Rechte. Helft den dummen Modetucken und arroganten Schönlingen und eitlen Barschwulen.

Achim: Schwulentreffpunkte wie Cafés, Bars, Tuntentees, Boutiquen und Strandbäder sind deshalb so unerträglich, weil man sich nur zur Schau stellt.

Das Allerschlimmste aber sind die Bars. Sie haben eine so feindliche Atmosphäre.

Sigurd: Jeder steht eitel und verklemmt herum.

Achim: Man kann sich mit keinem richtig unterhalten, ohne sich gleich verpflichtet zu fühlen, mit ihm ins Bett zu gehen.

Paul: Boykottiert diese Bars, erzwingt neue Bars.

Konrad: In denen Schwule sich frei fühlen können, weil sie das Gefühl haben, daß man sich nicht für ihr Geld, sondern für ihre Probleme interessiert.

Burghard: Schmeißt die Scheißschwulenläden zusammen, wenn sie nichts anderes als eine beschissene Puffatmosphäre sind.

Achim: Wir alle müssen miteinander leben und sollen nicht in kleinen Zellen, wie es die Ehe ist, gegeneinander leben.

Schwule sollten sich darüber klar sein, daß unter den heutigen Möglichkeiten Typen meist nicht länger als 2 oder 3 Jahre zusammenbleiben. Danach wird es meistens langweilig. Wir sollten aber versuchen, diese Möglichkeit auszunutzen und wenigstens öfter längere Freundschaften eingehen, anstatt jeden Tag mit einem anderen ins Bett zu gehen.

Dazu gehört aber auch eine gewisse Disziplin: einen Freund, den man gern hat, nicht gleich aufs Spiel zu setzen durch ein billiges Abenteuer.

Paul: Wenn Schwule zusammen sind, entsteht eine gespannte Atmosphäre. Man sieht in dem anderen ein Spiegelbild der eigenen Schwierigkeiten.

Weil wir dauernd auf der Suche sind, sind wir modisch und chic. Verweigert euch dem Kleiderterror. Verachtet die Luxusnutten. Wartet nicht auf den reichen Freier, denn er ist es, der euch ausnutzt und nach einiger Zeit wieder fallenläßt.

Konrad: Tunten und Supermänner sollten ihre Feindschaft untereinander aufgeben und gemeinsam Seite an Seite für ihre Freiheit kämpfen.

Burghard: Es ist Scheiß vorzugeben, daß wir richtige Männer sind, denn wir sind es meistens nicht. Laßt uns schwuler werden. Die verlogenen Halbschwulen müssen den Mut haben, ganze Schwule zu werden.

Achim: Es klingt moralisch und spießig, wenn wir uns gegen Toiletten und Parks wenden, aber es ist notwendig. Die Gefahr ist, daß wir alle nur noch nach dem Körper beurteilen und daß wir letzten Endes darunter selbst leiden, weil wir einsam und ohne Liebe sind.

Paul: Die Schwulen tragen dieses Kitschbild von der ewigen Liebe mit sich herum, so wie im Märchen und wie es dauernd von Filmen und Illustrierten angepriesen wird.

Burghard: Die ewige Liebe ist Scheiße. Man sollte so lange mit jemandem zusammenbleiben, wie es Spaß macht, und sich nicht ewige Treue und Liebe geloben, die man nie richtig halten kann und die einen immer wieder enttäuscht.

Sigurd: In Amerika gibt es jetzt schwule Kirchen, das heißt, ein schwuler Priester hat eine Sekte gegründet für Schwule, in der er ihr verklemmtes Gefühl für Religion befriedigt und wo auch schwule Ehen geschlossen werden können.

Genau das ist die alte Scheiße wie bei Mann und Frau. Wir wollen nicht zwanghaft zusammenbleiben, sondern aus freiem Willen. Das ist schwerer, aber ehrlicher.

Zwei Typen, die sich absondern von allen anderen, nur um sich selbst zu leben, sind egoistisch und grausam den anderen gegenüber.

Sigurd: Das Wichtigste für uns alle ist, daß wir uns zu unserem Schwulsein bekennen.

Achim: Wir müssen den Mut haben, es jedem ins Gesicht zu sagen, daß wir schwul sind. Das ist hart, aber es geht nicht anders, wenn wir uns nicht durch ständige Feigheit und Verlogenheit immer wieder neue Schwierigkeiten einhandeln wollen.

Sigurd: Wir fühlen uns unfrei und schuldig.

Achim: Und werden als Folge davon launisch und unzuverlässig.

Sigurd: Und wir sind nicht mal mehr fähig, zu denen, die wir lieben, ehrlich zu sein.

Paul: Wir dürfen vor unseren Eltern und unseren Arbeitgebern keine Angst mehr haben. Wir müssen uns organisieren.

Gegen die Scheißarbeitgeber, die uns rauswerfen wollen, weil wir schwul sind. Wir müssen in unseren Zeitungen die Namen derjenigen drucken, die antischwul sind, vielleicht, weil die selbst versteckt schwul sind und Angst vor sich selber haben.

Wir müssen aus dieser Situation heraus, die uns immer noch dazu bringt, ins Pißhaus zu gehen und unsere Schwänze zu zeigen, stundenlang verklemmt nebeneinander zu stehen und dann alleine und angeekelt nach Hause zu gehen, mit einem schlechten Gewissen obendrein. Am nächsten Tag gehen wir wieder hin, weil viele von uns Angst haben, jemandem gerade ins Gesicht zu sehen und die Sache mit einem Gespräch zu beginnen. Um dann feststellen zu können, daß der Typ ein Mensch ist und nicht nur ein Schwanzträger, den man benutzen kann und dann wegwerfen.

Achim: Wir müssen versuchen, freier bumsen zu können, wobei wir den anderen achten und nicht nur als Gegenstand sehen müssen. Die Spießer nennen uns Warme, aber die meisten von uns sind kalt und verklemmt.

Paul: Wir müssen erotisch frei und sozial verantwortlich werden. Laßt uns zusammen mit den Negern der Black Panther und der Frauenbewegung gegen die Unterdrückung von Minderheiten kämpfen.

Achim: Kümmert euch gegenseitig um die Situation an euren Arbeitsplätzen. Seid solidarisch bei Konflikten innerhalb der Betriebe mit andern Kollegen, und ihr werdet auch auf ihre Hilfe rechnen können. Engagiert euch politisch. Schwulsein ist nicht abendfüllend.

Konrad: Wir schwulen Säue wollen endlich Menschen werden und wie Menschen behandelt werden, und wir müssen selbst darum kämpfen. Wir wollen nicht nur toleriert, wir wollen akzeptiert werden. Es geht nicht nur um eine Anerkennung von seiten der Bevölkerung, sondern es geht um unser Verhalten untereinander. Wir wollen keine anonymen Vereine, wir wollen eine gemeinsame Aktion, damit wir uns kennenlernen und uns gemeinsam im Kampf für unsere Probleme näherkommen und uns lieben lernen. Wir müssen uns organisieren. Wir brauchen bessere Kneipen, wir brauchen gute Ärzte und wir brauchen Schutz am Arbeitsplatz.
Werdet stolz auf eure Homosexualität!
Raus aus den Toiletten, rein in die Straßen!
FREIHEIT FÜR DIE SCHWULEN!

Nicht der Homosexuelle ist pervers, sondern die Situation in der er lebt oder «Das Glück in der Toilette»

Ausgehend von meinem eigenen unbewältigten Problem dachte ich über einen Film nach, der die Ursachen meiner Verklemmungen, Ängste und Hilflosigkeit als Homosexueller in der Gesellschaft untersucht. Ich machte die Feststellung, daß ich mit meinen Problemen alleingelassen war und selbst Schwule kein Interesse an einer Veränderung ihrer Situation zu haben schienen. Ich kannte die exotische Literatur von Genet, Burroughs und Hans Henny Jahnn und ein paar Bücher mit falschen Statistiken. Ich wünschte oft, ich wäre asexuell, denn Schuld- und Minderwertigkeitskomplexe machten es mir schwer, homosexuelle Erlebnisse psychisch zu bewältigen. Später paßte ich mich immer mehr den beschissenen Idealen der homosexuellen Welt an, wurde modisch, triebhaft und blickte voller Furcht auf eine ungewisse Zukunft. Schwule, die ich mir zuerst immer als besonders intellektuell und musisch vorgestellt hatte, entpuppten sich als kleinbürgerlich und verlogen, und selbst politisch linke Schwule taten das Problem als unwichtig ab. Zuerst dachte ich über einen Kinofilm nach, der aber viel sentimentaler und weniger theoretisch hätte sein müssen.

Im Winter 69/70 arbeitete ich mit Sigurd Wurl ein erstes Treatment aus und ging damit zur Bavaria, einer Produktionsgesellschaft in München, die speziell fürs Fernsehen arbeitet. Dr. Krapp vom Fernsehspiel war überraschenderweise sofort begeistert, und da Sigurd auf einem Ohr schwerhörig war und ich durch unser lautes Diskutieren Kopfschmerzen bekam, stieß ich bald auf Martin Dannecker, der mit Reimut Reiche gerade an einer Fragebogen-Untersuchung über Homosexualität arbeitete. Wir trafen uns an einem herrlichen Frühlingstag in einem überfüllten Café in Stuttgart und fanden uns sofort sympathisch. Seiner väterlichen Geduld, Menschlichkeit und Intelligenz habe ich viel zu verdanken. Ich stellte ihm viele naive Fragen, die er ausdauernd und klug beantwortete. Daraus entstanden einige theoretische Texte, die die Grundlage zu dem endgültigen Kommentartext darstellten. Wie meistens schrieb ich den Ton erst nach der Bildaufnahme, und die große Schwierigkeit war, den wissenschaftlichen Text in eine einfache sentimentale Form zu bringen. Ich ließ den langen Text bewußt von der hohen Stimme Volkers überzogen sprechen. Wie bei meinen anderen Filmen auch drehte ich ganz naive Szenen. Ich wollte keine identifikative Geschichte, sondern modellhaft verfremdete Bilder. Die Darsteller stehen steif herum und zeigen nur ihre Eitelkeit. Der Hauptdarsteller sollte neutral wirken, weder hübsch noch häßlich, man sollte ihn kaum bemerken. Ich drehte die ersten Szenen mit Daniel jeweils doppelt, einmal mit Bernd und

Zum Film «Homosexuelle in New York».
Homosexuellendemonstration Juni 1971, New York. Foto Dagmar

einmal mit Dietmar Kracht, was wohl dann doch zu parodistisch geworden wäre. Die Subkultur in Berlin kannte ich zur Genüge, so daß ich kaum Schwierigkeiten hatte, Darsteller zu finden.

Im Juli 71 wurde der Film beim «Internationalen Forum des jungen Films» in Berlin uraufgeführt und wurde danach bei Publikum und Presse der meistdiskutierte Film des Jahres. Der Film wurde in Sonderveranstaltungen überall im Land vor vollen Häusern gespielt, aber stets mit der Auflage einer sich anschließenden Diskussion.

Ich lernte, vor vielen Menschen zu reden und war begeistert von den aggressivsten Diskussionen, die wohl kaum ein anderer Film ausgelöst hat. Vor allen Dingen kritisierte man mich, keinen Werbefilm für Schwule gemacht zu haben oder die Aggressionen gegen Schwule bei der Bevölkerung eher zu verstärken als abzubauen. Es zeigte sich dann, wie produktiv solche Diskussionen wurden und daß viele plötzlich zu verstehen begannen, daß man der homosexuellen Sache mehr hilft, wenn man auf die wirkliche Problematik hinweist, als sie toleranzheischend vertuscht und im Grunde nichts ändert. Es bildeten sich in den meisten Fällen nach solchen Diskussionen homosexuelle Aktionsgruppen überall in Deutschland, die immer stärker werden. Ihr Ziel ist nicht die Anpassung an unsere beschissene momentane Gesellschaftsstruktur, der wir ja schließlich unser Unglück zu verdanken haben, sondern durch politische

Erste deutsche Homosexuellen-
demonstration in Münster

Arbeit das Bewußtsein für eine Veränderung zu schaffen. Der bewußt hilflose Schluß des Films zeigt, wie schwer der Anfang solcher Gruppen sein kann. Mit schönen Parolen einer Gruppe von verklemmten bürgerlichen Tunten kann man keine Revolution beginnen, doch die ungeheuer große Schwulenbewegung beispielsweise in Amerika hat gezeigt, wie notwendig solch ein Anfang ist.

Am 27. Juni 71 filmte ich in New York eine Demonstration von vielen tausend Homosexuellen, die nicht mehr gewillt waren, sich rücksichtslos unterdrücken zu lassen. In Deutschland, wo die Repression nicht mehr so deutlich wird und eher einer Scheintoleranz gewichen ist, haben es die Schwulen schwerer, eine Solidarität untereinander zu erreichen. Schon bei den Dreharbeiten zeigte es sich, daß die Heterosexuellen dem Schwulenproblem viel unverklemmter und großzügiger gegenüberstehen als die Schwulen selbst. Obwohl mir die Arbeit an dem Film viel Bewußtsein und Mut gegeben hat, hat sich auch meine Situation nicht von heute auf morgen verändert. Ich werde nicht als Märtyrer oder Berufsschwuler mein Leben fristen, sondern kann nur auf die notwendige Initiative von vielen hoffen, die eine menschenwürdigere Verwirklichung nicht nur meiner Homosexualität ermöglicht.

Die verlogene Toleranz der Sendeanstalten wurde deutlich, als der Film zehn Tage vor dem angesetzten Sendetermin Ende Januar 72 vom Ersten Programm abgesetzt wurde und nur lokal im 3. WDR-Programm ausgestrahlt werden durfte. Vielleicht war es die günstige Reaktion des Publikums auf die Regionalausstrahlung oder der ungeheure Presseprotest, der auf die Absetzung einsetzte, die es endlich nach 2 Jahren möglich machten, daß der Film im Januar 73 im 1. Programm gesendet wurde. Inzwischen ist der Film von mir ins Englische synchronisiert und hat in New York eine ähnliche Provokation ausgelöst wie hier.

Nach dem Schwulenfilm

Meine Situation als Schwuler hat sich auch nach dem Schwulenfilm nicht sehr verändert. Ich hoffte auf Solidarität, auf eine Gruppe, mit der ich gemeinsam meine Situation hätte verbessern können. Ich fühlte mich allein gelassen in der feindlichen Subkultur (eitle Kneipen, dunkle Parks und Toiletten). Durch den Film war ich gezwungen, Stellung zu nehmen; ich konnte nicht mehr meine Probleme verstecken oder mich in Zickigkeit und Komplexe flüchten. Erst durch ein Fernsehinterview, in dem ich mich als Schwuler bekannte, erfuhren meine Eltern, daß ihr Sohn homosexuell ist. Ich hatte mich bislang nicht getraut, mit ihnen darüber zu reden. Obwohl bürgerlich tolerant, sprach man zu Hause nicht über Sex.

Nach der sensationellen Uraufführung des Films bei den Berliner Filmfestspielen lief der Film längere Zeit im Kino Arsenal, jedesmal mit anschließender Diskussion. Wir forderten die Schwulen im Kino auf, sich mit uns zu organisieren und so bildeten sich die ersten Schwulengruppen in Deutschland.

Die hauptsächlich studentischen Gruppen waren mir als Künstler zu theoretisch, zu wenig spontan und phantasievoll. Ich provozierte dauernd Widersprüche und Aggressionen, auf meinen blinden Aktionismus ging niemand ein. Ich wünschte mir mehr Jungens aus dem Volk in den Gruppen, aber diese wurden von der elitären Studentensprache und unsinnlichen Atmosphäre sofort abgeschreckt. Die politischen Diskussionen wurden immer quälender und es schien Jahre zu dauern, bis die erste praktische Arbeit lief (Demonstrationen, Subkulturaktionen, Teilnahme an politischen Aktionen).

Durch meinen Beruf war natürlich von mir aus wenig kontinuierliche Arbeit möglich. Ich sonnte mich mehr oder weniger in meinem Ruhm auf Großveranstaltungen, bei denen ich als schöner Exot bewundert wurde. Ich war zu ungeduldig und chaotisch, zu sehr Künstler oder Journalist, der die Dinge aus der Distanz sah und mehr kritisierte als produktiv daran teilnahm. In Amerika war ich fasziniert von der Stärke und tollen Organisation der Gruppen, aber wo immer ich davon berichtete, man hatte bald das Vertrauen in meine Person verloren und ich fand es richtig, daß meine Arbeit von vielen anderen fortgeführt wurde.

Trotz meiner Bindung zu Peter war ich immer noch abhängig von der Subkultur. Mein starker Sexualtrieb läßt mich, wo immer ich auch bin, auf Befriedigung drängen. Meine Hoffnung, durch die homosexuellen Aktionsgruppen emanzipierte und geistig adäquate Sexualpartner zu bekommen, mußte ich bald begraben. Man redete, aber man fickte nicht miteinander. In Toiletten und Parks, besonders in Saunen kam ich mir kurz nach den Fernsehausstrahlungen meines Films sehr komisch vor.

Ich hatte Angst und Schuldgefühle, hatte ich doch die Subkultur in meinem Film zutiefst verdammt und war der erste, der davon abhängig war. Zwar hatten wir in der Gruppe einige Male versucht, z. B. in Saunen, Frustration, Verklemmtheit und Eitelkeit in solchen Plätzen gemeinsam zu überwinden und eine lockere, ehrlichere Atmosphäre zu erzwingen. Aber die Lust an der Unterdrückung, Verklemmung, der Reiz von gewohnten Situationen war größer, man fickte schließlich doch anonym, ohne ein Wort zu sprechen, oder im stockdunklen Massenfickraum, um sich selbst nicht fordern zu müssen. Trotzdem schien sich jeder nach einer längeren Partnerschaft zu sehnen, aber jeder tat cool und scheu und zurückhaltend. Jeder tat so, als ob er es nicht nötig hätte. Jeder wollte der sein, der erobert wird, aus Angst vor Zurückweisung, Selbsthaß und Minderwertigkeitskomplexen, jahrhundertelang durch die Gesellschaft aufgezwungen. In einigen Lokalen hatte ich durch den Film Lokalverbot bekommen. Es bildeten sich rechtsradikale Schwulenorganisationen, die uns als Kommunisten beschimpften. Im Trocadero in Berlin wurde ich verprügelt, mit Messern, Hunden und Pistolen bedroht. Die Gruppe zeigte sich solidarisch und protestierte in der nächsten Nacht vor dem Lokal. Seitdem hat die ganze Gruppe Lokalverbot.

Der Film ist jetzt 5 Jahre alt, aber aktueller und notwendiger denn je zuvor. In all den vielen Jahren ist kein Film über Schwule gedreht worden, der einen emanzipatorischen Ansatz hätte. Nur kommerzielle Scheiße wie «Boys in the Band», selbstbemitleidende wie Fassbinders «Faustrecht der Freiheit», der angeblich nur zufällig unter Schwulen spielt, dümmliche Schwulenpornos zu Tausenden, exotische Undergroundkacke à la Warhol, die Schwule nur als komische Nudeln sehen.

Die Arbeit der Gruppen hat nachgelassen. In Amerika haben sich die Aktivitäten mehr aus den Großstädten aufs Land verlagert, was sehr positiv ist. Bei uns entstehen viele neue kurzlebige Gruppen und alte verschwinden. Die Helden sind müde geworden: Revolution macht keinen Spaß mehr (nicht nur bei uns Schwulen).

Heute hätte ich diesen Film nicht mehr im Fernsehen realisieren können, er wäre verboten in unserer angepaßten Zeit.

Manchmal denke ich über einen kommerziellen Spielfilm über Schwule nach: eine Liebesgeschichte zweier Männer, die den schwulen Kitsch, aber auch die Bemühungen um Emanzipation beschreibt. Für die man etwas tun muß, damit sie nicht den Mut und Spaß verlieren weiterzumachen. Denn Arbeit an sich und den anderen ist anstrengend und nicht zuletzt habe ich es mir selbst zu leicht gemacht und hab mich auf meine Künstlerscheinwelt zurückgezogen. Denn nicht zuletzt leide ich selbst an der unmenschlichen Situation, dem anonymen Sex, der Schwierigkeit, richtige Partner zu finden, mit denen man ficken und reden kann, die ich geistig und menschlich akzeptiere und umgekehrt. Ein Traum?

Homosexuelle in New York

Dokumentarfilm von Rosa von Praunheim
Gedreht am 27. 6. 1971 in New York über eine politische Demonstration von Homosexuellen-Befreiungsorganisationen
Format: 16 mm Magnetton (live)
Länge: 12 Minuten
Ausgestrahlt im 3. Programm des Hessischen Rundfunks, 1971

Homosexuelle in New York. Foto Dagmar

Leidenschaften

Produktionskosten DM 60 000
Produktion: Rosa von Praunheim, im Auftrag des ZDF
Buch, Regie, Kamera und Schnitt: Rosa von Praunheim
Darsteller: Fritz Mikesch
und: Mr. World, Taylor Mead, Tally Brown, Diana, Yotuta Nagarakawa, Mino Kurata, Roberto Queen of Sheba, Florence Sun, Janie To Tsang Zung Chang, Carmen Parecmita, Noini Git Git, Jonny Surabaja u.v.a.
Mitarbeit: Oh Muvie
Format: Original: S 8, Farbe, Zweiband
Verleihkopie: 16 mm Farbe Kodak auf Gevachrom aufgeblasen Magnetton
Länge 74 Minuten, Drehverhältnis: 1 : 14
Gedreht in Glasgow, New York, Kalkutta, Tokio, Singapur, Hongkong, Hawaii, Mexico City, Acapulco, Hongkong, Bali, Innsbruck (Reihenfolge der Sequenzen)
Drehzeit 4 Monate (Sept.–Dez. 1971)
Uraufführung: Ausstrahlung im ZDF, 16-mm-Fassung «Forum des jungen Films», Berlinale 1972

Mr. World Sequenz. Foto Oh Muvie

Inhalt:

Ein junger Mann, gekleidet wie ein Privatgeistlicher, lebt in einer trostlosen Arbeiterstadt. Mit geistiger Disziplin versucht er, den Anfechtungen des Teufels, der brutalen Menschen und quälenden Visionen Herr zu werden. Die Diskrepanz seiner weltfremden – seines weltfremden Lebens und der grausamen Wirklichkeit lassen ihn immer wieder scheitern. Unter den Schlägen von unzufriedenen

Menschen wird sein Traum von ei-ner – einem Himmelreich auf Erden zerstört. Als Hilfskraft in einer Stoffabrik versucht er ein neues Leben. In der Millionenstadt versucht er, in seiner Freiheit – in seiner Freizeit menschliche Kontakte. Frauen weisen ihn ab, aus einem Pornokino – schreist – schmeißt man ihn raus, da er nicht mehr zahlen kann. Er ist einsam und depressiv, bis er sein – ein Glück im Suff an der Seite eines häßlichen fröhlichen Mädchens findet. Er wird arm und krank. Unfähig zu arbeiten, wandert er durch die ärmste Stadt der Welt, auf der Suche nach einem Stück Brot, das er schließlich auf einem Müllhaufen findet. Am Rande seines – seiner Lebenskraft bricht er zusammen, bis ihn eine Sozialfürsorgerin in ein improvisiertes Krankenhaus bringt. Er schöpft neues Leben – er schöpft neuen Lebensmut. Hinterhaltig – hinterhältig und ungeschickt sucht er nach Opfern auf einem großen Bahnhof. Er überfällt eine alte Frau, die ihm davonläuft. Von einer konkurrierenden Bande wird er geschlagen und sadistisch gequält. Langsam lernt er sich zu behaupten. Kalt mordend bahnt er sich seinen Weg und wird Zuhälter von einer Horde temperamentvoller Transvestiten. Ohnmächtig reich, hat er bald alles, was er sich erträumen kann. Er flieht an fremde exotische Orte. Mädchen tanzen und singen für ihn. Einen Palast voller Schönheit und Phantasie nennt er sein eigen. Doch das alles kann ihn nicht wirklich glücklich machen. Er denkt an den Tod und verschenkt plötzlich all sein Geld, um fernerhin gutes – ein gutes Leben in Frieden und Poesie zu führen. Auf einer der schönsten Inseln der Welt läuft er nackt und furcht – durchfurcht – durch fruchtbare Reisfelder unter Palmen am Meer entlang, bis er glücklich einschläft. Eine Eingeborene bringt ihm Blumen und Früchte. Doch schon bald wird sie von ihrem ängstlichen Bruder zurückgeholt. Auch die Insel der Liebe erfüllt nicht ihre Prophezeiung. Er läuft in den blutroten Sonnenuntergang und weiß nun, daß er nur in einem zivilisierten Leben in Sicherheit und eigener Verantwortung wird vollkommen Lohn finden können. Und in der unverdorbenen Höhenluft der Berge findet er endlich den Sinn des Lebens.

(Dieser Text ist dem Film vorausgestellt, gesprochen von heller, sich zuweilen versprechender Männerstimme.)

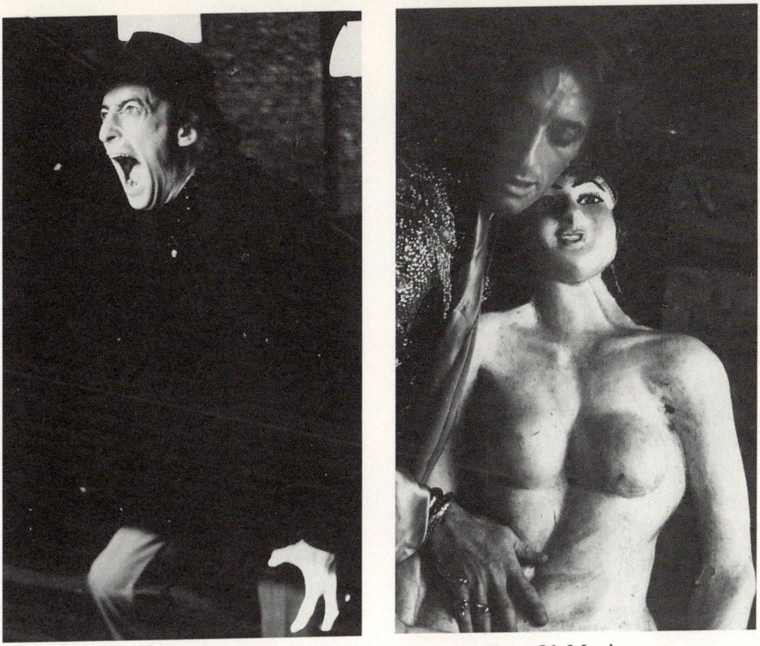

Fritz Mikesch in «Leidenschaften», Sequenz Glasgow. Foto Oh Muvie

Aus «Filmkritik», Dez. 1969

Film der Welt

Im Herbst und Winter 71 reisten das Künstlerehepaar Fritz und Elfie Mikesch und ich, Rosa von Praunheim, mit zwei Super-8-Filmkameras (Marke Canon) und einem Kassettenrecorder über drei Monate durch Amerika und Asien zu Dreharbeiten für einen experimentellen Spielfilm im Auftrag des Nachtstudios des ZDF. Die Reisekosten und Spesen betrugen 40000 DM. Wir hielten uns gewöhnlich 10 Tage in einer Stadt auf und drehten mit einem durchgehenden Hauptdarsteller (Fritz) und Amateuren am Ort verschiedene Abenteuergeschichten, deren lose Folge zusammen das Schicksal eines Menschen mit glücklichem Ausgang darstellen kann.

Toilette und zweite Kamera tätigte Elfie, bekannt unter dem Künstlernamen Oh Muvie. Daneben zeigte ich in den jeweiligen Goethe-Instituten ein Programm meiner Filme, wobei ich mir deren Hilfe (Vermittlung eines ortskundigen Begleiters usw.) erbat. Die belichteten Filme schickte ich aus jedem Land zum Entwickeln nach Deutschland (die Rohfilme waren vorausgeschickt), um sie am Ende meiner Reise zum ersten Mal zu sichten, auf einem Super-8-Schneidetisch zu schneiden und dann für den Schmalfilmvertrieb auf 16 mm aufblasen zu lassen. (Sendetermin Frühjahr 1972.) Darüber hinaus hatten wir viel Gelegenheit, ins Kino zu gehen, und ich möchte den Leser auf diese Weise an meinen Filmerlebnissen teilhaben lassen.

Wir begannen die Reise in Glasgow, wo wir von alten Freunden, die sich inzwischen zur «Baum Film» zusammengeschlossen haben, empfangen wurden. Das Filmfestival im benachbarten Edinburgh ging gerade zu Ende. Bill und John zeigten uns im schottischen BBC eigene unabhängige Filme. Bill zeigte einen sehr langen Film über alltägliche Begebenheiten ohne besondere Handlung. John mit großer Perfektion und folgerichtig eine Künstlergeschichte, deren Naivität sicher nur mich berührte.

In New York wurden wir von den Korrespondentinnen von «Bravo» und «Bild-Zeitung» mit denen uns eine herzliche Freundschaft verbindet, abgeholt.

Die lieben Mädchen öffneten uns Tür und Tor und halfen uns, eine wohl ewigwährende Herzensbindung zu dieser faszinierenden Weltstadt anzuknüpfen. Die Attika-Gefängnisrevolte war gerade grausam niedergeschlagen worden, und wir gingen solidarisch in

Begleitung des üppigen Undergroundstars Tally Brown, die auch unsere künstlerische Arbeit bereicherte, nach Harlem, chinesisch essen. Hier in New York feierte ich dann die exklusive Premiere meines Opernfilmes «Macbeth» im Anthology Cinema von Jonas Mekas, das durch sein völlig schwarzes Design die absolute Schönheit meines Filmes hervor hob.

Die folgende Vorführung in der New Yorker Universität zeigte, wie aufregend ein Publikum sein kann (ältere deutsche Frauen mit phantastischen Hüten waren nur geblieben, um mich zu sehen und zu beschimpfen, während die Jugend Amerikas mich als Künstler feierte).

Neben Shirley Clarke, die sich ganz der supermodernen Videotechnik hingibt, und Holly Woodlawn («Trash»), nachdem sie mit Jacki Curtis und Candy Darling (süße und gefährliche Transvestiten) dem neuen Warhol-Film «Sex» zum Erfolg verhalfen, ließ ich mich auf dem Dachgarten des Chelsea Hotel von Albert fotografieren. Alle Superstars treffen sich bei Max's Kansas City um die Ecke von Warhols Factory und träumen von dem deutschen Regisseur, der sie irgendwann einmal in die so reich geförderte Kulturszene einführen möge. Ich dagegen fand meinen Star in einem Körperpflegeinstitut in der 73. Straße, Mr. World, ein unglaublich muskulöser Neger mit Wespentaille. Nach einer anfänglichen Liaison entwickelte es sich zu einer beruflichen Freundschaft.

In Mexico City schluckte ich aus Versehen zu viele Schlaftabletten und paßte mich so dem depressiven Volkscharakter an, der jährlich einmal im November in einer Art Todeskult gipfelt, wobei geschmückte Skelette durch die Stadt getragen werden sollen. Hier sah ich den berühmten avantgardistischen Spielfilm «El Topo» von Jodorowski, einem Schüler Arrabals. Er ist durch seine schönen Grausamkeitsdarstellungen besonders in Amerika berühmt geworden. Jodorowski (Hauptdarsteller und Regisseur) dreht zur Zeit mit Dennis Hopper. Ich filmte einige Szenen in Acapulco, wo ich mit Alain Delon verwechselt wurde, der hier Trotzki verfilmt. Dann sah ich meinen ersten kommerziellen mexikanischen Spielfilm, der mich unendlich begeisterte, «Frühling der Skorpione», die Geschichte von zwei Schwulen (musische Tunte mit herbem Playboy), die in einem silbernen Wohnwagen am Meer leben und in Beziehung zu einer alleinstehenden Fotografin mit 10jährigem Sohn treten. Zum Schluß überraschen Mutter und Tunte Playboy, Sohn fickend. Ich habe noch nie jemand so weinen gesehen wie die Hauptdarstellerin danach. Der Film endet mit ihrem grünstichigen uralten Gesicht hinter dem Autofenster im Regen.

In Hollywood machte ich die «Home of the Stars tour», studierte entzückt die tollsten Filmbuchhandlungen der Welt, kaufte ein Glamourkleid für meine Tante Luzi, besuchte den Hundefriedhof und nahm schließlich eine Einladung zur Festpremiere von «Skin Game» mit James Garner im berühmten Chinese Theater an, wo ich fast weinend vor Entzücken all die alten Stars in rosa Tüll und Seide kennenlernen durfte, die ich schon lange für tot glaubte.

In San Francisco kam ich gerade zu den jährlichen Filmfestspielen zurecht, die Albert Johnson sehr feudal im Palace of Fine Arts (griechische Säulen und schwarze Schwäne) meist nur dem Hollywoodcinema widmet. Persönlich erschienen und plauderten aus der Schule (unter anderen) Rex Harrison (gerade von den Flitterwochen zurück) und Rouben Mamoulian, der Perfektionist alter Schule, der Köstlichkeiten wie «Königin Christine» mit der Garbo, «Blut und Sand» mit Rita Hayworth herstellte.

Als wir in den nebligen Abend hinaustraten (die «Bravo»-Korrespondentin war mir nachgereist), sang ein Neger mit schöner Stimme deutsche Freddy-Lieder. Noch in derselben Nacht sahen wir in einem kleinen Kino die alten Filme «Seven Sinners», mein schönster Dietrich-Film, und Cecil B. de Mills «The Sign of the Cross» mit dem berühmten Eselsmilchbad von Claudette Colbert. Bevor ich Kalifornien endgültig verließ, verbrachte ich noch einen Abend im eleganten Fermont Hotel, wo Caterina Valente auftreten sollte. Sie erschien im Rollstuhl, da sie sich einen Zeh gebrochen hatte, und machte in beiden Vorstellungen haargenau das gleiche.

Beinahe hätte ich den Festspielfilm «Something for Everybody» vergessen, den Erstlingsfilm des zur Zeit erfolgreichsten Broadway-Regisseurs Harold Prince (Company). Zuerst sollte Marlene Dietrich die Hauptrolle übernehmen, die dann von Angela Landsbury gespielt wird, der (soviel ich weiß) ersten schwarzen Komödie, die in Bayern spielt.

In Hawaii findet man die Landschaft, die man aus dem frühen Horrorfilm «King Kong» kennt. Wir drehten in Honolulu ein paar Rollen und sahen dann im Jumbo nach Tokio einen der vielen japanischen Spielfilme, die von einem blinden Samurai handeln.

In Tokio verbrauchten wir alle unsere Energien bei der Suche nach Drehorten. Wir hatten anfänglich die Illusion gehegt, daß die größte Stadt der Welt nicht überall genauso aussieht. Wenige sprechen Englisch, und so führte ich mit Matsumoto (Regisseur von «Pfahl im Fleisch») auch nur belanglose Gespräche. Wir sahen einige entsetzlich perfekte Undergroundfilme, aber hörten von vielen guten, die ich vielleicht nie mehr in meinem Leben sehen werde. Im Fernsehen gab es interessante Horrorfilme für Kinder.

Endlich kamen wir nach Hongkong, das mich in seiner lieblichen Schönheit überwältigte. Mit mir traf auch Prinzessin Anne zu ei-

Rosa mit Holly Woodlawn und Shirley Clarke. Foto Albert Schöpflin

nem Besuch in die politisch so gefährdete Stadt ein. Vielleicht wird der Leser meine Behauptung, daß die chinesische Gesellschaft eine lesbische sei (im Gegensatz zur homosexuell gefärbten westlichen), als zu kühn empfinden, aber in mir verfestigte sich die These, als ich den ersten Kurzfilm von Robert Low sah. Es ist die banale Fotograf-Modell-Geschichte, aber für mich ein hintergründig psychologisch gemachter Film, in dessen herber weiblicher Hauptfigur ich sowohl den Regisseur als auch das ganze chinesische Volk zu erkennen glaubte. Wir diskutierten angeregt im luxuriösen Haus des chinesischen Fernsehens, in dessen Jade-Channel man von mir ein geglücktes Interview brachte.

Neben der chinesischen Oper, die in Lautstärke, Tonlage und Glamour mit nichts zu vergleichen ist, war für mich das stärkste Erlebnis unserer kleinen Filmreise der nationalchinesische Film, genauer die Shaw brothers-Filme, die hauptsächlich für Hongkong, Taiwan, Singapur und Indonesien gemacht werden. Es ist der sadistischste Film, den ich kenne. Er knüpft an den Italowestern an, ist aber weitaus realistischer. Es sind historische Filme, in denen oft Frauen oder auch Kinder die Hauptrolle spielen, die, in den berühmten magischen Schwertschulen gestählt, grausame Vergeltung für ein Unrecht an ihrer Familie suchen. Fast alle beherrschen die Kunst des Fliegens, so daß nicht selten ein Schwertmeister im Flug mehrere Körper zerteilt. Die Filme bestehen fast nur aus Aktion, und außer Schwertern wird mit entsetzlichen Waffen wie Spiralen, Haken, Keulen und Peitschenmessern gekämpft. Großaufnahmen, die extreme Wut oder Leid zeigen. Eine Oper von Anfeuerungsrufen und Schreien. Das alles in Farbe und Shawscope, vorgeführt in eleganten Kinos, die immer ausverkauft sind. Die Filme enden meist tragisch. Die Helden schlagen sich die Arme ab, durchstechen sieben Kämpfer gleichzeitig oder werden mit einem Stein zwischen den Zähnen gegen einen zweiten gerammt. In einer neuen Version vor zeitgenössischem Hintergrund ist Bruce Lee der kommende Star, der mit einer Mischung aus Boxen und Karate mit faszinierender Eleganz für Recht und Ordnung sorgt. In «The Big Boss» verfolgt ihn die Kamera, wie er an den entstellten Körpern seiner toten Verwandten vorbei einem ungewissen Schicksal entgegengeht. Das Publikum, darunter viele Kleinkinder, atmet nach jeder dieser erregenden Kämpfe erleichtert auf.

In Saigon ebenso wie in Bali gab es deutsche Sexfilme, in die ich mich aber nicht hineinwagte.

Wir filmten in Vietnam den Kokosnußmönch (er ernährt sich seit zwanzig Jahren nur von Kokosnußmilch), der auf einer Insel (mit amerikanischen und vietnamesischen Deserteuren als Mönchen) in einer Art religiösem Disneyland lebt. Tagsüber betet er auf einem Schiff mit vielen exotischen Tieren, symbolisch für Südvietnam, und nachts auf einem Turm, symbolisch für Nordvietnam.

Saigon ist wie aus einem Western. Scheinbar ruhig, vermittelt es unerträgliche Spannung. Die schönsten Mädchen Asiens und die starken nackten Oberkörper der GIs ließen mich erbeben. Korruption scheint die einzige normale Tätigkeit, und die deutschen Helfer bereichern sich an den unvorstellbar hohen Gefahrenzulagen. In Singapur filmten wir eine lebensnahe Schlägerei mit chinesischen Transvestiten, und in einem indonesischen Film sah ich den Abstieg eines reinen Dorfmädchens zur glamourösen Hure. Diese psychologische Studie zeigte all die bezaubernden bürgerlichen Klischees, die das kapitalistische Asien so hilfesuchend vom Westen adaptiert, als ob es selbst nie gewesen wäre.

Am Ende meiner Reise in der miesen Großstadt Bangkok hatte ich ein weiteres eindrucksvolles Filmerlebnis. In einem großen Kino zeigte man den kambodschanischen Farbfilm «Die Schlange» in einer 16-mm-Produktion. Typisch ist die Mischung aus Lustspiel-,

Liebes-, Horror- und Kriminalfilm. Ein Zauberer, der sich nur von Nasen, Ohren und Fingern ernährt, frißt seiner Feindin die Warzen vom Gesicht. Der Hauptdarstellerin verfaulen tragischerweise langsam die Beine, als deren Tochter sie unter Hypnose erstechen will. Ein ganz fetter Mann bumst mit einer Schlange, und eine spindeldürre Frau mit vertrocknetem Gesicht singt diese tollen fernöstlichen Schlager, die oft so spießig anfangen, um sich langsam in ihr Gegenteil zu verkehren. Alle weiblichen Stars sehen hier aus wie mein deutscher Schwarm Heidy Bohlen («Nackidi, Nackidu. Das Liebesleben der Nibelungen»). Schon im Anzeichen der Kriegswirren flog ich mit einer der letzten Maschinen nach Kalkutta ein. Zwei Tage später schlossen alle Flughäfen. Bei Dreharbeiten in Slums wurde ich von tobenden Volksmassen unter Spionageverdacht verhaftet, konnte aber unter geheimnisvollen Umständen bald darauf unter Polizeischutz weiterfilmen. Mein Hauptdarsteller hatte sich die oberen Zähne entfernt und sich mit anderen ein Mahl aus einem Müllhaufen zusammengestellt bis ihn eine deutsche Krankenschwester (im Film) rettet.

Mein berühmter indischer Kollege Mrinal Sen erzählte mir von seinem neuen Projekt «Kalkutta 72», in dem er die Situation der Armen seit den 20er Jahren analysiert und die Inder aus ihrer religiösen Passivität zum Klassenkampf aufruft. Am Schneidetisch sah ich die üblichen Bilder sterbender pakistanischer Flüchtlinge. Sen ist ein sehr fröhlicher Mensch, den ich sofort ins Herz schloß.

Am gleichen Abend nach einer gefährlichen Autofahrt durch die verdunkelte Stadt feierte ich meinen 29. Geburtstag. Fritz und Elfie schenkten mir ein Hakenkreuz mit Perlen, das alte schöne hinduistische Symbol für Leben. Ebenso erreichte mich ein Brieftelegramm aus Deutschland, welches mich mit einer 200000-DM-Drehbuchprämie vom deutschen Staat überraschte für meinen ersten Kinofilm.

Während wir ziellos durch die gefährliche Stadt schlenderten, vor deren Lappenzelten am Straßenrand die Menschen in Pfützen ihre Tücher waschen, gerieten wir schließlich in den schönsten Film meines Lebens: «Tulsi Vivah» (Göttliche Hochzeit). Es ist einer der vielen 4stündigen mythologischen Ausstattungsschinken aus Bombay mit viel Gesang und Tanz. Kaum mit «Amphitryon» zu vergleichen, ist es ein poppiges Götterdrama. Elefantengötter reisen auf Wolken zu ihren vollschlanken Geliebten, oder in einem glimmenden Kreis erscheint das zornige Gesicht eines Feindes. In Prachtwagen ziehen die Helden in den Krieg und liefern sich hinreißende Schlachten. Abgeschlagene Hände wachsen durch intensives Gebet der Ehefrau nach und tilgen das Unrecht des Helden, der im Übermut des Sieges zu weit ging.

Der bengalische Film, so wurde

mir erklärt, sei besser, und wir sahen am letzten Tag den neuen Ray-Film «Simabadha» (Begrenzung), der die Problematik des Aufstiegs eines einfachen Mannes zum Filmregisseur in künstlerisch präzisen Einstellungen zeigte.

Mir machte es die Zweifelhaftigkeit von Kunst klar, jedoch habe ich den Glauben an all die modernen Filmschöpfer überall auf der Welt nicht verloren und bemühe mich im stetigen Kampf, einer der Ihren zu sein.

Nach einer Woche vergeblichen Wartens trug uns eine Boeing der Indian Airlines nach Bombay. Kurz nach Ankunft gab es Fliegeralarm. Bald aber wurden wir für all die Aufregungen im eleganten Flughafenhotel mit einem wüsten indischen Bauchtanz entschädigt. Das dralle Ding kniff allen Männern herzhaft in die Nase und knallte uns ihre Rassel auf den Kopf.

Mit diesem letzten Gruß in Erinnerung flogen wir am nächsten Morgen über Moskau nach Frankfurt, wo ich aufgeregten Zeitungsreportern alles erzählte.

Was die Rechte nicht sieht, kommt erst recht aus dem Ohr hinaus

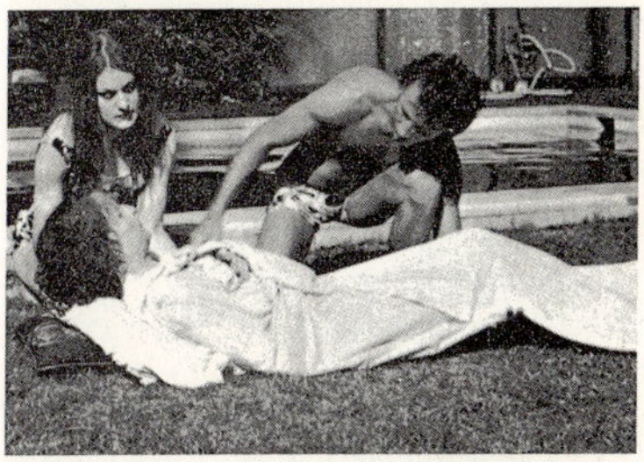

Carla Aulaulu, in «Was die Rechte nicht sieht, kommt erst recht aus dem Ohr wieder hinaus»

Produktionsetat: DM 20000
Produktion: Rosa von Praunheim, im Auftrag des ZDF Nachtstudio
Buch, Regie und Schnitt: Rosa von Praunheim
Kamera: Robert van Ackeren
Darsteller: Carla Aulaulu, Magdalena Montezuma, Steven Adamschewski, Alix Buchen, Rainer Kranich, Dietmar Kracht, Luzi Kryn
Format: 16 mm Farbe Ferrania Color
Länge: 15 Minuten, Drehverhältnis 1 : 3
Gedreht in Berlin im Sommer 1970

Inhalt:

Eine Luxuskommune am Swimming-pool, in ihrer Mitte ein verbrannter Revolutionär. Die glamouröse Carla sorgt sich um das leibliche Wohl der Genossen, indem sie zierlich Tee in goldene Tassen gießt. Sentimentale westliche Rhythmen begleiten ihre Tätigkeit. Steven taucht aus den Fluten am Beckenrand auf und tauscht mit Carla einen sinnlichen Kuß aus. Carla bringt Tee zu Rainer und Magdalena, die dessen entstellten Körper und Gesicht aufopfernd pflegt. Steven deklamiert revolutionäre Texte aus einem verbotenen politischen Buch.

Carla tanzt mit einem Gewehr in aufreizenden Posen zu langsamer Musik. Magdalena fächelt Rainer Kühlung zu. Er fühlt sein Ende. Noch einmal erinnert er sich der körperlichen Liebe zu Carla. Das «Largo» von Händel, gespielt vom Orchester Mantovani, bereitet auf seinen frühen Tod vor. Steven trägt ihn auf seinen starken Armen hinaus.

Einleitung:

Der Film ist im Anschluß an die Dreharbeiten von «Die Bettwurst» entstanden und sollte eigentlich der Schluß des Films sein (Luzi und Dietmar kommen in eine Kommune). Gleichzeitig waren es Probeaufnahmen bzw. die erste Zusammenarbeit mit dem Kameramann Robert van Ackeren für meinen Homosexuellenfilm. Das Material war so verschieden von dem der «Bettwurst», daß es als Schluß nicht mehr paßte. Da ich von Roberts sensibler Kameraführung speziell bei diesen Aufnahmen begeistert war, beschloß ich später, einen eigenen Film daraus zu machen. Ich schnitt kurze Szenen aus «Rosa Arbeiter auf Goldener Straße», 1. Teil, dazu und nahm als Ton fast nur sentimentale amerikanische Schlager, die neben DDR-Schlagern meine Lieblingsmusik sind. Die Filmidee war eigentlich, die großen Stars meiner alten Filme in einem einzigen unterzubringen. Es herrschte eine traurige Stimmung. Carlas Glamour war nur ein trostloser Rückgriff auf alte Zeiten. Rainer Kranich kam erst nach langen Überredungskünsten, die drollige Alix war total frustriert, und Luzi und Dietmar litten unter der sommerlichen Hitze. Nur Magdalena und Steven waren so schön wie noch nie, und die präzise Hollywoodkamera von Robert gab dem Ganzen einen reizvollen kommerziellen Zauber. Der Film wurde zufällig kurz nach der Baader-Meinhof-Affäre im Fernsehen gezeigt und parodierte den filmimmanenten Traum von der eleganten Welt der Revolutionäre.

Berliner Bettwurst

Drehbuchprämie DM 250 000
Produktionsleitung: Regina Ziegler
Buch, Regie und Kamera: Rosa von Praunheim
Schnitt: Frau Kramski
Technische Leitung: Bernd Upnmoor
Darsteller: Luzi Kryn, Dietmar Kracht, Berryt Bohlen, Lou van Burg, Wolfgang Macke, Statisten
Format: 35 mm Farbe
Länge: 90 Minuten
Gedreht in Berlin und Mallorca

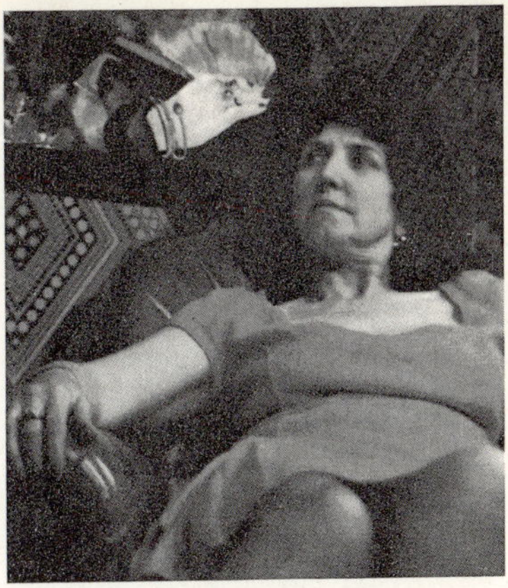

Luzi wartet auf Dietmar

Inhalt:

Als direkte Fortsetzung meines Films «Die Bettwurst», landen Luzi und Dietmar auf dem Flughafen in Tempelhof, um in Berlin ein neues Leben anzufangen. Geblendet von der Berlinwerbung, der Hoffnung auf ein Ehe- und Einrichtungsdarlehen von 13 000 DM, beschließen sie, in der Gedächtniskirche zu heiraten.

Dietmar läßt sich auf dem Arbeitsamt eine Stelle in einer Putzkolonne vermitteln. Nach Stadtrundfahrt, Besichtigung der Mauer und einem Besuch des Tanzlokals «Resi» mit Tischtelefon und Wasserspielen feiern sie im eigenen, ungewöhnlich eingerichteten Heim den Neubeginn.

Gespräche über die gelbe Gefahr des Ostens und ein buntes Tanzturnier im Fernsehen beschließen den Abend.

Doch Dietmar wird bald untreu. Er wird zum Rauschgift verführt und landet in einer linken Sexkommune. Luzi beklagt sich bei einer Freundin aus ihrer ostpreußischen Heimat. Sie gerät in die Fänge eines Playboys (Lou van Burg) und kauft sich enttäuscht einen Hund, der aber vergiftet wird.

Luzi und Dietmar finden erst wieder auf dem Hundefriedhof zueinander. Sie haben ein Preisausschreiben gewonnen, eine Reise nach Mallorca mit Neckermann, wo sie zum ersten Mal in ihrem Leben auf einem Kamel reiten dürfen.

Zum Film:

Dies sollte mein erster großer Kinofilm werden, denn nach dem

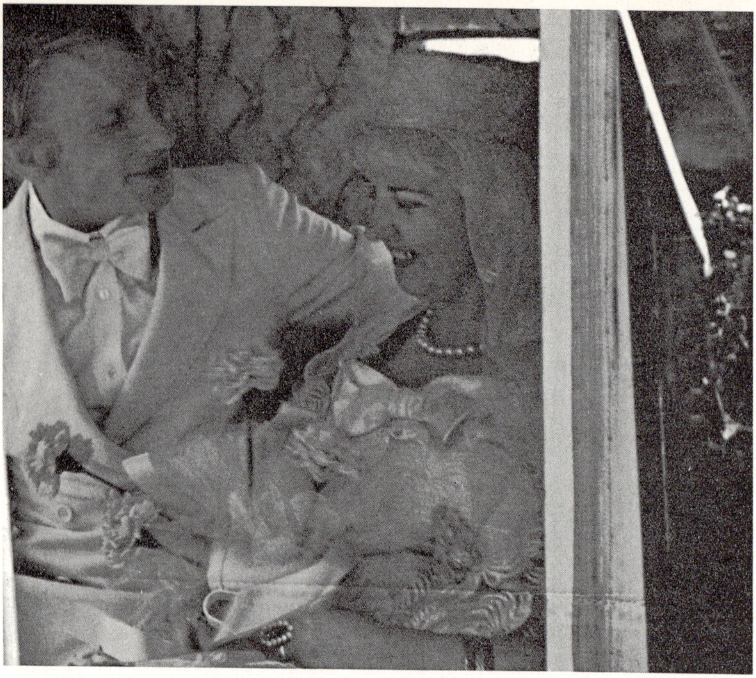

Luzi und Dietmar als glückliches Brautpaar in dem Film «Berliner Bettwurst»

großen Erfolg des ersten Teils und seiner begrenzten Auswertung (bedingt durch das 16-mm-Format) glaubte ich an das Interesse des Publikums. Und zwar an dasjenige große Publikum, das der Film auch thematisch betrifft.

Für das Drehbuch (abgeschriebene Tonbänder nach einer an Originalschauplätzen in Berlin improvisierten Story mit Luzi und Dietmar) bekam ich 250000 DM vom Innenministerium. Ich drehte 1973. Luzi und Dietmar lernten ihre eigenen Texte auswendig. Gaststar war Lou van Burg, der mit Luzi in einer Glitzerdekoration ein Duett zu singen hatte («Laß dir die Liebe von mir schenken»). Ich drehte ausgerechnet diese Szene einen Tag nach dem Tode meines Vaters. Die Außenaufnahmen der Liebesszene fanden im Regen statt. Luzi, in rosa Hot pants, trifft auf dem Fahrrad auf Lou van Burg in einem schnittigen Mercedes.

Luzi war privat auch sehr scharf auf Lou, doch dieser hielt sich bewußt zurück, da er doch durch einen Skandal ehemals aus dem Fernsehen geflogen war. Früh um

5 Uhr weckte mich Lou auf. Er drohte abzureisen, weinte und zitterte vor Aufregung und meinte, daß er eine so schwierige Aufgabe nicht zu lösen imstande wäre. Nervlich wäre er am Ende, künstlerisch ein Wrack. Wir mußten ihm lange zureden, doch dann war er bei der Arbeit ganz phantastisch.

Luzi und Dietmar waren wie immer toll, ungeheuer konzentriert, phantasievoll und präzis, glänzende Superstars. Dietmar mußte man in Quarantäne halten, da er Alkoholiker ist und oft mehrere Tage fernbleibt. Die Gage (7000 DM) mußte ich ihm jahrelang in kleinen Raten abzahlen, da er sonst alles an einem Tag ausgegeben hätte. Viele Freunde haben mich beschuldigt, ihn ausgenutzt zu haben. Er hat selbst gerne damit kokettiert, seine Leidensgeschichte als Filmstar am Biertisch erzählt, seine große Chance, zum ersten Mal im Leben ernst genommen zu werden.

Dietmar hatte ich einstmals irgendwo aufgelesen und mich seitdem um ihn gekümmert, ihm ständig Geld und Wohnungen besorgt. Er, der in Erziehungsheimen aufgewachsen ist, ist sein Leben lang verständlicherweise vor jeder Autorität und jedem Zwang geflüchtet. Lieber hat er auf Toiletten übernachtet und ist auf den Strich gegangen. Durch die Filmarbeit wurde er in Berliner Studentenkreisen ein Star. Inzwischen ist er als Dienstmädchen im verrückten Haushalt der Evelyn Künneke gelandet.

Luzi und Dietmar behandelten sich privat mit gegenseitigem Respekt. Luzi wollte nach Drehschluß dauernd tanzen gehen. Sie ist eine äußerst lebenslustige und vitale 50erin. Sie war selbst nach anstrengendsten Drehtagen nicht totzukriegen. Ihre Garderobe hatte ich größtenteils aus einem secondhand shop aus Hollywood mitgebracht.

Mir machte es ungeheuren Spaß, die dicke, große 35-mm-Kamera selbst zu führen (Bernd Upnmoor richtete sie technisch ein). Für mich sind Luzi und Dietmar unerschöpflich. Am liebsten würde ich jede Woche mit ihnen einen neuen Film drehen.

Vorbemerkungen bei der Ausstrahlung im Fernsehen, Dez. 1975

Der Film «Berliner Bettwurst» mit Luzi Kryn und Dietmar Kracht lebt hauptsächlich von seinen genialen Laiendarstellern. Die Dialoge wurden vor der Kamera mühelos improvisiert und sind so ein unverstellter Teil unserer Wirklichkeit. Viele Zuschauer werden am Anfang Schwierigkeiten haben, diese Realität als die ihre anzuerkennen. Vielen wird die Art der Darstellung, Dekor und Kostüme unglaubhaft und übertrieben vorkommen. Aber sind wir da nicht die Opfer verlogener Spiegelbilder, wie wir sie meist von Film und Fernsehen kennen? Wir sind eine geglättete Form ge-

Luzi und Dietmar im eigenen Heim

Luzi probiert eine neue Zweitfrisur

Luzi singt polnische Lieder

Luzi und Dietmar streiten sich

wöhnt. Professionelle Schauspieler schlüpfen distanziert und unpersönlich in unsere Haut. Reklamebilder von uns selbst, mit denen wir uns nur zu gern identifizieren, die uns die Notwendigkeit vergessen machen, wie sehr wir von einer Industrie und einem System zu deren Nutzen ausgebeutet werden. Zurück bleibt eine seelenlose Hülle, dargestellt von Luzi und Dietmar, die aber durch ihre Naivität für mich mehr Sympathie ausstrahlen, als wir selbst es vermögen.

Der Film spielt kleinbürgerliche Rituale und Normen nach. Auch wenn wir über Luzi und Dietmar lachen oder abgestoßen sind, dann betrifft das uns selbst, unsere Eitelkeit, unsere Vorurteile und die idiotischen Normen, denen wir uns täglich aussetzen. Der Film soll uns in einer parodistischen Form klarmachen, wie wenig wir noch wir selbst sind, sondern in Klischees leben und lieben. Wenn wir, die Zuschauer, uns einbilden, wir wären klüger und vornehmer als Luzi und Dietmar, dann irren wir uns gewaltig. Wir sind angepaßter und verklemmter und nicht weniger Opfer dieser Gesellschaft, die es zu verändern gilt.

Szene 5 (Hochzeit)
1. Vor der Gedächtniskirche:
Luzi und Dietmar kommen aus der Gedächtniskirche. Aus dem offenen Portal hört man Musik. Gammler und Berliner Touristen bilden Spalier und klatschen. Die Braut trägt ein weißes abstehendes Minibrautkleid mit einem endlos langen Schleier. Dietmar ist ebenfalls in Weiß, Hosen und Dinnerjackett. Dietmars Haare sind zur Feier des Tages ondoliert. Beide strahlen. Ein Fotograf in Bärenkleidung fotografiert das glückliche Paar. Sie schreiten – beide auf ihre Art – zu der wartenden Hochzeitskutsche, eine alte Kutsche mit Kutscher und Pferdegespann. Luzi hat bestimmt Schwierigkeiten, den langen Schleier einzuholen, was ihrerseits Anlaß zu Fröhlichkeit gibt.

Sie kommen aus der Kirche.

Dietmar: Ich war noch nie so glücklich gewesen. Weißt du, heut in der Kirche sind mir die Tränen gekommen vor lauter Glück. Glaubst du mir das?

Luzi: Ich hab auch bald geweint, weißt du, das war eine schöne Predigt, die der Pfarrer gehalten hat, und oben sang doch dein Kollege das Ave Maria, nicht, also, das hat er fabelhaft gesungen.

Dietmar: Das ist mir durch und durch gegangen.

Luzi: Jetzt denkt man darüber noch so nach, nicht?

Dietmar: . . . durch meinen ganzen Körper, weißt du. Guck mal die Menschen an.

Luzi: Die Orgel und alles war so schön.

Dietmar: Luzi!

Luzi: Sieh mal, wir fahren jetzt so langsam, die Leute gucken alle . . .

Dietmar: Ja, schau mal die Menschen an.

Luzi: Ja, unsere Hochzeitskutsche ist ja auch einmalig . . . mit den kleinen Myrtenkränzchen hier an den Fenstern.

Dietmar: Jaa.

Luzi: Und der Kutscher, der ist in Weiß.

Dietmar: So schön ist das, und das Wetter, die Sonne strahlt so herrlich, ist das einfach, und die Menschen. Ob sie auch so glücklich sind wie wir? Glaubst du das?

Luzi: Wir haben bei Petrus ein Stein im Brett. . .

Dietmar: Ob die Menschen auch so glücklich sind? Luzi, glaubst du das?

Luzi: Ach, was interessieren uns Menschen, uns interessieren ja gar keine Menschen.

Dietmar: Ach, ich gönn' es ihnen, daß sie genauso glücklich sind wie wir.

Luzi: Die Hauptsache, wir sind glücklich.

Szene 10 (Erster Abend in der neuen Wohnung)

Luzi und Dietmar sitzen in ihrer neuen vollständig bis aufs kleinste (leuchtende Schalen, Aschenbecher in Herzform und Stofftiere) eingerichteten Wohnung. Sie sitzen auf einer Couch, die mit einer grellbunten Decke belegt ist. Ein ähnliches Muster in anderen schillernden Farben hängt als Wandteppich hinter ihnen. Ein supermodernes, ovales Bild in schreienden Farben, auf einer pastellfarbenen Blumentapete. Die Vorhänge über eine ganze Wand sind aus 7 verschiedenen Stoffbahnen in immer anderen intensiven Farben zusammengenäht, wie man es von Faschingskostümen her kennen könnte. Links von ihnen ein rundes französisches Bett mit vielen Bettwürsten in Tigerfellmuster. Unter einem extravaganten Tisch ein Teppich, in dem sich verschiedene Rottöne abstufen. Eine große Bodenvase mit vielen künstlichen Blumen usw.

Luzi und Dietmar versuchen, Preisausschreiben zu lösen. Die Kamera tastet sie und die Gegenstände ab. Die Gespräche enden in Schweigen, so wie wenn sie sich nichts mehr zu sagen hätten.

Dietmar: Luzi, glaubst du an einen Weltkrieg?

Luzi: Das Schlimmste ist, wenn die gelbe Gefahr des Ostens kommt . . . wenn es Krieg gibt.

Dietmar: Die gelbe Gefahr, Gott.

Luzi: Na, die Chinesen, natürlich, wenn's da losgeht, bei den Chinesen, dann können wir schon amen sagen, dann sind wir auch begraben. Denn das ist ein Millionenvolk, und bei denen spielen Leute keine Rolle, und die führen den Kommunismus mit der Tat durch . . . die wollen gewalttätig, die wollen die Revolution haben, ja. Rußland ist heute noch nicht so gefährlich gerade wie China.

Dietmar: Na ja, der Russe hat ja selber Angst vor China.

Luzi: Rußland predigt die gewaltlose Revolution, den gewalt-

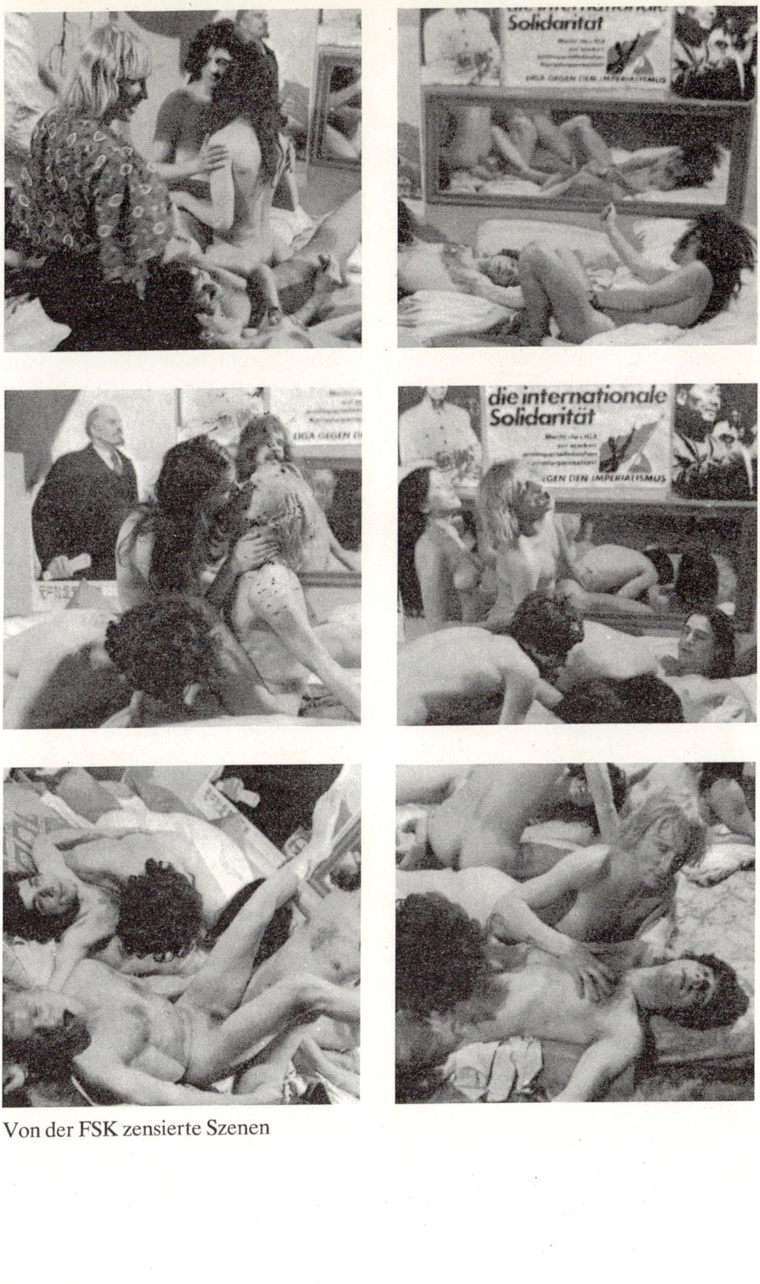

Von der FSK zensierte Szenen

losen Kommunismus und China nicht, und das wird kommen, ja, früher oder später.

Dietmar: Ja, ich will mal sagen, Kommunismus in Rußland, das ist ja diktatorisch.

Luzi: Die in Rußland wollen heute alles in Frieden, jedenfalls die Gefahr, die kommt aus China, wenn es zum Kriege kommen sollte. Meine Mutter hat gesagt, alle 20 Jahre sind Kriege, denn da wächst eine neue Generation ran, und die Generation, die führt Krieg eben. Also 1918, 28, 38, 39 . . . war Krieg, siehst du, denn war der Krieg zu Ende 1945, dann haben wir gesagt so 55, 65 . . . 65 ist Krieg. 65 kam kein Krieg. Da haben wir gesagt, so jetzt siedeln wir um.

Szene 17 (Luzi bei einer Freundin)
Luzi ist zu Besuch bei einer Freundin aus der ostpreußischen Heimat. Beide sitzen auf einer blutroten Plastikcouch nebeneinander vor einem Glastisch mit Torten und Kaffee. Über ihnen ein Bild, das Seeleute in Seenot darstellt.

Die Kamera vor ihnen in einer ruhenden Einstellung. Ihre Gespräche betreffen Dietmar, Rauschgifte, Ostpolitik und Krankheiten.

Freundin: Moment mal, ich will dir noch 'n Stückchen Torte geben . . .

Luzi: Nein, nein . . .

Freundin: Doch . . . aber die rote . . .

Luzi: Ich werd davon noch 'n Stückchen nehmen . . .

Freundin: . . . aber die rote . . .

Luzi: Nein, nein danke . . .

Freundin: . . . und Hefekuchen, sehr schön mit . . . Jetzt nimm doch mal 'en Kaffee . . . probier hier mal so 'n kleines, sieh mal . . .

Luzi: Nein, danke . . . vielen herzlichen . . .

Also stell dir mal vor, was ich Ärger habe. Nun ist doch mein Mann paar Tage schon, ach, der is schon 'ne ganze Woche weg, kam zu mir und hat gesagt, ich soll mich doch anpassen, seinen Freunden. Nun haben die ihn doch wieder zurückgezogen, er ist mal befreundet gewesen mit so einer Haschisch-Bande, und die wollen ihn jetzt wieder zurückholen, und er ließ sich überreden. Und ist natürlich wieder gegangen. Ich hab gesagt, entweder kommst du zu mir zurück und bleibst bei mir, oder du gehst zu deinen Freunden.

Freundin: Das ist ja fürchterlich. Also vor allen Dingen, weißt du gar nicht seinen Aufenthaltsort?

Luzi: Nein, ich weiß überhaupt nicht mehr, wo er jetzt ist. (Pause)

Freundin: Biste noch im Danziger Bund?

Luzi: Natürlich . . . wir machen doch jetzt ein Ausflug. Wohin machen wir jetzt ein Ausflug? Auch bis zur Zonengrenze . . .

Freundin: Und was macht ihr da in dem Danziger Bund? . . . ich meine, was ist das für . . .

Luzi: Jaa . . . ich mein', da sind so . . . manchmal monatlich, manchmal alle zwei Monate. Jetzt

Luzi Kryn und Lotte Becker im Gespräch über die verlorenen Ostgebiete in «Berliner Bettwurst»

kommt zum Beispiel wieder eine Generalversammlung, da wird abgerechnet, da werden Neue gewählt . . .

Freundin: Also bei uns is öfter Eisbeinessen, oder für die Jugend irgendein Tanz.

Luzi: Haste von früher noch Bekannte getroffen?

Freundin: Ja, äh, hab ich und äh . . . ja, und zwar aus unsere Straße . . . also ich hätte sie nie wieder erkannt . . . eine Polizistentochter . . .

Luzi: Manche verändern sich ja sehr . . . sind alt geworden . . .

Nein, nein die Jugend, die legen keinen Wert mehr auf die Heimat, nich . . .?!

Freundin: Was wird denn so getan bei euch, zur Pflege der Heimat, ich meine so jetzt die . . . die . . .

Luzi: Gedichte zum Beispiel, alte Traditionen werden gepflegt, ja . . .

Freundin: Ich habe zum Beispiel die Pommersche Zeitung, ja die erscheint wöchentlich einmal, wird mir ins Haus gebracht durch die Post . . .

Luzi: Die is aber teuer, nich . . . ich halt mir die Danziger Zeitung.

Freundin: Na ja, ich halt sie . . . weißt du, neulich ist unser Bäckermeister mal gestorben . . .

. . . da sind so nette Artikel . . . manchmal auch von Danzig . . . oder so . . . oder irgendwie . . . das interessiert mich noch so, nicht wahr . . . und wie die Dörfer aussehen . . . irgend der eine . . . meistens sind es die Pastoren, die immer noch mal dort hingefahren sind . . . denn erzählen sie, ja, das Gehöft ist total niedergerissen . . . von den Polen . . . da haben sie sogar die Fenster aus . . . und die Türen ausgerissen, nicht wahr . . .

Luzi: Jajaa . . .

Freundin: . . . und so weiter und . . . der Brandt ist doch eine Pflaume . . . also in meinen Augen, nicht wahr? Ach, na hör mal, der ist doch furchtbar, der Mann. Was ich mich darüber ärgere, sag mal, die verkaufen uns doch, nicht?

Luzi: Ja, und für nichts und wieder nichts, die haben doch keine Gegenleistung dafür.

Freundin: Ja, weißt du, die haben keinen Stolz, das ärgert mich.

Freundin: . . . der soll vor allen Dingen nicht so vor . . .

Luzi: Er soll nicht mehr versprechen, wie er halten kann, das ist das erste, ja.

Freundin: Erstens mal kann er . . . er hat ja nicht allein . . . also das Volk ist . . . erstens mal . . . Haltung wahren, ja er sollte . . . wir sind ja auch wer . . . wenn ich mich mit dem Russen treffe, is ja egal, wer, nicht wahr?

Luzi: Ja, aber er will auf jeden Preis das erreichen, was Adenauer nicht erreicht hat, was alle andern nicht erreicht haben, das will . . .

Freundin: Er will uns verkaufen. Schau mal, er kann doch nicht einfach, er muß ja das deutsche Volk . . . das müßte eine Abstimmung geben . . . ob wir . . . ob wir damit einverstanden . . . er kann doch nicht bis zur . . . von der Oder-Neisse-Grenze alles weggeben, Pommern und . . . und . . . und Schlesien und Ostpreußen.

Ich hab noch überhaupt keine Pläne mit einer Reise gemacht, nicht? Weil ich doch erst diesen blöden Hals, nicht?

Luzi: Na, da brauchst du doch nicht lange im Krankenhaus liegen . . .

Freundin: Man sagt ja, das geht heute sehr schnell . . .

Luzi: Genau wie Tante Laura, die starb schon vor 69, meine Mutter wurde 92. Also kann man nicht sagen, daß das in der Familie liegt.

Freundin: Bei uns in der Straße ist eine Dame, die ist jetzt 96 Jahre alt geworden. Wenn du die siehst, die weiß meinen Namen und alles.

Luzi: Na ja, sieh mal, bei intelligenten Leuten, die sind nicht kleinzukriegen, nein.

Freundin: Eine Bekannte, also die fliegt über eine Erhöhung, fällt hin und bricht sich dreimal das Schienbein. Du, das hab ich mir, das hab ich mir aber gemerkt. Ich bin manchmal auch zu bequem, mir 'nen Tritt reinzuholen.

Luzi: Für die Gardine, ja?

Jeder Unfall, Tod, Schicksalsschläge, das ist Bestimmung. In unsere Wiege ist uns das gelegt worden, bis zum Tode und welchen Tod wir sterben.

Freundin: Ja, der Weg ist vorgezeichnet.

Luzi: Man kann machen, was man will, es kommt so.

Freundin: Der Weg ist vorgezeichnet.

Luzi: Sowieso, ja. Ich glaub auch daran.

Freundin: Ja, es stimmt auch. Da hast du recht. Andere, die fliegen mit dem Flugzeug, die fliegen ins Weltall und kommen gesund zurück, na siehste, und hier im eigenen Zimmer kann man sich den Oberschenkel brechen.

Szene 12 (Berryts Wohnung)

Dietmar sitzt fasziniert zwischen den alten Möbeln von Berryts Wohnung. Schwarzlackierte schwere Schränke, Tische und Vitrinen geben dem Raum etwas Unheimliches. Viele Spiegel in großen Rahmen. Ein vertrockneter Baum mit abgebrochenen Ästen, befestigt in einem Gipssockel, steht kahl in einer Fensternische. Berryt steht davor in einen großen, langen, braunen Umhang gehüllt. Nur seine nackten Füße sind zu sehen. Er geht unruhig während seines Monologes auf und ab. Dietmar schaut ihn fast wortlos verklärt an.

Berryt: Kennst du Stechapfeltee? Stechapfeltee, den kann man in Apotheken bekommen, vielleicht kann man den sich verschreiben lassen. Und wenn du den Tee trinkst, dann verändert sich die Umgebung, ja, deine Pupillen werden groß, und von Stunde zu Stunde flippst du in ein anderes Bewußtsein über, ja, bis die Augen mit der Umgebung völlig verschmelzen. Du wirst von der Umgebung geschluckt, und die Umgebung spuckt dich wieder aus, nicht. Und nun ist der Mensch ja elektromagnetisch. Wir haben Elektrizität in uns. Jetzt verbindet sich die Elektrizität im Menschen mit der Elektrizität zum Beispiel aus den Dosen, ja und wenn es dann so weit ist, daß eine Elektrizitätsgleichschaltung ist, dann bist du angeschlossen mit den Elektrizitätswerken und mit der Elektrizität, die in der Wand drin ist, dann ist es so, als ob du selbst der Stecker und die Schnur bist, ja und magnetisch fühlst du dich hingezogen, in die Steckdosen zu krauchen. Du

möchtest hinein. Du möchtest zu den großen Elektrizitätswerken zurück. Du denkst, du bist die große Gottheit der Elektrizität, und da willst du hin und du wühlst dich durch, ja, da wirst du wahnsinnig. Ja, da kriegst du natürlich lauter Funken und lauter Schläge, ja und wenn der Wunsch halt so groß wird, dann kommen mit einmal Feuerschnüre aus den Wänden auf dich zu, ja in alle offenen Teile, in deine Nase, deine Augen, deine Ohren, ergreifen sie dich unten, ergreifen sie dich hinten, ja. Und nicht nur das, dann bilden sich elektrische Wesen heraus, also kleine, ganz kleine Funkenkörnchen oder kleine runde Quallenwesen, die dann in der Luft in allen Farben funkeln, ja es ist, als ob du in einem Elektrizitätsgarten dich bewegst, ja, und das eine ganze Nacht durch, und das Schlimmste ist nur, wenn du die Fenster aufmachst, die wollen nicht raus.

Das Beste aber ist, ein wunderbares Mahl zu machen, in die Hände klatschen (er klatscht in die Hände), auf den Tisch, Quallen da, Funkenkörnchen hier und das dort, und dann setzt du dich hin und dann mußt du auch wissen, was du bist. Und jeder muß dann sich einen Namen dann erfinden, ja.

Also was meinste, wer du dann bist, was du sein könntest, 'ne Qualle oder ein Seestern, oder du kannst ja etwas sagen, was es gar nicht gibt, was ganz neu ist. Erfinde mal was!

Dietmar: Ja, wie sagt man zu die . . . Seejungfer . . .

Berryt: Du möchtest 'ne Seejungfer . . .

Dietmar: Jaaa . . .

Berryt: . . . und dein Schwanz, welche Farbe hat denn dein Schwanz dann, die Seejungfrauen haben doch alle so einen Fischschwanz . . .

Dietmar: ja, welche Farbe sollt er haben, Moment, sagen wir, goldglitzernd.

Berryt: Ohhhh . . .

Dietmar: . . . dann mit roten Funken.

Szene 15 (nachts auf der Straße)

Dietmar geht neben Sonja, einem Transvestiten, der als solcher unschwer zu erkennen ist. Er hat breite Hände und breite Schultern, sein Gesicht ist grob geschnitten, und man ahnt den starken Bartwuchs. Die Stimme ist sehr dunkel, und Sonja verwendet auch keine Mühe darauf, sie zu verstellen. Er trägt eine blonde Perücke, durch die ein Samtband gewebt ist. Um seinen Körper sind kostbar glitzernde Stoffbahnen zu einer Art Abendkleid geschlungen. Er trägt hohe Schuhe. Sie gehen eine dunkle Straße entlang.

Sonja nimmt Dietmar mit in ihre Wohngemeinschaft.

Dietmar: Ja, weißt du, die ganze Bürgerlichkeit, jeden Tag dasselbe, morgens gehst zur Arbeit, kommst nach Hause, weißte, und dann trinkst deine Flasche Bier, guckst Fernsehkasten, redst paar Worte mit dein Mädchen und das, weißte, find alles so blöde, gehst mit ihr mal ins Bett, machste was, und dann fängt der Tag wieder von neuem an, und mit der Zeit ist das alles dasselbe, weißte, das kotzt einen alles an, verstehste. Mit einem

Dietmar Kracht und Berryt Bohlen im Drogenrausch

Mädchen mal was anderes, verstehste. Mit einem Mädchen immer in diese bürgerlichen Lokale. Weißte, ich find Luzi ja sehr nett, aber jeden Tag das gleiche. Wie ging das denn bei dir früher so?

Sonja: Ich komm ja nun von einem Zuhause mit elf Kindern, 'en Bauernhof. Wir wohnen auf 'en Dorf bei Minden.

Dietmar: Aus Holzminden?

Sonja: Nee, aus Minden an der Weser, in Westfalen. Wir sind ja alle kommunistisch erzogen worden. Meine Eltern, die haben sich hier in Berlin kennengelernt. Mein Vater war damals ein unwahrscheinlich großer Rosa Luxemburg-Anhänger, und der hat Mutter, danach als die Straßenschlachten hier waren, in den 20er Jahren kennengelernt, und Mutter war Rotkreuzschwester und Hebamme, nich! Ich hab damals Gärtner gelernt. Da haben die Jungs mich noch gar nicht interessiert. Ich hatte zwar mit Jungs schon was zu tun gehabt, aber mein Drang war eben . . .

Dietmar: Das mit Jungs kenn ich ja nur von Jugendheimen, wo ich mal in Jugendheimen gewesen war, weißt du, da hab ich's mal so kennengelernt.

Sonja: Dann hab ich jemand kennengelernt in Bad Oeynhausen, das war auch so 'ne Art Transvestite, der im Fummel rumgelaufen, aber nicht immer, so hat se als Tischler gearbeitet, morgens geschminkt, wenn se zur Arbeit gegangen ist, aber mit Herrenperükke, und da war Silvester gewesen, und da sagt se, heut' gehst aber auch mal im Fummel. Ja, und da bin ich dann nach Hamburg, und da bin ich als Transvestit auf den Strich gegangen. Tagsüber bin ich als Kerl losgezogen nach Planten un Bloomen. Ich war als Gärtner bei der Stadt angestellt, und abends bin ich dann als Transi gegangen, ja, und von da aus hab ich dann geheiratet. Und wie ich dann gemerkt hab, daß es überhaupt nicht hinhaut mit der Ehe, ich sag: es soll niemand heiraten, nur weil ein Kind unterwegs ist.

Dietmar: War bei euch eins unterwegs?

Sonja: Ja, Mathias. Ja, und dann hab ich mich im Dezember scheiden lassen, und da bin ich dann nach Berlin. Ja, und dann hab ich die Jenny getroffen. Jenny heißt ja in Wirklichkeit Norbert Bugdal. Ja, und da haben wir uns irgendwo hingesetzt und Erinnerungen ausgetauscht, ja, und da wurd ich se ja nicht mehr los. Ja, die arbeitet jetzt auf 'nem Bau, als Baulude, die ist von Beruf Zimmermann. Dann ist sie morgens losgeschossen, hat sich schick zurechtgemacht, schikken Fummel angezogen, und dann ist sie abmarschiert auf'n Bau . . . Zimmermannshose hat se an, Hammer vorn Arsch, ihre blaue Perlonbluse, mit Damenperücke, rotlackierten Fingernägeln. Alles kiekt nach oben, wenn se runterschreit: He, bringt mal 'nen Eimer Speis hoch, ihr Knallköppe . . .

Die war ja drüben bei die Vopos, das ist die rote Lilly, die ist ja rot durch und durch. Jetzt sind wir beinah da, bei mir kannst du erst mal ungestört pennen.

Szene 19 (Hotelterrasse)
Luzi erscheint in einem aufregenden Badeanzug aus einem der kleinen Umkleidezelte, die sich auf dem Dach einer vornehmen Hotelterrasse befinden. Sie schlängelt sich vorsichtig am Rande des großen Hotelpools vorbei zu dem Liegestuhl des braungebrannten oder geschminkten Playboys (Lou van Burg), der ihr einen Liegestuhl neben sich reserviert hat.

Ein Ober reicht nach Aufforderung Getränke. Dezente Musik erklingt aus dem Hintergrund, die von einer Drei-Mann-Combo herrührt, wie sich am Ende der Szene, wenn beide engumschlungen tanzen, herausstellt.

Im Hintergrund reiche Damen und Herren mit Hunden.

Luzi: Ach, wie viele Menschen hier sind. So etwas Hübsches hab ich ja noch nie gesehen.

Playboy: Darf ich Sie bitten, hier neben mir Platz zu nehmen auf dem Liegestuhl.

Luzi: Das ist ja hier so elegant. Sehen Sie mal, wie hübsch das alles

Lou van Burg und Luzi Kryn in «Berliner Bettwurst». Foto Rich

hier ist. Ich bin hier überhaupt noch nicht gewesen, in so einem Swimming-pool. Hier kann man baden.

Playboy: Ja, gefällt es Ihnen hier? Darf ich Ihnen von der Bar einen Drink anbieten?

Luzi: Ach ja, ich liebe gerne einen süßen Likör, einen Sherry. Ich liebe alles nur süße Sachen, nicht solche scharfen, das ist was für harte Männer. Soll ich hier warten? Ach so, wir können uns auch da drüben hinsetzen. Sehen Sie mal, dort ist ein Stühlchen frei. Ich mag so gerne so hoch sitzen, auf den hohen Barhockern.

Playboy: Sehen Sie dort die Kapelle? Tanzen Sie gerne?

Luzi: Ach ja, können Sie denn die modernen Tänze überhaupt? Das ist ganz entzückend hier, auch hier die Umgebung, die Aussicht, hab ich nie geglaubt, daß ich mal ein so schönes Hotel mit einem Swimming-pool kennenlernen werde. Ganz entzückend ist das hier. Ach, ich würde hier immer bleiben wollen. Hier würd ich gar nicht mehr weggehen. Ich kann mir das noch gar nicht vorstellen. Das ist für mich wie ein Traum hier. Die hübschen bunten Farben hier und die leuchtenden Kostüme, Badeanzüge.

Playboy: Man muß nur an Träume glauben, dann werden sie auch wahr.

Luzi: Meinen Sie? Ja, Sie sind sicher ein Sonntagskind, aber ich hab im Leben immer nur Pech gehabt. Ich bin am Karfreitag geboren, und mein ganzes Leben ist nur ein Leidensweg, so richtig ein Kreuzweg, wie man sagt. Mir ist immer alles schiefgegangen. Das war immer alles so schön, das war bestimmt, als ob es sollte klappen schon. Zum Schluß kam etwas dazwischen und haute alles wieder um. Ja, und ich wurde wieder in die graue Wirklichkeit zurückgeführt. Ja, leider ist das so. Alle Menschen können keine Sonntagskinder sein. Sie sind sicher am Sonntag geboren, nicht wahr?

Playboy: Nein, ich bin an einem Mittwoch geboren. Sehen Sie mal, wie die Sonne langsam untergeht. Das wird ein herrlicher Sonnenuntergang heute. Das erinnert mich an Tunis. Wenn man mit dem Kamel am Meer entlangreitet.

Luzi: Ach ja, die Kamelritte, die müssen ja phantastisch sein. Ich hab mal von einer Cousine gehört, die dort auch in Afrika war. Da ist sie zurückgekommen und hat Fotos mitgebracht, wo sie oben auf dem Kamel sitzt. Da werden sicher Kamelritte sehr protegiert. Da möcht ich auch mal oben sitzen auf so einem Kamel. Da hätt ich schon Lust dazu. Sie sind schon mal geritten?

Playboy: Ja.

Luzi: Haben sie nicht Angst da oben?

Playboy: Ich reite auf vielen Tieren, Elefanten, Ponies . . .

Luzi: Aber da hat man doch Angst, wenn man da oben auf dem Höcker sitzt. Wie sitzt man denn da, zwischen den Höckern?

Playboy: Das ist ein Sattel, der aufgeschnallt wird.

Luzi: Ach so ist das, und die gehen ganz ruhig, ja? Die laufen nicht so schnell, daß man Angst hat? Da ist ja auch so unwegsames Gelände, da sind doch nicht solche Straßen wie hier. Da gehen sie doch mal tief, mal Berg, mal Tal.

(Beide gehen zur Tanzfläche und tanzen eng.)

Szene 26 (Hundefriedhof)
Dem Tierheim Lankwitz in Berlin ist ein großer Hundefriedhof angeschlossen, auf dem aber auch Katzen und Vögel usw. ihre letzte Ruhestätte finden.

Luzi und Dietmar stehen vor dem Grab des verstorbenen Rex und legen frische Blumen auf sein Grab. Nach einer Weile der Besinnung bewundern sie die gepflegten Nebengräber und lesen die liebevoll gemeinten Inschriften. Gegen Ende verharren sie an einer großen Hundeplastik, die das eigentliche Zentrum des Friedhofs bildet, mit der Inschrift: «Den Helfern».

Luzi und Dietmar, verbunden in Gedanken an Rex, sind sich wieder gut.

Luzi: Meinen Rex kann niemand ersetzen. Niemand!

Dietmar: Oh, komm, hm? Viele Wunden gehen im Leben vorbei. Glaub mir das, Luzi.

Luzi: Ja, man sagt, Zeit heilt Wunden.

Dietmar: Nach einer Zeit heilt alles.

Luzi: 's is genauso schwer, als wenn 'n Kind mir gestorben wäre,

Luzi und Dietmar auf dem Hundefriedhof, Versöhnung

ja. So als wäre meine Mutter gestorben, genau dasselbe ist das.

Dietmar: Das ist furchtbar die erste Zeit. Da sei doch froh, daß wir uns jetzt vertragen, ich kauf dir ein neues Hündchen und das, Luzi . . .

(Gehen langsam an den Nebengräbern vorbei . . .)

Luzi: Mit einem Kranz sogar, ein immerwährender Kranz, sieh mal. Das ist so ein Kranz . . .

Dietmar: Das Bildchen hier obendrauf . . .

Luzi: Das ist so ein Kranz, wie ihn Soldaten bekommen auf Heldenfriedhöfen, soviel war der Hund ihnen wert, ja. Herrchen denkt immer an dich. Unser Ascomann . . . 10 Jahre nur Liebe und Treue. Hab Dank dafür. Guter Ano . . . Mit diesem Hund ist ein Stück Schicksal verbunden.

Dietmar: Die Aufschriften sind herzergreifend.

Luzi: Ja, die Aufschriften sind ganz herzergreifend. Und mit dem Laternchen, da sieht man, wieviel Liebe die Hunde gehabt haben zu Lebzeiten bei ihren Besitzern.

. . . Unser lieber Frechdachs, guck mal hier!

. . . sehr schön, also hübsche Aufschriften, nich? Aber so teure Steine haben die hier, sieh mal . . . und da hinten sogar mit Foto . . . nein, unsere liebe Senta, mit Foto . . .

Dietmar: . . . soviel Liebe auf Erden kann nie vergessen werden . . . Lux . . .

Ach . . . für unsere unvergeßlichen Karli, Silly, Maxi, Mäxi . . . liebe . . . treuherzlichen Dank . . . 47 . . . Jahrga . . .

Luzi: . . . na ja . . . Naturstein hat man ja auch bei Menschengräbern, das ist modern, nich?! Der is aber riesengroß, dieser Friedhof, guck mal, das kann man ja gar nicht übersehen, hier, ja . . . Mein Mummielein . . .

Dietmar: . . . mein Mummielein . . . hmmmm . . . is das nich reizend?

Luzi: . . . aber wie gepflegt die Gräber auch sind, sieh mal, alles frische Blumen, ja, und jetzt blühen die Stiefmütterchen . . .

. . . schlafe gut, unsere liebe, treue Bertie, unser lieber kleiner Kobold . . .

Dietmar: Kleinod in Lotos . . . Shun-Yan-Truzie . . . 6. 9. 44 . . .

Luzi: Shun-Yan-Truzie, das klingt wie die chinesischen Hunde . . .

Dietmar: . . . meiner lieben . . . meiner lieben Jackie . . .

Luzi: Hab Dank, lieber Harras, für deine Treue . . . Dicker . . . ha, Dicker, das ist ja ulkig . . .

Dietmar: . . . du warst uns im Sturme immer treu geblieben, der Mensch nicht mal im Winde . . .

Luzi: Aber hier, Dicker, sieh mal . . .

Dietmar: Das ist süß . . . Bimbo . . .

Luzi: Die haben kleine Tannenbäumchen hier links und rechts.

Dietmar: . . . du hast uns nie ent . . . Guck mal, siehste . . . das Grab ist süß . . . die Inschrift . . . Mohrchen, du hast uns nie enttäuscht . . .

Luzi: . . . das war 'ne Katze . . . glaubst du, das war 'n Hund? Das war 'ne Katze . . . Mohrchen heißen Katzen . . .

Dietmar: Könnte möglich sein . . .

Luzi: Jajaa . . . Katzen werden ja auch begraben . . .

Dietmar: Jaaa . . .?

Axel von Auersperg

Evelyn Künneke als Archidiakon.
Foto Binder

Produktionskosten DM 170000
Produktionsleitung: Regina Ziegler
Buch und Regie: Rosa von Praunheim (Buch nach Villiers de L'Isle-Adams 1890 posth. veröffentl. Roman)
Darsteller: Vincent Kluwe, Gundula von Woyna, Evelyn Künneke, Peggy von Schnottgenberg
Format: 35 mm, Farbe Eastman Color
Erstaufführung: ZDF 1974, um 30 Minuten zensiert

Inhalt:

Das Stück spielt im Mittelalter. Sara, Prinzessin de Maupers, lebt unter Zwang in einem Kloster. Eine Äbtissin und ein Archidiakon sind besorgt um ihr Seelenheil, da sie oft im Studium verwirrender Geheimschriften vorgefunden wird. Man zwingt sie, am Weihnachtstage als Braut Gottes dem Herrn das Jawort zu geben. Ihren ganzen Besitz, Täler, Felder, Wiesen und Schlösser, vermacht sie der Kirche.

Bei einer weihevollen Zeremonie, die den ganzen katholischen Kitsch zeigt, wird sie gefragt: «Nimmst du das Licht, die Hoffnung und das Leben an?» Sara, die in einem Brautkleid auf den Stufen des Altares liegt, erhebt sich langsam und antwortet mit «Nein». Die Äbtissin und die Nonnen fliehen kreischend. Der Archidiakon öffnet eine Grabplatte und bedeutet ihr, für immer in ein finsteres Gewölbe hinabzusteigen. Sara aber ergreift ein doppelschneidiges Beil, zerschlägt ein Kirchenfenster und entflieht in den verschneiten Winterwald.

Auf einer einsamen Burg im Schwarzwald lebt Graf Axel von Auersperg mit drei alten Veteranen mit langen weißen Bärten und einem gewissen Meister Janus, der sich den okkulten Geheimwissenschaften verschrieben hat.

Ein Onkel des Grafen hat sich angesagt und ist auf der Suche nach einem verborgenen Schatz, der irgendwo in den Tiefen der Burg versteckt sein soll. Axel erfährt davon und tötet den Gast. Dieses Erlebnis führt ihn zu dem Entschluß, die Burg zu verlassen. Er verabschiedet sich in der Familiengruft von seinen Ahnen, um ein neues Leben zu beginnen. Hier trifft er auf die verschleierte Sara, die einen Dolch in die Stirn eines Totenkopfes stößt und so das Rätsel des verborgenen Schatzes zu lösen vermag. Die Decken des Gewölbes öffnen sich, und alle Schätze dieser Welt fallen auf die beiden jungen Menschen hernieder. Bei beiden erwacht sofort eine schicksalshafte, leidenschaftliche Liebe.

Überglücklich malt Sara ihrem Axel alle weltlichen Möglichkeiten aus, die Reichtum, Jugend und Glück zu bieten vermögen, aber Axel lehnt ab. Er kann sich nicht vorstellen, daß das momentane Glück jemals übertroffen werden kann. Im Gegenteil. Er sieht Enttäuschung, Alter und Krankheit voraus. Um dem vorzubeugen, schlägt er Sara vor, mit ihm gemeinsam den Liebestod zu sterben.

Axel von Auersperg, mein zweiter abendfüllender Spielfilm in 35 mm.

Dieses Kitschdrama der Jahrhundertwende von Villiers de L'Isle Adam, einem vergessenen französischen Autor der Dekadenz, fand ich zufällig in der Kitschbibliothek eines Freundes.

Die letzten Seiten fehlten, und da es nirgendwo in Deutschland ein weiteres Exemplar zu geben schien, blieb ich mir lange über den sentimentalen Ausgang des Dramas im unklaren. Mich reizte die übertriebene blumige Sprache, der ungeheure Schwulst, den ich in meinem Innersten nur zu ernst nahm. Ich konnte mich mit dieser kindlich naiven Geschichte identifizieren, und mich reizte die Ideologie von Mystik, Kirche und Liebestod. Mich reizte die Sprache, Vorläufer von Cocteau und Genet, wo jedes Wort zur Zauberformel wurde. Alles war schön und in seiner Übertreibung Parodie.

Ich mietete eine alte Fabrik in Berlin, wo ich mir von einem professionellen Bühnenbildner mit wenig Mitteln wunderbare Innenräume bauen ließ. Einen silbernen Kirchenraum, Rittersaal, Gruft und einen Saal voll glitzernder Schätze, wozu ich alle Dekorationsartikelgeschäfte in Berlin leerkaufte. Das kleine Fernsehspiel des ZDF gab 170000 DM. Ich verzichtete auf alle Gagen, um die Kinorechte zu behalten.

Gedreht wurde stumm im Playbackverfahren, das heißt, wir nahmen zuerst den Ton auf, um dann nach dem Tonband die Laienschauspieler konzentrierter spielen zu lassen. Wir drehten im Hochsommer, die Temperaturen im Studio bis 60 Grad.

Evelyn Künneke feierte hier ihr Comeback in der ungewöhnlichen Rolle eines Bischofs. Sie hatte ihre ganze Rolle zu singen (ohne Musik). Die Ansprache an Sara in wiegendem Bluesrhythmus. Die Äbtissin war ein Mann, mit Künstlernamen Peggy von Schnottgenberg. Ich traf ihn in der «Homosexuellen Aktion» West-Berlins, der ich zwei Stockwerke tiefer einen Raum untervermietet hatte. Peggy war unheimlich toll. Im bürgerlichen Leben war er Volksschullehrer und unterrichtete mit zehn älteren, frustrierten Damen an einer kleinen Schule am Rande der Stadt. Wir wurden bald die besten Freunde. Mit ihm und Evelyn wurde die Arbeitsatmosphäre extrem sexualisiert. Zwischen religiösen Formeln und Gebeten redete man von Natursekt und historischer Doppelmassage, der sich Evelyn und Peggy auf Grund einer Anzeige in der «BZ» in ihren Kostümen stellen wollten. Evelyn, hier noch gut gelaunt und ausgeglichen, nach 10 Jahren erloschenen Ruhms mit neuer Hoffnung belebt, erzählte von ihren 5463 Liebhabern, abgebissenen Brustwarzen und ihrer Zeit als Bomberpilotin in der NS-Zeit.

Leider übertrug sich die gute Laune nicht auf meine anderen Hauptdarsteller. Sara nahm alles tierisch ernst und war phantasielos. Wir mochten uns nicht, und Axel, ein ungewöhnlich hübscher Rocker aus Kreuzberg, war undiszipliniert und kindisch. Er fraß alles Schokoladengeld auf, das zur Dekoration gehörte, und verschmierte sein Make-up. Für ihn war es schließlich nur ein Geldjob. Mich langweilte bald die Arbeit. Die junge, hübsche Produzentin Regina Ziegler, deren erster Film dies außerhalb ihrer SFB-Tätigkeit war, war rührend bemüht, den Film zum guten Ende zu bringen. Ich litt unter der Professionalität der Arbeit, unter dem großen Team, unter der Präzision und Langsamkeit, die ich irgendwo lernen wollte (ich hatte phantastische Lichtleute), aber im Grunde meines Herzens ablehnte, da ich sie unspontan und zu steril fand.

Ich floh oft aus dem Studio in eine kleine Toilette an der Potsdamer Straße, um kurz jemand zum Ficken zu finden, um mich von der lähmenden und zu ernsten Arbeitsatmosphäre zu erholen. Der Film wurde zum Skandal wie viele meiner Werke. Intern im ZDF wurde der Film wegen seiner Kirchenszenen (Verletzung religiöser Gefühle) ein halbes Jahr diskutiert und mit einer Schnittauflage von 30 Minuten zensiert. Der damalige Programmdirektor Prager (er ist inzwischen nicht mehr unter uns) verdammte das Werk. Ich berief eine Pressekonferenz in Hamburg ein, doch das ZDF verbot die dortige Vorführung des Films.

Gegen die verstümmelte Sendung meines Werkes im Fernsehen konnte ich rechtlich nichts unternehmen. Wir Filmemacher sind immer noch gezwungen, Verträge zu unterschreiben, die dem Fernsehen alle Schweinereien mit dem Werk eines Autors gestatten. Meine Bitte um Solidarität bei Kollegen wie Lilienthal, Schroeter und Alexander Kluge wurde nicht gehört. Sie hatten verständliche Angst. Ich bekam die Auswirkungen meines Protestes hart zu spüren. Das ZDF, besonders die Abt. Kleines Fernsehspiel, die sich durch meine Filme viele Lorbeeren verdient hatte (z. B. «Bettwurst»), ignorierte mich fortan.

Evelyn Künneke als Archidiakon, Gundula von Woyna als Sara de Maupers.
Foto Binder

Peggy von Schnottgenberg und Gundula von Woyna. Foto Inga Di Mar

Auszug aus dem Drehbuch:

Sara, ganz leise und den Kopf auf Axels Schulter neigend: Sara.

Axel, die Ketten fallen lassend: Sara, ich bin nicht mehr einsam.

Sara: Ich will dich mit dem Schleier meines Haares umhüllen, dem der Duft welkender Rosen entströmt! ...

Blicke in meine Augen und erkenne darin die Seele jener schönen Nächte, in denen du durch die Täler wandeltest und dein sehnsuchtsvoller Blick den Sternenhimmel suchte – erkenne in mir das Ziel, das du in unbekannten Welten suchtest.

(Pause)

Axel, mit dumpfer Stimme und mit geschlossenen Augen: Nenne mir deinen Namen, und sollte er meine Lippen verbrennen, ich muß ihn dir nachsprechen.

(Tiefe Stille)

Sara, ohne den Kopf zu heben:

So schenkst du mir das Leben?

Axel umschlingt sie mit dem Arme und führt sie zu dem Ebenholz-Betstuhl, der mit violetten Kissen belegt ist.

Mit triumphierendem Lächeln und jugendlicher Begeisterung sagt er: Sollte es unter den Königen der Erde einen Unsinnigen geben, der nicht das Dunkel deiner Haare mit diesen schimmernden Geschmeiden schmücken würde! – Dir, nur dir allein gehören alle diese Schätze, dieser so lange verborgene Reichtum, den du dem Schoße der Erde entrissen hast! ...

Vergönne es mir, nur die tödliche Blässe deines holden Antlitzes zu betrachten. Ich will mich zu deinen Füßen niederlassen und das Los der Sterblichen erdulden: es heißt lieben, nicht wahr, Sara?

Sie hat sich gesetzt.

Der durch das Gitterfenster hereinbrechende Schein des nahenden Morgens gleitet über ihre schwarzseidenen Gewänder.

Sara: O des edlen Mannes, der trotz der Kühnheit meiner Worte in mir seine heilige Schwester geahnt hat. Du schenkst mir mehr, als ich je zu hoffen gewagt habe. Ich begehre keinen anderen Schmuck als den deiner kindlichen Blicke, die mich schön erscheinen lassen, wenn sie auf mir ruhen – es ist das Übermaß der Liebe, die ich empfinde, das mich so bleich erscheinen läßt. Was kümmert uns dieser unser großer Reichtum, wir wollen nur in unseren Träumen leben.

Axel hat sich auf ein Kissen zu Füßen Saras niedergelassen; er legt die Arme auf die Knie des schönen Mädchens und betrachtet sie eine Weile schweigend und in Entzükken verloren.

Axel: Ja, wie die Statue des Abschieds müßtest du mir in diesen Trauergewändern lächelnd und mit Edelsteinen bedeckt inmitten dieser Gräber erscheinen. Du bist wie eine Blume, die im Dunkel erblüht, wie eine ideale Lilie leuchtet dein süßes bleiches Antlitz unter deinen schwarzen Locken.

Sara lächelt und atmet den Duft von Axels Haar ein.

Sie betrachtet ihn mit stolzer

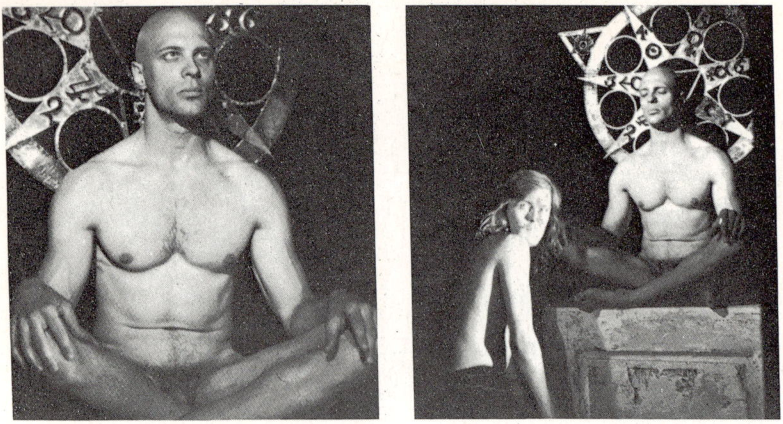

Michael Otto als Meister Janus in «Axel von Auersperg»

Freude.

Axel, in plötzlicher heftiger Erregung: Oh, du bist mir erschienen wie eine himmlische Vision, mit der ich sterben möchte. Dennoch bist du mir unverständlich.

Woher kommst du?

Sie zieht eine verwelkte Blume aus dem Busen.

Sara: Betrachte diese geheimnisvolle Blume, als ob wir beide zwischen Traum und Leben verloren allein auf dieser Welt wären, Axel.

Aus der Ferne erklingen leise Harfentöne, in denen man das Lied der Rosenkreuzer erkennt.

Sara: Komm, Geliebter, laß deine süßen Augen mit dieser Blume berühren. Sieh! Es scheint beinahe, als wolle sie sich neu beleben! – Sie hält deine Tränen für Tau! Aber nein, nein, ich will sie über dir entblättern, mein Ritter, als eine Verheißung der Wonnen, die meine Liebe über dich ergießen wird.

Sie streut schweigend die Blätter der Rose über Axels Stirn und Haar, dann plötzlich sehr ernst werdend und in seltsamem Tone:

Wie glücklich ich bin, daß auch du ein solches Interesse an dem Phantom einer verwelkten Rose nimmst . . .

Axel, ihre Hände mit Küssen bedeckend und sie zärtlich anblikkend: Ich liebe dich!

Sara steht, auf das Gebetpult gestützt, vor Axel und redet mit halbgeschlossenen Augen und beinahe wie von einem Traume befallen:

Sage, mein Vielgeliebter, willst du mit mir in jene Länder reisen, wo unter dem Schatten der Palmen Kaschmirs die Karawanen ziehen? Willst du mit nach Bengalen ge-

Gundula von Woyna und Vincent Kluwe in «Axel von Auersperg». Foto Inga Di Mar

hen, dir dort in den Basaren Rosen, köstliche Stoffe oder schöne Armenierinnen auswählen, deren Haut weißer als Hermelin ist?

Oder möchtest du für einige Tage mit mir in Yeddo leben, in jener seltsam fernen Stadt, die an den japanischen Seen liegt und deren Wohnungen von Porzellan sind? Dort hauchen, wenn der Mond aufgeht, seltsame Wunderblumen ihren berauschenden Duft aus, der die Sinne umnebelt . . .

Wenn es dir jedoch reizvoller erscheint, mit mir wie fahrende Leute durch die Lande zu ziehen, dann will ich mich in bunte Lumpen hüllen und die Harfe in der Hand, mit dir . . .

Sie umarmt Axel leidenschaftlich.

Sara: Und es war der süße Duft dieser Trost spendenden Blume, der mir Mut einflößte, als ich in der ersten großen Stadt, die ich erreichte, mein Halsband aus Perlen und Opalen verkauft hatte, und ich dann, überwältigt von den Strapazen der langen Wanderung, der schlaflosen . . . Nächte, des Hungers, vollständig zusammenbrach und mein müder Fuß mich nicht mehr tragen wollte.

Axel, vor ihr niederkniend und ihre Füße küssend: Oh, laß mich deine weißen Füße mit meinen glühenden Küssen bedecken.

Sara, auf die welke Blume blikkend: Blick auf diese arme welke Rose. Sie ist wie ein Wunder in der Wüste vor mir erblüht, als ich, von Gefahren umringt, die Flucht ergriffen hatte. Es war, nachdem ich das Kloster der heiligen Apollodora verlassen hatte.

Die mitbestimmte Operette

Idee eines Theaterstücks von Rosa von Praunheim in Zusammenarbeit mit dem Ensemble des TAT und Evelyn Künneke. Das Projekt kam trotz viermonatiger Vorbereitung nicht zustande. Das mitbestimmte Theater löste sich auf, die Schauspieler gingen an bürgerliche Theater.

Mich interessiert es, ein Theaterstück über das Theater zu schreiben bzw. über Kulturbetrieb und Kunstauffassung.

An gegensätzlichen Beispielen, einmal der Chronik des Frankfurter Theaters am Turm, das durch sein Mitbestimmungsmodell und später Selbstbestimmungsmodell, seine politischen und emanzipatorischen Ansprüche bekannt geworden ist, zum andern der Lebensgeschichte der Schlagersängerin Evelyn Künneke, die mit ihren Skandalen, Intrigen, ihrem Eitelkeits- und Wettbewerbsverhalten den kommerziellen Showbetrieb überfüllt hat, möchte ich eine Dialektik aus Kitsch und Analyse, Sinnlichkeit und Sachlichkeit, Spaß und Politik entstehen lassen.

Das Stück beginnt am Haupteingang des Theaters, das wie zu einer glamourösen Hollywood-Premiere ausgestattet ist. Das Publikum wird gebeten, sich theaterimmanent zu parodieren (Repräsentationsgarderobe, heraushängender Busen usw.). Das Foyer und der Theaterraum sind nostalgisch dekoriert und geben Auskunft über Spielpläne und Theaterarbeit der letzten Jahre.

Die Bühne ist geteilt in Vorderbühne und Hinterbühne, auf denen abwechselnd der TAT-Teil in sachlicher Dekoration und die Operette in ungeahntem Kitsch ablaufen. Dazwischen, in Blackouts, werden theoretische Zwischentexte gesprochen, die wie alles andere nicht unverfremdet bleiben.

Die erste Szene wird von zwei Zuschauerinnen gespielt, einer jungen modernen und einer älteren im Nerzcape. Beide erklären, warum sie gerade in dieses Theater, zu diesem Stück, zu diesem Regisseur, zu diesen Darstellern gekommen sind. Sie sprechen von der schwulen Rosa, der skandalumwitterten Künneke, dem dikken Fassbinder, der das Theater in der nächsten Spielzeit übernehmen soll, und dem kommunistischen Ensemble. Das Ergebnis sind Klischees über das Theater, wie sie auch oft und gern von bekannten Kritikern verwendet werden.

Der Beginn des Stückes zeigt Evelyn Künneke auf dem Höhepunkt ihrer Karriere als großen Star in einer übertriebenen Dekoration.

Die Grundfarbe ist Silber. Evelyn, vital und lebensfroh wie Mae West, singt ihr bekanntestes Lied, den «Egon». Eine Gruppe von sechs jungen Leuten unterstützt sie dabei mit Gesang und Tanz.

Die TAT-Chronik beginnt mit dem Sturz des ehemaligen Intendanten Müller. Das Ensemble (dargestellt von zwölf Schauspielern) fordert, angeregt durch die Studentenrevolte, in einer euphorischen Szene kollektive Arbeit, Durchschau der Arbeitsprozesse und der Ökonomie, allgemeine theoretische Vorarbeit, Beteiligung des Ensembles an Spielplan und Rollen, mobile Spielstellen (Betriebe und städtische Vororte). Sie sprechen von einem proletarischen Theater (Arbeiter und Lehrlinge), Volkstheater, von der Emanzipation der Schauspieler. Sie wünschen sich weg von persönlichen Bedürfnissen und hin zum Gruppenideal. Ihre Parole: «Weg mit der Alleinherrschaft des Intendanten» findet überraschenderweise Gefallen beim Rechtsträger, der, um sein linkes Kulturimage zu unterstützen, dem Theater seinen Freiraum zugesteht.

Ein Dreier-Direktorium wird eingesetzt, ein Theaterrat und die Vollversammlung als Entscheidungsorgan entstehen. Die Szene endet mit Revolutionsmusik.

Operette: Entdeckung in der Ciro-Bar.

Auf einer kleinen Bühne tritt die junge Evelyn (nur hier gespielt von Peter Schneider aus Amsterdam) als Stepptänzerin auf. An der Bar sitzt der bedeutendste Mann ihres Lebens: Michael Jary. Aus Jux und Tollerei singt sie ein paar Takte des romantischen Liedes «Kannst du mir verzeihen, daß ich dich so liebe». Jary, hingerissen von der Person und Künstlerin Evelyn, studiert mit ihr das Lied am zufällig bereitstehenden Flügel ein. Die Barbesucher sind hingerissen und applaudieren. Der erste Schritt zu einer großen Karriere ist getan.

TAT: An Hand von vier politisch linken Theaterpositionen möchte ich die Praxis der Theaterarbeit zeigen. Nacheinander (im Spotlight) erzählen die Darsteller von ihrem persönlichen Werdegang (von der Verkäuferin zum Star in Graz, Schwierigkeiten mit autoritären Intendanten wie Lietzau usw.) und stellen schließlich Rollenbeispiele vor (Rote Rosa aus «Tassow» von Hacks, «Maschine» von Gatti, «Hamlet» in historisch kritischer Aufarbeitung der bürgerlichen Literatur und einem emanzipatorischen Frauenstück). Dabei werden Rechtfertigungen für politisches Theater (wie Brecht, Schaubühne, DDR-Theater) vermittelt.

Operette: Bunker Evelyn.

Während des 2. Weltkrieges tritt Evelyn bei einem nicht ungefährlichen Frontgastspiel im Bunker (Bunker Evelyn) vor begeisterten Soldaten mit dem Lied «Sing, Nachtigall, sing» auf. Man animiert sie allgemein zum Trinken, und hierher rührt wohl auch der Ausspruch: «Die Künneke säuft jeden Stabsfeldwebel unter den Tisch.»

TAT: Gespräche, Kritik, Gruppenprozesse.

Neue Figuren treten auf: der Theoretiker, der Regisseur, der Kritiker, Bühnenbildnerin und Techniker. Ich selbst (gespielt von einem flexiblen Darsteller) trete in einem rosa Kostüm auf und greife hie und da in das Gespräch ein. Die Szene soll die unterschiedlichen Positionen, Abhängigkeiten und Konflikte unter den Theaterleuten klarmachen, die heftig und ausdauernd ausgetragen werden sollen.

Der Theoretiker, eine Schlüsselfigur des Stückes, weigert sich, seine Schulungskurse (Grundwissen des jungen Kommunisten) weiterzuführen. Er sehnt sich nach mehr Sinnlichkeit, ist aber nicht fähig, seine streng theoretischen Ansichten umzusetzen.

Das Ensemble bzw. der Regisseur vergöttert die Theorie und erhofft sich damit eine Befreiung aus seiner kunstisolierten Position. Realismus, Sachlichkeit, Objektivität sind seine Ideale und die des Ensembles. Rosa dagegen wendet sich vehement gegen das akademische, professionell glatte, unvitale Lehr- und Bildungstheater, Stadttheater und Subventionierung. Er fordert auf zu freien Produktionen und allgemeiner, schöpferischer Mitarbeit. Er kokettiert mit Boulevardtheater, Pariser Revuen, Simmel-Filmen und rechtsradikalem Theater für Linke.

In Diskussionen bespricht man das Mißverhältnis von Theorie und Praxis, und die Erfolglosigkeit frustriert die meisten.

Ein Schauspieler ruft zur Erweiterung der Körpersprache (Grotowski, Living Theater) auf. Er spielt eine frei improvisierte Szene aus der «Jakobsgeschichte», die in Zusammenarbeit mit dem Regisseur Löscher ehemals am TAT entstand.

Daneben spielen sich dramatische Gruppenprozesse ab.

Das Ensemble, das sich gegen Star und Karrieredenken wehrt, muß feststellen, daß sich die persönlichen Bedürfnisse des einzelnen nicht verleugnen lassen und ein gemeinsames Ziel nur äußerlich besteht.

In einer Ballettszene, angelehnt an rotchinesische Filme, möchte ich Gruppenprozesse wie Solidarität, Fraktionierung, Einsamkeit, Streit und Liebschaften künstlerisch umsetzen.

Operette: Garderobe, Reporter, Filmstudio.

Die Szene beginnt mit einem Streit in der Garderobe zwischen Evelyn und einer anderen Schauspielerin. Beide lieben den Regisseur eines neuen, gemeinsamen Filmes. Evelyn ist es ein leichtes, die sensible Kollegin auszuschalten. Ihr geht es in erster Linie um die Karriere. Ihre Ideale sind Sex und Erfolg. In der luxuriösen Kulisse eines Filmateliers (Grundfarbe Gold) empfängt sie viele Reporter und berichtet angeregt von ihrer letzten Nasenoperation, ihrem Selbstmordversuch und berühmten Liebhabern wie Frank Sinatra, den sie in Paris traf.

In der folgenden Musikszene

singt sie ihren Erfolgsschlager «Allerdings, sprach die Sphinx, rück das Dings mehr nach links und dann gings», unterstützt von einem erotischen Ballett.

TAT: Vollversammlung.

In einer Vollversammlung versucht man, für die nächsten Produktionen künstlerische und organisatorische Entscheidungen zu treffen. Aus dem anfänglichen Bemühen, eine Gemeinsamkeit zu finden, stellt sich schließlich ein nervenaufreibendes Chaos ein. Schwäche, Unsicherheit und Unwissenheit unter einer passiven Leitung potenzieren sich, bis man schließlich unter dem Druck der Weiterarbeit gefährliche Kompromisse schließen muß.

Operette: Liebhaber.

Evelyn in einem rosa Negligé auf einem rosa Bett in einem rosafarbenen Salon empfängt ihre unzähligen Liebhaber. Ihre Lieder: «Ham se nich 'nen Mann für mich» – «Haben Sie schon einmal im Dunkeln geküßt» (Duett mit Dietmar Kracht) – «Zeig mir noch einmal deine Muskeln, Tommy», illustrieren eine erotisch gesteigerte Spielhandlung. Evelyn bezeichnet sich als männermordenden Vamp, als Vampir, dem niemand widerstehen konnte. Ihr Busen vermochte zu jener Zeit Tausende in ihren Bann zu ziehen, und sie gibt vor, Sex aus reiner Langeweile zu betreiben.

TAT: Vereinzelung.

Aus der anfänglichen Scheinsolidarität während des Intendantensturzes sind unüberbrückbare Konflikte entstanden. In einzelnen aneinanderfolgenden Statements aller Beteiligten wird klar, wie positiv diese Entwicklung der letzten Jahre aufgefaßt werden kann.

Der Versuch, aus der üblichen Kultur- und Kommerzfabrik auszubrechen und eine Reflexion über die Abhängigkeiten von Kunst und Künstler anzufangen, hat zu Selbstbewußtsein und Mitverantwortung geführt.

Trotzdem kommt es zu der notwendigen Ablösung des Ensembles, auf Grund der zufällig zusammengesetzten Schauspieler, der fehlenden überzeugenden Produkte nach außen und der Führungskrise.

Der vom Rechtsträger eingesetzte Nachfolger Rainer Werner Fassbinder ist sicher nicht fähig und willens, die TAT-Arbeit weiterzuführen, aber die zurückbleibenden Schauspieler sind sich, jeder auf seine Weise, sicher, daß ihr Lernprozeß die Theaterszene in der Zukunft verändern wird.

Operette: Einsamkeit.

Evelyn, ganz in Schwarz in einem einzigen Licht. Sie berichtet in einem sentimentalen Sprechgesang von dem langsamen Abklingen ihrer Karriere, ihren privaten Schwierigkeiten und Skandalen. Eine schlechte Presse («Sie trank mehr, als sie sang») tut das Ihre.

Eine Haushälterin betrügt sie um zigtausende von Mark, ihr Ehemann hat es auf die Tantiemen ihres Vaters abgesehen, und mit einem Liebhaber gerät sie in eine gefährliche Haß-Liebe.

Man sagt ihr: Du bist zu alt zum Singen – und Platten- und Rundfunkproduktionen lassen nach. Trotzdem versucht sie sich als Charakterdarstellerin im Film. Sie spielt eine Klo-Frau, eine Lesbierin, eine Puffmutter und einen Bischof. Sie beginnt zu malen, und nicht ganz ohne Hoffnung sagt sie selbstverständlich: Wenn ich nicht mehr schön bin und erfolgreich, bringe ich mich um.

Das Lied «Karriere» beendet ihren Auftritt.

Finale

Ein gemeinsames Finale beschließt die «Mitbestimmte Operette».

Mit dem Lied «Der neueste Modetanz heißt Känguruh» treten alle Beteiligten nacheinander in den buntesten und glitzerndsten Showkostümen an die Rampe. Sie verabschieden sich vom Publikum mit immer derselben, nicht enden wollenden Melodie.

An Theater am Turm
Frankfurt/Main

Berlin, 12. 1. 73

Liebes Ensemble, lieber Herr Wiens,

Sie haben mich noch einmal zu einem Gespräch in die Mainmetropole geladen. Vielleicht ist es besser, wenn ich statt dessen meine Beweggründe schriftlich vorwegnehme, um Mißverständnisse auszuschließen.

Ausgehend von der beschissenen Kultursituation in Deutschland, die uns alle betrifft, fühle ich mich natürlich nicht wohl, Theater oder Film zu machen. Ich sehe keinen Grund außer dem von Geld und Ruhm bzw. Eitelkeit und Selbstbefriedigung. Wettbewerb und Individualismus hetzten einen aufeinander und der romantische Traum vom Künstler macht uns so hilflos und unterdrückt wie die Homosexuellen. Selbst der Kunstverein «Rote Nelke» scheint mir da kein Ausweg. Ein Anti-Neckermann-Bild verkauft sich hier genauso gut wie linkes Theater – aber es ist so schwer, alleine den selbstkritischen Weg zu gehen, ohne gleich den Beruf an den Nagel zu hängen. – Als Einzelkind, das ich bin, war es mir immer schwergefallen, mich in eine Gruppe einzuordnen, und doch sehe ich hier einen Ausweg für meine Arbeit, doch wohin ich auch komme, versucht man, meinem schlechten Beispiel nachzueifern.

Im Theater sehe ich die Situation besonders schlimm. Die Sicherheit eines bürgerlichen Theaters macht einen Schauspieler mit Nebenverdienst bei Funk und Fernsehen bald dumm, feige und impotent. Einen Ausweg sehe ich in Eigenproduktionen ohne staatliche Unterstützung, die den einzelnen positiv in seiner Existenz gefährden. Leider gibt es immer weniger solch idealistisches Unterfangen, und ich selbst, der ich zwar meine Filme selbst zu produzieren gelernt habe, sehe wenig Möglichkeiten, Theater frei zu produzieren, da bei den meisten in erster Linie nur das Geld ausschlaggebend zu sein scheint. Mich aber an ein Theater zu verkaufen heißt einem bürokratischen Apparat zu unterliegen, der jede künstlerische und politische Arbeit hemmt. Das TAT mag da eine Ausnahme sein, und ich sehe die Möglichkeit, hier Erfahrungen zu sammeln.

Sicher ist es schwierig für mich, mit Schauspielern zu arbeiten, da ich es gewohnt bin, nur mit Typen bzw. Persönlichkeiten zu arbeiten, und man davon ausgehen muß, daß davon selbst im TAT wenige vorhanden sind. Vielleicht gibt es aber die Möglichkeit, hier konventionelle Techniken abzubauen und den einzelnen in einen Exhibitionismus zu treiben, der einmal weniger den Zuschauer betrügt.

Durch meine naive Identifizierung mit Arbeit habe ich viele Kontakte zu Superstars verloren, und umgekehrt ist eine starke Verunsicherung durch mein Image als erfolgreicher Filmregisseur eingetreten. So bleibt mir bald sowieso nichts anderes übrig, als mit Schauspielern zu arbeiten, die leider Arbeit und Spiel nicht verwechseln. Der Schauspieler bleibt für mich natürlich meist die Prostituierte eines Konsumtheaters und, was besonders schlimm ist, daß die Schauspielerei meist bei ihm an erster Stelle steht, während sie nach meiner Meinung nur ein Mittel sein sollte, um seine Erfahrungen aus Leben und Arbeit zu vermitteln. Deshalb interessiert mich auch Film oder Theater nur zuletzt und Realität zuerst.

Herzlichst, Rosa von Praunheim

Tally Brown, New York.

ROSA von PRAUNHEIM

präsentiert
eine

internationale Schlagerparade

mit

EVELYN KÜNNEKE (BERLIN) SCHLAGER STAR DER 40GER – 50GER JAHRE

TALLY BROWN (NEW YORK) EIN ANDY WARHOL SUPERSTAR

PETER SCHNEIDER (AMSTERDAM) GLAMOUR BOY AUS AMSTERDAM

DIETMAR KRACHT (MANNHEIM) STAR AUS DEM FILM ›DIE BETTWURST‹

UND ALS GAST

MISTER FRANKFURT

Rosa von Praunheim
Show 1973

(nicht realisiert)

Meine Idee ist es, Extreme im Showgeschäft vorzustellen.

Der moderne Trend (speziell bei Fernsehshows) ist es, mit wenig Dekoration eine neutrale Atmosphäre zu schaffen (Hitparade, Pop 73 usw.).

Unauffälligkeit, Angepaßtsein und Sachlichkeit sind Trumpf.

Mich interessiert es im Gegenteil, Sentimentalität nicht zu verschleiern, sondern übertrieben und penetrant darzustellen. Da ja meine Vorliebe für Kitsch bekannt ist, möchte ich diesen auch ganz betont als Stilmittel einsetzen. Gerade in der Unterhaltungsindustrie bieten sich da ja ungeahnte Möglichkeiten. Sicher wird es kaum jemand geben, der an das gute alte Hollywood heranreicht, aber gerade die billigen Effekte des Underground und Off-off-Broadway-Theaters, deren besonderer Reiz im Unperfekten und Dilettantischen liegen, bieten eine adäquate Realisierung. Durch eine Super-Kitsch-Ausstattung von Herzen, Flitter, Gold und Glitzer in der billigsten Machart und einer Musik, die hauptsächlich aus hohen Geigen besteht, möchte ich den Zuschauer verunsichern. Einerseits ihm immanent den Mut zu Gefühlen gestatten, andererseits durch Übertreibung eine kritische Distanz zur Traumfabrik schaffen. Dem Publikum würde es schwerfallen, sich zu identifizieren, und der Bruch in bezug auf kommerzielle Durchschnittsware wäre merklich zu spüren, ohne aber deren Unterhaltsamkeit zu mindern.

Trotzdem, oder gerade deshalb, sollen einige Profis auftreten, die sich durch ihr kommerzielles Extrem vom Showdurchschnitt unterscheiden. Zum Beispiel Marianne Rosenberg, dieser deutsche Schlagernachwuchs («Fremder Mann») mit der bezaubernden Kopfstimme. Wenn sie ihr Lied «Wenn es Nacht wird in Harlem» singt, zerspringen die Gläser. Sie singt wie chinesische Schlagersängerinnen aus Hongkong. Einziger Unterschied, daß deren Lieder wie unsere 50er-Jahre-Schlager anfangen, aber dann rückwärts weiterzugehen scheinen.

In meinem Weltreisefilm «Leidenschaften» habe ich diese Musik mit Erfolg verwendet, und in einer Show würde ich gerne eine der vielen chinesischen oder auch thailändischen Sängerinnen persönlich vorstellen. Die Sentimentalität dieser Lieder ist nur mit Hollywoodmusiken zu vergleichen.

Zu den sentimentalsten und raffiniertesten Interpreten der leichten Muse würde ich natürlich Elvis zählen, dessen langsame Lieder nicht nur mich, sondern Ungezählte in der ganzen Welt zerfließen lassen. Ich glaube, daß es nicht schwer sein würde, eine der vielen

Elvis-Kopien dazu zu bringen, ihn in einer Show zu vertreten. Als Bühnenbild schweben mir die eigenartigen Illustrationen aus dem neuen Rock-Lexikon «Rock Dreams» vor.

Ganz anders, aber ebenso wehmütig und sehnsuchtsvoll ist das polnische Chanson. Es hat stark experimentellen Charakter, meist Überlänge und ist besonders reizvoll wegen der für uns ungewöhnlichen Sprache.

Daneben interessiert mich ganz besonders das DDR-Lied. Der politische Anspruch in Verbindung mit üblichem Sentiment, die für uns ungewöhnlichen Texte und das ganze Pathos machen es mir schwer konsumierbar. Aber um so wichtiger erscheint es mir, es unserem kommerziellen Extrem gegenüberzustellen.

Als Verbindungsglied bzw. Moderatoren einer solchen Show kann ich mir nur Luzi Kryn und Dietmar Kracht aus meiner «Berliner Bettwurst» vorstellen. Ihre Naivität und echte Faszination für alles Triviale würden der Show eine Direktheit geben, die einen bruchlosen Genuß unmöglich machten.

Gerne würde ich auch ihre Musikszenen aus der «Berliner Bettwurst» einer solchen Sendung zur Verfügung stellen. Ich denke da an das polnische Lied von Luzi, die Showszenen mit Lou van Burg und die spanische Sängerin am Schluß des Films.

Fast eine eigene Show wert wäre der amerikanische Superstar Tally Brown. Ungeheuer fett, eine riesige Perücke, griechisch-wallende Gewänder und als Make-up eine grüne Zunge, so konnte ich sie in New York bei der mitternächtlichen Veranstaltung in einer Sauna bewundern, wo sie mit einer umwerfenden Kraft faszinierende Blues sang. Als Statist im Hintergrund Tony Carol, ehemals Mr. World, ein riesiger Neger mit kleinem Kopf, riesigem Hintern, einer Wespentaille und museumsreifen Muskeln.

Falls ein Interesse an der Realisierung meiner Ideen besteht, würde ich um ein Gespräch mit einem showerfahrenen, aufgeschlossenen, um nicht zu sagen modernen Redakteur bitten, mit dessen Hilfe ich die Struktur einer solchen Sendung nach dramaturgischen und technischen Gesichtspunkten überprüfen möchte.

Peter Schneider (Amsterdam) in der Show «Rosa von Praunheim präsentiert . . .», 1974. Foto Inge Werth

Tally Brown, Peter Schneider, Evelyn Künneke in der Show «Rosa von Praunheim präsentiert . . .» Foto Inge Werth

Showkonzept für eine bessere Welt

(nicht realisiert)

Meine Idee fußt auf der Ästhetik der DDR-Schlager und Shows. Mich fasziniert die Ungeschicklichkeit von Text, Lied und Bewegung in der DDR. Das bedeutet für sie selbst sicher keine Parodie, sondern Eigenständigkeit um jeden Preis. Bei uns sieht es nicht anders aus, nur daß unsere Unterhaltungsindustrie durch US-Einfluß verwässert worden ist.

Mich interessiert das politische Lied in populärer Schlagerform, das agitatorische Chanson. Das positivistische, vertonte Gedicht, die dramatische Anklage des Unterhaltungsschlagers. Deren Struktur zu erkennen ist nicht schwer, so daß es mich mehr freuen würde, ähnliches nachzuempfinden, als es zu übernehmen. Mit einem professionellen Team von Komponist und Arrangeur müßte es leicht sein, solches herzustellen. Die Interpretation aber würde ich Laien überlassen, deren Amateurhaftigkeit durch die Technik so weit gedämpft werden soll, wie es bei Schlagersängern ebenso häufig der Fall sein muß, bzw. was oft den erfolgreichen Reiz ausmacht.

Hauptsächlich habe ich dabei an die oft erprobten Stars aus allen meinen bisherigen Filmen gedacht. Luzi fällt es ebenso leicht, den flotten Ostblockstil in Polnisch herzustellen, wie konstruktive Liebeslieder zu Gehör zu bringen. Dietmar liegt das Dramatische mehr, und er hat Ambitionen, Texte selbst zu dichten. Magdalena Montezuma, mehr aus Werner Schroeters Filmen («Eika Katappa», «Salome» und «Bomberpilot») bekannt, wäre das Klischee einer ausgeprägten Chansonette, die mit kühler Melancholie westliche Dekadenz ebenso anklagen wie die westliche Linke immanent zu deuten versuchen kann. Steven Adamschewski («Schwestern der Revolution», «Macbeth», «Bettwurst») wäre der ideale Vorsänger des unsichtbaren Volksarmeechores.

Da, wo sich östliche und westliche Dekadenz, oder wie immer man es nennen mag, treffen, wäre Carla Aulaulu ideal. Sie versteht es kongenial, derjenigen nahezukommen, der sie am unähnlichsten ist, Marylin Monroe, oder der Frau an sich, in ihrer unemanzipiertesten Form. Sie singt ein amerikanisches Lied, wie es so viele gibt, mit überdeutlicher, sentimentaler Aussprache und getragenen, sich langsam steigernden Klängen.

Gerade weil die DDR-Schlager alles wollen, was sie nicht können, treiben sie einem vor Lachen die Tränen in die Augen. Sie sind sicher nicht sehr unterschieden von dem, was sich bei uns in anderer Form ausdrückt, und deshalb ehrlicher und entlarvender. Wäre man gezwungen, unser bürgerliches Bewußtsein hier in Liedform umzusetzen, gäbe es keinen Unterschied. Und nicht zuletzt diesen Versuch würde ich gerne zum Abschluß einer solchen kleinen Show wagen.

Monolog eines Stars

Produktionsetat DM 60000
Buch, Kamera, Regie, Schnitt: Rosa von Praunheim
Mitarbeit: Hannes Eyber
Licht und technische Leitung: Ekkehard Heinrich
Darsteller: Millie Büttner, Mr. Frankfurt, Anna Rosenky, Evelyn Künneke
Format: 16 mm Farbe
Länge: 60 Minuten
Im Auftrag des WDR, 1974

Milli Molton in «Monolog eines Stars». Foto Till Leeser

Einführung:

Der Film beginnt mit Außenaufnahmen in Hollywood, die ich im Frühjahr 1974 drehte. Millie Büttner (im Film Milli Molton) verkörpert den Star, im bürgerlichen Leben Ehefrau und Mutter in Kiel. Ihre Kostüme nähte sie sich selbst. Sie half entscheidend bei den Dekorationen mit (wir drehten in der Wohnung von Freunden, die verreist waren).

Der Star kommt mit vielen Paketen vom Einkaufsbummel zurück.

In exzentrischer Garderobe empfängt sie eine Journalistin. Danach fickt sie mit einem Bodybuilder, eine Pflichtübung für die Presse. Zum ersten Mal versucht sich der größte Star der Welt in einer eigenen Show. In überwältigendem Glitzer und Glamour tritt sie auf. Danach besucht sie eine ältere Kollegin in einem phosphorisierenden Stretchpaillettenkleid in Rosa (Evelyn Künneke) und gibt ihr Ratschläge. Nach diesem Besuch bekommt der Star einen hysterischen Anfall und greift zu Alkohol und Drogen.

Sie kommt in eine Heilanstalt, um nach einiger Zeit wieder ganz von vorne anzufangen. Sie bemüht sich um mehr Menschlichkeit in Beruf und Privatleben, aber all ihre Bemühungen bringen nicht den gewünschten Erfolg.

Sie vereinsamt, bis sie sich spontan entschließt, ihren großen Kolleginnen Marilyn, Jayne und Candy zu folgen, und bringt sich um.

Die Dreharbeiten machten uns großen Spaß.

Ich arbeitete wieder im kleinen Team (Eckehard, Hannes, Millie und ich), ohne Zeitdruck. Eckehard machte phantastisches Licht, und Millie setzte sich mit ihrer ganzen Person und Begabung für die Sache ein.

Wir hätten diesen Film nicht besser machen können.

Milli Molton in «Monolog eines Stars». Foto Till Leeser

Angebot:

1. Spielszenen mit wenigen Nebenrollen: Der immanente Traum, Illustrierten-Klischee, Kitsch, Glamourszenen wie Beifall, Eitelkeit, Bewunderung, Geld, Reisen, Show, Auftritte, Journalisten, Liebesgeschichten, Abenteuer und interessante Begegnungen mit anderen Stars.

Wie dessen Gegenteil: Einsamkeit, Neid, Mißerfolg, Alkohol, Drogen, Launen, Ängste und Neurosen.

2. Monologszenen und kritische Selbstreflektion in verschiedenen Kostümen und Make-ups, die die jeweilige psychische Situation und das Bewußtsein des Stars, Künstlers stilisieren sollen (Wettbewerb und Vereinzelung).

3. Das Ende des Films: (Konsequenzen, Lösungen und positive Möglichkeiten auf der einen Seite, dramatisch immanente auf der anderen). Das Ende des Films soll so dramatisch und exotisch sein, wie man es von großer Kunst immer erwartet. Der Star stirbt, er hat sich überlebt, überlebt dann, wenn dem Zuschauer Kunst oder Kitsch nicht nur als Ersatz für seine eigene unbefriedigende Situation bleiben, sondern er Kunst und Kultur produktiv in seinem privaten und beruflichen Bereich einsetzen und erleben kann, er selbst zum Künstler, zur phantasievollen Produktivkraft wird.

Das setzt vor allem eine Umerziehung des Menschen bzw. einen Abbau von Privilegien weniger voraus, die es durch Veranlagung, Geschick und Erziehung bisher immer leichter hatten.

4. Der Film soll mit Kulissen und Kostümen im Studio und mit kurzen Einblendungen von außen wie Flugplatz, Taxi, Luxusgeschäfte, Restaurants, Fabriktore usw. gedreht werden.

Aussage:

1. Der Star einmal als Identifikationsmodell, die Idealfigur (schlank, sauber und unerhört schön). Die Frau, die das Rezept liefert, wie man begehrenswert wird, bewundert und umschwärmter Mittelpunkt der Männerwelt, die es schafft, den Millionär zu heiraten, der ihr alles Glück auf Erden ermöglicht.

Auf der anderen Seite führt der Star alle unbürgerlichen Freiheiten, exzessives Liebesleben, Skandale und großen Reichtum vor. Er ist nicht abhängig von Haushalt, Ehemann und Kindern. Der Star ist charmante Gastgeberin, Unterhalterin, der strahlende Mittelpunkt von Festlichkeiten. Der Star als saubere, strahlende Allerweltsfrau wie Doris Day oder Julie Andrews, Ruth Leuwerik oder Maria Schell. Wenn er Bürgerlichkeit vorführt, ist sie genauso verlogen wie jede andere Rolle. Der Star als verruchtes, geiles Sexobjekt, Mansfield, Monroe, Diana

Milli Molton und Mr. Frankfurt in «Monolog eines Stars». Foto Till Leeser

Dors und Barbara Valentin. Oder die romantische Unnahbare wie Garbo und Zarah Leander, die an die masochistischen Gefühle der Männer appellieren: die gespielte Arroganz, der faszinierend dumme Stolz der Frau. Tausende von Frauen, die gelernt haben, den Mann und ihre Umwelt scheinbar zu ignorieren, die geschminkt und mit Sonnenbrille ein künstliches Nichts vorstellen und damit immer mehr verblöden.

2. Ich, Rosa von Praunheim, finde alle Frauen ungeheuer toll. Gerade als Schwuler kann ich mich mit Frauen viel besser solidarisieren. Männer machen mir Angst, ich bin frustriert und gehemmt ihnen gegenüber. Die erotische Spannung lähmt mich und macht mich unfähig zu Kameraderie, Kumpanei und Sauffreundschaften. Selbst intellektuelle Beziehungen zu Männern empfinde ich als zu aggressiv, rechthaberisch oder zu trocken, sachlich. Gerade zu Frauen kann ich intellektuelle Beziehungen wunderbar entwickeln. Ihre absurde Phantasie, Widersprüchlichkeit und ihre Fähigkeit, sich auf den anderen einzustellen, kommen mir entgegen.

Die Frau hat etwas Bühnenhaftes, Theatralisches, Künstliches. Immer wieder begeistern mich kleinbürgerliche Sekretärinnen, Arztfrauen oder Offizierswitwen, ihre Adrettheit, Geziertheit und scheinbare Beziehungslosigkeit zu allem und jedem. Gerade die bürgerliche Frau, ihre totale Fixierung auf den Mann, ihre Unselbständigkeit, ihr Desinteresse an sich selbst und die Rituale ihrer Äußerlichkeit, die Lust an der Unterdrükkung weisen so viele Parallelen zum Schwulenproblem auf und finden sich überspitzt und parodiert im Transvestiten. Vor allem aber interessiert mich der Aspekt der Vereinzelung, der Vereinsamung der Frau, ihre Unfähigkeit, sich mit anderen Frauen zu solidarisieren. Die künstlichen, verlogenen, nichtssagenden Gespräche unter Frauen, die sie so irreal erscheinen lassen. Der poetische Aspekt der Frau, die Frau als Luxusgeschöpf, als Objekt wie Marlene Dietrich, die in ihrer Show wie eine geschnitzte Badeseife erscheint.

Ich würde gerne am Phänomen des Stars, dem Klischee eines Illustriertenstars, die verkitschte Psyche vieler Frauen parodieren, die gezwungen werden, sich noch immer damit zu identifizieren, weil ihnen der Weg zur Wirklichkeit verstellt bleibt.

Milli Molton. Foto Mikesch

Kulturrevolution in der BRD

Filmprojekt 1973/74

Das Thema beschäftigt mich intensiv seit der Produktion meines Filmes «Nicht der Homosexuelle ist pervers, sondern die Situation in der er lebt».

Ähnlich wie dort ist es meine persönliche Situation als Homosexueller und als Kulturschaffender, über die ich nachdenken muß, wenn ich nicht in der gegebenen Situation resignieren will. Der Künstler täuscht sich nur zu gern über die Abhängigkeiten in der Gesellschaft hinweg. Sein Ausbrechen aus den Normen, sein Antiverhalten, seine Narrenrolle in der Gesellschaft verwechselt er meist mit Selbstverwirklichung.

Meine Situation als Künstler ist vor allem durch das Wettbewerbsdenken geprägt. Individualistisch erzogen, hochstilisiert zu einer einsamen Persönlichkeit, die die Konkurrenten ausstechen muß durch Originalität und Geschicklichkeit. Jeder haßt jeden, besonders in der qualitätsarmen deutschen Kulturlandschaft wird es einem leichtgemacht, niemanden zu akzeptieren, und eine Solidarität scheint ausgeschlossen. Unsere gefestigte Mittelstandssituation und ein System von geschickter Subventionierung töten jede Möglichkeit zu ernsthafter, schöpferischer Tätigkeit. Das System schluckt alles und schafft dadurch Abhängigkeiten, nimmt die Notwendigkeit zu Eigeninitiativen und sieht Kunst nur noch in Bezug zum Erfolg.

Illustriertenberichte über die Erfolgskünstler Fassbinder und Handke schaffen zweifelhafte Ideale von schnellem Ruhm und Geld. Selbst der ärmste abgetakelte Künstler hofft lieber auf einen glücklichen Erfolgszufall, als sich kritisch über seine Situation klarzuwerden und solidarisch an einer Veränderung zu arbeiten.

Journalisten verdienen Geld, indem sie Stars schaffen und diese bald wieder fallenlassen. Der Kunstmarkt und die Macht der Medien bestimmen, was Mode ist, wer das beste linke Theater macht und das allerneueste absurde Stück schreibt. Der Künstler selbst hofft auf Zuneigung und Gunst der Redakteure (wie seinerzeit an den Fürstenhöfen), er steht meist allein, weil er der Beste sein muß und der andere ihn jederzeit verraten kann.

Mich interessiert es, einen Spielfilm herzustellen, eine Geschichte zu erzählen: Angefangen vom pubertär-musischen Traum eines Knaben, über Kunstschulen bis hin zum schnell erfolgreichen, modernen Künstler, an dessen Beispiel der ganze Kulturapparat vorgeführt werden kann bis hin zum Gescheiterten und Erfolglosen, der, wenn er nicht an sich selbst verzweifeln will, nachdenken muß über Lösungen und neue Möglichkeiten, Solidarität und soziale Gleichstellung.

Die Bildgeschichte würde ich bewußt kitschig, angelehnt an die vielen sentimentalen Künstlerbiographien, filmen, den Text in Form von gestellten Modelldiskussionen, Kommentaren und inneren Monologen.

Die wichtigsten theoretischen Grundlagen für ein endgültiges Skript möchte ich mit Peter Schneider, Berlin («Lenz») und Martin Dannecker (Mitarbeiter am Schwulenfilm), mit Karla Fohrbeck und Andreas Wiesand («Autorenreport») zusammen erarbeiten.

Geschichte des nichtgedrehten Films:

Es entstand ein längeres Skript mit Martin Dannecker und Peter Schneider. Wir erzählten eine Geschichte und schrieben einen theoretischen Teil. Nur über den Schluß konnten wir uns nicht einigen. Er war dem WDR dann zu resignativ, zu wenig revolutionär, wie der des Schwulenfilms.

Ich fuhr einige Male nach Hamburg zu Karla Fohrbeck und Andreas Wiesand, die gerade ihren Autoren- und Künstlerreport abgeschlossen hatten.

Aber aus Zeitmangel bekam ich nicht die Informationen, die ich erhoffte. Vielleicht ist das Thema zu komplex und schwierig. Es sollte eine Aufarbeitung meiner eigenen Geschichte werden, der des anfänglich hilflosen Künstlers mit seinen konfusen Idealen. Die vergammelte Zeit auf den Kunstschulen, wo man weder Kunst noch Realität zu begreifen lernt. Bis hin zur Vermarktung und Isolierung des individualistischen Künstlers. (In meiner Berliner Zeit kannte ich fast niemanden, der auch Filme machte.) Eine Auseinandersetzung von Politik und Kunst. Möglichkeiten der Organisierung und Solidarität.

Für mich sollte dieser Film eine Selbstanalyse und ein wichtiger Lernprozeß sein, mich nicht nur als Einzelschicksal und begabten Künstler zu begreifen (bzw. als freischaffende, elitäre Tunte), sondern ich wollte lernen, gemeinsam zu arbeiten. Doch solange unser System so ist, wie es ist, kann man nur aus der Not eine Tugend machen. Mein Herz und meine Sympathie sind da, wo Kunst unter den primitivsten und unmenschlichsten Umständen entsteht, nicht bürgerlich abgesichert, sondern chaotisch, anarchistisch und wild. Ich denke oft darüber nach, ob es nicht besser für mich wäre, bei der Müllabfuhr in New York neu anzufangen, als hier in meinen elitären Möglichkeiten zu ersticken.

Innerer Monolog (Perspektiven im Kulturbetrieb der BRD)

Rosa von Praunheim zum Skript Dannecker, Schneider, v. Praunheim: «Kulturrevolution».

Vom 24. Stock, hoch droben über der nächtlich erleuchteten Stadt Frankfurt am Main, versuche ich, mir über dieses für mich schier unlösbare Thema kluge Gedanken zu machen:

Ich weiß nur, daß mich Kunst unheimlich interessiert: das Beobachten, Empfinden von Dingen, der Umwelt und Menschen. Das intensive Erleben, Analysieren, Interpretieren. Ästhetische Reize zu entdecken und genießen. Mich interessieren alle Künste, zum Beispiel in der bildenden Kunst das Zeichnen. Sensible Bleistiftstriche, die zart, poetisch, gewebeartig, stärker und schwächer Phantasiegebilde, eine Traumwelt darstellen können. Angelehnt an die Realität, auf jeden Fall von ihr beeinflußt, aber neu geschaffene Menschen mit scheinbar anderem Leben, anderen Strukturen und Problemen. Das Tote, Starre, Unbewegliche reizt mich daran. Eine Situation für immer festhalten in immer der gleichen Position, so wie ich es mir oft für mich selbst wünsche.

Im Film ist es ähnlich. Mich interessiert eine unwirkliche Exotik als Bildmaterial, Exzentrik und Wildheit, Vitalität und Dummheit, Ungeschicklichkeit, die im Leben nicht erwünscht oder gar verboten ist. Verselbständigte Ausschnitte aus dem Leben, Kitschgeschichten – eine unmögliche Liebesgeschichte, die alles enthält, was ich mir nur wünschen kann oder was mir nur einfallen könnte, alles, was irgendwo vorkommt und was spannend ist.

In der Musik mag ich Geräusche, Krach und extreme Töne (ganz hohe Dudelsäcke oder Geigen, chinesische Sängerinnen). Mich befriedigt das Außergewöhnliche, und ich sehe darin eine Interpretation des Gewöhnlichen.

Der Tanz als Bewußtmachen von Bewegungen, die uns alle betreffen. Möglichkeiten der Bewegung. Das Kombinieren und Isolieren von Bewegung oder Realität oder Phantasiegebilden überhaupt. Durch das Herausstellen gewinnt es an Bedeutung, wird es bewußt und drückt etwas aus, macht auf sich aufmerksam und interessiert, weil es vorher nur benutzt wurde, sich unterordnete und wir es ignorierten, solange es funktionierte.

Die Literatur als intime Möglichkeit, sich auszusprechen oder Inhalte und Bilder vorzustellen, herauszuarbeiten, die man in gewöhnlichen Situationen verdrängt hat. Sich mit Form zu beschäftigen. Das Bewußtsein von der Anordnung der Wörter oder Sätze, das Verändern des Inhalts durch die Form und umgekehrt, wie beim Film (am Schneidetisch), der durch Musik und Schnittveränderung, Kommentar und Dialog immer neue Bedeutungen bekommt.

Das Spielerische, das zu Ernst werden kann, wenn sich etwas ergibt, was überrascht, erstaunt, bewegt durch Zusammenstellung, Erfindung und gedanklichen Hintergrund. Wichtig ist die eigene Person, die eigene Erfahrung, die persönliche Verarbeitung von Realität, die Kindheit. Durch Kunst erlebt man Realität anders, Kunst beeinflußt Kommunikation und Lebensformen, Denkweisen. Kunst ist Abenteuer, Intensität, Phantasie, Empfindlichmachung und Motivation – der Grund, die Absicht, der Drang, etwas sagen zu wollen, zu müssen – die Idee.

Ich schwärme für Intellekt, besonders erfreuen mich die scheinbar gegensätzlichsten Inhalte, die sich oft verbinden. Mich interessiert die Pervertierung von Inhalten, das Umdrehen, das Absurde, neue Inhalte und Lebensweisen, die man für unmöglich hielt.

Mir würde es sicher schwerfallen, mich logisch und positiv mit einer Sache zu beschäftigen, ich hätte es nicht leicht, etwas aufzubauen, etwas zu kultivieren.

Ich leide unter der Isolation des Künstlers, dieses in der Kindheit eintrainierte Kampfverhalten, etwas Besonderes zu werden, etwas besser zu machen. Ich bin nicht sicher, ob das sein muß. Auf der anderen Seite habe ich es schwer, mit einer nicht freiwillig zusammengestellten Gruppe zusammenzuarbeiten, und weiß auch nicht, ob das überhaupt gutgehen kann.

Ich leide unter der Aufwertung des Künstlers, genauso wie unter seiner gesellschaftlichen Diskriminierung als Hungerkünstler, als unnützes Geschöpf, das, wenn es seine Produkte nicht sofort verkaufen oder sie dekorativ sichtbar machen kann, verachtet wird.

Die Aufwertung der Künstler, die Kunstgötter, die Stars – sie sollten Dienende sein, die ihre Fähigkeiten produktiv der Gemeinschaft einbringen, sich nicht zu teuren Nutten degradieren lassen.

Ich stelle mir immer so ein Ideal von gemeinsamer Arbeit vor, das es vielleicht nie geben kann.

Beim Kulturapparat weiß ich, daß ich von ihm nichts lernen kann. Im Gegenteil, er hemmt mich, wenn ich mich speziell und ungewöhnlich äußern will und muß.

Ich hasse den Apparat, aber da es so wenige gibt, die außerhalb des Apparates gewillt sind zu arbeiten, muß ich mich, um nicht ein Märtyrer zu werden, anpassen.

Eine freie Gruppe wäre mein Ideal. Ich bin der Überzeugung, daß mir dort viel mehr bewußt wäre, z. B. Produktionsmittel, Publikum, Wirkung und ich mir selbst, meine eigene Existenz.

Wie kommt es, daß ich die meisten anderen Künstler hasse, daß ich die Kunst, die sich als solche in den Vordergrund stellt, besonders hasse. Ist es ein Selbsthaß (wie bei den Schwulen)? Ist es das für den Künstler besonders auffällig Leblose, Tote an der meisten Kunst der anderen, das Realitätslose?

Sollten die Künstler mehr in den allgemein menschlichen und beruflichen Prozeß eingegliedert werden, um umgekehrt von der Allgemeinheit mehr Bezug zu Dingen wie Phantasie zu erwarten? Oder ist der Künstler ein Spezialist wie ein Schuhmacher, der eine besondere Arbeit macht?

Ein Haus voll Liebe

1. Skript (nicht realisiert)
Filmidee von Rosa von Praunheim und Hannes Eyber (Mitarbeiter)

Frankfurt, die Welt- und Geldstadt, die Metropole, wo leichte Mädchen einen gleich guten goldenen Boden vorfinden wie Grundstücksspekulanten; Sitz von Klassenkämpfern und Ganoven – dieses Frankfurt ist auch eine gute Startrampe für Spione, die in die westliche Gesellschaft schlüpfen sollen. (Zitat aus der «Bild am Sonntag» vom 28. 4. 74)

Motiv:

Ein Haus in Frankfurt, ein Garten. Parterre: Wohnzimmer, Küche, Eßzimmer, großer Flur mit Treppe in den ersten Stock: Schlafzimmer, Gästezimmer, Bad.

Im Haus in Frankfurt leben ein brutaler, rechtsradikaler Typ (Zuhälter), ein Glamourgirl (Modell), ein Schwuler, ein passiver Hippietyp (Drogen und Politszene) und eine ältere Frau (Unternehmerin).

Die Leute da haben Geld. Wie und wo sie herkommen, warum sie zusammen leben, erklärt sich von selbst. Jeder von ihnen trägt auf seine Weise die extremsten Sehnsüchte in sich, Sehnsüchte von der totalen Liebe. Liebe als einzigen Sinn des Lebens.

Diese Bedürfnisse jedoch, die sich abstrakt nicht voneinander zu unterscheiden scheinen, konkretisieren sich bei jedem anders: Momente des Glücks für den einen sind Momente des tiefsten Unglücks für den anderen. Diese unterschiedlichen Personen stehen im Gegensatz zueinander. Alle sind egozentrisch und ignorant, und doch akzeptiert jeder den anderen, weil jeder seine eigene Größe kennt und danach lebt.

In dem Haus in Frankfurt leben exzentrische Persönlichkeiten, die ihr Leben leben wollen. Es gibt zum Beispiel Abende in dem Haus, wo eine verbale Geilheit im Raum schwirrt, die ihre eigene Faszination hat, in allen nur erdenklichen Formen von Perversitäten.

Im Gegensatz dazu aber gibt es den starken Wunsch nach Liebe (die ich nicht zu beschreiben vermag), nach Zärtlichkeit, nach Menschlichkeit.

Oder wenn der eine vom Ficken redet (und es auch tut) und sich wie ein Sexomane gebärdet, dann steht dahinter womöglich eine sentimentale Sehnsucht nach Liebe, ganz romantisch und ganz kitschig. Ein anderer philosophiert romantisch-poetisch über die Liebe und will doch eigentlich nur ausdrükken, daß er gerne ficken möchte . . .

Der Zuhälter, das raffinierte Modell, die ältere Frau, der Schwule und der Rauschgiftsüchtige leben in einer utopischen Familie zusammen – sie führen ein «Innenleben» in scheinbarer Abgeschlossenheit zur Außenwelt:

Nicht das abgeschlossene Zusammenleben in dem Haus in Frankfurt ergibt die Spannung, die Auseinandersetzung, die wahnwitzige Theatralik, sondern die Konfrontation mit der Außenwelt, wie sie jeder in der Gruppe, unabhängig vom anderen, erfährt, wie jeder von ihnen «draußen» im Beruf, im Job, auf der Straße, in den Kneipen, in den Parks, beim Einkaufen usw. mit ihr zu tun hat. –

Da draußen in der Stadt findet die existentielle Auseinandersetzung statt, wird jeder mit seinen Nöten und Ängsten allein gelassen, da wird jeder mit Erlebnissen und Erfahrungen und Abenteuern in seine Wünsche und Hoffnungen und Träume getrieben: Hollywood – Glimmer – Glitzer. Sehnsüchte werden wach – Glamour-Vorstellungen werden in diese utopische Familie getragen, um sie dort auszuleben, in dem Haus voll Liebe.

Dieses Haus ist wirklich – im Frühling in Frankfurt am Main; das Haus voll Liebe ist voller Träume wie im Schlager und voller Sachlichkeit wie in einem Porno . . .

Realisierung:

Für die Entstehung des Drehbuchs brauche ich eine reale Situation.

Eine Gruppe von 5 Leuten, und zwar die Hauptdarsteller (keine Schauspieler, sondern Typen), sollen ihre eigenen Rollen möglichst am Drehort in einem Zeitraum von zwei Wochen ausarbeiten.

In einem konzentrierten Zusammenleben sollen aus theatralischen Film- und Videoproben Szenenfolge und improvisierte Dialoge entwickelt werden.

Durch meine Erfahrung mit Laien in zehn Spielfilmen sehe ich in dieser Arbeitsweise keine Schwierigkeiten.

In weiteren zwei Wochen sollen (ohne die Darsteller) technische und künstlerische Vorbereitungen getroffen werden (Dekoration, Kostüme, Kameraproben).

In den letzten Wochen sollte der endgültige Film zu realisieren sein (zwei Wochen innen, eine Woche außen).

Die konzentrierte Arbeitsatmosphäre eines zentralen Drehortes, hier der Villa, erleichtert Aufnahmen und Kosten erheblich.

Die Kameraarbeit würde ich gerne mit einem professionellen Kameramann teilen. Einerseits mache ich die Kamera meistens selber, möchte aber hier in einem Teil des Films selber gerne als Darsteller auftreten.

Frühling in Frankfurt am Main

(nicht realisiert)
Ein Handlungsballett von Rosa v. Praunheim und Hannes Eyber 1974.

Unternehmerin liebt Arbeiter – Arbeiter liebt Unternehmerin.
Aus Vorurteilen schmelzen Gefühle, die zu Vorurteilen erstarren

Mit dem Ballett wollen wir eine Geschichte erzählen – ganz einfach, ganz naiv, ganz trivial, ganz kitschig: Es ist eine Schlagergeschichte, eine Alltagsgeschichte, eine sentimentale Liebesgeschichte.

Heinz und Willi sind zwei Kiesgrubenarbeiter. Sie erfüllen in ihrem Verhalten das Klischee vom «rechtsradikalen» Arbeiter; sie sind brutal und männlich, sind gegen Schwule, obwohl selber latent schwul, sie interessieren sich nicht für Politik, sie wollen damit in Ruhe gelassen werden; sie sind gegen den Kommunismus und hassen ihre ausländischen Arbeitskollegen; Frauen sind für sie nur Sexmaschinen, die in die Küche gehören. Sie fühlen sich gedemütigt, weil sie in einem «Weiberladen» arbeiten müssen . . .

Diese Kiesgrube wird von Frauen geleitet. Susann führt die Geschäfte des Unternehmens. Sie wohnt in einer Luxusvilla mit ihrer Mutter, die aber die meiste Zeit des Jahres in ihrem Haus am Mittelmeer lebt; mit ihrem Bruder Marc, der von der Mutter sehr verwöhnt wurde, der schwul ist; mit ihrer Freundin Yvonne, mit der sie bisexuelle Liebe verbindet. Im Gegensatz zu den Arbeitern sind sie alle sehr aufgeklärt, sind progressiv, sind «links». Sie setzen sich für die Mitbestimmung ihrer Arbeiter ein, die davon aber nichts wissen wollen – sie kümmern sich also um die Emanzipation ihrer Arbeiter am Arbeitsplatz und versuchen, ihnen politisches Bewußtsein zu vermitteln. Sie betreiben das Ganze aber sehr kindlich (und wohl auch mehr aus der Langeweile ihrer Geborgen- und Sicherheit heraus) und spielen im Schutze ihres Geldes noch jene Hippie-Ideologie durch, die nur die leben können, die es sich eben «leisten» können, «lustig und links und frei» zu sein. Sie konsumieren Drogen und hören Undergroundmusik . . .

Heinz wettet mit Willi um einen Kasten Bier, daß er die Chefin mal richtig durchbumst, denn das kommunistische Geschwafel kommt nur daher, weil sie nicht gefickt wird, und dazu braucht sie natürlich einen richtigen Mann. Er bricht also nachts in die Villa ein – und es kommt nun alles ganz anders als geplant: Susann, die Chefin, verliebt sich in ihn, und er verliebt sich in Susann.

Und sie sind von ihren Gefühlen derart überrascht, daß sie sich in heimlicher Liebe verstricken, denn sie sind nicht fähig, sich ihre Gefühle füreinander zu gestehen. Sie können sie nicht einmal vor sich selber gestatten und nun schon gar nicht öffentlich bekennen. – Aber «verbotene» Liebe läßt sich eben nicht verheimlichen, denn nichts ist verräterischer hierbei als die Liebe selbst, und nun geht es los: Aus dem unschuldigen Spiel der Nacht wird blutiger Ernst – Himmel und Erde sind verrückt geworden. – Eine Unternehmerin und ein Arbeiter lieben sich . . .

Der schwule Marc meldet seine Ansprüche an: auch er ist von Heinz sehr angetan, von seiner krachenden Männlichkeit; er sieht nicht ein, warum er sich an dem Vergnügen der Schwester nicht beteiligen sollte. Und um den Drang seines Bluts zu befriedigen, seinen Gelüsten nachzugehen, droht er mit unfairen Mitteln, mit Erpressung.

Und Yvonne kann sich gar nicht mehr beruhigen, sie ist zu Tode gekränkt und eifersüchtig, denn sie liebt Susann und wird, um sich diese Liebe zu erfüllen, über Leichen gehen, sie ist von Susann besessen, ja, sie wird Heinz umbringen.

Und der Willi, der Arbeitskollege und Freund, ist über das gefühlvolle Verhalten von Heinz empört und unversöhnlich enttäuscht, denn so hatten sie nicht gewettet – jetzt geht er «ran», er knöpft sich erst mal den schwulen Marc vor und zeigt ihm, was Schwulsein heißt.

Marc hat aber – ängstlich, wie er nun einmal ist, nachdem er die verbotene Liebe der Schwester entdeckt hatte und selbst keine Möglichkeit sah, sich an dem «Körper»-Heinz zu beteiligen – die Mutter benachrichtigt, die hysterisch angerauscht kommt, gerade in dem Augenblick, als der Kampf seinem verhängnisvollen Höhepunkt zuwogt: Yvonne zieht mordend gegen Heinz, Marc weibischgemein gegen seine Schwester, indem er Yvonne unterstützt, Willi lüstern-unkontrolliert gegen Marc und seinen Freund Heinz; letzterer hat wiederum in seiner Position die Möglichkeit von Macht und deren Ausübung kennengelernt und gebärdet sich wie ein Eroberer im tiefsten Urwald. Er stellt sich über alle und will sie beherrschen, will jeden vor sich in die Knie zwingen, denn so viel hat er von der linken Polit-Aufklärung seiner «Ausbeuterin» gelernt, daß es doch nur darum geht, wer der Stärkere ist. Und er ist tierisch stark. Und in diesem Augenblick tritt die Mutter, ausgeruht und sonnengebräunt, eine «reife» Frau, in das Knäuel von Raserei, Wut und Intrigen.

Aber ein Blick von Heinz, der erschöpft in seiner Männerwucht zu ihr aufblickt, und sie wie hypnotisiert diesem Blick standhält. Und sie lächeln sich an und gehen ineinander auf und gehen aufeinander zu und vereinen sich in Liebe, wie sie nur unter Göttern möglich ist: Sie sind ein Paar, Mann und Frau, sie entdecken das Paradies wieder und stellen dessen Ordnung wieder her: Da ist kein Unterschied mehr zwischen Unternehmer und Arbeiter oder sonst wem: Heinz und die Mutter gehen voran, Willi und Marc, Yvonne und Susann, sie entdecken ihr Glück und die Erfüllung ihrer Liebe an- und ineinander, und sie lieben sich und leben in Glückseligkeit und Frieden miteinander: Heterosexuelle (Mutter, Heinz), Schwule (Willi, Marc), Lesbische (Susann, Yvonne), Unternehmer & Arbeiter.

Es ereignet sich in diesem Ende nicht einfach eine dramatische Konfrontation zwischen Arbeiter und Unternehmer, sondern aus dem äußerlichen Vorwand der beiden Gruppen, sich klassen- und standesgemäß voneinander abzugrenzen, ergeben sich emotionale Spannungen (enttäuschte Liebe, Eifersucht, Haß, Neid, Machtgier etc.), ein orgiastischer Kampf, in welchem jeder gegen jeden wütet – keiner bleibt verschont und keiner bleibt übrig. Erst mit Mord und Totschlag stellt sich Einigkeit und Gleichheit her, und hier beginnt die Utopie: Keine Klassen mehr, und Gefühle werden nicht mehr vorurteilig bestimmt, sie sind mitteilbar und lassen sich ausleben, so wie es sich alle wünschen und wie wir es in unseren Träumen erleben, denen wir ein Leben lang nachlaufen.

Mit diesem Ballett wollen wir ein Stück über Vorurteile ausstellen. Wir stellen sie positiv dar, und die Position der Betrachtung wird durch unsere eigenen Vorurteile bestimmt, in bezug auf Kunst, Kitsch, Kultur – auf Arbeiter, Unternehmer, Schwule, Minderheiten etc. etc. . . .

Vorurteile sind ein Gemisch aus Rationalem und Irrationalem.

Vorurteile setzen sich zusammen aus nichtgefühltem Gefühl und nichtgedachtem Gedanken.

Vorurteile sind realitätsbezogen, denn in ihnen spiegelt sich Wirklichkeit wider.

Politische Agitation stützt sich auf Vorurteile, indem sie sie nährt.

Vorurteile haben heißt voreingenommen sein gegen etwas, was man nicht kennt, vor dem es sich aber auf alle Fälle zu schützen gilt.

In Vorurteilen läßt sich der Grund sozialer Ungerechtigkeit ausdrücken.

Vorurteile vermitteln auch einen Moment von Zusammengehörigkeit.

Unsere Gesellschaft ist eine Vorurteilsgesellschaft; in der Regel werden (je nach politischer Marktlage) Vorurteile abgebaut, um neuen Raum zu schaffen.

Und je mehr wir uns in den Gefühlen einer enttäuschten Liebe verstricken, um so verwundbarer werden wir. Das einstige Gefühl von Liebe schlägt um in das Gefühl von Haß: wenn die Geliebte rote Haare hatte, dann gilt der Haß immer und ewig allen roten Haaren, nur den eigenen natürlich nicht.

In dem Ballett wollen wir Formen der Trivialkunst benutzen; denn da ist die überwältigende Menge von «Alltagskunst», von Kitsch, von Schlagern, von sogenanntem Geschmacklosen, vor deren Fülle es kein Entrinnen gibt und in denen Emotionen verdrängt und gleichzeitig wieder geschürt werden; die sich gebrauchen lassen wie der Holzschuh aus Holland als Lampensockel. Diese Trivialkunst funktioniert nur, wenn man sie gefühlsmäßig wahrnimmt, aber nicht, wenn man sie intellektuell konsumieren will – auf diese Weise versucht man, sich höchstens vor ihr zu schützen, was aber eben auch nicht immer gelingen will.

Trivialkunst wird von dem gebildeten Mittelstand im allgemeinen abgelehnt und scharf gegen die sogenannte ernste Kunst abgegrenzt, sie wird geleugnet und in der Regel nur heimlich konsumiert. – Diese Trivialkunst hat aber die größte Öffentlichkeit – sie scheint so nebensächlich und ungefährlich und bedarf scheinbar keiner Beachtung. Aber wie bei der Werbung dringt sie in uns ein, ohne daß wir es merken.

Wir wollen keine Parodie.

Trivialkunst vermittelt scheinbar Lebenshilfe, erzählt vom Glücklichsein und von dem Reichtum der Reichen, sie entfacht Hoffnungen und bremst wiederum übermäßige Erwartungen, und sie träumt Träume vor, die man selbst nicht zu träumen wagt.

Sie nährt Vorurteile und hat dabei auch gleichzeitig den Anspruch, menschlich und gerecht zu sein. Und sie bildet Realität ab, indem in ihr Realität entfremdet und entstellt glorifiziert wird, und sie gibt sich als wahr aus, indem sie ganz offensichtlich unwahr ist. In der Anwendung der Mittel werden wir uns also ganz auf die Formen dieser Trivialkunst berufen und sie zitieren, denn sie begeistert uns in ihrer Übertriebenheit, in ihrer Einfachheit und in ihrer Penetranz – ebenso wie uns das Ballett selbst als die übertriebenste theatralische Form begeistert, nämlich in der Übertriebenheit der Darstellung von trivialsten Inhalten.

Die Ballettmusik hierfür ist eine Art Collage aus Schlagermusiken, die von uns zusammengestellt und komponiert wird, aus: chinesischen, deutschen, DDR-, amerikanischen Schlagern – ganz sentimental und ganz masochistisch und ganz emotional und ganz kitschig. Nach dieser Musik soll getanzt und gespielt, gesprochen und gesungen werden. Wir stellen uns vor, daß jede neue szenische Situation durch einen Schlager überschrieben ist, der die Szene eindeutig, wie ein sentimentaler Kommentar, betitelt. Ebenso werden wir eine Opernpassage schreiben, nach der Vorlage von DDR-Kantaten, in der exaltierte Emotionen wie Liebe und Haß sich am besten szenisch vermitteln lassen.

Diese Opernpassagen (auch gesungen), wie überhaupt alle Musiken, die wir benutzen werden, sollen im Playback sein – ebenso werden wir einige Dialoge als Playback laufen lassen, zu denen getanzt und gespielt wird.

Die Texte orientieren sich ebenfalls an Schlagern, an der Art und Weise, wie im Schlager Sprache benutzt wird, und an der Schlagerdramaturgie, durch die unsere Geschichte ebenso einfach, sentimental und plakativ erzählt werden soll, ähnlich wie in den triefigen, kitschigen Liebes- und Schicksalsromanen aus den Illustrierten, denen immer ein sentimentaler, reißerischer Kommentar – fettgedruckt – vorausgeht.

Im Kontext zu dieser Musik und zu den Kitschroman-Texten stehen Bühnenbild und Kostüme; genauso kitschig, sentimental und theatralisch pervertiert, völlig künstlich und doch in sich funktionabel, wie es der Kitsch nun einmal ist, voller Glitzer und falschem Glanz, so wie wir uns als Kinder von dem übertriebenen Prunk und Kitsch des Theaters begeistern ließen und daran glaubten – wie heute an die Kitschpostkarten der Ferienparadiese.

Und die Tänzer und Darsteller spielen und tanzen, sprechen und singen dementsprechend überzogen, groß, dramatisch, plakativ, unpsychologisch, pathetisch, theatralisch, vermitteln und stellen Emotionen dar, völlig identifikativ . . .

Herbst in Hollywood 1974

Filmskript: Thema Hollywood von Rosa von Praunheim (nicht realisiert)

Der Film soll den Titel widerlegen. Es gibt keinen Herbst in Hollywood, nur ewigen kalifornischen Sommer.

Hollywood, das totgesagte, lebt, lebt intensiv in den Träumen und in der Wirklichkeit von neuen Produkten, TV-Serien, Plattenindustrie und Nostalgie.

Mich interessieren weder Dokumentation mit Zahlen, distanziert, kalt, mit scheinbar objektivem Anspruch, noch Interviews mit Stars oder historisch wichtigen Filmgrößen. Mich interessiert keine sozial engagierte Reportage, keine zynische Vorführung von Luxus à la Margot Dünser, auch keine Entzauberung von Hollywood – vielleicht sogar das Gegenteil.

Mich interessierten der Mythos, die Ideologie, die Träume, das Image, der Kitsch, die Religion Hollywoods aus der Sicht eines persönlich betroffenen Konsumenten, aus der Sicht eines naiven Kleinbürgers.

Mich interessiert ein Hollywood-Film, der den Mythos scheinbar bestätigt, ihm nachgeht und ihn immanent kritisiert, scheidet zwischen legitimen und reaktionären Träumen.

Hollywood subjektiv und privat.

Seine Auswirkungen im Leben und Denken auf den Konsumenten.

Sehnsüchte, die den kleinen Mann genauso betreffen wie den politisch «links» Denkenden, dessen Gefühlsleben ebenso stimuliert wird von Produkten dieser Stadt (Western, Mickymaus und Pop-Musik).

Mich erschreckt die verlogene rationale Sperre, die intellektuelle «Überlegenheit», die Hollywood als ordinär und gewöhnlich, unanständig, unkultiviert und unmenschlich einstuft und Brecht, Shakespeare und Stockhausen vorzieht.

Mich interessiert Hollywood aus der Sicht des Experimentalfilmers, des sogenannten Underground, auf der Suche nach dem Ursprungsland.

Der Underground, der einst aus Protest und Verehrung des Etablierten entstand und der schließlich das Original beeinflußt und belebt hat wie z. B. Andy Warhol, dessen Film «Hollywood» in Hollywood Kinopremiere hatte.

Mich interessiert Hollywood trivial und menschlich, und das läßt sich nicht wissenschaftlich mitteilen, sondern am Gewöhnlichen und Banalen.

Die Traumwelt Hollywoods entlarvt sich nicht, sondern sie übertrifft unser aller Vorstellungen. Glamour, Extreme, Künstlichkeit und Theatralik.

Die Wirklichkeit des Unwirklichen. Die Fassade ist größer, als wir glauben oder uns ausdenken können.

Die Wirklichkeit wird zum Alptraum.

Story:

Der Traum eines erfolglosen deutschen Schauspielers in der nüchternen linken Szene nach Glamour, Persönlichkeit, Starruhm, wie er ihn aus der Illustriertenpresse kennt.

Hollywood in Deutschland, Vorstellungen von Frankfurt aus.

Flug

Ankunft

Hotel

Eindrücke (endlose Highways, Supermärkte, Kinopaläste, Reklame),

er spricht Leute an – er wird angesprochen, er nimmt am Tourismus teil –

er lernt eine deutsche Reporterin kennen (Zeitschrift «Bravo») und verliebt sich in sie. Er erfährt alles über Hollywood.

Sie nimmt ihn zu Empfängen und Premieren mit.

Er fährt zurück nach Frankfurt.

Die Reaktion seiner Freunde.

Themen:

Die Themen liegen in Hollywood auf der Straße. Jeden Tag gibt es Parties, Empfänge, Pressegags, Ehrungen, Preisverleihungen, Kinopremieren, Dreharbeiten, Musikproduktionen und vor allen Dingen Skandale.

Elton John besucht Rodney Bingenheimers English Disco.

Christine Kaufmanns und Tony Curtis' Streit um die Kinder.

Prinz Charles besucht Hollywood-Studios.

Mick Jagger bei der Rocky Horror Show.

Eine Ehrung für James Cagney (alle Stars waren da).

John Lennon prügelt sich in einem Lokal.

Mich interessieren die Informationen meist nur aus zweiter Hand.

Freunde, die über Stars erzählen. Interviews mit Reportern wie Konstanze Regnier und Francis Schönberger, die exklusiv für «Bravo» und «Bunte Illustrierte» berichten.

Mich interessieren Reliquien (der selbstbemalte Briefkasten von Sammy Davis Junior auf der Home of the Stars Tour) und Spuren (die Putzfrau von Elvis).

Interviews mit Fans, Touristen, Außenseitern und Reportern.

Die Boulevards und Coffeeshops.

Der Alltag in Hollywood. – Hinter jedem Passanten könnte ein Star stecken. Hinter jedem grell geschminkten Gesicht eine ehemalige Hollywood-Schönheit.

In den Hotels sitzen die alten Frauen in schrillen Kleidern am TV und schauen alte Filme.

Die Werbung: die Katze, die wie ein Hollywood-Star lebt, in einer großen Villa mit Park, eigene

Luxuslimousine, die für Katzenfutter wirbt.

Sie soll entführt werden. Hinter diesem Gerücht steckt die Hundefutterbranche.

Hollywood: Amerikas Kultur.

Hollywood–Los Angeles: Kapital, Reichtum, Image, Erfolg, Repräsentation, Luxus (alle bewundern den Erfolgreichen).

Hollywood: Mythos und Legende.

Idole, Stars: (James Dean, Marilyn Monroe, Jane Mansfield), lebende Mythen: (Elvis, Mae West).

Kitsch: Der Dichter und Sänger Rod McKuen. Seine siebenmillionenmal in Supermärkten verkauften Gedichtsbände. Er singt sie einem riesigen, anonymen, masochistischen Publikum vor.

Straßen, Studios (Studio Tour).

Hollywood Boulevard,

Sunset Strip (Touristen, Dealer, Freaks, Bodybuilder, Statisten, Starlets),

Buchhandlungen (die größte Filmbuchhandlung der Welt),

Filmbilder
Plattenläden
Palmenstraßen, Villen
endlose Autobahnen
Badestrände
Filmschulen
Universitäten
Filmfestival (Filmex)
Underground in Hollywood
Souvenirläden
Friedhof (Forest Lawn)
Hollywood-Schilder.

Realisierung:

Zu Hollywood habe ich eine spezielle Beziehung.

Zum ersten Mal führten mich die Dreharbeiten zu «Leidenschaften» 1971 über Hollywood.

1972 arbeitete ich mit Werner Schroeter an seinem Film «Willow Springs» und hielt mich mehrere Monate in Hollywood auf. Wir nahmen Kontakt auf mit den Filmschulen, Universitäten, Filmfestivals (Filmex) und unzähligen Leuten, die an unserer experimentellen Arbeit Interesse hatten.

1973 war ich mit Hannes Eyber, meinem jetzigen Mitarbeiter (Autor und Schauspieler vom Theater am Turm) in Hollywood. Durch unsere Freundschaft zu den deutschen Korrespondentinnen Francis Schönberger und Konstanze Regnier stand uns Tür und Tor zu allen offiziellen und inoffiziellen Ereignissen der kommerziellen Filmwelt offen.

Der Film kann 45–90 Minuten lang werden, 16 mm Farbe, und nicht unter DM 60000 produziert werden.

Mitarbeiter und Darsteller der Rahmenhandlung: Hannes Eyber, Frankfurt.

Personelle und technische Hilfe, je nach Bedarf, in Hollywood.

Eigene 16-mm-Ton-und-Bild-Ausrüstung.

Die wirklichen Helden sind austauschbar

Ein Bericht von Rosa von Praunheim über die 25. Berliner Filmfestspiele und Rudolf Thomes Film «Tagebuch» 1975.

Filmfestspiele sind was Tolles und Aufregendes, speziell für Berlin, wo gesellschaftliche Ereignisse aus der Mode sind. Nicht so sehr die Filme, sondern die vielen Parties und Empfänge. Die heißen Sommernächte mit zickigen Männern und Frauen am kalten Buffet unter Palmen auf der Hiltonterrasse. Prominenz marschiert vorbei.

Meine Freundin Peggy von Schnottgenberg erzählte dem Innenminister Maihofer und Brigitte Horney von ihren Feigwarzen (griesartige Masse im Anusrohr), und Dickdärmchen vom «Arsenal» (sie hat diesen etwas unglücklich gewählten Künstlernamen inzwischen wieder abgelegt) bestätigt das Gesagte in volltrunkenem Zustand.

Regina Ziegler, Deutschlands erfolgreiche Jungproduzentin, die Caroline von Monaco so erschrekkend ähnlich sieht, charmiert auf erregende Weise zwischen den ideologischen Fronten. Helga Belach von der deutschen Kinomathek überrascht mit einer schicken Zweitfrisur, und die Fernsehjournalistin Brigitte Paechow-Feurich (die mit ihrem exotischen Aussehen zu den schönsten Frauen der Welt zählen könnte) kontaktet grazil im Dienste österreichischer Kultur.

Wolf Donner von der Wochenzeitschrift «Die Zeit» zeigt seine kräftigen Zähne in Form eines Lächelns und weigert sich, etwas über sein Privatleben preiszugeben, obwohl das Thema seit Bergman doch auch in gehobenen Kreisen «in» ist. Ob meine Vermutungen über ihn richtig sind, ist mir hier nicht gestattet preiszugeben.

Leider kam Gina Lollobrigida nicht zum Eröffnungsempfang, dafür traf ich sie aber am nächsten Morgen bei der Vernissage ihrer Fotoausstellung. Lebhaft erklärte sie ihre furchtbaren Fotos. Ein paar Tage später saß ich zufällig neben ihr im Cinema Princess, wo sie ihren ersten Film als Regisseurin, «Portrait of Fidel Castro», uraufführte. Der Film ist wahnsinnig.

Die ersten Bilder zeigen, wie sie im Glitzerkleid aufgeregt eine Treppe hinunterrast, das Telefon abhebt und sagt: «Wirklich, nein unglaublich, das ist ja unmöglich, kaum zu glauben. So schnell. Nein, das schaffe ich nicht, in zwei Tagen? – Nun gut, ja ich komme.» Dann sieht man sie in immer neuen knalligen T-Shirts und engen Hosen neben Fidel Castro im Jeep durch Zuckerrohrplantagen fahren, in Zigarrenfabriken und Kinderheimen haltmachen und in Castros Heim dicht neben ihm auf der

Couch sitzen. Die meiste Zeit sieht man Gina selbst in Großaufnahme, wie sie künstlich Fragen formuliert wie: «Sie sind das einzige Staatsoberhaupt der Welt, das unverheiratet ist. Haben Frauen in ihrem Leben überhaupt Platz?» Während Fidel live spricht und nichtssagend antwortet, hat sie sich später selbst synchronisiert und wirkt dadurch ungeheuer plastic.

Dann sieht man Gina, wieder zurück in ihrem Heim, wie sie Dias von Fidel projiziert. Eine Stimme fragt aus dem off, wie sie Fidel denn persönlich fand, und sie rast vor Begeisterung.

Mit ihrer Hilfe kann ich auch bei dem vorliegenden Projekt rechnen, das ich im Herbst dieses Jahres verwirklichen möchte.

Trotz allem scheinbar sozialen Engagement ist es ungeheuer pervers, wie eine kapitalistische Glamouröse eine Politik behandelt, die ihr als erster (und zu Recht) den Kopf abreißen würde.

Ähnlich schlimm und verlogen fand ich den letzten Film der Festspiele, der im Sonderprogramm des Forums gezeigt wurde: «Mutter Küsters Fahrt ins Himmelreich» von Rainer Werner Fassbinder, eine Parodie auf «Mutter Krausens Fahrt ins Glück», an sich schon eine seltsame Idee.

Das Publikum beschimpfte voll des Zorns den hilflos wirkenden Regisseur bei der anschließenden Diskussion, aber die professionellen Kritiker schienen insgeheim immer noch einen Geniestreich zu ahnen.

Fassbinder, dem ich seine Inhaltslosigkeit und politische Mißbrauchbarkeit übelnehme, den ich opportunistisch, spekulativ und kunstgewerblich finde, hat hier unter dem Motto «Alle Linken sind dumm» (er sprach das frank und frei auf der Diskussion aus mit dem beruhigenden Zusatz «das heißt aber nicht, daß ich die Rechten klüger finde») die sentimentale Geschichte einer Arbeitermutter, die von linken Gruppen mißbraucht wird, künstlich steril ins Bild gesetzt.

Ich nehme Fassbinder, ähnlich wie Gina Lollobrigida, sein persönliches Engagement nicht ab. Meiner Meinung nach rächt er sich für seine beim Frankfurter Theater am Turm gescheiterte linke Anbiederung. Um die Schwierigkeiten bei linken Gruppen zu untersuchen, hier der DKP und einer Terrorgruppe, muß man intelligenter sein, als Fassbinder sich in seinen Filmen gibt. Zu Recht ist sein Schwulenfilm «Faustrecht der Freiheit» ein Mißerfolg geworden. Wenn man Fassbinder privat kennt, muß man sich wundern, wie ein Film so verlogen, schicksalhaft, sentimental und problemlos werden konnte.

Aber wie konnte ich mich nur so aufregen, denn neben angenehmen Filmen wie «Familienglück» von Lüdke-Kratisch und «Lina Braake» von Bernd Sinkel, reizenden Filmstars wie Claudia Cardinale, Curd Jürgens und Kirk Douglas gab es vor allem die Garbo-Retrospektive, die Jung und Alt gleichermaßen Freude schenkte. Wenn die Garbo in «Helgas Fall und Aufstieg» in einer starren Einstellung unter Palmen im weißen Anzug mit einem Koffer sich hilfesuchend umschaut, dann ist das zum Verrücktwerden schön.

Und nun zum eigentlichen Grund meines Schreibens. Rudolf Thomes Film «Tagebuch», der in der «Zeit» so «verdonnert» wurde. Für mich ist er einer der besten Filme, die ich gesehen habe, und ich finde es wichtig, die Gründe, die für diesen sicher nicht leicht konsumierbaren Film sprechen, ausführlicher zu behandeln.

Eigentlich habe ich Thomes Filme nie gemocht. «Detektive», «Rote Sonne» und «Fremde Stadt» fand ich zu versnobt. Auch «Made in Germany und USA», der in seiner Machart dem «Tagebuch» ähnelt, mag ich nicht. Mich stört das, was den Film zum Erfolg gemacht hat, das Problem, was er behandelt. Er ist mir zu verkrampft intellektuell wie «Unterm Pflaster ist der Strand» von Helma Sanders, der mich angekotzt hat.

«Tagebuch» ist für mich ein dokumentarischer Film. Er benutzt lange Einstellungen und improvisierte Dialoge wie Andy Warhol, aber hat nichts von seinen exotischen Inhalten. Superstars, Sex und Drogen fehlen. Er hat weder Kunstanspruch noch den Zwang, politisch zu sein. Eigentlich ist es ein langweiliger Film mit durchschnittlichen Leuten. Die Story des Films interessiert mich nicht, und ich finde auch die Problematik von Beziehungen, hier am Beispiel von zwei Paaren, nicht erregend dargestellt.

Aber da fängt es für mich schon an. Das Gewöhnliche, Uninteressante, Richtungslose, Passive, Bedeutungslose, Zufällige, Gleichgültige, Tote wird zur penetranten Realität.

Eduard, Charlotte, Otto und Ottilie reden, rauchen, trinken Tee, fahren Auto, machen Spaziergänge an der Berliner Mauer, sagen nichts.

Ottilie fragt nach dem Klo.

Das Dramatischste vielleicht am Schluß des Films, wenn Eduard sagt, daß er gegen eine Palme gelaufen ist. Trotzdem erzählt der Film eine logische Geschichte in phantastischen Bildern, die immer ganz einfach sind (nie kunstgewerblich wie bei Fassbinder), in genau konstruierten, langen Einstellungen, ohne puristisch zu werden wie bei Straub.

Die Story des Films, angeregt durch Goethes «Wahlverwandtschaften», hat Gott sei Dank nichts mit Goethe zu tun. Schon eher was mit Shakespeares «Hamlet», dem Monolog «Sein oder nicht sein, das ist hier die Frage», den ich mit meinem geliebten Herrn Tannenbaum für das Max Reinhard-Seminar einstudierte (leider bestand er die Prüfung nicht). «Ob's edler im Gemüt, die Pfeil und Schleudern des wütenden Geschicks erdulden, oder sich waffnend gegen eine See von Plagen durch Widerstand sie enden . . .»

Thomes Figuren sind schicksalhaft tragische, mystische Figuren, gerade deshalb, weil sie so absolut undramatisch, leise, träge, unbedeutend und austauschbar sind.

Unbedeutende Helden, bekloppt und weggetreten, müde und schon fast tot wie wir alle, ohne daß wir es wahrhaben wollen.

Die Langsamkeit des Films, das Anonyme, die Widerspiegelung von Pausen sind das Klassische an dem Film. «Sterben, schlafen, nichts weiter, und zu wissen, daß ein Schlaf das Herzweh und die tausend Stöße endet . . . Sterben, schlafen, vielleicht auch träumen. Ja, da liegt's, was in dem Schlaf für Träume kommen mögen, wenn wir den Drang des Ird'schen abgeschüttelt. Das zwingt uns stillzustehn. Das ist die Rücksicht, die Elend läßt zu hohen Jahren kommen.»

Milieu, Kamera und Produktionsweise sind es, was mich am meisten an diesem Film interessiert.

Der Film spielt in Berlin, Kreuzberg, einem Arbeiterviertel, das in den 60er Jahren zum Ausgangspunkt einer besonderen Säufer- und Poetenkultur wurde. Zwischen Müllhalden, Ruinen, Hinterhöfen und der Berliner Mauer leben die Helden des Films in einer großen Fabriketage.

Ein letztes Stück Freiheit, abseits von der sterilen Behaglichkeit einer Bürgerwelt, und doch scheint sich auch hier nichts von dem realisieren zu können, von dem wir alle träumen. Wie nach einem Atomkrieg die giftigen Gase langsam auch in die letzten Verstecke dringen, so zerstört eine repressive moderne Welt auch die Psyche derer, die in ihrem naiven Traum an Selbstverwirklichung denken.

Die Personen in dem Film werden nicht besonders charakterisiert, und das freut mich. Es sind wirkliche Personen, und doch erscheinen sie fremd, weil sie nicht nach filmgewohnter Weise morden und ficken, kein Psychodrama entwickeln (bzw. nichts erfinden wie fast alle Literatur, die an ihrer Verlogenheit leidet, so schön es sein kann).

Natürlich sind Eduard und Otto richtige heterosexuelle Schweine, sture egozentrische, stinkende Männer, die im Grunde genommen mit Frauen nichts anfangen können. Abenteuer, Autos und körperliche Arbeit und vielleicht eins in die Fresse befriedigt sie. Die Frauen, obwohl hier nicht die Dümmsten, immer in dieser Scheißerwartungshaltung. Nur selten den Mut zu sich selbst und auch, wenn Charlotte sich zum Schluß befreit, weiß man, daß der nächste Schwanz ihr Leben ändern wird.

Aber das Befreiende an dem Film ist, daß sich hier niemand ausspielt. Alles bleibt im Ansatz stecken. Das macht den Film so quälend und spannend. (So wie wir in Wirklichkeit gelernt haben, mit angepaßten Gesten uns hinter unseren eigentlichen Bedürfnissen zu verstecken.)

Die Langsamkeit, die um so tragischer wirkt, je durchschnittlicher sie ist. Mir fällt nur ein Film ein, «Gewalt und Leidenschaft» von Visconti, der an die Qualität von Thomes Film heranreicht. Die wirklichen Helden sind austauschbar. Wirklichkeit ist Zufall und Verfall das eigentliche Leben.

Am Schluß des Films eisiges Schweigen. Eduard: «Why don't you talk, Ottilie?» – und später: «We must talk.»

Das alles in Schwarzweiß, kontrastreich, mit penetrantem Ton. Viel Verkehrslärm und das meiste in mühevollem Englisch, von Deutschen gesprochen.

Die Kamera auf den Sperrmüll gerichtet, tolle Nachtaufnahmen, lange Spaziergänge an der Mauer. Winter, Schnee und Regen.

Ein Blumentopf auf einer Holzkiste.

Ein langer Schwenk über Berlin und der endlose Gang von Eduard, der mühevoll einen Torfsack in ein Gewächshaus trägt.

In diesem Film entdeckte ich mehr Identität und Ehrlichkeit als in allen Arbeiterfilmen, die ich gesehen habe. Zugegeben, Thomes Film ist unmoralisch, weil er allzu privat ist, aber ich habe immer mehr das Gefühl, daß die die eigentlich schlechten Menschen sind, die so sehr das Gute wollen.

Ein unerträglich moralischer Film wie «John Glückstadt» von Ulf Miehe zum Beispiel, der mit seiner gemeinen spekulativen Glätte die mitleidige Geschichte eines armen Sträflings erzählt, läßt mich glauben, daß der eigentliche Verbrecher nicht die Gesellschaft, sondern der Autor ist.

Wer so unpersönlich und kritisch kommerziell ist, soll zu Recht mit einem Bundesfilmpreis bestraft werden.

So froh ich als Künstler auch sein werde, für meine nächsten Filme subventioniert zu werden, so sehr weiß ich aber auch, wie gefährlich es ist. Nicht umsonst ist ein so guter Film wie Thomes «Tagebuch» von seinen Produktionsbedingungen beeinflußt. Die Notwendigkeit des Films entstand nicht aus seiner Subventionierung, sondern aus echtem persönlichem Bezug, aus der gemeinsamen Arbeit mit den Darstellern, die hier ausnahmsweise einmal nicht Prostituierte der Staatstheater sind.

Eigeninitiative ist selten geworden im deutschen Kulturbetrieb.

Jeder wartet geruhsam auf seine Million für einen guten Film.

Glatte, trockene, unpersönliche, scheinobjektive Produkte sind nicht nur im Film das Ergebnis. Die deutsche Seele hatte schon immer Angst vor sich selbst und bejubelt das Akademische wie vor nicht allzu langer Zeit den Faschismus, der Sicherheit und Ordnung versprach und Gott sei Dank im Chaos endete.

Sex und Karriere oder die Memoiren der Rosa von Praunheim

Von Rosa von Praunheim (zur Zeit 103 St. Marks Place, c/o Sackeroff New York, N. Y. 10009 U.S.A.) Produktion: Kintopp, Andreas Kettelhack, Berlin. Teilweise in New York realisiert, noch kein Auftraggeber. 1975

«Sex und Karriere oder die Memoiren der Rosa von Praunheim» ist ein Projekt, das ich schon seit einigen Jahren verfolge.

Inzwischen hat sich sehr viel filmisches Material angesammelt, das sich hervorragend in meinen autobiographischen Film einfügen läßt. (Es gibt unzählige Memoirenliteratur, aber ich weiß von keinem autobiographischen Film – ein Novum in der Filmgeschichte?)

Angefangen bei den Doppel-8-Dokumenten meines Onkel Wilhelm, der mich in typischer Heimfilmmanier als Kleinkind, als kath. Meßdiener und zu Familienfesten aufnahm. Neben einigen Fernsehporträts haben Fritz und Elfie Mikesch in Amerika und Asien während der Dreharbeiten zu «Leidenschaften» einen sehr interessanten Film über mich gedreht.

In Hongkong schenkte mir der Jade Chanel das Material zu einem Filminterview mit mir. Werner Schroeter drehte seinen allerersten Film «Burlesk, pittoresk und grotesk» mit mir in der Hauptrolle.

Wieland Schultz-Keil filmte eine der aggressivsten Diskussionen nach einer Filmvorführung in New York von «Nicht der Homosexuelle ist pervers, sondern die Situation in der er lebt». (Das Material besitze ich.)

Hannes Eyber filmte mich über ein Jahr in Super-8 in den verschiedensten Szenen und Ländern (Hollywood, Spanien, Frankfurt).

Momentan filme ich mit dem Filmmacher Lloyd Williams in New York (16 mm). Er beobachtet mich mit der Kamera in allen möglichen Situationen (dokumentarisch und fiction). Begegnungen mit Grete Mosheim, Tennessee Williams, Tally Brown – meine große Geburtstagsfeier am 25. 11. 75, Chelsea Hotel, homosexuelle Subkultur, Puertoricaner, Theater und vieles andere, das sich in der kurz vor dem finanziellen Ruin bedrohten Stadt ereignet.

Im nächsten Jahr habe ich eine Filmretrospektive in verschiedenen Städten Amerikas. Ich plane sie mit meinem Kameramann und möchte daneben weiter an dem Filmprojekt arbeiten.

Trotzdem soll das bisher genannte Material nur einen geringen Teil des Filmprojekts darstellen. Mein Hauptanliegen ist, wie der Titel sagt, eine kritische Darstellung von Sex und Kulturbetrieb an meinem Beispiel, das heißt, eine Welt voller falschverstandener Liberalität und kommerzialisiertem Sex und einem Kulturbetrieb, der sich immer noch elitär gegen Künstler und Konsumenten richtet.

Die homosexuelle Subkultur, der ich notgedrungen sehr verhaftet bin und die ich in meinem Film «Nicht der Homosexuelle ist pervers, sondern die Situation in der er lebt» kritisiert habe, hat sich trotz der Liberalisierung nicht positiv verändert. Im Gegenteil, kommerzielle Interessen haben eine anonyme und unmenschliche Atmosphäre geschaffen, die sich gegen den einzelnen richtet und gegen die der einzelne so gut wie nichts unternehmen kann. Dieselben Erscheinungsformen haben sich auch auf den heterosexuellen Bereich übertragen. Die Rituale in den (in New York weitverbreiteten) Single Bars (Bars für Alleinstehende) sind erschreckend, und was sich erfolgreich in New York abspielt, wird auch bald bei uns eine große Rolle spielen.

Der größte Teil des Films soll in Berlin spielen, der Stadt, in der ich Anfang der 60er Jahre zum Künstler heranreifte und mit vielen unbürgerlichen Dingen zum ersten Mal in Berührung kam. Nachgestellte Szenen, wie mein Leben auf der Kunstschule, falsch verstandene Freiheiten und exotische Situationen mit Drogen und Sex.

Meine Versuche als Ballettänzer, Maler und Dichter. Meine Unruhe und Sucht nach immer Neuem. Meine reaktionäre politische Einstellung zur Zeit der Studentenrevolte. Die Hochzeit mit Carla Aulaulu, dem frühen Star meiner Filme, und meine Beziehung zu Frauen, besonders zu älteren Frauen wie Evelyn Künneke, die keine geringe Rolle in meinem Leben wie auch im Film über mein Leben spielt.

Mein Leben in Frankfurt am Main, der häßlichsten Stadt Deutschlands, die ich ob ihrer Realität schätze. Politische Diskussionen, Unterwelt und kapitalistische Zentren. Szenen mit meiner Mutter im 24. Stock in Berkersheim.

Meine Zukunft, vielleicht hier in Amerika, dem Land der sogenannten unbegrenzten Möglichkeiten, einem im Zerfall befindlichen Land, einer Rose, die Blatt für Blatt verliert? Ein neuer Anfang als Putzfrau oder als Star in Hollywood.

Amerika macht einem (mehr als Deutschland) klar, wo die Gegensätze pseudohuman verschleiert werden, wie unser System funktioniert.

Für mich war Erfolg immer etwas Totes und Stagnierendes. Das Publikum hat gelernt zu konsumieren, aber nicht teilzunehmen. Kreativität wird nur zu oft vom Künstler vorgeführt, fern vom Publikum, distanziert, unvital, akademisch und unpersönlich.

Mich interessiert es, Privatleben öffentlich zu machen, und ich kann nur hoffen, daß meinem Beispiel des autobiographischen Films bald viele folgen werden.

«Menschen im Hotel», Stadttheater Bochum, Programmzettel. Foto Eichhorn

Menschen im Hotel

von

Vicki Baum

Bearbeitung für Bochum: Rosa von Praunheim, Peter Schwab und Ensemble

Regie:	Rosa von Praunheim
Bühnenbild:	Dirk von Bodisco
Kostüme:	Lioba Winterhalder
Musik:	Erwin Bootz
Lieder für Frau Künneke:	„Slow Baby“ Text: Tamar Radzyner Musik: Charles Kalman „I'm young“ Text und Musik: Charles Kalman „Menschen im Hotel“ Charles Kalman
Musikcollagen:	Erwin Bootz und Rosa von Praunheim
Produktionsdramaturgie:	Peter Schwab
Regieassistenz:	Eva Niedermeiser und Christoph Eichhorn
Eva Garden	Evelyn Künneke
Christine Flamm	Ute Cremer
Otto Kringelein	Hartmut Warnecke
Baron von Gaigern	Rüdiger Kuhlbrodt
Generaldirektor Preysing	Hans-Joachim Millies
Dr. Otternschlag	Gotthard Kuppel
Susan	Jai Lybel
Zinnowitz	Wolfgang Hagemeister
Portier / Barmixer	Peter Schwab
Stubenmädchen/Putzfrau/ Steptänzer	Christoph Eichhorn
Chauffeur	Hans Fasser
Geigerin	Regine Schulte
Tanzpaar	Herr und Frau Porbeck Herr und Frau Jessen
Playback-Stimmen	Rosa von Praunheim, Marie-Luise Marjan, Wilhelm Steffens, Ernst Konarek, Sylvester Schmidt
Inspizient:	Gerd Beiderbeck
Souffleuse:	Traute Eichhorn
Technische Leitung:	Horst Gehringer
Beleuchtung:	Egon Jendrian und Hans Walkewicz
Kostümrealisierung:	Magdalena Jacke und Alois Bürger
Maske:	Bärbel Niederkrome und Baldo Pazzaglia
Ton:	Hans Schlensak und Jürgen Winner
Requisite:	Heinz Rautenberg und Walter Ludwig
Aufführungsrechte:	Verlag Felix Bloch Erben, Berlin

Wir danken den Firmen: Olympia-Werke für die Reiseschreibmaschine von Frau Cremer; der Firma Teldec für ihre Hilfe bei den Toncollagen.

Der 24. Stock

Buch, Kamera und Regie: Rosa von Praunheim
Produktion: Rosa von Praunheim Film
1975 Kurzfilmprämie des Innenministeriums
Realisation: Herbst 1976

Der Film soll im 24. Stock eines Hochhauses des Frankfurter Stadtteils Berkersheim spielen. Das Hochhaus ist Teil einer Neubausiedlung am Rande der Stadt (11 Hochhäuser mit über 4000 Menschen, Baujahr 1969, sozialer Wohnungsbau, Bauherr: Neue Heimat).

Die Idee zu diesem Film bekam ich durch meine Mutter, die von Praunheim nach Berkersheim in den 24. Stock eines der Hochhäuser zog und seitdem dort lebt. Durch längere Aufenthalte in ihrer Wohnung beschäftigte ich mich mit der Problematik der Menschen in dieser Siedlung, besonders am Beispiel unserer Etage. Ich machte viele Interviews, informierte mich über die dürftigen sozialen Einrichtungen, die hilflosen Versuche eines Bürgervereins (bzw. jetzt Mieterschutzvereins), mit Altenclubs usw. usw.

Ähnlich wie zum Beispiel bei Vicky Baums «Menschen im Hotel» (das ich am Bochumer Theater im Frühjahr inszeniere) finde ich es spannend, in einer Mischung aus Spiel und Dokumentation menschliche Schicksale vorzustellen, hier Menschen aus sechs Wohnungen, die kaum etwas miteinander verbindet, die wenig übereinander wissen und wissen wollen, die in einer Art von moderner Architektur wohnen, die Einsamkeit und Entfremdung begünstigt.

Aber nicht nur einseitige Kritik interessiert mich, sondern die Widersprüche. Besonders da, wo die echten persönlichen Bedürfnisse vom einzelnen gar nicht mehr erkannt werden, bzw. man glaubt, ja doch nichts ändern zu können.

Formal interessiert mich gerade ein Kurzspielfilm und keine längere spröde Dokumentation, weil man in einer kurzen präzisen Form, ähnlich wie in der Werbung, bedeutend nachhaltiger und spannender Realität, Kritik und Utopie darstellen kann. Mich interessiert ein Kaleidoskop von typischen Bildern.

Mit extremer Schnittweise und expressiven Bildern möchte ich Architektur und Menschen zusammenschneiden, ohne aber dabei die Identifikationsmöglichkeit aus dem Auge zu verlieren.

Szenenvorschläge (ungegliedert):

Totale der Hochhäuser, Bilder der Umgebung (amerikanische Kaserne, Hauptstraßen, Kreuzung, Busse und der kleine Bahnhof Bonames, Felder, Wiesen und der kleine Fluß Nidda).

Einkaufszentrum, Spielplätze.

Eingangshalle Hochhaus Nr. 3 (Briefkästen, Klingeln, Sprechanlage).

Szene Lift:
Es gibt drei Aufzüge, die mal schnell, mal langsam kommen, manchmal in fast jedem Stockwerk halten. Ein Fahrstuhl (Lastenfahrstuhl) ist groß genug zum Filmen.

Man sieht das Aufleuchten der Stockwerkanzeiger. Die Leute schauen stumm und verklemmt aneinander vorbei. Trotzdem ist der Fahrstuhl noch der kommunikativste Teil des Hauses. Hier schimpft man gemeinsam über den Dreck (Hundeurin, Spucke, klebrige Cola, angebrannter Kunststoff, Demontagen). Alte Leute, Behinderte, Junggesellen, kesse Mädchen, Besoffene, Mütter mit Wäsche usw. sprechen sich kurz an und gehen dann hektisch in alle Richtungen auseinander.

(Ein psychisch Gestörter sagt zu einer älteren Frau: «Warum schauen Sie mich so an, das können Sie mit jungen Männern machen, nicht mit mir.»)

Szene Flur:
Wie Leute nach Hause kommen, freundlich grüßen und schnell in ihren Wohnungen verschwinden, die sie fest verriegeln:

Der bellende kleine Hund des Hausmeisterehepaars, die nervenkranke, schwierige Frau Porabczil, der freundliche junge Polizist, die religiöse Frau Voll, die ostpreußische, zurückhaltende Witwe.

Szene Sonnenuntergänge:
Die Aussicht vom 24. Stock ist aufregend schön. Die eine Seite blickt auf die ganze Stadt Frankfurt, nachts mit Tausenden von Lichtern, abends die verschiedensten Sonnenuntergänge. Die andere Seite geht auf Felder, Wiesen und einen Fluß, der neben einer Bahnlinie friedlich daliegt. In der Nachbarschaft ein großes Militärcamp der U.S. Army.

(Kurze Aufnahmen über mehrere Tage, die die Veränderungen von Dunst, klarer Sicht, Gewitter und Stürmen, farbigen Wolken, Bränden und Feuerwerk dokumentieren.)

Szene Mieterporträts:
Die Mieter des 24. Stocks sind durch eine Glastür getrennt.

6 Wohnungen (2 Familien, 4 Alleinstehende sind von vier anderen – drei älteren alleinstehenden Frauen und einem Ehepaar – separiert). Primär möchte ich mich den ersten sechs widmen, die ich in Kurzporträts vorstellen möchte.

Man sieht den einen oder anderen in der halboffenen Tür. Man klatscht übereinander, beklagt sich oder lobt. Man sieht die Wohnungen und kurze Bilder aus dem Privatbereich:

Frau Voll, 59, alleinstehend und sehr religiös, hält Bibelstunden in ihrer Wohnung ab. In ihrer Freizeit singt sie gerne aus Operetten und Schlagern («Julischka» und «Mamatschi schenk mir ein Pferdchen»).

Der Hausmeister, Herr Krüsch

(45, freundlich, mit Frau und Tochter), berichtet über Notsituationen wie Feuer, Krieg, Fahrstuhl- und Heizungsschäden (ein Stock höher befindet sich die größte Dachölheizung Europas). Keiner der Mieter ist über Gefahrensituationen informiert.

Der junge, hilfsbereite Polizist arbeitet bei der berittenen Polizei in einem nahegelegenen Dorf. Neulich hat er seiner Nachbarin, die ihren Haustürschlüssel vergessen hatte, die Balkontür geöffnet, indem er angeseilt von einem zum anderen Balkon geklettert ist (Bilder der Aktion). Er trinkt gerne und liebt viel. Ist er bei der Geheimpolizei, wie man vermutet?

Frau Porabczil ist nervenkrank. Nach einem Unfall kämpft sie um eine Frührente. Sie ist streng katholisch und schwärmt für Herrn Barzel von der CDU. Die Hilfe von Frau Voll lehnt sie ab.

Familie Sallart lebt sehr zurückgezogen. Er arbeitet bei einem Gaswerk und vertritt den Hausmeister. Die Frau gilt als extrem sauber.

Frau Mirzwicki ist Witwe. Sie besucht das Grab ihres Mannes oft. Sie lebt streng nach Diät und lebt gerne zurückgezogen.

Details und Klatsch übereinander gibt es genug, aber kaum jemand hat Kontakt miteinander. Man schließt sich bewußt vom anderen ab.

Szene Gespräch:
Frau Voll und Frau Mirzwicki (60 und 70 Jahre alt) sind die einzigen Mieter, die näheren Kontakt haben. Man spricht über schlechte Einkaufsmöglichkeiten, ein fehlendes Café (es gibt nur einen Supermarkt in der Nähe, der Angebot und Preise diktiert, ein kleines Restaurant im Einkaufszentrum ist von den amerikanischen Soldaten okkupiert. Die meist alten Leute, die in den Hochhäusern wohnen, haben außer einem Altenclub, der selten tagt, keine Kommunikationsmöglichkeit.)

Man spricht über Schicksale im Haus (eine Frau im unteren Stockwerk redet die ganze Nacht mit sich selbst, ein Asozialer hat eine Matratze auf dem Balkon verbrannt). Frau Voll spricht von den einsamen und gehetzten Menschen. Selbst die jungen Ehepaare sind überlastet mit Arbeit nur für das Notwendigste. Viele Kinder sind sich selbst überlassen.

Die Menschen sind verschlossen, fürchten sich, jeder möchte mehr sein, als er ist, und behält seine Not für sich allein.

Frau Mirzwicki sieht die Dinge nicht so negativ. Sie lobt jeden Tag, den sie in ihrer modernen Wohnung sein darf, die große Küche, das große Bad. Sie meint, daß an der Einsamkeit doch jeder selbst Schuld sei. Sie persönlich lege sowieso nicht Wert auf Kontakt mit vielen. Im Flur und Fahrstuhl sei man immer freundlich zu ihr. Nur über den Dreck in Fluren und Lift beklagt sie sich.

Szene Balkon:
Frau Mirzwicki und Frau Korn

grüßen sich von Balkon zu Balkon. Der gehbehinderten Frau Horn bietet sie an, Eier mitzubringen, denn unten hält ein fliegender Eierhändler. Ansonsten kennt man sich nicht. In den sechs Jahren gab es einfach keine besondere Gelegenheit dazu.

Szene Verbesserungsvorschläge, Kritik und Utopie:
In einem Gespräch aller Mieter oder einer Mieterversammlung (oder einem Kommentar oder Statement) sollen einige Beispiele zur Sprache kommen, wie man besser bauen und wohnen könnte.

Hauptkritik ist der Schmutz und die Zerstörungswut (der Hausherr Neue Heimat reagiert schwerfällig. Eigeninitiative wird verlacht und nicht gefördert).

Kommunikation: Die Straßen sind tot, ohne Lebendigkeit wie früher. Alles ist leer, kalt und häßlich. Keine Kommunikationsetagen mit Pingpong, Waschräumen, Schach usw. Die Dächer und Keller der meisten Häuser sind ungenutzt. Hier könnten Spielplätze, Jugend- und Altenclubs entstehen.

Teure Mieten:
Soziale Wohnbaugenossenschaften legen ihre Gründe für Mieterhöhungen nicht offen auf den Tisch.

Wohnbedürfnisse:
Die Häuser werden nicht für bestimmte Leute gebaut, sondern standardisiert. In Schweden gibt es Büros, wo in Umsiedlungsfällen die Bewohner im voraus Wünsche anmelden können, wie ihre Wohnungen gebaut werden sollen.

Ein Kurzfilm kann ein Problem nur anschneiden, aber Bewußtsein und Bedürfnisse wecken.

Die Darsteller der Szenen sind die Bewohner selbst, in Ausnahmefällen Schauspieler.

Der 24. Stock

von Rosa von Praunheim
Kamera, Ton und Schnitt: Bert Schmidt, Rosa von Praunheim
Mitarbeit: Dorothe von Meding, Axel Bücheler
Im Auftrag des Hessischen Rundfunks 1977/78
Ein Film in 2 Teilen, zusammen 180 Minuten, 16 mm Farbe.

Einführung

In den 11 Hochhäusern am Frankfurter Berg wohnen ca. 3000 Menschen, davon, schätzt man, sind 700 Ältere. Die Siedlung entstand 1969 im Auftrag der Stadt und der Gesellschaft Neue Heimat. Sie liegt am Stadtrand, begrenzt von einer alten Siedlung ohne Infrastruktur, einem Bahndamm, der den Zugang zum Hildenfeld und der Nidda verwehrt, und einer großen amerikanischen Kaserne, einem weiteren Ghetto.

Die Mischstruktur der Bewohner im sozialen Wohnungsbau sind Aussiedler, Kinderreiche, junge Ehepaare, Beamte und Obdachlose, Ältere und Behinderte.

Frankfurt

Die Stadt Frankfurt ist bekannt für ihre skandalöse Stadtplanung. Die ehemals wunderschöne Kaiserstadt verwandelte sich nach dem Krieg in eine der häßlichsten Städte der Welt. Spekulanten kauften alte Häuser, ließen sie verwahrlosen und bauten häßliche Betonklötze ohne Rücksicht auf die Umgebung, und die Gesetzgebung der SPD-Regierung ließ das alles zu.

Die Studenten kämpften blutige, aber aussichtslose Schlachten. Die Profitsucht siegte. Im Vergleich dazu ließ man in London die wenigen Hochhäuser sprengen, einem schönen und menschlichen Stadtbild zuliebe. San Francisco schützt in seiner Gesetzgebung die alten Wohnviertel. Die Bürger haben ein großes Mitspracherecht. Nach 30 Jahren SPD-Herrschaft versucht nun die CDU ihr Glück. Sie wird genausowenig ändern. Alles bleibt beim alten. Die CDU war noch nie für ihre revolutionäre Politik bekannt. Anpassung und Stillhalten und wenig Veränderung zum Neuen sind ihr Programm, und der Bürger, der gelernt hat, sich an sein Unglück zu gewöhnen, honoriert diese Politik.

Ältere

Die Älteren leben am Frankfurter Berg in einem Ghetto. Sie sind abgeschnitten von der Innenstadt. Sie brauchen zum Teil Stunden, um in ihre alten Stadtviertel zu gelangen, sei es zum Einkaufen, zum alten Hausarzt oder um alte Freunde zu besuchen. In ihrem Wohnviertel sind sie gezwungen, einsam und isoliert in einer häßlichen Umgebung zu leben, denn neue Kontakte ergeben sich schwer, und das liegt nicht am einzelnen selbst, sondern an den Verhältnissen, die es besonders schwermachen. Das einzige, was Spaß macht, sind ihre praktischen, modernen Wohnungen, für die sie teuer bezahlen müssen. In den Hochhäusern am Frankfurter Berg wird man langsam verrückt, und nicht nur hier, denn Betonbunker dieser Art gibt es inzwischen auf der ganzen Welt in Ost und West.

Die Leute flüchten sich in die Einsamkeit, in religiösen Wahn oder schwere psychische Krankheiten. Sie haben Angst, und die Architektur verstärkt diese Angst. Nichts ist freundlich am Frankfurter Berg. Graue monotone Betonklötze. Davor ein ständiger Wind, wenig Bänke und kaum Grünanlagen. Der Weg zum nahegelegenen Fluß wird durch Bahngeleise unmöglich gemacht. Kein Café oder Restaurant, in das man sich gemütlich setzen kann. Ein Stehcafé und eine Trinkhalle sind der einzige Trost. Eine Kneipe wird okkupiert von jugendlichen Säufern und amerikanischen Soldaten. Kein Kommunikationsraum. Kein Platz, an dem man sich zwanglos und neutral treffen kann. Der kleine Altenclub der Schwester Eva im Zentrum ist nur durch eine lebensgefährliche Wendeltreppe zu benutzen und nur für eine begrenzte Personenanzahl möglich. Die Essensausgabe von der Stadt für die Älteren ist im Parterre, mit der Aufschrift am Eingang «Rattengift ausgelegt». Die Älteren dürfen nicht gemeinsam essen, jeder muß in seinen Käfig zurück.

Die Einkaufsmöglichkeiten sind katastrophal. Die Menschen im sozialen Wohnungsbau, die sowieso schon wenig verdienen, sind auf einen teuren Supermarkt angewiesen. Den größten Ärger aber macht den Bewohnern der ständige Dreck und die Beschädigungen. Die Neue Heimat läßt die Siedlung verwahrlosen, und sie sind mit ihrem Tun gesetzlich geschützt. Die Mieter schimpfen, aber resignieren, da sich nichts ändert. Die Jugendlichen werden aggressiv, aber ihre Wut richtet sich mehr gegen die Fahrstühle, Eingangsscheiben und Hauswände als gegen die Verantwortlichen, die Stadt und die Neue Heimat. Ein Jugendhaus, seit 7 Jahren versprochen, steht noch immer in den Sternen.

Die Verdichtung und Vermassung in den Hochhäusern macht den Älteren Angst. Man zieht sich zurück und identifiziert sich nicht mit seinem Wohnviertel. Alles ist unüberschaubar und anonym. Die zahllosen Nachbarn werden zu Feinden. Man wird verbittert und unfreundlich und distanziert, und es besteht keine Aussicht, daß sich irgend etwas in der Zukunft ändert.

Was ist zu tun. Die Siedlung abreißen, in die Luft sprengen und neue, kommunikative, freundliche Häuser statt dessen hinstellen. Das wäre sicher das beste, aber zu schön, um wahr zu sein. Was kann man aus der Siedlung machen.

Man spricht von Altstadtsanierung, niemand spricht von Neubausanierung, ein ebenso wichtiges Problem. Überall auf der ganzen Welt hat man diese scheußlichen Betonkästen hingestellt. Wie kann man sie verändern. Einmal die Architektur, zum andern die Lebensweise in ihnen verbessern.

Wir haben die Kraft, die Welt zu verändern. Wir sind nicht allein. Anpassung, Ordnung, Stillhalten wird von denen gepredigt, die mit uns machen, was sie wollen.

Die da oben sind schuld, nicht wir. Habt kein Vertrauen zu den Politikern. Sie machen nur leere Versprechungen. Wir müssen selbst aktiv werden. Auch die älteren Menschen haben die Kraft und besonders die Zeit, mitzuhelfen, die Welt zu verändern.

Warum bemalen wir nicht selbst unsere Häuser, unsere Balkons, unsere Eingänge. Warum verändern wir nicht selbst unsere Außenanlagen, pflanzen gemeinsam Bäume, stellen Bänke auf. Ältere und Junge gemeinsam schaffen einen kleinen Park, in dem man windgeschützt sitzen kann. Warum besetzen wir nicht ein oder zwei Wohnungen in jedem Haus; sie stehen uns zu; für die Älteren zum Bridge oder Schach, für die Jungen zum Tischtennis und Musikabend.

Warum gestalten wir nicht unsere trostlosen Flure, stellen Bänke auf, hängen Bilder an die Wand. Wir können die dunklen Eingangshallen verändern. Einer von uns, ein Rentner, kann sich als Portier ein paar Mark verdienen. Warum gestalten wir nicht die Dachgärten, bauen ein provisorisches Schwimmbecken, stellen Blumenbänke auf und Liegestühle.

Warum bauen wir nicht kleine Hütten auf dem freiliegenden Gelände in der Siedlung, schaffen Platz für Grill- und Skatabende, bauen Werkstätten zum Basteln, legen Flächen zum Federballspielen an.

Die Liste ist endlos fortzusetzen, und die Frage nach der Rechtmäßigkeit stellt sich. Die Polizei, das Ordnungsamt, tausend Gesetze, die es verhindern, daß wir menschlicher wohnen und leben dürfen. Wer gibt denen da oben das Recht, uns zu verbieten, was lebensnotwendig ist, was uns neben der anstrengenden Arbeit am Tag Freude macht und uns wichtige Erholung schafft. Wir müssen die verantwortlichen Politiker, die Mietergesellschaft Neue Heimat zwingen, von selbst machen die nichts.

Der Bürgerverein am Frankfurter Berg macht nicht viel für die Hochhaussiedlung; der Planungsdezernent der Stadt hat kein Geld, sagt er; der Sozialdezernent sieht die Dringlichkeit in anderen Stadtteilen. Die Neue Heimat schreibt höfliche Briefe, und der neue Oberbürgermeister lächelt dazu auf Empfängen, natürlich mit Sekt und guter Laune.

Warum resignieren wir, warum tut der Mieterbeirat nichts. Warum tun die Sozialarbeiter am

Frankfurter Berg, die für die Jugendlichen eingesetzt sind, so wenig. Warum tun die Kirchen nichts, außer Abhilfe im Notfall und einer Predigt zum Stillhalten und Glauben an das Glück nach dem Tode.

Können sich nicht die Alten und Jungen am Frankfurter Berg zusammenschließen und nicht nur über ihre Probleme reden. Aktivität macht Spaß. Veränderung ist aufregend. Unsere Ruhe haben wir lange genug gehabt.

Der 24. Stock

Underground and Emigrants

Im Auftrag des SFB, DAAD und Berliner Festwochen

Mich interessiert mit diesem Film eine eigenwillige Dokumentation der kulturellen Szene der Stadt New York City.

An Hand einer Porträtserie, die die führenden Vertreter vom Underground (Strömung seit Anfang der 60er Jahre, ich möchte mich besonders auf Film und Theater beziehen) vorstellen soll, in Gegenüberstellung mit älteren Künstlern, Emigranten, heute meist über 70, die aus Europa (mich interessieren die deutschen Emigranten) vor dem Krieg in diese Stadt gekommen sind und hier versucht haben, künstlerisch tätig zu sein.

Seit vielen Jahren bin ich Gast in dieser Stadt und habe an dem kulturellen Leben lebhaft Anteil genommen, bzw. war und bin Teil davon.

Seit drei Monaten lebe ich hier und bereite eine Retro meiner Filme vor, drehe einen Film und arbeite an einer Theaterinszenierung.

Mich interessiert keine übliche Dokumentation, wie wir sie von vielen Dritten Programmen kennen (journalistisch oberflächlich, distanziert, zynisch und unpersönlich), sondern mein persönlicher Bezug und meine subjektive Haltung, die sicher nicht unkritisch ist. Wie ein Maler Porträts malt, so kann man auch filmisch durch eine eigene konzentrierte Form, die fast immer bei Fernseharbeiten vernachlässigt wird, Information vermitteln.

Die Zeit des Underground ist vorbei. Wenige sind berühmt geworden (Andy Warhol), andere Legenden (Jack Smith, Gregory Markopoulos, Kuchar brothers, John Vacaro, Charles Ludlam, Joe Chaikin, Jackie Curtis, Candy Darling, Tally Brown, La Mamma usw.).

Underground (Theater und Film) war eine Parodie des Kommerziellen, das sich im Laufe der Zeit an ihm bereichert hat. Es hat ihn schließlich aufgesaugt und verflacht. Einiges hat überlebt und wird Teil von etwas Neuem sein, das sich unauffällig irgendwo vorbereitet, um plötzlich aufzutauchen und uns alle zu überraschen.

Ich möchte mit Kamera und Tonband, zusammen mit meinem Mitarbeiter Lloyd Williams (einem wichtigen New Yorker Filmemacher, mit dem ich momentan zusammenarbeite), losziehen und diese wahnsinnigen Typen filmen.

Den Film von ca. 60 Minuten drehe ich in 16 mm, Farbe. Die Produktionskosten schätze ich auf DM 50000, zur Hälfte Filmmaterial und Bearbeitung, technische Ausrüstung.

Zur anderen Hälfte Honorare für Regie und Mitarbeiter, Drehgenehmigungen, Flüge, Unterkunft, Lebenshaltungskosten, Spesen.

Die Drehzeit wird zwei bis drei Monate dauern, da ich interessiert bin, den Film vernünftig zu machen und nicht runterzuhauen.

Die Produktion liegt in den Händen der Rosa von Praunheim Film.

Falls die Produktion nicht voll zu finanzieren ist (Fernsehen, Berliner Festwochen usw.), ist es möglich, daß ich mit eigenem Risiko einsteige. In der Hoffnung auf späteren Verkauf.

Herzlichst

(Rosa von Praunheim, New York)
13. 12. 75

Realisation:
Die Dreharbeiten zu diesem Film waren die hektischsten meines jungen Lebens. In der Wahnsinnsstadt New York raste ich mit meiner 16-mm-Beaulieu-Kamera und einem winzigen Sony-Kassettenrecorder herum und porträtierte Film- und Theaterleute der experimentellen Szene, die ich teilweise seit 5 Jahren kenne und von der ich in meiner Arbeit stark beeinflußt bin. Es gibt zeitweise 150 Off-off-Broadway-Theater, die mit wenig oder ohne Geld Theater machen. Unvorstellbar für uns, was da an Talenten rumläuft, die sich auf keinen Erfolgen ausruhen können, sondern in jeder Produktion neu bestätigt werden müssen. Für mich ist die Spontaneität und Vitalität ausschlaggebend, die Phantasie der Schauspieler, die es bei uns nicht mehr gibt. Wenn man in New York kreativ arbeiten will, muß man ungeheuer besessen sein, es gibt keinen beamteten Schoß, in dem man sich ausruhen kann. Es ist faszinierend, mit wie wenig Mitteln und unter welch primitiven Umständen man Theater und Kunst machen kann, Kunst, die Spaß macht.

Mein Film soll eine Alternative zum langweiligen deutschen Kulturbetrieb zeigen, mit mir selbst als rotem Faden, die private und subjektive Sicht eines unglücklichen deutschen Künstlers, der all die tollen Leute trifft und der sich einbildet, daß es möglich ist, anstatt von zu Hause wegzurennen, bei sich im eigenen Land etwas produktiv zu verändern.

"Underground and Emigrants"

Film von Rosa von Praunheim, 16 mm, Farbe 90 Min.

Gedreht 1976 in New York City

Kamera: Edvard Lieber, Lloyd Williams, Scott Sorenson
Rosa von Praunheim

Mitarbeit: Alice Carey

Unter Mitwirkung von:

Greta Keller
Ron Mullen
W.S. Burroughs
Fred Neumann
Charles Ludlam
Nr. World (Tony Carrol)
Mario Montez
Mary Boylen
Brenda Bergman
Bobby
Harvey Firestein
Taylor Mead
Cindy Doll
Slugger Anne
Alice Carey
Chinese Theatre Group
Nelly Vivas
Bob Wilson
Al Carmine
Elsie Bordon
Cherry Vanilla
Brenda Mitchell
Leslie Edgar
Stewart Sherman
Yvonne Rainer
The Family
Danny Partridge
Tom Eyen
Lil Picard
Diana Vreeland

Wolfgang Nepmeyer
Etmar Kline
Belle Star
Lee Breuer
John Vacaro
Lutze
Paul Venase
Gabi Larifari
Tally Brown
Alexis de Largo
Harvey Tavel
Minette
Jackie Curtis
Holly Woodlawn
Ellen Stewart
Fernando Arrabal
Grete Mosheim
David Woodberry
Lee Gilliot
Stephen Holt
Cyril Cyprian
Craig Hoke
Jessica James
Shusaku Arakawa
Lawrence Weiner
Steve Friedman
Jack Smith
Divine
Andy Warhol
Rosa von Praunheim

Ich bin nach New York gefahren aus Wut auf den sterilen deutschen Kulturbetrieb, der akademisch, steif und unvital ist.
Beamtetes Theater ohne Risiko. Die Schauspieler ohne Persönlichkeit und Identität mit einer falschen Ausbildung und voller Angst privat zu sein.
Marionetten verklemmter Theoretiker.
Freie Gruppen gibt es kaum. Das totsubventionierte Kultursystem und der mittelständisch behäbige Status der Deutschen verhindern es und es ist kein Ende abzusehen. Wir fühlen uns wohl, wir nehmen es hin und rechtfertigen diese beschissene Situation, denn die, die auf dem subventionierten Thron sitzen, haben kein Interesse es zu ändern. Sie sind unfähig, arrogant und spießig, ohne Fantasie, unerotisch und unendlich feige.

In New York sind die Theater finanziell schlechter dran. Viele Schauspieler müssen auf den Strich gehen oder mit Drogen handeln, aber sie lieben ihren Beruf, sie können ohne kreativ zu sein nicht leben. Unter dem Druck der großen kommerziellen Broadwaytheater mit ihren meist dämlichen Musicals, den Schwierigkeiten der Künstlergewerkschaft, die nur Theaterproduktionen mit unendlich viel Geld möglich macht, ist Anfang der 60er Jahre eine Gegenbewegung entstanden, das off off Broadway theatre, ein armes Theater in Kellern, Fabriken, Kneipen und auf der Straße. Ein verrücktes, poetisches, expressives, sinnliches Theater voller Glamour, Vitalität und Spaß. Inzwischen gibt es bis zu 150 von diesen Theatern in New York City. Die meisten Theaterleute sind schwul, Schwule, die durch ihre Unterdrückung mehr als andere an Sensibilität und Fantasie entwickelt haben, die der Kunst in allen Sparten zu Gute kommt und Schwule, die Glitzer, Transvestiten und alte Showstars lieben.

Mein Film hat u.a. Kratzer, dicke Laufschrammen, starke Über- und Unterbelichtungen, Lichteinfälle. Er ist sehr oft asynchron und ich bin stolz darauf, denn Film braucht nicht immer totes steriles Material zu sein, sondern kann genauso lebendig sein wie wir selbst.

Herzlichst

Rosa von Praunheim

Biographische Notizen der Evelyn Künneke

1. Entdeckung

1940 wurde Evelyn als Sängerin von Michael Jary in der Ciro-Bar in Berlin entdeckt. Bis dahin nannte sie sich Evelyn King und war eine bekannte Stepptänzerin, die in Varietés auftrat. Ihr Vater war der berühmte Operettenkomponist Eduard Künneke («Vetter aus Dingsda»), die Mutter Opernsängerin.

2. Nazizeit

«Sing, Nachtigall, sing»
Ihr berühmtestes Lied von Michael Jary wurde sechsmillionenmal verkauft, aber sie bekam nur etwa 150 Reichsmark dafür, da sie eine Anfängerin war. Evelyn trat in vielen Wehrmachtsveranstaltungen auf, drehte in Budapest ihren ersten Film («Karneval der Liebe») und hatte kurz vor Kriegsende ihre größten Erfolge in Holland, wo sie wegen des Satzes «Wenn ihr noch lange so weiterkämpft, werden die Russen ganz Deutschland überrollen» in Deutschland zum Tode verurteilt und erst wieder entlassen wurde, als man sie brauchte, um am Kampfsender Ella Fitzgerald zu kopieren.

3. 50er Jahre

«Allerdings, sprach die Sphinx, rück das Dings mehr nach links»
Evelyn machte unzählige Plattenaufnahmen, trat in vielen Revuefilmen auf («Die dritte von rechts» und «Meine Frau macht Musik») und machte die berühmten Hofertourneen durch das ganze Land, mit vielen Stars wie Vico Torriani, Bully Buhlan, Peter Alexander, Bibi Johns, Angèle Durand, Caterina Valente und Zarah Leander. Ihre Lieder: «Mäcky Boogy», «Egon» und «Winke Winke» wurden goldene Schallplatten. Sie war ein Star und benahm sich auch so. Intrigen und Skandale wie ihre sechste Nasenoperation machten sie fast noch bekannter als ihre Lieder.

4. Liebhaber

«Haben Sie schon mal im Dunkeln geküßt»
Mit zwölf wurde Evelyn versehentlich beim Ballett entjungfert, mit dreizehn vergewaltigt. Mit 15 bekam sie ein Kind von einem amerikanischen Juden.

Die Macht ihres Busens hielt SS-Leute fern von ihrer jüdischen Großmutter. Nach dem Krieg vergewaltigten sie einige Russen ob des kleineren Übels. Sie schlief

Evelyn Künneke. Foto Till Leeser

nach eigener Aussage mit allen Regisseuren und Kameraleuten.

Ihr Vamp- und Sex-Image sind für sie immer noch ein starkes, persönliches Ausdrucksmittel, die sie wie Mae West bis ins hohe Alter erhalten wissen möchte.

5. Einsamkeit

«Egon, ach Egon, ich hab ja nur aus Liebe zu dir . . .»
Ende der 50er Jahre begann der Ruhm der Evelyn Künneke zu verblassen. Ein «Stern»-Artikel (1961) ruinierte sie psychisch und ein «Morgenpost»-Artikel «Sie trank mehr, als sie sang» beruflich.

Sie galt als unzuverlässig, und man sagte ihr: «Du bist zu alt zum Singen.» Sie versuchte es mit Chansons, eröffnete ohne Erfolg ein eigenes Lokal. Sie heiratete. Eine Haushälterin brachte sie mittels Drogen in die Nervenklinik und bestahl sie.

Sie hatte unglückliche Liebschaften und spielte in Sexfilmen.

Sie fing an zu malen und steht jetzt (1974) vor einer neuen Karriere als Schauspielerin und Sängerin.

Ihr Wahlspruch: Wenn ich keinen Erfolg mehr im Beruf und in der Liebe habe, bringe ich mich um.

Die skandalöse Lebensgeschichte der Evelyn Künneke

Angebot:

Mit der Lebensgeschichte der Evelyn Künneke beschäftige ich mich seit 1½ Jahren. In ihrer alten Berliner Wohnung, in der seit 40 Jahren kaum etwas verändert ist, stöberte ich in Hunderten von alten Fotos, Zeitungsausschnitten, Platten und Tonbändern herum.

Ich sah mir Filmausschnitte aus ihren alten Revuefilmen an, und ich las ihre Memoiren, die sie Anfang der siebziger Jahre verfaßt hatte und an die sich bis jetzt noch kein Verlag herantraute. Ich machte mit ihr Tonbandinterviews, die schriftlich vorliegen, und wir arbeiteten gemeinsam an der Konzeption eines Theaterstücks über ihr Leben, das im Theater am Turm unter dem Titel «Die mitbestimmte Operette» als Gegenstück zu einem kulturpolitischen Teil geplant war. (Die Sache scheiterte dann durch die Auswirkungen eines Intendantenwechsels und wurde durch eine Drei-Tage-Show ersetzt.) Zu diesem Zweck wurde in einem Berliner Studio ein Playbackband hergestellt mit acht von ihren Schlagern, die jeweils einen bestimmten Zeitabschnitt, mit einer Rahmenhandlung versehen, repräsentieren sollten.

Evelyn ist exhibitionistisch, exzentrisch, egozentrisch, trivial, hemmungslos und so weiter. Sie repräsentiert die Brutalität und Verlogenheit der kommerziellen Unterhaltungsindustrie unverschleiert und direkt. Sie wollte und will Karriere um jeden Preis. Sie hat das getan und bestätigt, was sich Klein Fritzchen unter einem Star vorstellt. Wettbewerb, Intrigen, Skandale, Sexobjekt und Image haben sie geprägt, und das hat sie bis heute verinnerlicht. Das alles ist für eine Selbstdarstellung wie geschaffen, meine ich. Sie gibt Auskunft über die Blütezeit der Unterhaltungsindustrie der 40er und 50er Jahre, Starruhm, Traumwelt und Kommerzbereich. Vielleicht noch interessanter stellt sich ihre Situation als Frau dar. Geprägt durch Vampimage und berufliches Durchsetzungsvermögen, ist sie doch nicht ihrer konventionellen Frauenrolle entronnen. Die Klischees vom Weibchen und «sympathischer Schlange», wie es ein Zeitungsbericht ausdrückte, erfüllt sie voll. Auch wenn sie versucht hat, die Männer zum Objekt zu machen, und vorgibt, 3650 Liebhaber gehabt zu haben, so will sie doch erobert werden. Den Verzicht auf eine bürgerliche Ehe und die Bewunderung von Schwulen hat sie nicht verkraftet. Den reaktionären Illusionen und Idealen, denen sie erliegt, das aufzuzeigen zeigt mehr

Realität, an die sich Kritik und Bewußtsein knüpfen kan als eine emanzipierte Protestsängerin, die sicher genauso ein Klischee ist.

Den Film «Die skandalöse Lebensgeschichte der Evelyn Künneke» stelle ich mir in Form einer Show vor, die hauptsächlich in der Berliner Wohnung der Evelyn Künneke gedreht werden kann. Anhand von acht berühmten Schlagern der Evelyn Künneke soll sich eine improvisierte Rahmenhandlung entwickeln, Szenen aus ihrem Leben und Stationen aus ihrer Karriere. Die Darsteller sind Freunde und Kollegen aus ihrem jetzigen Bekanntenkreis. Alles soll bewußt Spiel sein, historische Echtheit ist verpönt. Aus Gesprächen, Parties, zufälligem Besuch oder Erinnerungen werden spontane Situationen aus Evelyns Leben nachgestellt.

Ein junger Transvestit kann Zarah Leander sein, mit der sich Evelyn um die Gunst Michael Jarys einst prügelte. Mr. Frankfurt, ein Bodybuilder, mit dem sie in der Frankfurter Show auftrat, spielt gerne einen ihrer vielen Liebhaber. Die dicke Frau Zarski, eine Wahrsagerin und Kartenlegerin, schaut sowieso einmal wöchentlich vorbei. Dietmar Kracht aus meinem Film «Die Bettwurst» wohnt schon seit längerem bei Evelyn. Mit ihm ergeben sich spontan die unfreiwillig komischsten Situationen.

Da Evelyn ständig bei sich beruflich oder privat die gesamte Berliner Presse zu Gast hat, läßt sich immer schnell eine Pressekonferenz ablichten. Als hochbegabten Darsteller eines der vielen Showregisseure von Evelyn stelle ich mir Günther Hassert vor. An Prominenz würde ich gern zu einem sentimentalen Gespräch Trude Herr und Gisela Schlüter bei Evelyn versammelt wissen.

Diese szenischen Darstellungen sollen Einschübe zu Gesprächen oder Interviews der Evelyn Künneke mit Rosa von Praunheim als seriösem Gesprächspartner sein, aber nichtsdestoweniger in aufgelockerter und privater Atmosphäre. Evelyn erzählt bei Wein oder Schnaps aus ihrem aufregenden Leben, und zwar jeweils zum Stichwort und Zeitabschnitt des jeweils ausgewählten Schlagers.

Filmausschnitte aus einigen ihrer Filme. Zum Beispiel den Stepptanz aus «Karneval der Liebe» (Archiv: Helmut Arlt, Berlin) usw. Kommentare oder Zwischentexte von Rosa von Praunheim, die die spezielle Geschichte von Evelyn Künneke verallgemeinern sollen. Analyse des Show- und Kulturbetriebes, Star und Illustriertenpresse, Situation der Frau usw.

Evelyn Künneke

Evelyn Künneke und Rosa von Praunheim bei der Einäscherung von Dietmar Kracht, Juli 1976. Foto Ottinger

Am 3. Juli 1976 starb Dietmar Kracht, der Hauptdarsteller meiner wichtigsten Filme «Die Bettwurst» und «Berliner Bettwurst» im Alter von 35 Jahren.

Er ertrank um 1 Uhr früh bei einer Party im Grunewaldsee, nachdem er eine ganze Flasche Whisky ausgetrunken hatte.

Sein Leben und seine Kunst waren extrem. Er steht als Beispiel für viele, denen unsere Gesellschaft keine Chance läßt.

Durch seine Filme hat er sich unsterblich gemacht.

Dietmar hat einmal ein Lied geschrieben, das Chanson seines Lebens: «Die Straße ohne Ende».

Die Straße ohne Ende ist das Ziel für mich.
Ich wandre durch die Straßen ohne Ziel ohne Ende und die Neonlichter blenden mich
darum wandre ich durch das Dunkel
ohne Ziel ohne Ende
und denke: Ach ja, wie war es damals mit Pierre,
wir lernten uns irgendwo in einer Kneipe kennen,
ich sah ihn, er sah mich, wir gingen irgendwohin in ein Stundenhotel:
Das Zimmer war schmutzig, grau und leer, doch das kümmert mich kaum,
denn wir liebten uns sehr, wir liebten uns tagelang, nächtelang –
bis sie eines Morgens kam – ich weiß noch ganz genau –
es war 4 Uhr morgens sie kam und nahm ihn mir.

Grausam sehr – Ich dachte sie rissen ein Stück Fleisch von mir
darum muß ich wandern durch das Dunkel ohne Ziel ohne Ende und singe

die Straße ohne Ende ist das Ziel für mich.

Ich wandere durch die Straßen ohne Ziel ohne Ende
und wandere durch das Dunkel ohne Ziel und ohne Ende
bis eines Tages die Nacht mich aus dem Leben nahm.

Ich bin ein Antistar. Das skandalöse Leben der Evelyn Künneke

Produktion: Rosa von Praunheim im Auftrag des WDR
Produktionskosten: ca. DM 40 000
Redaktion: Joachim von Mengershausen
Buch: Rosa von Praunheim
Kamera: Edvard Lieber
Schnitt: Gigi Hummel
Licht: Eckehard Heinrich
Musik: «Antistar», «Sing Nachtigall sing», «Karneval der Liebe», «Stewardess», «Surabaja Johnny», «Kikilala Hawai», «Ich bin wieder da», «Als der Hergott Mai gemacht», «So lang noch die Hose am Kronleuchter», «Bei mir bist Du schön», «Allerdings, sprach die Sphinx», «Ich bin nur ein armer Wandergesell», «Menschen im Hotel», «I am Young», «Ich bin ein rosa Elefant», gesungen von Evelyn Künneke; «Die Girls von Little Rock», gesungen von Evelyn Künneke und Angèle Durand; «Haben Sie schon mal im Dunkeln geküßt», gesungen von Evelyn Künneke und Dietmar Kracht; «Ich kann ganz ohne Menschen sein», gesungen von Christina Kracht; Klavierkonzert Nr. 2 von Eduard Künneke, gespielt von Edvard Lieber
Darsteller: Evelyn Künneke, Angèle Durand, Christina Kracht, Nicolai Rhein, Hilda, Dietmar Kracht, Dieter Hatje, Jürgen Hartmann, Luminitia, Martin Jason, Rainer Beckmann, Maurus Pacher, Walter Haas
Sprecher: Rosa von Praunheim
Format: 16 mm Farbe
Originallänge: 81 Min.
Gedreht in Berlin und Emmerich, Sommer 1976
Uraufführung: 5. 12. 1976, Kommunales Kino Frankfurt/M.; 2. 7. 1977, Internationales Forum des jungen Films Berlin
Fernsehausstrahlung: WDR III, 28. 5. 1977
Verleih: Filmwelt
Ausschnitte aus folgenden Filmen/Theaterinszenierung wurden verwendet: «Karneval der Liebe», 1942, Regie: Paul Martin; «Axel von Auersperg, Rosa von Praunheim zeigt: Stewardess» (Fernsehshow); «Menschen im Hotel» (Theater)

Armee der Liebenden oder Aufstand der Perversen

Dokumentarfilm über die Homosexuellenbewegung in den USA
Produktion, Buch, Regie und Schnitt: Rosa von Praunheim
Mitarbeit: Mike Shephard
Kamera: Rosa von Praunheim, Ben van Meter, Michael Oblowitz, John Rome, Werner Schroeter, Bob Schub, Nikolai Ursin, Juliana Wang, Lloyd Williams
Format: 16 mm Farbe
Länge: 107 Min.
Gedreht von 1972 bis 1979 mit Mitteln des WDR
Uraufführung: Filmex Los Angeles, 12. 3. 1979
Fernsehausstrahlung: WDR III, 14. 8. 1979
Verleih: Filmwelt (engl. Fassung: Exportfilm)

Filmprogrammtext 1979:

«Armee der Liebenden oder Aufstand der Perversen» ist eine 7jährige Arbeit (1972–79) über die amerikanische Homosexuellenbe-

Zweiter New Yorker Schwulenmarsch, 1971

wegung vor Aids, die inzwischen mehr als 2000 Schwulengruppen überall im Land aufzuweisen hat. Man schätzt circa 20 Millionen Homosexuelle in Amerika, von denen allerdings nur ein sehr kleiner Teil bereit ist, öffentlich für seine Rechte einzutreten. Trotzdem handelt es sich um eine Massenbewegung, die inzwischen die größte Bürgerrechtsbewegung der USA ist, nach den Schwarzen und den Frauen. Wir wissen hier recht wenig über den Kampf der Homosexuellen in Amerika, der in den 50er Jahren begann, und der 1969 mit der Revolte einiger mutiger Schwuler gegen die Polizei in der Stonewall Bar in New York eskalierte und 1977 mit der antischwulen Kampagne der Sängerin Anita Bryant wieder auflebte. Können wir von den Amerikanern lernen, können amerikanische Verhältnisse auf Deutschland übertragen werden? Ich weiß es nicht. Die mittelständisch-scheinliberale Situation in deutschen Landen macht es schwer, sich als Schwuler aktiv um seine Rechte zu bemühen. Die meisten Schwulen verschwinden in den kommerzialisierten Ghettos (die ja auch aus Amerika kommen) wie Saunen, Orgienbars usw. ...

Mich interessiert es, Anregungen zu geben, damit wir hier in der Bundesrepublik Deutschland nicht in Dornröschenschlaf verfallen ...

Ich glaube, bei uns liegt vieles im argen. Die Schwulen ziehen sich ins Privatleben zurück, Solidarität ist unmodern geworden. Dazu geht es uns nicht schlecht genug (jedenfalls den Discoschwulen, Boutiquetunten in den Ghettos der Großstadt).

Wer sich immer noch von meinem ersten Schwulenfilm «Nicht der Homosexuelle ist pervers, sondern die Situation, in der er lebt» verschreckt fühlt, dem sei beruhigend gesagt, daß ich in meinem neuen Film versucht habe, konstruktive, positive Beispiele zu zeigen. Damals gab es ja noch keine Schwulenbewegung, wir konnten nur dazu auffordern. Inzwischen hat sich viel getan, auch in Deutschland. Ich glaube, daß jetzt der richtige Zeitpunkt da ist, um wieder mal frischen Wind durch die verschreckten Tuntenwohnungen streichen zu lassen. Es wird noch lange dauern, ehe wir uns frei und ungezwungen als Schwule in der Öffentlichkeit zeigen können, und das passiert nicht von allein. Selbst eine liberale Regierung ist nicht daran interessiert, uns zu helfen, wir selbst müssen dazu beitragen. Wir Schwule müssen in direkter Konfrontation mit unseren Freunden und Kollegen, unserer Familie mithelfen, daß Schwulsein eine akzeptierte positive Möglichkeit im Leben wird. Mein neuer Film soll dazu beitragen.

Nachtrag Sommer 1990:

Ich denke, daß wenn mein Werk überleben sollte, mich eins auszeichnet: daß ich das Glück hatte, mit meinen Filmen ein Stück Schwulengeschichte zu dokumentieren. Seit 20 Jahren habe ich es immer wieder durchgesetzt, Finanzierungen für schwule Filmprojekte durchzukriegen. Darauf bin ich sehr stolz. Schwules Leben ist so vielfältig, daß ich endlos weiterfilmen könnte. Schwules Leben betrifft mich zutiefst und ich denke, ich kann die besten Filme über etwas machen, das ich genau kenne.

«Armee der Liebenden» war ein Projekt, das ich im Grunde genommen 1971 begann, als ich den damaligen zweiten New Yorker Schwulenmarsch mitfilmte. Immer wieder bestürmte ich die Fernsehsender in Deutschland, einen Film über die vitale, kämpferische Homosexuellenbewegung in den USA machen zu dürfen. Erst Mitte der 70er Jahre gelang es mir über die Dokumentarabteilung des WDR, dieses Projekt mit sehr geringen finanziellen Mitteln zu realisieren (ich glaube, ich bekam 80000 DM). Das hieß natürlich, daß ich sehr wenige Mitarbeiter beschäftigen konnte. Ich machte sehr oft die Kamera selbst, aber hatte das Glück, daß mir viele Kollegen bei bestimmten Szenen aushalfen.

«Armee der Liebenden» führte mich durch ganz Amerika. Ich spürte die Väter und Mütter der schwulen und lesbischen Bewegung auf, verfolgte ihren Kampf bis in die 50er Jahre zurück. Was mich sehr erstaunte, war, daß sich bei den meisten persönlicher Mut und der Kampf um die eigenen Rechte positiv niederschlugen. Kaum jemand kam in den Knast oder wurde zusammengeschlagen. Selbst in Zeiten, wo schwules Leben kriminell war, schien es, daß Mut respektiert wurde und Versteckstsein und Feigheit, wenn entdeckt, eher bestraft wurden.

Die zahllosen Interviews, die Hunderte von Stunden auf Tonband, gaben mir persönlich sehr viel Bestätigung für meine Arbeit, für mein persönliches Engagement und zeigten mir, daß ich nicht alleine bin, daß es Spaß machen kann, sich für schwule Rechte einzusetzen. Mein Film drückt meine Faszination von der Größe und Vielfalt der amerikanischen Schwulen- und Lesbengruppen aus. Sie sind nicht so ernsthaft und akademisch wie in Deutschland, wo erst lange diskutiert wurde, um dann vielleicht doch nicht zu handeln, sondern phantasievoll, mit viel Humor und sehr viel praktischem Denken und Handeln. Die amerikanischen Schwulen hatten es vielleicht leichter, in ihrem Kampf motiviert zu sein, weil sie es im Leben schwerer hatten. Es gibt immer noch veraltete Sittengesetze in verschiedenen amerikanischen Staaten, immer wieder Kampagnen von rechten, konservativen und religiösen Gruppen, Schwule aus Lehrämtern und öffentlichen Berufen zu drängen. Andererseits sind die Amerikaner viel mehr gezwungen, sich persönlich für ihre Rechte einzusetzen, da sie dem Staat so wenig wie möglich an Machtbefugnissen überlassen wollen. Wir verlangen viel mehr von unseren Führern, von unserer Obrigkeit, unser Leben zu regeln und zu beschützen. Amis erscheinen mir lebensfroher, von Kind auf positiver dem Leben gegenüber. Ein soziales Engagement wird selbstbewußter, lustvoller ausgetragen, und es scheint ihnen leichter, große Massen zu motivieren, die bürgerlichen Schwulen und Lesben einzubeziehen, und nicht nur ein paar Intellektuelle wie bei uns.

Trotzdem hatte mein Film kaum eine Chance in den USA. Er war zu experimentell, zu persönlich für den Geschmack der Zuschauer. Meine Sexszenen in der Kunstschule in San Francisco provozierten. Meine persönlichen Angriffe auf Teile der bürgerlichen Schwulenbewegung nahm man mir übel. Die technische Machart stand im Gegensatz zu allen Sehgewohnheiten, wie man sie aus dem sehr konservativen Fernsehen kannte und verinnerlicht hatte.

In Europa, besonders in Deutschland, wurde «Armee der Liebenden» mein bis dahin größter Erfolg im Kino. Der Verleih Filmwelt startete ihn relativ groß, und ich bekam glänzende Presse. Der Trikont Verlag machte ein Buch aus den Interviews, und der englische Verlag Gay Press druckte die Originalinterviews. Beide Ausgaben sind inzwischen vergriffen.

Das Fernsehen sendete nach der Kinoauswertung nur die Hälfte des Films. So vermied man geschickt, die radikaleren Teile auszustrahlen. Meine Mutter, die den Film dann sah, war am meisten schockiert von den Großaufnahmen von sich küssenden Männern. Zärtlichkeit, das scheint für Heterosexuelle meist schockierender zu sein als Sex zwischen Männern. Daß sich Männer auch lieben können, stellt viel mehr bürgerliche Normen in Frage.

Während der Dreharbeiten im Sommer 1977 verliebte ich mich maßlos in einen Rocksänger in San Francisco. Ich lernte ihn an der Kasse eines Pornoshops kennen, wo er jobbte, als ich auf der Suche nach einem Sexpartner für eine Filmszene war. Diese Affäre wurde die heißeste meines Lebens. Wir fickten wochenlang so intensiv, daß unsere Hausnachbarn dachten, daß ein neues Erdbeben ausgebrochen sei.

Michael Wright war blond, schlank, ungeheuer biegsam und er ließ sich göttlich in den Arsch ficken. Ich hatte aber große Angst, mich seiner Magie völlig auszuliefern und reiste plötzlich ab. Ich rief ihn vom Flughafen in New York an, um ihn dann aber rasend und ruhelos mit Liebesbriefen zu attackieren. Zwei Monate später besuchte er mich in Deutschland, und er erschien mir kalt und berechnend. Ich glaubte ihm kein «Ich liebe Dich», was ihm so easy über die Lippen kam. Ich liebte und haßte ihn, ich quälte ihn und verstieß ihn. Ich brachte ihn bei meiner Freundin Evelyn Künneke unter, die sich aber mit ihm verbündete, um sich für ihre vergebliche Liebe zu mir mit ihm zu rächen. Ich träumte davon, beide auf der Bühne zu erschießen. Meine Liebesbriefe an Mike Wright zeugen von dieser intensivsten und wahnsinnigsten Liebe, die ich je hatte:

Holger Mischwitzky
6 Frankfurt Main 5o
Julius Brechtstr.3/24

Tel: o611-549986

Dear Michael, 11.of August 77

sitting nervously at my typewriter, thinking at you all the time, thinking at you passionately, full of love and desire. Looking at your photographs, showing them around to all my friends, telling them how talented and intelligent you are. I love your big red lips. I love to rest with my lips for endless times, love to feel your mustache, to smell it.-love your brown eyes, your beautiful blond hair - imagine your naked body sitting opposite to me, your golden brown skin, your beautiful body with a strong face

I am terrible nervous. It is so difficult for me to adjust to Germany. There are so many things to do, but I have difficulties to concentrate- I would love to be with you, to show you around, travel with you through Europe, through Germany, trhough Frankfurt and surroundings.-walk with you across the fields and meadows nearby my house, sitting at the river, laing lay down in the grass and kiss, roll over on top of you feel your hard prick and suck it.
I love you . There is so much feeling for you. I tried to hide it the last days since I left. I tried to push you away because I didnt trust you and me.
I was afraid to be hurt, and I still are, but I know I have to love you to try so long as possible to make the best out of it. I wish we could live a very long time, together, work on it. That sounds so ideal and impossible in a way.
I wish you would hit me hard if I am difficult and mean. I am so unpatient.
California was dull for me after two month. I could have written things and done much more filming, but I thought I couldnt stand it. I imagined you being cold and not loving me as I wanted to. I wanted you all the time, more than possible, because I felt frustrated couldnt deal with myself. I let myself go, carried into moods frustrations - I feel bad now, useless-Ilike that in a way- a very intense feeling -
the bright yellow balkony with my pink and grren summerflowers, the endless sky and the dusty skyline of Frankfurt, mountains, fields and autobahn.
My mother goes to get potaoes from a passing by seller. I am not shure if I should take the plaine to Fra Berlin today or tomorrow. Telephoned with Peggy told him everything. He says like everybody" Try it, try it with him"
I dont know where to go, it wouldnt change my mood. The only thing, to fly back to you, visit you in the hospital surprisingly- I open the door, seeing you in the arms of somebody else.
All my thousands of plans, films scripts, radioplays, theatre, books novels poems, songs, drawings- I would love to work in a group. I dont know if I can do it, i might be to egocentric.

I wish you are the man who changes everything for me,gives me some peace in my hectic life,makes me concentrate on more important things,having fun with you,working with you in a deep sense- I want to care for you,do things for you,help you ,give my life to you (I am so afraid that we find each other dull after short while. It starts sexual,we fight about stupid things and point of views- I am afraid you find other people you like to work with and I cant take it. I am so sick possessive. Its so hard for me to trust you to tolerate things)

Its a baautiful romance we have. I dont want it to become a common usual thing I want it exciting surprising adventurous,extrem. I want to die with you young and beautiful and full of love.like I feel know,so strong like I cant remember having felt before. I love you Michael. Its true. I want you to be my reason to live.

Holger—

have gone to the Charlottenberg Shloss for the afternoon. Fritz called me and says you would like to see me, but are afraid of being upset at the fotoshow.
I have been very confused and paranoid this week — I miss you very much — sometimes I really hate you — I would like to see you today, but only if we can manage to be sane. I'm so afraid that you'll break my leg, or something.
I love you — so much — I Love You — it was such a shock to get your phone call — all during my stay in Berlin, feeling your presence, your absence, feeling very warm — while in Franfurt you spin the other way.
We are Crazy ... : yes? no?

Michael

Rosa von Praunheim Film [redacted]

1 Berlin 21 - Claudiusstraße 7 - Telefon (0311) 391 29 0[redacted]

Rosa von Praunheim
1 Berlin 12
Knesebeckstr. 86/87
Tel.: 312 23 18

7. Okt. 77 15 Uhr

Michael — I love you
I hate you
It would be great not to see
you while I am in Berlin
I will sleep somewhere else
please do ~~that~~ the same.
What do I have to expect from you
— nothing, coldness, 5 Min. sex
and a cold back. There are people
who are much warmer and I will
stay with them. It would be good
if you look for another place to stay →

Bank: Holger Mischwitzky, Bank für Gemeinwirtschaft, Berlin, Kto.: 25 010 392 00

there are my rooms at Evelyns.
Evelyn was not able to be open to you
she told me that she asked you to go
and possibly she told you the opposite.
When she comes back from New York she will
decide if she wants to lose my friendship
and win yours.
Dont missunderstand me - I have to free myself.
I have to be hard, very hard because I love
you - I love the lost love
the dream of something never
will happen.

Your Holger

yet another note —

I must see you!

is this a game
of who
must HURT
the most?

If you are brave enough
call me at 323
5540

Love
Michael

Berlin 9. of OKt. 77

Dear Michael –

had a great day – walking through the famous Berlin „Pfaueninsel" (peacock island) golden autumn leaves, fog and a mild air. – thinking about you and forgot about you with Annette, Laurens, Dorothée and Frank, Fritz, Elfie, and Millie. I love to be in a group, surrounded by many vital creative and intelligent friends. We had a picnic, touching each other, feeling our backs and arms and faces – feeling so close and warm. We talked about driving through the South of U.S.A in March, doing many movies. Knowing you are in the same town you getting fucked by chic, elegant glassesstore owners or similar kind, this makes me crazy – the possesive me. I hope not to see you ever again – it hurts so much. You are the last dream of having a partner of finding one never again. – You make it so easy for yourself. You want to see me once a month, having the security of one more you love and get loved and spend your „good time" with thousand others. That's what you call „independend". Anyway. I don't want to be „exploited" – you offer me a fuck and I give you Erechym, my apartment possibly some more money ... →

am I bitchy? You love me selfpitylen
Oh you Americans – all your poems – sad and full
of deep feelings you dont have – you want to have
and never get between Coca Cola and Hamburger.
Why are your poems not honest. Why do you write
such an unpersonal shit. Be direct and write
about your independence your coldness, your
masochistic life, your mind hustling
I am so angry in a way, angry about myself
loving you – loving this way – being the weaker
one – but I will be strong. — I love you
keep you in my mind, close you in my heart
forever. But I hate your real self
Dont knock at my door again, dont penetrate
me

Holger

Dear Holger —

Monday morning of a New Day... I am sitting in the window upstairs, packed, prepared to leave, and very uncertain. You make it very difficult to write, especially after the letter Nora delivered last night, where you say even my first letter from Texas was So Cold. I am always put in the position of defending myself, which for Cancer is withdrawl into his protective Shell, it may seem cold to you, but its warm on the inside. I will go to visit Werner and see what happens there. I will call or write, [or both] in the next few days. I know what you want, but at this point I am so shocked and dazed that its difficult for me to keep polite conversation going for more than 1/2 an hour or so... all I seem to want to do is retire and read. Very boring, no? Lack of passion, vitality, humor?

I want things to work out. I want you and I to be friends, not lovers. I want to hold you and kiss you, fuck with you all night, hold you warm and close to my body... like Men. I want to be free to be myself; nothing between us could ever work out with me always feeling so possessed, with my Sun wings clipped and hidden behind dark clouds of Jealousy. I trust that you are a reasonable man, and that you know I do not wish to take advantage of your emotions. I have been Distant, hopefully with a little distance, we can relax

(over)

and allow the course of human action to unwind. I feel like we have inflicted a terrible burden on your friends, this makes me feel very bad. It is so damn difficult to write this, everything seems so stiff and Cold, just like you say. Isn't it ironic that the sunny boy from the south should have a soul of ice? You tell me this so much I begin to believe it. I have no Love to offer as you want it. To continue to hope for such is fruitless. You say that my intellect, companionship, and casual sexuality are too meager to sustain you. Obviously we have reached an Impasse. [You want to fly to heaven only to fall
I want to build a tower to the sun, step by simple step.]

All I can give you is myself as I am, a free gift, given willingly, with Love, with Hope, with Strength. You have given me great courage and insight into myself, in such a short time more than anyone before. From you, I am to believe, all I have given is Pain, Anger, and Frustrated Promises. I pray time will wear away this veil, and let us be as we were meant to be. The Bond of MEN.

....so once more, the bitter farewell
the broken dreams
the twisted river of the heart

Ich liebe Dich.

Michael

To Michael

Autumn love(storm and golden leaves)

golden leaves on our heads. I am talking to you all the time,arguing hateful and loving.

You are with me,walking,sitting and each night so close like we never have been. Its so silly to be in love,occupied by the beloved one, but I start to feel good. It turns out to be happy with us in my mind. I loose hysterics and hate. I dont kill you so often,cut you in pieces fuck you apart- I love your asshole baby. The sweetest asshole my cock ever had"The last fuck" we had was one of the most beautiful.

It is so big and soft and warm and slim y. Your legs so wide apart. My arms under your shoulders. I shake you to death. Bite you to kill You are light and handy. I posess you. A thousands times You take it A cat (tiger) never dies. They fall from the 24 th floor,shake their fur and go on walking. Yes you made me want to posess you. You told me"I want to serve you" It is so hard to learn to live on my own, to deal just with myself. No romance. I am so egocentric. Can I share I am not patient for a penny. Do I want to share, to be with a lover - share I want the pleasure of it.

Remember San Francisco - Jaguar,Greenwich ,Fritz,Babette,Pamela, the students,the gay march,Henrik,Inez,Bill,David,Werner and the movie.

I want to marry you so badly -tired of fucking around. I want to rely on one person. To look for whereever I can,I want trust and all this shit,but I dont want the cute blond sexobjekt. I want a free,indepen dent creative active man,but I want to feel and know that this heart belongs to Rosa.

Whatever happens he cares he loves me.

Dreams and if I have it I possibly dont want it.

I want to be old very soon. I am eighty in my mind,wise and patient and I smile if I read my old yellow love letters the 2oth of Okt. 77

Love Helga

PS Please write to me soon I am looking forward so much,love me,kiss me,fuck me. Lets do a new start. Happiness under the palms.

Die Zeichen stehen auf Sturm

KAMPFANSAGE IN SAN FRANCISCO

Ein Lehrauftrag hatte mich an das San Francisco art institute geführt. Ich stellte mich meinen Studenten als Modellfall homosexuellen Verhaltens zur Verfügung. Ich zeigte ihnen meine Ängste, meine sexuellen Fantasien und meine Begeisterung für den Kampf der schwulen Aktionsgruppen. Wir hatten das Glück eine revolutionäre Bewegung filmisch dokumentieren zu können.
Wir hoffen mit unserem Film ein Beispiel geben zu können für die konstruktive Arbeit einer Minderheit, die ihre eigenen Rechte fordert und nicht auf das Schulterklopfen einer pseudoliberalen Gesellschaft wartet.

Wir lieben unsere schwulen Eltern ein Bericht von Rosa von Praunheim aus der schönsten Stadt der Welt

Am Sonntag den 26. Juni 1977 marschierten 250 000 schwule Männer und Frauen und deren Sympatisanten an einem strahlenden Sonnentag über die hügeligen Straßen einer der schönsten Städte der Welt. San Francisco, und forderten in einer überwältigenden, farbenprächtigen und fantasievollen Demonstration gleiche Menschenrechte.

Es war die größte Demonstration in der Geschichte der Stadt, ausgelöst durch die antihomosexuelle Kampagne einer ehemaligen Schönheitskönigin und Sängerin aus Florida. Anita Bryant, die kürzlich mit Hilfe der babtistischen Kirche einen erschreckend hohen Wahlsieg in ihrem Heimatland gewonnen hatte, das den Schwulen das gleiche Recht im Beruf und bei der Vergabe von Wohnungen abspricht.

Rosa von Praunheim mit Lover Michael

Anita Bryant Karikatur
San Francisco gay march 27.Juni 77

Mit der Vereinigung „rettet unsere Kinder", hatte sich Anita, die ihr Geld als Reklamestar für Apfelsinen macht, besonders gegen schwule Lehrer gewettert, die angeblich nichts anderes im Sinn haben, als alle Kinder schwul zu machen, was so unsinnig ist, wie wenn ein männlicher Lehrer die Mädchen seiner Klasse vergewaltigen würde.

Sperma gehe beim schwulen Sex der Zeugung von Kindern verloren, schimpfte sie mit ungeheuerem Fanatismus in TV Talkshows und bekam damit die konventionellen Wähler in Dade County, Florida, auf ihre Seite. Ihre Auftritte begleitete sie mit religiösen Songs und ihrem Millionenhit „Paperroses".

Wir danken dir Anita, riefen 6000 aufgebrachte Schwule in der Nacht der Wahl bei einem bewegenden Kerzenmarsch durch die nächtlichen Straßen der schwulsten Stadt der Welt, San Francisco. Wir danken dir, daß du uns solidarisch und stark machst im notwendigen Kampf um unsere Rechte, denn die schwule Emanzipationsbewegung der letzten Jahre drohte von kommerziellen Interessen aufgefressen

zu werden und im Gerangel verschiedenster politischer Richtungen zu ersticken.

In den schwulen Ghettos der Großstädte lenkte man sich mit den sexuellen Neuheiten ab, konsumierte Glitter oder eiferte dem modischen Männlichkeitstrend nach, der Schwule das Rollenspiel des harten Mannes mit all seinen unmenschlichen Symbolen und Ritualen bis hin zum Extrem der schwulen Natur mühsam erlernen ließ.

Anita droht nun ihre Haßkampagne von Florida aus auf ganz Amerika auszuweiten. Erste Resultate erzielte sie damit letzte Woche als vier Jugendliche in San Francisco einen schwulen Gärtner brutal mit den Worten ermordeten „Einer für Anita".

Robert, der Tote, wurde zum Symbol der wiederbelebten Freiheitsbewegung der Schwulen. „Jetzt haben wir endlich genug gelitten. Wir ertragen diese Scheiße nicht mehr", sagen endlich Millionen von Schwulen in ganz Amerika und zeigen sich in der Öffentlichkeit. „Coming out", ist das Sprichwort, „Heraus aus den Verstecken."

Der Mut, sich zu bekennen, wird von

dem Solidaritätsgefühl der Gruppe belohnt. Man gibt sich Ratschläge, wie man es seinen Eltern sagt, und viele Eltern beginnen die Kampagne ihrer Kinder zu unterstützen. Aber auch bisexuelle Eltern werden militant. Einer lesbischen Mutter, Jeanne Julian, wurden ihre Kinder nach der Scheidung dem Vater zugesprochen, nur weil sie es vorzieht, mit einer Frau zusammenzuleben.

Viele Frauengruppen unterstützen nun Jeanne in ihrem Kampf. Sie wollen beweisen, daß lesbische Mütter genauso gute und liebende Mütter sein können wie heterosexuelle. Sie alle kamen auf die Straße in einer friedlichen Demonstration um Amerika zu zeigen, was schwul sein heißt.

Der Sonntag des 26. Juni wurde zu einem der schönsten Tage meines Lebens. Mit meinem Liebhaber Michael, einem jungen Musiker aus Texas, erlebten wir das überwältigende Gefühl der Solidarität von nicht endenwollender Massen sich liebender Schwuler.

Ein homosexueller Karneval mit aufwühlender Musik, erregenden Tänzen und berauschenden Kostümen. Schwule aus allen Berufssparten: Arbeiter und Angestellte, Ärzte Lehrer und Rechtsanwälte, schwule Politiker und schwule Polizisten, die freundlich und hilfsbereit die unüberschaubare Demonstration begleiteten. Mit einem Schild „Dykes on bykes" führten Lesbierinnen ihre Schwestern an.

Der Bürgermeister von San Francisco und der Polizeisheriff sandten Grüße. Auf dem Platz vor dem Rathaus ließ man sich auf dem von der Sonne ausgetrockneten Rasen nieder und liebte sich zu den Klängen von Popgruppen und solidarischen Reden. Michael und ich klammerten uns aneinander, vielleicht aus Angst weil wir es nicht glauben konnten, daß all das wahr ist, weil so ein wunderschöner Tag leicht hinwegtäuscht über die repressive Wirklichkeit, auch in San Francisco, einer der liberalsten Städte der Welt. Schon im nahegelegenen Los Angeles lockt die Polizei in Zivil immer wieder Schwule in die Falle und verhaftet sie.

Nicht nur die Unterdrückung von außen, auch die Unterdrückung der Schwulen untereinander erschwert den notwendigen Kampf um die Veränderung der Gesellschaft.

Es ist leichter unserer Ängste, Neurosen und Verklemmungen zu leben, als einer neuen aufregenden Form von Freiheit und Menschlichkeit, Begriffe, durch deren Verwirklichung gerade die Schwulen die Möglichkeit hätten den in ihren Normen erstickten Heterosexuellen ein anregendes Beispiel zu geben.

Am 2. August stimmt die Bevölkerung von San Francisco darüber ab, ob jeder Stadtteil seinen von ihr selbst gewählten Repräsentanten bekommt. Das würde bedeuten, daß endlich Minderheiten wie Chinesen, Mexikaner, Schwarze und Schwule, die meist örtlich getrennt voneinander wohnen, ihre eigenen Vertreter im Stadtparlament haben würden und ausschlaggebend sein können für die Belange ihrer Kommune.

Für die Schwulen in San Francisco wäre das eine Chance, der Welt zu zeigen, daß eine Minderheit nicht nur Lust an der Unterdrückung in ihren Verhaltensformen repräsentieren muß, sondern eine positive Form der Gemeinschaft vorleben kann, beispielgebend für neue Formen des Zusammenlebens.

Das Dade County der Anita Bryant oder:

„Töte einen Schwulen für Christus"

DIE SCHWULE WUT

Die bundesdeutsche Schwulenbewegung weist derzeit einen solchen Grad an innerer Zerrissenheit auf, der sie auf längere Zeit unfähig machen wird den gesellschaftspolitischen Prozeß in unserem Lande im Sinne der von ihr angeblich vertretenen Individuen mitzugestalten. Beim Gastspiel der Theatergruppe **BRÜHWARM** in Berlin flogen aus dem Dunklen Gläser auf die Spieler. Uns, damit meine ich meine Freunde und mich, die wir versuchen durch einen Cafe-Betrieb zu überleben, und damit das Berufsverbot umgingen, werden die Fenster eingeworfen. Die Frustration über den stillstehenden Gesellschaftsprozeß, die wachsende innenpolitische Repression wendet sich nach innen.

In den Vereinigten Staaten Nordamerikas beginnt gleichzeitig eine Art eines religiös verbrämten Kreuzzuges gegen die Aufweichung der moralischen Sitten. Seine Symbolfigur ist eine fanatische Baptistin, Mutter von vier Kindern. Sie ist schön im Sinne der Reklameindustrie und weiß ihren Kampf gegen die Homosexuellen zu führen. Hinter ihr stehen Teile der Kirchen und der Industrie. Sie beruft sich auf die schweigende Mehrheit. Und diese scheint ihr Recht zu geben.

Im Januar dieses Jahres wurden in Florida Anti-Diskriminierungsgesetze verabschiedet, die gesetzlich verhindern sollten, daß Homosexuelle bei der Job- und Wohnungssuche benachteiligt werden. Anfang Juni stürzten die

Bürger von Dade County (Florida) durch ihr Votum diesen Beschluß. In geheimer Abstimmung wagte der Durchschnittsbürger seinen Ängsten vor der Homosexualität, dem Perversen personifiziert in der Lesbe oder dem Schwulen, per Stimmzettel freien Lauf zu lassen. Das Votum von Dade County zerriß den mühevoll propagierten Toleranzschleier der permissiv genannten, westlichen Industriegesellschaft über Nacht. Die, die sich auf die in den Medien verkündete zunehmende Tolerierung der Homosexuellen verlas-

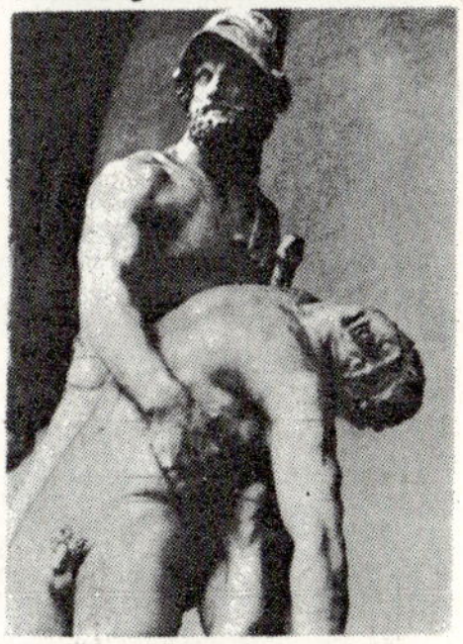

sen haben, auch die meisten Schwulenorganisationen Nordamerikas, erhielten in Dade County eine schallende Ohrfeige.

Seitdem befindet sich Amerika auf der Ebene der Bürgerrechtsbewegung im Aufruhr. Kein Tag vergeht an dem nicht Schwule und Lesben auf die Straße gehen. Sich zu sich selbst bekennen. Sieben Jahre Existenz der Schwulenbewegung sind nicht spurlos vorübergegangen. Die Subkultur bricht

Florida, 14. Nov. 77

Verzweiflung unter Palmen. Ich schreibe rabenschwarze Postkarten (nowhere by night) nach Europa. Im Moment bin ich glücklich und ausgeglichen, atme die gesunde Luft am heißen Golf von Mexiko. Ich laufe vorbei an hungrigen Krokodilen, giftigen Schlangen. Im Meer tummelt sich ein Rudel Haie. Ich lebe in einem rosa Motel, ein Rest 50er Jahre.

In Florida Dade county ist gerade ein Gesetz verabschiedet worden, das Schwulen das gleiche Recht auf Wohnungs- und Berufswahl untersagt.

Warum mache ich hier Ferien? Kein Schwuler weit und breit. Der Gärtner in meinem Motel lud mich gestern nacht zum Schachspielen ein. Er ist recht hübsch. Er wechselt sein Hemd in meiner Gegenwart und zeigt seinen schönen behaarten braunen Körper. Er hat einen kleinen Bauch. Er heißt Mike und sein Sternzeichen ist Krebs, genau wie Michael aus Kalifornien, in den ich mich in diesem Sommer verliebt hatte. Eine sehr glückliche, zutiefst unglückliche Liebesgeschichte.

Ich liege allein am Strand, die Sonne in meinem Rücken, große kräftig gesunde Amerikaner mit kleinen Kindern gehen an mir vorbei spazieren. Die Wellen schlagen über meine Füße. Ich möchte endlich Ruhe finden vom hektischen Leben eines Filmregisseurs, um die Welt getrieben, neuen Sensationen, Abenteuern entgegen.

In zwei Wochen werde ich 35 Jahre alt. Ich werde eine wilde Geburtstagsfeier in New York haben. Der Beginn eines neuen Filmes. Beruflich geht es mir besser denn je. Ich muß zu mir selbst finden, unabhängig allein, mit mir zufrieden. Ich muß es aufgeben, ständig nach Sex und Liebe zu rufen als Flucht vor mir selbst, um meine Unsicherheit, Einsamkeit und Angst zu betäuben.

Ich möchte wie der Postbote Cheval aus Frankreich sein, der in 30 Jahren ein ungeheures Schloß gebaut hat. Ich möchte wie die Künstler der handmade houses mit meinen Händen einen Palast bauen, einen wild bemalten Garten (mit ermordeten Figuren aus der Historie Kennedy, Baader-Meinhof, Cäsar). Ich möchte ein Theater bauen, wilde Stücke inszenieren (Punk Rock) mit exzentrischer Musik. Ich möchte mit einer Gruppe von faszinierenden Leuten abgeschlossen leben und arbeiten irgendwo am Meer. Die Wahrsagerin sagt, daß ich noch 5 Jahre ungeheuren Erfolg habe und dann tödlich erkranke.

Mit 40 ändert sich mein Leben radikal.

Die letzten zwei Jahre waren sehr erfolgreich. Ich habe mein erstes größeres Buch geschrieben («Sex und Karriere»), es hat sich gut verkauft und gute Reaktionen bekommen. Die Schwulen fanden die Lovestory sehr identifikativ.

Ich habe mein erstes Theaterstück gemacht: «Menschen im Hotel».

Es gab Krach mit Evelyn und keine Hochzeit und die Versöhnung bei der Premiere. Die Kritiken waren schlecht, aber die Reaktion meiner Freunde gut. Ich habe in New York «Underground and Emigrants» gedreht. Ich raste hektisch durch die verrückteste Stadt der Welt und interviewte die Größen der 60er Jahre. Im Sommer drehte ich endlich «Ich bin ein Antistar. Die skandalöse Lebensgeschichte der Evelyn Künneke». Dietmar Kracht starb am 1. Drehtag. Der Sommer war unerträglich heiß, aber Evelyn war diszipliniert wie nie zuvor. Den ganzen Herbst über schnitt ich an beiden Filmen. Sie wurden jeder auf seine Art erfolgreich. Man fing an, mich wieder ernst zu nehmen. Der HR stieg ein bei dem größten und schwierigsten Film meines Lebens, der Dokumentation «Der 24. Stock». Ich arbeitete über ein Jahr in der Hochhaussiedlung Frankfurter Berg am Rande Frankfurts, wo meine Mutter von Praunheim vor 9 Jahren hingezogen war. Ich interviewte ihre Nachbarn, alles alleinstehende ältere Frauen. Ich kümmerte mich um die lokalpolitische Situation, begann, mich über Architekten und die Situation älterer Menschen zu informieren. Inzwischen wird es ein Dreistundenfilm. Einige wenige, die ihn bisher sehen durften, sagen, es ist mein bester Film.

Dazwischen inszenierte ich mein erstes Hörspiel im Rias Berlin, eine dramatische Fassung der «Wassilissa Malygina» von Alexandra Kollontai. Inzwischen habe ich für eine Filmfassung desselben Stoffes eine Prämie des Kuratoriums und des Innenministeriums bekommen.

Es soll mein erster großer Spielfilm fürs Kino werden. Die Liebesgeschichte einer Frauenrechtlerin aus der russischen Revolution und eines Anarchisten. Eine amerikanische Koproduktion interessiert sich für den Stoff. Ich versuche, Stars wie Jane Fonda und David Bowie dafür zu gewinnen. Im März letzten Jahres hatte ich Filmretros in New York und San Francisco. Ich bekam daraufhin einen Lehrauftrag vom San Francisco Art Institute, den ich im Sommer 77 mit Werner Schroeter teilte.

Es war eine aufregende Zeit. Die Zeit der größten Schwulendemo in der Geschichte der Schwulen und der Anfang einer neuen glücklichen unglücklichen Liebe, der Liebe zu Michael, einem Rocksänger aus Texas, den ich am 28. Juni in einem Pornobuchladen kennenlernte. Mein Leben schlug hohe Wellen. Ich erlebte es so intensiv, dramatisch. Unerträglich schöne und schreckliche Monate folgten, bis ich jetzt endlich unter dem rosaroten Himmel von Florida, die Sonne schillert in tausend Farben, wieder allein zur Ruhe zu kommen glaube.

In der nächsten Woche drehe ich die erste Szene meines neuen Films, «Tally Brown, New York», das Portrait der ungewöhnlichsten Frau der Welt.

Ich habe einen neuen Film, «Die Geschichte der Schwulenbewegung

Rosa von Praunheim mit Lover Michael. Foto Pamela Mosher

in den USA», angefangen. In San Francisco interviewte ich die Schwulenorganisation G 40 plus (Schwule über 40). Sie berichten, wie frei und harmonisch ein Leben abläuft, wie froh sie sind, daß all die unerträglichen Dramen und Liebesverwicklungen hinter ihnen liegen. Sie haben neue Inhalte, wertvollere. Sie sind ruhiger, ausgeglichener, innerlicher geworden.

Die radikale Altenorganisation Graue Panther, mit der der 2. Teil meines Filmes «Der 24. Stock» endet, ist eine revolutionäre Altenorganisation. Die Arbeit dieser Leute läßt mich hoffen, daß ich auch im Alter den Mut habe, meine Vitalität, meine Phantasie, meinen Sex, meine Liebesfähigkeit zu behalten.

Ich freue mich darauf, alt zu werden, mich nicht mehr zum Sexobjekt zu machen, nicht mehr getrieben zu werden, und doch ist es diese Unruhe, die mich arbeiten läßt, eine Kraft, die ich nicht kontrollieren kann. Ich liebe mein Unglück mehr als mein Glück.

Am 12. Januar 1978 gehe ich für immer nach Amerika. Für immer? Die Liebe wird es entscheiden.

Herzlichst Rosa von Praunheim

Im Winter desselben Jahres – ich machte Urlaub in Florida – lernte ich einen anderen Mike kennen. Er hatte am selben Tag Geburtstag wie sein Vorgänger und war im selben Jahr geboren, nur war er sanft und solidarisch, und er liebte mich wirklich. Ich bat ihn, mit mir nach New York zu kommen und mir bei der Fertigstellung meiner Filme zu helfen. Er lernte schnell, Ton zu machen, Licht zu halten, und er konnte Auto fahren, was für mich in Los Angeles besonders lebenswichtig wurde.

Wir reisten zusammen zu Dreharbeiten durch die Welt und schnitten schließlich den Film gemeinsam in München. Jetzt sind es schon 12 Jahre, daß wir erfolgreich zusammenarbeiten. Inzwischen schneidet er besser als ich. Schon lange sind wir kein Liebespaar mehr, aber ich mag seinen neuen Freund, und er wird hoffentlich noch lange die wichtigste Person in meinem Leben sein.

Rosa von Praunheim mit Freund und Mitarbeiter Mike Shepard.
Foto Otfried Schmidt

Tally Brown New York

Dokumentarfilm im Auftrag des WDR
Redaktion: Joachim von Mengershausen
Regie: Rosa von Praunheim
Mitarbeit: Mike Shephard
Kamera: Michael Oblowitz, Juliana Wang, Ed Lieber, Lloyd Williams, Rosa von Praunheim
Mit Tally Brown, Divine, Taylor Mead, Holly Woodlawn, Andy Warhol, Edward Caton
Format: 16 mm Farbe
Länge: 110 Min.
Gedreht 1978 in New York
Fernsehausstrahlung: HR III, 23. 1. 1980; WDR III, 2. 3. 1980
Bundesfilmpreis 1979
Verleih: Filmwelt (engl. Originalfassung: Exportfilm)

Tally Brown und Divine.
Foto Filmwelt Verleih GmbH

Inhalt:

TALLY BROWN, Superstar, war eine von New Yorks extravagantesten Sängerinnen.

Auf den ersten Blick eher schockierend, monströs, beim näheren Hinsehen zeigte sich eine ebenso herzliche wie menschliche Künstlerin. Sie sang Blues und Lieder von David Bowie, den Rolling Stones und Bert Brecht. Der Film präsentiert acht ihrer Lieder.

«Tally Brown New York» ist ein Porträt ihres Lebens. Es kontrastiert das New York der sechziger Jahre, als Tally ein Undergroundstar wurde, mit dem New York der späten Siebziger. Der Film zeigt, was aus ihren Freunden und der Bewegung wurde.

Zum Film:

Ich liebe es, Porträts zu filmen, Menschen zu beobachten. Ich glaube, ich bin ein perfekter Voyeur, und ich liebe Show, wie viele Schwule. Tally Brown war in der New Yorker Schwulenszene ein absoluter Star; eine ungeheuer dicke Frau mit hängenden Brüsten unter losen Gewändern, mit turmhohen Frisuren und manchmal einer grüngeschminkten Zunge. Ich sah sie zuerst in der legendären Schwulensauna «Continental Baths», wo auch Bette Midler ihre Karriere begann. Das Publikum war eine Mischung aus nackten Schwulen und Herren im Dinner-jacket, denn hier fand jeden Sonnabend um Mitternacht eine Show statt.

Es hatte sich gelohnt, zu warten. Beim zweiten Anlauf engagierte ich eine begabte chinesische Kamerafrau, und es wurden unsagbar gute Bilder – ein einzigartiges Dokument, denn Tally ist nach dem Film kaum mehr öffentlich aufgetreten. Sie schob immer mehr Krankheiten vor, die Sorge um ihre Mutter. Aber selbst als diese starb, hatte Tally für sehr lange Zeit tausend gesundheitliche Probleme, für die ich selten Geduld aufbrachte. Ich wünschte mir so sehr, sie würde die Kraft finden, wieder zu singen, denn ich habe kaum jemanden gesehen, der mich auf der Bühne so beeindruckt hat wie Tally Brown. Jedesmal durchfährt mich ein Schauder, wenn ich sie im Film «Surabaja Johnny» von Brecht singen höre. Ihre ist für mich die beste Version, die es je gegeben hat – weil sie so heiß, so undistanziert, so leidenschaftlich ist.

Der Film wurde mit dem Bundesfilmpreis 1979 ausgezeichnet. Tally fand viele Freunde durch den Film. Sie empfing sie in ihrer Höhle in der 15. Straße in New York und faszinierte mit ihrer Mutter-Erde-Ausstrahlung, zwang jedem ein bestimmtes Ritual auf und gab uns das Gefühl, einer großen weisen Frau begegnet zu sein. Ich glaube, es war 1986, ich hatte in der Zwischenzeit viele andere Filme gedreht, da erschien Tally persönlich zu einer Wiederaufführung des Films in einem Kino in downtown New York – wohl anläßlich einer Retrospektive meiner Filme –, und ich heulte los wie ein Schloßhund, als sie auf die Bühne kam und mir für die Arbeit dankte, nicht ohne im nächsten Moment eine kleine Bosheit loszulassen.

1988 kaufte die New Yorker Donel Library eine Kopie des Films und man lud Tally zu einer speziellen Vorführung ein. Sie erklärte der Kuratorin genau, was für ein Stuhl auf der Bühne zu stehen habe und wie und wann sie abgeholt werden müsse und machte die gute Frau wahnsinnig. Ein paar Tage davor starb sie plötzlich. Die Aufführung wurde ein wunderbares Memorial. Viele ihrer Freunde waren erschienen und erzählten skurrile Geschichten von ihr.

Todesmagazin oder: Wie werde ich ein Blumentopf?

Produktion, Buch und Regie: Rosa von Praunheim im Auftrag des ZDF
Kamera: Rosa von Praunheim, Michael Oblowitz, Bernhard Stampfer, Boy Inigies
Schnitt: Rosa von Praunheim, Mike Shephard
Mit Helen Adam, Al Goldstein, Rosa von Praunheim
Format: 16 mm Farbe
Länge: 73 Min.
Gedreht 1979
Uraufführung: Festival Locarno, August 1979
Verleih: Filmwelt

Der Film handelt vom Tod, dem tabuisierten Teil des Lebens. Ähnlich wie den Sex versuchen wir, ihn zu ignorieren. Mein Film handelt vom lebendigen Tod als einem wichtigen Teil unseres Lebens, der nicht immer traurig sein muß. Wir alle sind fasziniert vom Tod. Es fängt mit den grausamen Märchen an, die jedes Kind begeistert liest: Die «Bild»-Zeitung berichtet vom Tod der Putzfrau, die im Seifeneimer erstickte; sinnliche Titelbilder auf «Stern» und «Bunte» berichten vom Massenmord in Guyana. Im Fernsehen

Anja Philips in «Todesmagazin». Foto Michael Oblowitz

mordet man mehr und besser als im Leben. Uns kommt der Tod in Wirklichkeit banaler und langweiliger vor als im Film. In Cinemaskope und Farbe hat man schöneres Blut, besser zerstückelte Leichen, Gehenkte und Erschossene gesehen, als man sie je in der Wirklichkeit sehen kann.

Diesen Film begleitete ein großer Skandal, da der Produzent, das ZDF, ihn eine Woche vor der Ausstrahlung aus dem Programm genommen hatte. Schon während der technischen Abnahme weigerte sich der Techniker, die Bilder weiterfahren zu lassen. «So eine Schweinerei», meinte er und wandte sich angewidert von den Bildern von Geköpften, Unfallopfern und Erschossenen ab – alles schon gesendete Bilder aus dem hauseigenen Archiv, die nur in dieser Konzentration und in Verbindung mit Popmusik so provozierend wirkten. In einer Nachrichtensendung folgt sonst meist eine versöhnende Nachricht einer reizenden Ansagerin mit versöhnlichem Lächeln.

Nun hatte ich aber das Glück, daß der Fernsehspielchef einen Skandal vermeiden wollte und mir die Kinorechte an dem Film gab, der so an die Kinos verliehen werden und seinen Weg durch die Filmwelt machen konnte.

Dazu erschien ein Buch, «Gibt es Sex nach dem Tode?», das in seiner Botschaft für sich spricht.

Titelseite des Magazins «Death», August 1978; aus dem Buch «Gibt es Sex nach dem Tode?»

Unsere Leichen leben noch

Produktion: Rosa von Praunheim und Hessischer Rundfunk
Produktionskosten: DM 80 000
Redaktion: Dietmar Schings
Herstellungsleitung: Renée Gundelach
Regie und Schnitt: Rosa von Praunheim
Regieassistenz und Ton: Michael Schäfer, Dieter Grönling
Kamera: Stephan Köster
Kameraassistenz: Wolfgang Pilgrim
Ausstattung: Inge Stiborski, Gisela Klötzer
Musik: Hans Wittstatt
Darsteller: Lotti Huber, Inka Köhler, Luzi Kryn, Maria Christiana Leven, Madlen Lorei
Gäste: Helen und Pat Adam, Rosa von Praunheim
Format: 16 mm Farbe
Länge: 90 Min.
Gedreht 1981
Verleih: Basis Film (mit engl. Untertiteln: Exportfilm)

Mein bis jetzt in Deutschland kommerziell erfolgreichster Film war als ganz kleine Produktion geplant. Nach meinen Schwierigkeiten mit «Rote Liebe» eine Erholung.

Daraufhin machte ich ein Hörspiel («Frauen zwischen Hitler und Goethe», 1980), in dem ich ein Wochenende lang einige äl-

«Unsere Leichen leben noch». Foto Erika Rabau

tere Damen mit unterschiedlichen politischen Ansichten auf einem Schloß belauschte.

Das Hörspiel wurde Zweiter beim «Hörspielpreis der Kriegsblinden». Selbst Atze Brauner soll in seiner Garage auf das Ende des Stücks gewartet haben. So fasziniert war er.

Der Hessische Rundfunk gab mir DM 80 000 für den Film und die Kinorechte. Ich engagierte meine Tante Luzi, bekannt aus den Bettwurst-Filmen, meine Freundin Inka Köhler, die verrückte Kriminalreporterin Madlen Lorei und die ehemalige Tänzerin Maria Leven. In Berlin entdeckte ich Lotti Huber, die mir als Königin der Statisten vorgestellt worden war. Sie hatte gerade in «Just a Gigolo» mit David Bowie und im «Zauberberg» kleine Rollen gespielt.

Ich dekorierte meine ganze Wohnung um und lud alle Frauen zu mir ein, machte Probeaufnahmen mit Video, schrieb die Texte ab, machte daraus ein Drehbuch und filmte auf 16 mm mit dem Kameramann Stephan Köster (der mich in Köln angesprochen und mir einen Unterwasserfilm von sich gezeigt hatte. Dies war sein erster Spielfilm.)

Mein Freund Mike machte den Ton und hielt die Frauen mit seiner diplomatischen Art davon ab, sofort nach jeder Auseinandersetzung abzureisen.

Auf dem Filmfestival in Hof (Herbst 1981) begann der sensationelle Erfolg meines Filmes. Der Film ist jetzt auf Video erhältlich.

Ich hatte Jahre vorher schon ein Theaterstück über fünf vitale, fantasievolle Frauen geschrieben. Damals waren es professionelle Schauspielerinnen, mit denen ich das Stück am Thalia Theater unter Boy Gobert realisieren wollte. Doch der sagte plötzlich ab.

Frauenstück

(bisher ohne Titel)
Idee von Rosa von Praunheim 1973, für das Thalia-Theater. Projekt kam nicht zustande.

Mich interessiert es, ungefähr acht verschiedene Frauentypen vom 40. Lebensjahr aufwärts auf die Bühne zu bringen.

Angeregt durch das Stück «Frauen von New York» von Claire Boothe Luce, in dem Frauen in Modesalons, Gymnastiksälen und beim Tee Intrigen und Liebesprobleme spinnen, möchte ich konventionelles bzw. reaktionäres Frauenverhalten darstellen.

Ähnlich wie in meinem Homosexuellen-Film, der nicht idealisiert, sondern die beschissene Realität zeigt und den Betroffenen selbst auffordert, an der Veränderung teilzunehmen, möchte ich verinnerlichte Illustriertenideale, unnütze Luxusrituale und die verspielte Lust an der Unterdrückung der Frau widerspiegeln.

Ähnlich wie Schwule sind Frauen untereinander meistens unsolidarisch. Intrigen, Klatsch und Eifersucht sind Ausdrucksformen; Schuld- und Minderwertigkeitsgefühle gegenüber dem Mann mögen eine der Ursachen sein. Frauen untereinander reden über die Männer, über die Liebe, Ehe, Sicherheit und Luxus. Sie spielen sich gegenseitig aus.

Die Realität versucht man zu ignorieren. Die berufstätige und selbständige Frau erkauft ihre Freiheit mit der Verachtung von seiten der Männer. Sie wird benutzt und lernt zu benutzen. Sie erkauft ihre Freiheit oft mit Einsamkeit.

Gerade die reifere Frau ist meist fähiger, ihre Situation unverstellt zu spielen; im Gegensatz zu dem pseudoemanzipierten modernen Mädchen, das seine wirkliche Situation hinter modischem Vokabular verschleiert.

Meine Stückhypothese ist bewußt auf einem Vorurteil aufgebaut.

Differenzierungen der Problematik müssen sich während der gemeinsamen Arbeit herstellen.

Da ich bisher nur mit Laien oder Stars gearbeitet habe, brauche ich für das Stück ausgeprägte Persönlichkeiten, die sich mit voller Kreativität an dem Stückprozeß beteiligen. Das Stück soll sich aus abgeschriebenen Interviews mit den einzelnen Darstellern, aus einem gemeinsamen Gespräch vor der Probe und einer darauffolgenden Bearbeitung von mir zusammensetzen. Die Proben bedeuten weitere Improvisationen, Freude am Spiel und Variationen.

Das Stück soll in seiner Struktur einem Boulevardstück gleichen, einem Muster, das viele der Schauspielerinnen nur allzu gut kennen, das zu parodieren keine Schwierigkeit wäre.

Auszug aus dem Stück nach Interviews.

Elenore: Ich sagte zu meinem Mann: paß mal auf, Ehemänner kann man bekommen, Dienstmädchen sind sehr schwer zu haben. Und das darf sich nicht wiederholen, weil ich das Mädchen brauche. Ich denke nämlich nicht daran, hier staubzusaugen. Das mache ich nicht. Ich sage, kannst du dir nicht 'ne andere holen; er sagte, es wäre ganz egal, es müßte nur was Jüngeres sein. Ich sagte, der ganze Tennisklub wimmelt von jüngeren Mädchen, die alle hinter meinem Mann her waren, weil er gut Tennis spielte. Mit dem Dienstmädchen war nichts mehr drin. Da wollte er einen Harem aufmachen. Fragen Sie mich lieber nicht, was ich dann gemacht habe, fragen Sie mich lieber nicht.

Das Dienstmädchen liebte an sich mich und nicht meinen Mann, die hat sich für mich geopfert. Das Ganze wegen Herrn C., weil ich meinen Mann loswerden wollte, um dem Herrn C. anzugehören . . .

Gertrud: Sie meinen den Pianisten . . .?

Elenore: Den Pianisten, ja. Und dieses Mädchen, die einen lesbischen Tick hatte, der bei mir nun nichts fruchtete, die hat das alles nur gemacht . . . Ich hab sie nämlich wirklich hingeschickt in das Bett, ist ja klar, nicht? Damit ich frei bin für den Pianisten. Nun habe ich mich aber leider entschlossen, meinem Mann zu verzeihen . . . ich wollte ihn ganz gern behalten – und den Herrn C. . . . Beide – getrennt voneinander. Und dann hab ich ihm verziehen, hab ihn fürchterlich zur Brust genommen, damit das Dienstmädchen auch sieht, wie man so etwas macht . . . und dann bin ich weggefahren.

Gertrud: Aus welchen Gründen . . .?

Elenore: Na, glauben Sie, ich laß mich von einer kleinen Mieze aus dem Feld schlagen? Da gibt's doch Saures, das können Sie sich doch wohl vorstellen. Ich meine, ich kann schon bumsen, ich hab' das gelernt – mühsam – akademisch – ich kann schon, wenn es sein muß. Das habe ich dann also mit meinem Herrn Gemahl gemacht und dann bin ich weggefahren . . . ich bin mit dem Dienstmädchen weggefahren.

Gertrud: Und wie hat Ihr Mann das verkraftet?

Elenore: Den hatt' ich ja zum Kind gemacht – der hat alles vertragen, war gar nicht so schlimm. Er war ja außerdem hinter meinem Geld her – es war nicht so schlimm.

Gertrud: Also ein bißchen stimmt es schon mit der Interpretation der Männer, wenn Sie sagen, «einen zum Kind machen» . . .

Elenore: Also, das können Sie mir glauben, ich habe noch nie in meinem Leben wissentlich versucht, irgendeinen Mann zum Kind zu machen.

Gertrud: Das glaube ich . . .

Elenore: Daß ich ein bißchen mütterlich bin und dazu neige, Leute zu verzärteln – das kann sein. Das betrifft aber nicht nur Männer, das mache ich auch mit meinen Freundinnen. Also, das ist nicht geschlechtsbezogen. Dann müßte man schon sagen, ich versuche alle Leute zu Kindern zu machen – nicht nur alle Männer, sondern auch alle Frauen – sämtliche Menschen, die mir in irgendeiner Form nahestehen. Dann ist die Interpretation vielleicht richtig.

Gertrud: Na ja, einige kenne ich ja, die sind Elenore-geschädigt . . .

Elenore: Na ja, das bezieht sich aber dann auch auf meine Freundinnen, das hat mit Erotik oder Sex nichts zu tun.

Ja – und mein Mann wollte sich durchaus nicht von mir scheiden lassen – ich habe vier Jahre gekämpft. Ich hab's aber dann doch geschafft . . .

Gertrud: War das Dienstmädchen dann auch noch da?

Elenore: Nein . . . das Dienstmädchen ist dann enteilt . . . warum, muß ich mal überlegen . . . der Herr C. war bei mir, und sie stürzte sich an seine Bettkante – und er sagte «geh' doch weg – wenn man mit einer Prinzessin schläft, kann man keine Kuhmagd am Bett haben – du stinkst», und das hat sie so beleidigt, daß sie mich dann verlassen hat.

Gertrud: Das war auch ein bißchen uncharmant von ihm.

Elenore: Das fand ich gar nicht uncharmant . . . das fand ich ganz richtig . . . das war das einzige, das mir je im Leben an ihm imponiert hat – muß ich schon sagen. Ja doch, ich fand das gut.

Gertrud: Aber wie kann man denn einem Dienstmädchen sagen . . .

Elenore: Ja, nee, das geht nicht. Bei mir geht das nicht. In meinem Revier kann man nicht . . . da kann die Königin von England kommen, da würde ich genauso . . .

Gertrud: Wenn der das wegen dem sozialen Status macht, das finde ich Scheiße . . .

Elenore: Na ja, der ist doch aus Rumänien und so primitiv, der kann doch nicht anders, Schätzchen. Der hat doch kein Hirn . . . der kann nur Klavier spielen. Das ist aber auch wirklich alles, was er kann – doch verzeih', er kann noch kochen. Sogar besser als ich.

Gertrud: Warum sagen Sie solche Sachen?

Elenore: Kann man jemand lieben, der nichts im Hirn hat und nichts in der Hose und nur Klavier spielen kann . . .?

Gertrud: Er hat was in der Hose.

Elenore: Nun paß mal auf, jetzt möchte ich was sagen. Zum Reden habe ich so wahnsinnig viele Leute, daß ich zum Bumsen nicht auch noch jemand brauche, mit dem ich rede . . .

Gertrud: . . . ich bin ein ganz altmodischer Mensch.

Elenore: Ich habe den Herrn wirklich geliebt – basta.

Gertrud: Was haben Sie geliebt?

Elenore: Alles. Jede Faser. Seine komischen Ohren . . . seine

Zahnlücke ... alles ... seine O-Beine ... alles. Auf jeden Fall, ich habe ihn geliebt. Ich kann es nicht erklären ... ich habe diesen Mann so geliebt, daß ich mich für ihn auch hätte umbringen lassen ...

Gertrud: Ich meine, es ist auch eine dreiste Frage ...

Elenore: Ist keine dreiste Frage, ist eine berechtigte ...

Gertrud: Da muß ich zurückfragen – ich kenn' Leute, die malen, Leute, die schreiben und solche, die politisch nicht uninteressant sind ...

Elenore: Ich will bumsen!

Gertrud: Ach so, das ist was anderes, das kam vorher nicht zum Ausdruck.

Elenore: Mit Liebe – mit Gefühl!

Gertrud: Also nur bumsen? Und dann heiratet man aber?

Elenore: Nee, ich wollt' ihn nicht heiraten.

Gertrud: Ach, sieh mal an.

Elenore: Heiraten wollte ich ihn doch nicht, um Gottes willen. Ich habe gesagt, ich wollte für ihn da sein – nicht heiraten. Ich wollte doch meinen Mann behalten. Mit dem konnte ich ja fabelhaft reden, der war ja hochgebildet ... auch über Politik und alles.

Gertrud: Wenn er intellektuell und hochgebildet ähnlich reagiert hätte wie damals der Herr bei dem Dienstmädchen: ... wie komme ich dazu, du Prinzessin bumst mit dem Typ, der das Klavier schlägt und der auch kochen kann – gleichzeitig bumst du mit mir. Nun wird es mir zu bunt ...

Elenore: Die Sache ist ja die, daß mein Mann das nicht wußte, daß ich mit dem Herrn bumste. Das habe ich ihm nicht mitgeteilt – ich bin ja höflich – erstens ... ich habe erst dann bitte schön mit ihm gebumst, nachdem ich meinen Mann aus dem Hause geworfen habe ...

Gertrud: ... alles von Beate Uhse ...

Ich möchte nunmehr die Frage stellen, ob man dann in dieser Beziehung von Liebe sprechen kann ...

Elenore: Das kann ich Ihnen ganz präzise erklären.

Ich war mit meinem Mann im Grunde genommen ganz gut verheiratet. Ich habe meinem Mann gesagt, als ich ihn geheiratet habe: du kannst bumsen, mit wem du willst – aber bitte mach' es so, daß ich nicht lächerlich gemacht werde im Tennisklub, weil wir da dauernd hingehen müssen. Ich werde dich nicht fragen, woher du kommst, wohin du gehst, und wenn du nicht nach Hause kommst, ist auch gut. Es wär mir allerdings lieb, du würdest es mir gleich sagen, damit ich nicht kochen muß. Ich werde dich nie fragen ... aber bitte, nimm ein bißchen Rücksicht, damit ich nicht lächerlich gemacht werde – das kann man ja. Und ich habe gesagt, ich verlange das gleiche Recht auch für mich. Unter diesen Bedingungen haben wir geheiratet. Wohlgemerkt. Daß ich ihn nicht blamiere und er mich nicht blamiert, daß aber für jeden Freiheit herrschen soll auf dem Gebiet . . .

Das Resultat war, daß er mich belauert hat wie ein türkischer Haremswärter. Und mich überhaupt nicht betrogen hat, bis die Geschichte mit C. kam und dann das Dienstmädchen . . . und er sich eingeredet hat, ich hätte schon mit dem gebumst, was gar nicht stimmte. Ich habe nur ein einziges Mal in einem Seebad mit ihm gebumst und dann jahrelang nicht – jahrelang nicht, weil mein Mann mich nicht gelassen hat. Und dann wurde mir das zu dumm. Ich wollte meine Liebesaffäre mit Herrn C. unbedingt ausleben – während der sich seinerseits immer scheiden lassen wollte, um mich zu heiraten. Ich habe gesagt, das mache ich nicht, denn ich könnte ja deine Mutter sein. Das war dann sehr schlimm, das hat zu entsetzlich dramatischen Verwicklungen geführt. Ich bedaure es, ehrlich gesagt, daß ich es nicht getan habe, weil vielleicht hätte ich ihm helfen können. Denn jetzt . . . daß er so wahnsinnig trinken muß. Ich wollte dem ja weiß Gott nicht schaden, ich wollte ihm höchstens nützen. Ich wollte ihn auch nicht mit mir belasten. Ich wollte für ihn dasein, ohne ihn mit mir zu belasten. Und ich dachte, daß mein Mann, der in meinem Alter ist – er ist drei Jahre jünger als ich –, das kapiert.

Mein Mann hat aber folgendes versucht. Er hat versucht, den Haremsbesitzer zu spielen. Und das geht nun nicht. Mich mit Schmuck bewerfen, mich mit Nerzen bewerfen und mir verbieten, jemand eine Tasse Kaffee zu kochen, geht nicht. Mir teure Autos zu kaufen, aber von mir verlangen, daß ich meine Zigaretten reduziere, das geht nicht. Mich interessieren die tollen Autos nicht, mich interessieren auch keine Nerzmäntel . . .

Gertrud: Wie geht es, daß man einen Mann nur zum Liebhaber hat . . .

Elenore: Das geht schon . . . nicht bei allen . . .

Gertrud: Also, für mich ist das ein Phänomen. Ich versuche, das zu verstehen.

Elenore: Es geht bestimmt nicht bei jedem. Aber ich habe mir überlegt, daß es gehen müßte . . . mein Mann hat ja so an mir gehangen, angeblich wegen meiner Person – womöglich wegen meiner GEMA-Einkünfte. Ich weiß es nicht so genau. Aber das ist ja egal.

Gertrud: Sie haben doch keine Komplexe. Sie müssen doch wissen, ist es wegen der GEMA-Einkünfte oder wegen Ihrer Person.

Elenore: Mein liebes Kind, ich habe keine Komplexe, aber ich bin sachlich. Ich überbewerte mich auch nicht.

Gertrud: Aber wenn Sie überlegen, ob er bei Ihnen bleibt . . .

Elenore: . . . ist doch ungeheuer apart. Der Mann konnte phantastisch Skat spielen, phantastisch Bridge spielen, märchenhaft Tennis spielen. Ungeheuer . . . reiten, hat mir drei Mal das Leben gerettet. Ski laufen konnte er auch. Was wollen Sie denn . . .

Probenfoto: Evelyn Künneke, Luzi Kryn, Gräfin Richthofen, Charlotte Schellenberg, Elisabeth Göbel und Rosa. Foto Marcel Fugère

Gertrud: . . . mit dem hätte ich ja nicht leben können.

Elenore: Wieso denn, er war doch ganz niedlich. Außerdem war er ein ausgesprochen guter Spielkamerad. Ich spiele ja gerne Skat.

Gertrud: Ich kann mir vorstellen, daß es für viele eigenwillige Frauen ein großes Problem ist . . . ich finde das, was Sie erzählen, faszinierend und hinreißend, weil ich Ihnen glaube. Wenn ich Ihnen nicht glauben würde . . .

Elenore: Sie können es mir glauben. Ich kann Ihnen das beweisen. Ich meine, ich bin ganz ehrlich . . . ich versuche, immer zu erklären, warum das Ganze. Weil ich mir gesagt habe, ich liebe nun mal den Herrn C. Ich mag aber meinen Mann sehr gerne. Mein Mann hängt an mir, aus was für Gründen auch immer. Mein Mann war außerdem ein sehr gutaussehender Mann, er hat bedeutend besser ausgesehen als der andere. Und außerdem ein sehr guter Liebhaber – im Gegensatz zu Herrn C. Ich habe gedacht, mein Gott, du bist ja noch nicht so alt – du mußt ja einen haben, der das auch noch kann, außer der Romanze da. Also was soll's. War doch ganz praktisch, die Erwägung von mir.

Gertrud: Sind Sie sicher, daß Sie glücklicher sind als die Frauen, für die das ein Problem ist?

Elenore: Ich bin noch nie in meinem Leben glücklich gewesen, meine liebe Gertrud. Ich kenne keine Frau – und ich kenne viele Frauen in meinem Alter, jünger oder älter, ich kenne sehr viele Frauen – und ich bin ein Seelenklo. Ich rede nicht über Probleme von anderen, und daher habe ich viele Freundinnen, zum Teil seit dreißig und fünfunddreißig Jahren, die mit allem zu mir kommen, weil sie wissen, es ist wirklich begraben. Ich habe bestimmt viele Frauenschicksale in meinem Leben kennengelernt und darüber diskutiert, versucht, denen zu helfen etc. etc. Ich habe noch nie in meinem Leben eine Frau kennengelernt, die auch nur annähernd so unglücklich war wie ich. Ich bin seit vier oder fünf Jahren vollkommen impotent und bin schon seit mehreren Jahren in Behandlung, aber niemand kann mir helfen. Ich habe zwar mit Männern geschlafen, aber ich hätte es ebensogut lassen können . . . Ich lasse es jetzt auch, weil es für mich gar keinen Zweck hat.

Gertrud: Haben Sie den Schluß gezogen, daß das Bumsen Voraussetzung ist, daß man sich gegenseitig weder masturbiert, stimuliert . . . noch weiterbringt . . .

Elenore: Das habe ich herausgefunden. Ganz genau. Deswegen lasse ich es auch . . .

Gertrud: . . . weil ich so was noch nie gehört habe.

Elenore: Paß mal auf, es ist für eine Frau biologisch völlig normal in meinem Alter . . .

Gertrud: Aber Sie sind doch nicht 107.

Elenore: Aber ich bin 53.

Gertrud: Na ja und, nebbich kann ich nur sagen.

Elenore: Und mein letztes Liebeserlebnis kann ich ja auch gleich mal erzählen, weil es sehr komisch ist. Da war ein Herr, der 20 Jahre drauf gewartet hat, der mich immer heiraten wollte. Ich bin ja diskret, ich erwähne den Namen nicht. Alle Leute, die den kennen, haben gesagt, der wäre eine abgebrühte Niete im Bett. In einem Anflug von Sentimentalität bin ich also bei dem geblieben, eine Nacht. Dieser Mann ist überhaupt keine Niete im Bett. Der ist sehr gut im Bett. Ich war völlig perplex, weil ich das überhaupt nicht erwartet hatte.

Gertrud: Was hat das bei Ihnen für Folgen, wenn Sie feststellen, ein Mann, von dem alle Leute sagen, er sei nebbich im Bett, gut im Bett ist. Was heißt überhaupt: gut im Bett?

Elenore: Moment – ich sag' es ganz genau: ein talentierter, angenehmer und rücksichtsvoller Liebhaber.

Dieser Mensch, mit dem ich da geschlafen habe, ist ein Mann von Ende Dreißig. Mit unheimlich viel Geld . . . ich will den Namen nicht sagen . . . er ist verheiratet . . .

Gertrud: Dann weiß ich, wer es ist, okay.

Elenore: Ich habe das Ganze nur getan, weil ich – seid mir nicht böse – irgendwo ein Seelchen bin, aus Sentimentalität. Ich wollte ihm eine Freude machen. Die Frau war verreist.

. . .

Kinder, ist das so schlimm? Ich mache gerne Menschen Freude. Ich bin nicht bösartig . . . Ich will sagen, ich habe es aus sentimentalen Gründen getan. Ich habe es nicht bereut, weil ich diesen Mann damit – so lächerlich es klingen mag – ungeheuer glücklich gemacht habe.

Gertrud: Darf ich mal einen Satz dazwischenfragen. Als ich ein ziemlich junges Gör war und noch nicht verheiratet und noch keine Kinder hatte und noch keine Enkel hatte, auch noch nicht Schauspielerin war, kam ein Mann zu mir, den ich sehr gerne mochte, der hatte 1944/45 einen Rückenmarkschuß bekommen. Und dieser Junge kam zu mir. Ich war eine Anfängerin . . . ich mochte den unheimlich gerne, der studierte Jura und Geschichte, der forderte mich, der verlangte von mir bestimmte Dinge. Der kam zu mir und war reduziert . . . der konnte kaum noch gehen . . . und ich bin mit ihm zusammengewesen. Und ich habe es bereut mein Leben lang, obwohl er bezaubernd war im Bett . . . und trotzdem habe ich es bereut. Das ist doch von einem Mann irrsinnig. Nur weil man sagt, ja, der möchte – ich geb' mich. Da würde mir als Mann die Sache runterfallen vom Vehikel . . .

Elenore: Ja, das habe ich ihm doch nicht gesagt, mein Gott! Das sage ich jetzt.

Gertrud: Die Männer sind doch nicht doof.

Elenore: Mein liebes Kind. Ich bin eine fabelhafte Schauspielerin im Bett. Ich bin im Bett sicher bedeutend besser als Schauspielerin als jemals auf der Bühne. Das weiß ich.

Gertrud: Ich meine, Männer sind doch nicht da, daß man ihnen was vorspielt.

Elenore: Warum denn nicht, wenn man sie damit glücklich macht. Ist das böse, wenn man . . .

Ich finde das unheimlich positiv. Ich habe es nicht bereut. Ich habe es fast genossen, wie ich gemerkt habe, daß der Mann so glücklich ist.

Gertrud: Ich habe überhaupt niemals, solange ich Sie kenne – auch damals nicht –, geglaubt, daß Sie etwas tun, um jemand zu schaden. Das ist bei Ihnen gar nicht drin . . .

Elenore: Ich wehre mich aber meiner Haut, ja?

Wenn man mich zu sehr kränkt, wehre ich mich . . .

Gertrud: Ja, das ist ein anderes Problem, das macht jeder.

Elenore: Aus einer Lust zu schaden bestimmt nicht . . .

Ich wollte nur sagen, ich habe es ja aus einem bestimmten Grund getan und ohne jeden Spaß. Es hat mir keinen Spaß gemacht.

Gertrud: . . . bei so direkten Begegnungen kann ich sehr schwer flunkern . . .

Elenore: Aber das ist doch wohl eine Veranlagungssache. Denken Sie doch mal daran, daß ich bei C. . . ., den ich Jahre mit meiner Liebe verfolgt habe, elf Jahre flunkern mußte, weil, ich habe ihn ja wirklich nun geliebt. Ich habe einen Herrn geliebt, mit dem ich nie geschlafen habe. Den Namen kann ich ja sagen, weil ich mit dem nichts hatte. Ich habe mit seiner Frau geschlafen statt dessen, das weiß auch die ganze Branche. Wissen Sie, wen ich meine? Den Herrn A. Den habe ich sehr geliebt, beispielsweise. Herrn J. habe ich überhaupt nie geliebt. Nie, auch nicht für fünf Minuten mal . . .

Gertrud: Warum haben Sie denn . . .

Elenore: Weil ich Karriere machen wollte.

Ich habe ihn gemocht, der war mir nicht unappetitlich und nicht unsympathisch. Aber ich habe ihn nie geliebt.

Gertrud: Ich finde das einen irrsinnigen Beschiß. Und zwar einen Beschiß, den Sie an sich selbst begehen. Ich kann doch nicht sagen, weil ich Herrn Bismarck kenne und Herrn Meissner kenne und weil sie mir nicht unsympathisch sind und weil ich ein paarmal im Jahr Fernsehen mache, kann ich doch nicht sagen, weil sie mir nicht unsympathisch sind, lasse . . .

Ich meine, ich kapiere es von Ihnen nicht, wie Sie sich reduzieren dadurch.

Elenore: Ich reduziere mich doch nicht. Ich will versuchen, Ihnen das Problem zu erklären. Das Problem geht ja viel tiefer. Es ist bei mir ein Mangel an Liebesfähigkeit. Ich kann nur sehr schwer lieben. Ich kann Menschen lieben und ich kann mich sogar zerfranzen für Menschen, das ist ja bekannt. Mache ich auch sehr gerne, macht mir auch unheimlich viel Vergnügen, aber ich habe eine unheimliche Sperre . . . außerdem bin ich so mißtrauisch, das können Sie sich gar nicht vorstellen.

Gertrud: Ich find' Sie ungeheuer meschugge, aber ich würde Ihnen nie unterstellen, daß Sie irgend etwas Böses . . . Ich meine, ich brauch' Sie nur ansehen – ein bißchen Ahnung habe ich ja von Menschen – dann weiß ich, Sie schwimmen weg und Sie können nicht schwimmen . . .

Elenore: Ich bin unheimlich krankhaft gutmütig – das weiß ich auch. Wie gesagt, mit dem J. Das ist also – ich habe ihn wirklich nicht geliebt.

Ich habe mich durch die Gegend gebumst – wild, und zu häufig. Und auf der Suche nach einem, den ich vielleicht lieben könnte. Das ist ja ganz normal – das macht ja jeder Mensch . . . Ich bin eigentlich, was mir niemand glauben will, ich bin ungeheuer introvertiert. Ich spiele eine wahnsinnige Rolle. Das, was ich darstelle, bin ich nicht.

Gertrud: Introvertiert und langweilig ist ein Riesenunterschied.

Elenore: Introvertierte Leute sind naturgemäß langweilig.

Gertrud: Daß man viele Reflexionen hat, das heißt es, aber doch bloß nicht, daß man langweilig ist . . .

Elenore: Ich kann gut zuhören – ich habe Humor, aber es ist nicht allzuviel in mir drin. Ich wäre gerne kreativer . . . vielleicht habe ich auch gar keinen Humor, vielleicht habe ich nur Witz. Vielleicht habe ich diesen bösen Witz von meinem Vater geerbt, der ja gar keinen Humor hatte.

Ich habe im Krieg zwei Menschen umgebracht. Und das ist der Grund, warum ich eine schwere Neurose habe. Und das ist der Grund, warum ich mich schlagen lasse, ohne mich zu wehren.

Und das ist der Grund, warum ich in psychoanalytischer Behandlung war, weil ich das nicht verkraften kann, was ich im Krieg tun mußte – wirklich aus Selbsterhaltungstrieb . . . ich kann es nicht loswerden, daß ich zwei Männer im Krieg umgebracht habe.

Was da rausgekommen ist bei der Analyse – ich habe mich ja totgelacht –, ich habe einen Vaterkomplex. Als Tochter des berühmten Soundso soll man den nicht haben. Da brauche ich doch nicht zwei Jahre Geld rauszuschmeißen. Das weiß ich doch alleine.

Daß ich früher eine Amazone war, das weiß ich auch.

Gertrud: Haben Sie Ihren Vater geliebt?

Elenore: Ja, sehr. Ich habe ihn ungeheuer geliebt, aber ich habe – das ist vielleicht pervers – meine Mutter ebenso geliebt. Ich habe gesehen, wie mein Vater sich unter meinen Augen mit Morphium umbringt, und ich konnte ihn nicht davon zurückhalten. Und darunter leide ich auch noch sehr.

Gertrud: Darf ich mal was ganz Dummes fragen. Sie sagen, Sie hätten früher zwei Menschen umgebracht. Was heißt umbringen?

Elenore: Getötet – getötet. Den einen mit dem Messer, den andern mit der Hand – gleichzeitig.

Ich lag in einem Baum, in einem Fallschirm, der mich runtergerissen hat in einem Walde in . . . in deutscher Uniform. Da erschienen zwei Partisanen. Die habe ich angelächelt und gedacht, wenn ich jetzt nicht sofort zuschlage, werden die mich erst benutzen und dann umbringen. Ich dachte – ich mach' das gleich . . .

. . .

Ich bin dahin geflogen, weil die Moral der Truppe in Frage gestellt war. Und ich bin, das ist ganz wahnsinnig, wie ein fliegender Storch abgeschossen worden.

. . .

Ich kann fliegen. Aber da bin ich gar nicht selber geflogen. Da bin ich schon nicht mehr geflogen. Ich bin hingeflogen worden. Ich mußte in einer Höhe von ungefähr 800 Metern abspringen, was natürlich bedeutet . . . mit einem irrsinnigen Tempo – wenn da nicht so hohe Bäume gewesen wären – wären wir beide tot gewesen, der Pilot und ich . . .

Ich kann fliegen, ja. Aber ich hab' da nicht mehr geflogen, weil ich . . .

Gertrud: Da waren also zwei Partisanen.

Elenore: Genau. Und ich hab' gewußt, die muß ich umbringen, sonst werden die mich umbringen.

Das war 1943, im September – da war ich in . . . am Soldatensender «Ursula», und da war die Moral der Truppen sehr gefährdet. Bei . . . war ein Durchbruch, und da habe ich den Generalfeldmarschall von Küchler persönlich gebeten, ob er mich nicht dahinschicken will. Der konnte ja machen, was er wollte, und der hat das gemacht. Ich bin also 14 Tage lang jeden Tag mit der Hauptkompanie in den Bunkern gewesen – ohne Begleitung – und habe meine Lieder gesungen und mit den Leuten geredet und bin dann zurückgeflogen worden nach Pl. Und bei der Gelegenheit bin ich eben abgeschossen worden – in einem Fieseler Storch, also lächerlich, aber so was kann eben auch mal passieren. Und dann ist das passiert, und das kann ich nicht verwinden.

Ich habe zu einer Frau mehr Vertrauen als zu einem Mann. Ich habe prinzipiell viel mehr Vertrauen zu Frauen als zu Männern. Ich muß auch sagen, daß in meinem ganzen Leben, wenn mir jemand geholfen hat, 80 % davon immer Frauen waren. Also diese dummen Stories, daß Frauen falsch sind . . . das lehne ich alles ab. Da sehe ich rot. Ich bin nicht lesbisch, aber ich mag Frauen viel lieber als Männer.

Gertrud: Aber Sie sind doch sehr eifersüchtig auf Frauen.

Elenore: Ich bin überhaupt nicht eifersüchtig auf Frauen, Gertrud, ich bin nur in dem Moment eifersüchtig auf Frauen, wenn eine Frau mir den Mann wegnehmen will, der mir gefällt, sonst nicht.

Gertrud: Eine Frau kann, von mir aus, den größten Erfolg haben, sie kann sechsmal mehr Männer haben – ich werde nie neidisch oder eifersüchtig – im Gegenteil, ich freue mich für die Frauen.

Elenore: Aber das war doch früher anders?

Gertrud: Nein, das war nie anders.

Elenore: Frag mal die Lisa, die kennt mich vom Hörensagen ein bißchen länger, die wird dir sagen, es gibt keine einzige Kollegin, die mit Recht irgendwas gegen mich sagen könnte. Ich kenne auch keine – außer einer, diese Schlagersängerin, die ist aber auch die allereinzige. Ich habe wirklich noch nie gegen irgendeine Frau oder Kollegin intrigiert oder irgendwas getan.

Gertrud: Was haben Sie bei Frauen lieber?

Elenore: Erstens haben Frauen mehr Kraft als Männer, zweitens sind sie sensibler, drittens haben sie doch mehr Takt, sie sind nicht solche Säue . . .

Gertrud: Ich mag ja sehr gerne Männer, ich habe auch furchtbar viele Männer, ich kenne irrsinnig viele Männer um mich rum, die nun nicht unbedingt alle schwul sind, ich kenne auch ganz normale Ehepaare. Ich habe Freundschaften mit Ehepaaren, wo ich mit beiden sehr gut befreundet bin – heterosexuelle Männer und schwule Männer. Ich mach' überhaupt keinen Unterschied – interessiert mich nicht, ob ein Mann schwul ist oder heterosexuell. Für mich ist ein Mann ein Mann.

Elenore: Mir sind Frauen einfach angenehmer. Ich unterhalte mich tausendmal lieber mit Frauen als mit Männern. Es gibt einige wenige Männer, mit denen ich einen sehr guten geistigen, seelischen Kontakt habe. Ehe ich jetzt mit einem Mann, der lächerliche Komplimente vor sich hin sabbert, weil er mit mir ins Bett oder sonst irgend etwas will, unterhalte ich mich lieber mit Frauen.

Gertrud: Haben Sie sich auch mal vorgestellt, daß Männer sich mit Frauen unterhalten wollen, ohne mit ihnen ins Bett zu gehen?

Elenore: Natürlich, ich kenne ja viele Männer, die sich mit mir unterhalten, ohne mit mir ins Bett gehen zu wollen . . . heute – aber noch vor sechs Jahren sah das ganz anders aus.

Gertrud: Ich kenne viele Männer, die mit mir durch dick und dünn gingen, sich sehr gerne mit mir unterhielten, aber nie mit mir ins Bett wollten . . . frage ich mich, bin ich geschlechtslos?

Elenore: Sie sind sicherlich nicht geschlechtslos. Aber Sie haben nicht diese Mehlsäcke vor sich her bammeln, die ich habe, mein Kind . . .

Gertrud: Es gibt Männer, die mögen Mehlsäcke, und es gibt Männer, die mögen Busen . . .

Elenore: 90 Prozent der Männer mögen diese Mehlsäcke, leider, glauben Sie mir – es ist widerlich, aber es ist so . . .

Gertrud: Ach, das sollten Sie nicht . . .

Elenore: Ich finde das so unappetitlich und so ekelerregend, was ich da vor mir her trage – davon wollen wir gar nicht reden –, aber ich habe selbst Herrn J., der mir erzählt hat, er haßt Busen, an meinem Busen sabbern sehen.

Gertrud: Männer, die Komplexe haben, er ist zu klein oder . . . ist doch pampie. Genauso ist doch pampie mit Busen oder Hintern . . .

Elenore: Ja, das sagen Sie, aber die Männer . . .

Also, ich erzähle eine Geschichte und ich schwöre, daß das wahr ist, und das ist die ungeheure Geschichte meines Lebens überhaupt: ich habe meinen Mann im Tennisklub kennengelernt, habe mit ihm jeden Tag Tennis gespielt – ich möchte also betonen, ich habe eine Sache, die schön ist, ich habe schöne Beine –, ich habe mit diesem Herrn monatelang in einem kurzen Röckchen jeden Tag Tennis gespielt. Ich habe mit ihm ein Verhältnis gehabt, ich habe mit ihm geschlafen und gehe mit diesem Menschen eines Tages in einen albernen Tennisklub zu einem Tanzabend und habe ein Kleid an mit hohen Absätzen und Strümpfen. Da sagt dieser Mann zu mir völlig verstört – ich schwöre es bei meinem Augenlicht, daß es wahr ist –, ja sage mal, du hast ja bildschöne Beine. Ich sage, selbstverständlich, Schätzchen, du mußt doch meine Beine kennen, du hast doch jeden Tag mit mir Tennis gespielt unter anderm. Da sagt er zu mir – wörtlich: Ja, beim Tennisspielen guck ich doch auf den Ball, und ansonsten hat mich dein Busen bisher weit mehr interessiert. Der hat überhaupt gar nicht gewußt, was ich für Beine habe – dieser Mensch – hat mit mir monatelang geschlafen – das kann doch nicht wahr sein. Das sind Männer – das sind Männer.

Gertrud: Ich kann mir vorstellen, ich war also schon sehr lange mit dem Engel verheiratet, als er auf einmal sagte, du hast runde Knie, und die meisten Frauen haben eckige Knie ... Als ich mich abends abrubbelte, da sagte er eines Tages plötzlich, als ich aus dem Bad kam, die Haare so ganz nach hinten hatte: ... Du hast einen merkwürdigen Kopf. Und ich konnte die ganze Nacht nicht schlafen. Ich dachte, der ist wohl meschugge geworden. Er hat mir später erzählt, er hat es nett gemeint ...

Elenore: Aber wenn Sie mir doch glauben würden, die Männer sagen doch nie die Wahrheit. Wenn Sie mir doch glauben würden, daß heterosexuelle Männer ... ich sage nicht, daß sie sich nur in eine Frau mit Busen verlieben können, das ist Quatsch – aber sie wollen auf jeden Fall daran grabschen – auf jeden Fall.

Gertrud: Ich versteh' nicht, daß Sie darunter leiden.

Elenore: Ich leide wahnsinnig darunter, weil ich das unanständig finde und weil ich außerdem nicht fortlaufend an diesen Busen erinnert werden möchte. Ich finde das ekelhaft.

Gertrud: Darf ich mal was Konkretes fragen: Es ist alles sehr hübsch ...

Elenore: Er ist nicht dazu da. Er ist zum Kinderernähren da. Aber nicht zum Rangrabschen.

Gertrud: Da könnte ich mit sehr viel Respekt widersprechen. Ich habe also immer diese halbe Handvoll gehabt ... und meine Kinder ...

Elenore: Ich geb meinen sofort her, können Sie sofort haben ... seien Sie froh, daß Sie ihn nicht haben ...

Ich bin geschlagen mit meinem Busen. Ich finde meinen Busen obszön – wenn Sie es ganz genau wissen wollen, finde ich ihn obszön – er ist obszön und ich möchte nicht obszön sein. Da ich ihn aber nun habe, bin ich gezwungen, obszön zu sein – wenn ich auftrete, bin ich eine Ordinäre – wenn ich so platt wäre wie ein Brett ...

Gertrud: Aber Quatsch, wenn ich irgend jemand erklären würde, wer Sie sind, würde ich nie als erstes sagen, die hat einen Riesenbusen ...

Elenore: Weil Sie eine Frau sind – weil Sie eine Frau sind und weil Sie eben sensibler sind ...

Gertrud: Die Männer, die mich kennengelernt haben, die haben nie gesagt, die hat keinen Busen oder keinen Arsch, die haben also gesagt, die Kukuline ist eine Pygmäe ... man kann mit ihr reden ...

Elenore: Stimmt ja nicht, Sie

sind eine zierliche, kleine, niedliche Person ...

... Ich habe gern was Weibliches, aber ein Drittel von dem, was ich habe. Operieren lassen kann ich nicht, weil alles Drüsen sind – geht nicht. Jetzt bin ich alt und müd' – nun hab' ich alles noch herbaumeln. Nun ist es ja mein Image, verdiene ja damit immer noch Geld ... Jetzt soll es doch baumeln.

Gertrud: Was wollen Sie denn in Ihrem Leben ändern?

Elenore: Ich? Ich will überhaupt nichts in meinem Leben ändern. Ich will noch einige Sachen machen, die ich mir vorgenommen habe – das ist nicht allzuviel. Und dann bringe ich mich um.

Gertrud: Mensch, darauf reagiere ich ganz, ganz ...

Elenore: Ja, ich bring' mich um – aber ich bring' mich um – und zwar ...

Gertrud: Ich mag es überhaupt nicht, wenn jemand davon spricht. Entweder man tut es oder man tut es nicht ...

Elenore: Weil ich nicht alt werden will. Ich will es nicht. Hat niemand damit zu tun – ist meine eigene Angelegenheit. Ich möchte nicht so alt werden wie meine Mutter – ich möchte nicht Leuten zur Last fallen wie meine Mutter.

Gertrud: Aber die war doch ungeheuer beliebt, Ihre Mutter.

Elenore: Ungeheuer beliebt. Aber ich habe keine Tochter.

Gertrud: Wo ist denn der Punkt, wo Sie sagen: alt. Was ist alt?

Elenore: Wenn ich hilflos bin – daß ich mir nicht mehr selber helfen kann, Gertrud, das will ich nicht. Ich habe das bei meiner Mutter jahrelang mitgemacht. Dann würde ich mich sofort umbringen. Solange ich mir selber helfen kann – daß ich nicht Leute belasten muß, die mich pflegen müssen –, werde ich mich nicht umbringen. Aber im Augenblick ...

Gertrud: ... ich hab' Sinn für Erotik und ich bin eine sinnliche Person. Ich habe sinnliche Wahrnehmungen. Ich finde es schön, mit einem Mann oder mit einer Frau zu sein. Ich mag Menschen riechen, fühlen, ich mag ihnen zuhören. Also – bei mir werden erst mal die Sinne angesprochen, dann ... ihr tut so, als wäre das ganze Leben nur eine Bumserei ...

Elenore: Also, ich bin älter – ich darf du sagen – wir beide verstehen uns, das hat aber nichts mit unserer Erziehung zu tun, das begreift ihr nicht ... du bist eine Frau, ich bin eine Frau – wir sind beide sensible Frauen, ja. Wir verstehen uns sehr gut. Ich bin wirklich hundertprozentig deiner Meinung, wenn mir auch keine Erziehung das beigebracht hat, sondern mein normaler Instinkt mir das so sagt. Ich finde Sex sauber. Und so, wie er in den Dreck gezogen ist, wirkt er gegen die Lust. Ich werde so böse, wenn jemand versucht, Sex in den Dreck zu ziehen, das kannst du dir gar nicht vorstellen. Weil Sex für mich gleichbedeutend mit Erotik ist. Sollte zusammengehören. Jede Art von Sex. Es gibt auch Erotik ohne Sex – Sex ohne Erotik kannst du auch vergessen.

Ich darf dir dazu sagen, daß ich mehrere Jahre mit einem Herrn befreundet war, der Nationalpreisträger in der DDR war und Mitglied des ZK, nämlich Herrn G. S., ein sogenannter Reklamekommunist. Weder war der Mann verklemmt noch hatte er Schwierigkeiten, über Sex zu reden oder denselben zu betreiben. Das war ein ganz bezaubernder, ganz natürlicher, ganz integrer Mann, der ganz genau wußte, was er wollte, den ich auch ganz gut ... bis er sich meinetwegen scheiden lassen und seine Frau mit vier Kindern verlassen wollte. Aus dem idiotischen Grund, weil ich in seinen Augen – erst Jesus Christus und dann ich – die beiden Idealkommunisten waren. Ich habe nun gesagt, ich bin aber nicht Mitglied der Kommunistischen Partei, nachdem ich vorher mit Herrn J., der auch Kommunist ist, elf Jahre liiert war – ich will auch nicht eintreten. ... Ich lehne den Kommunismus ab, weil ich an ihn nicht glaube, es tut mir leid. Ich sympathisiere mit den Leuten, weil ich halt sehr sozial bin und vielleicht auch links. Ich finde es eine ausgesprochene Unverschämtheit, einem Menschen zu befehlen, daß er so lange leben muß, wie die katholische Kirche es für richtig hält.

Gertrud: Das ist ein völlig anderes Problem. Ich habe nur gesagt. Ich meine, ich weiß nicht, was ich mache, das ist wurscht, vielleicht werde ich 109, vielleicht werde ich wie Elsa Wagner und werde noch auf der Bühne rumhüpfen, vielleicht kriege ich Krebs. Vielleicht werde ich von einem Turm herunterpurzeln ... aber ich sehe nicht ein ... und eines Tages steht in der Zeitung, die hat sich umgebracht.

Und dann ... komisch, an dem Tag war sie so intakt, wieso haben wir es nicht gespürt, daß sie in Not ist, vielleicht hätten wir sie aufhalten können. Das meine ich ...

Elenore: Wozu soll man jemand aufhalten, der sich umbringen will. Wozu?

Gertrud: ... jetzt traue ich dir auch zu, daß du es so machst, daß man dann denkt, es ist ein Unglücksfall ... Wenn ich es aber einmal ausgesprochen habe vor Publikum, dann würde man sagen ...

Es war nur ein Appell an dich. Ich finde, du kannst mit dir machen, was du willst.

Elenore: Du, ich habe nicht den Eindruck, daß das die Leute ungeheuer kratzen wird, wenn ich mal nicht da bin.

Gertrud: Das finde ich kokett.

Elenore: Das ist gar nicht kokett. Das ist meine ehrliche Meinung.

Gertrud: Das finde ich kokett.

In dem Moment, wo ich das weiß, habe ich eine Art Verantwortung ... in dem Moment, wo ich weiß, jemand geht es nicht sehr gut, habe ich eine Mitverantwortung.

Elenore: ... Ich meine, ich kenne auch so schrecklich viele Leute, die aus den kommunistischen Staaten hierhergekommen sind. Ich kann den Kommunismus in der Form, wie er heute ist, nicht anerkennen. Ich kann nicht, weil es eine Erfindung gegen die Menschenwürde ist, wenn man einen Diktaturstaat macht. Gedacht ist es phantastisch, aber die Praxis sieht ja leider ganz anders aus. Kommunismus ist eine Entwicklung, die über so viele Generationen nur möglich ist . . .

Rote Liebe

gewidmet Alexandra Kollontai und Helga Goetze
Produktion, Buch, Regie und Schnitt: Rosa von Praunheim
Produktionsleitung: Bernhard Stampfer, Birgit Lelek
Redaktion: Christoph Holch
Herstellungsleitung: Renée Gundelach
Regieassistenz: Anke-Rixa Hansen, Dorothee von Meding
Kamera: Mike Kuchar, Rosa von Praunheim
Kameraassistenz: Wolfgang Pilgrim
Ton: Michael Schäfer
Ausstattung: Uli Bergfelder mit Objekten von Fritz Mikesch und Peter Fahrin
Musik: Ideal, DIN A Testbild, Jakob Lichtmann
Darsteller: Sascha Hammer, Mark Eins, Helga Goetze, Olga Demetriescu, Rosa Hammer, Bettina Sukroff, Barbara Gould, Tu Tu, Sarah Pfeifer
Gaststar: Eddie Constantine
Format: 16 mm Farbe
Länge: 80 Min.
Gedreht 1982 mit Mitteln des Berliner Senats und des ZDF
Uraufführung: Internationales Forum des Jungen Films Berlin 1982
Verleih: Basis Film (mit engl. Untertiteln: Exportfilm); Video: Atlas Schmalfilm durch Zweitausendeins

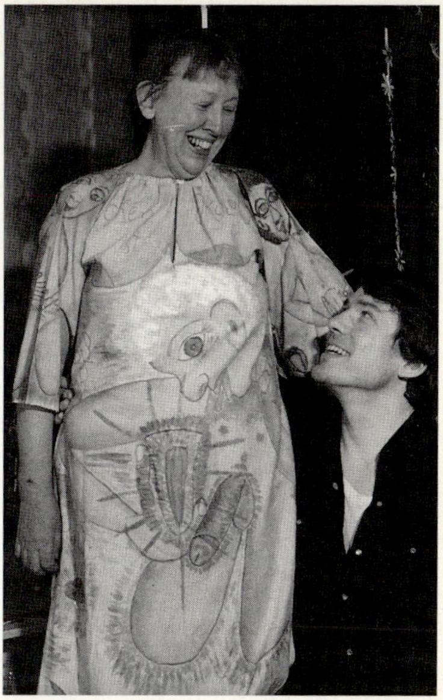

Helga Goetze und Rosa von Praunheim

Inhalt:

«Rote Liebe» ist eine Provokation an den guten Geschmack, eine Attacke auf unsere verklemmte Sexualität und eine Hymne an starke Frauen, die im Gegensatz zu der beschissenen Männerherrschaft, die uns an den Rand der Vernichtung geführt hat, unsere letzte Chance sind. Der Film ist zwei großen Frauen gewidmet: Alexandra Kollontai und Helga Goetze.

Alexandra Kollontai war Ministerin für soziale Fürsorge in der ersten Lenin-Regierung im Jahre 1917. Sie setzte sich für die freie Liebe ein, für den Mutterschutz, für die Abtreibung, für die staatliche Betreuung von Kindern, für die Erleichterung der Scheidung und für alle Gesetze, die die Frau dem Mann gleichstellen. Es gab keinen Paragraphen gegen Homosexualität und vieles mehr. In ihrer Freizeit schrieb sie kitschige Novellen, um die Arbeiterinnen ihrer Zeit in Liebeskonflikten aufzuklären. In ihrer Novelle «Rote Liebe» versuchte sie, die neue Frau zu beschreiben.

Helga Goetze ist die neue Frau. Sie wurde im März 1982 sechzig Jahre alt. Sie war dreißig Jahre verheiratet und hat sieben Kinder zur Welt gebracht. 1975 trennte sie sich von ihrer Familie und lebt nun seit Jahren in Berlin-Kreuzberg, zwischen Hausbesetzern, Freaks, und Alternativen. Sie schreibt Gedichte, malt und spricht radikal über Sexualität. Sie macht uns klar, wie kaputt wir sind, wie verklemmt verzogen von Eltern, Staat und Kirche. Aber sie spricht nicht nur, sie lebt es auch. Sie will ficken und sonst nichts, sagt sie. «Ich habe schon alternatives Gemüse gezogen, als es noch nicht so hieß. Ich habe sieben Kinder für diese Welt kaputtgemacht – ich weiß, wovon ich spreche.» Helga macht Aktionen auf der Straße, in der U-Bahn, auf Schulhöfen, Umgehängt hat sie ein Schild: Ficken ist Ökologie.

Sie ist charmant, witzig, vital und sinnlich. Junge Leute mögen sie. Sie zitiert Heinrich Böll. Die Erlösung kommt von der unnormalen Großmutter. Es waren meist nicht die Eltern, mit denen wir sinnlich umgehen konnten, es waren die Großeltern. Ficken mit der Großmutter.

In «Rote Liebe» habe ich eine Novelle von Kollontai mit großem Dekor und bewußt naiven Darstellern verfilmt. Es ist eine triviale Liebesgeschichte der Revolutionärin Wassilissa und dem Direktor einer Handelsgenossenschaft, Wladimir. Wladimir betrügt und belügt Wassilissa, weil er sie nicht verlieren will. Wassilissa wehrt sich gegen den Patriarchen Wladimir. Sie will keine Frau Direktor sein. Sie wird krank, leidend und abhängig. Sie kann sich nur wehren, indem sie ihn blutrünstig ermordet und mit ihm alle Männer, die ihren Frauen keine Chance geben. Diese entsetzliche Liebesgeschichte wird ständig unterbrochen von dem Portrait der Helga Goetze, abgefilmtes schmutziges Video, so schmutzig wie Helgas obszöne Reden, Thesen, Theorien und konkrete Vorschläge.

Helga will nur mit Leuten arbeiten, die wissen, daß Zweierbeziehungen nicht mehr möglich sind, bei denen immer ein Neurotiker den anderen in sein System reinbringen will.

Stadt der verlorenen Seelen

Produktion: Rosa von Praunheim, SFB und HR
Produktionsleitung: Johannes Surek
Redaktion: Dietmar Schings
Herstellungsleitung: Renée Gundelach
Filmgeschäftsführung: Traute Gören
Buch, Regie und Schnitt: Rosa von Praunheim
Kamera: Stephan Köster
Assistenz und Ton: Wolfgang Pilgrim, Marianne Enzensberger, Mike Shephard, Ian Wright
Ausstattung: Inge Stiborski unter Mithilfe von Frieder Müller, Gisela Klötzer, Heike Weidmann, Irmtraud Simon
Musik: Holger Münzer
Lieder: Alexander Kraut, Jayne County, Angie Stardust
Darsteller: Jayne County, Angie Stardust, Judith Flex, Gary Miller, Joaquin la Habana, Tara O'Hara, Tron von Hollywood, Manfred Finger, Wolfgang Schumacher, Lorraine Muthke u. v. a.
Format: 16 mm Farbe
Länge: 91 Min.
Kinostart: Februar 1983
Fernsehausstrahlung: NDR/RB/SFB/WDR/HR, 1. 8. 1985
Verleih: Basis Film (engl. Fassung: Exportfilm); Video: Atlas Schmalfilm durch Zweitausendeins

Zum Film:

Mein Film «Stadt der verlorenen Seelen» handelt von einer Gruppe von Amerikanern, die in Berlin leben. Es sind Rocksänger, Tänzer, Akrobaten. Es sind Schwarze, Schwule, Transsexuelle und Juden.

Ich lernte sie durch Judith Flex kennen, die mich eines Tages zu ihrer erotischen Trapezshow einlud, die sie in einer Diskothek in Berlin mit ihrem muskulösen Partner Tron vorführte. Ich war sofort begeistert von Judith, die mich an meine Lieblingsschauspielerin Jayne Mansfield erinnert.

Judith wollte sich von ihrem Partner trennen, da sich dieser in einen jungen Mann verliebt hatte und sie schrecklich darunter litt.

Ich bot ihr an, zu mir zu ziehen, und so kam es, daß ich durch sie bald viele ihrer amerikanischen Freunde aus dem Showbusiness kennenlernte, für die Berlin eine neue Heimat wurde. Was New York für die 60er Jahre war, schien Berlin für die 80er Jahre zu werden.

Über tausend neue Musikbands, verrückte wilde Maler, Nachtclubs rund um die Uhr machten die Stadt attraktiv. Berlin hat immer noch Energie und ist das Mekka für alles Neue, Extreme und Ausgeflippte, und trotzdem bietet Berlin Schutz für Minderheiten, die in Amerika leicht ein Messer in den Rücken bekommen oder auf die Mafia angewiesen sind.

Der Film ist ein groteskes Musical, mein unterhaltsamster Film.

«Stadt der verlorenen Seelen». Foto Wright/Pilgrim

Horror vacui

Produktion: Rosa von Praunheim und der WDR
Herstellungsleitung: Renée Gundelach
Buch: Rosa von Praunheim, Marianne Enzensberger
Regie: Rosa von Praunheim
Kamera: Elfi Mikesch
Ausstattung: Ingeborg Stiborski
Musik: Maran Gosov
Darsteller: Lotti Huber, Friedrich Steinhauer, Folkert Milster, Thomas Vogt, Ingrid van Bergen
Format: 16 mm Farbe
Länge: 85 Min.
Kinostart: Februar 1984
Fernsehausstrahlung: NDR III, 28. 5. 1985; WDR III, 3. 6. 1985; HR III, 3. 7. 1985
Los Angeles Film Critics Association Award 1985 für Best Independent/Experimental Film
Verleih: Basis Film (mit engl. Untertiteln: Exportfilm)

Inhalt:

Madame C (Lotti Huber) ist Besitzerin eines magischen Cabarets, in dem sie die Zukunft voraus-

«Horror vacui»

sagt, die meist negativ ausfällt, aber Madame C ist auch die Gründerin einer Sekte, die den Optimalen Optimismus lehrt. Nur die OO vermag es, jedes Schicksal wieder zum Guten wenden zu lassen. Madame C ist eine wichtige politische Person. Sie hält die Fäden der Politik und Kultur zusammen. Sie ist geheimnisvoll, unberechenbar und hat charismatische Fähigkeiten. Politiker verfallen ihr, Hausfrauen, Kinder.

Auf geheimnisvolle Weise geraten zwei junge Studenten, Hannes (Thomas Vogt) und Frank (Folkert Milster), in ihr Cabaret. Frank wird auf die Bühne gebeten und sagt sich im Zustand der Hypnose selbst voraus, daß er an Krebs leidet. Hannes als angehender Mediziner lehnt diesen Humbug sofort ab. Er bezichtigt Madame C der Scharlatanerie, während sich Frank, ein verträumter, versponnener Maler, ihrer Faszination nicht entziehen kann. Sie streiten sich. Ihre ganze Beziehung wird in Frage gestellt. Frank verläßt Hannes und schließt sich der Sekte an. Über Franks Aufnahme in die Sekte erfahren wir, wie Madame C ihr Imperium leitet, überwacht, kontrolliert. Ihr Ehemann Friedrich (Friedrich Steinhauer), eine geduckte, einsame Kreatur, gehorcht ihr blind. Nur ein einziges Mal kann er sich ihrer Macht entziehen. Eine Journalistin (Ingrid van Bergen), die angespannt das Treiben der Madame beobachtet, kann ihn für eine kurze Zeit für sich gewinnen und erfährt so die Mechanismen und Tricks von Madame C. In einem Zeitungsartikel greift sie Madame C scharf an.

Von all dem unberührt lebt die Sektengruppe. Die Mitglieder umhegen den Neuen, versprechen ihm das Paradies, das er glaubt greifen zu können. Nur langsam dringt in sein Bewußtsein, wie sich alle aushorchen, gegenseitig bespitzeln und hassen. Sein Freund Hannes setzt unterdessen alle Hebel in Bewegung, um Frank dem Einfluß von Madame C zu entziehen. Er trifft die Journalistin. Er trifft seinen Professor. Bittet um Hilfe. Die Lage verschlechtert sich für Madame und die Sekte. Politiker lassen sie fallen. Gerüchte über ihren Terror innerhalb der OO-Sekte überschlagen sich. Schließlich umstellt die Polizei das Haus. Sie findet nur Tote. Madame hat dem Druck von außen mit einem spektakulären Massenmord geantwortet.

Der Film ist eine Parodie auf Sektenkult, Gurus und alle Religionen der Welt.

La Crème de L'Illusion
Schlagsahne der Illusionen

Tanztheater von und mit Rosa von Praunheim, Lotti Huber, Ingrid Caven, Mikael Honesseau, Frank Deutschmann, Peter Althoff
Berlin 1985,
Renaissance-Theater

Auf dem Theater hatte ich bisher sehr wenig gearbeitet. Film ist bleibender und irgendwie scheint sich für mich der Aufwand nicht zu lohnen, wenn die Produkte von der Bühne für immer und ewig verschwinden. Ich sehe es an meinem Freund Werner Schroeter, der sehr viel Theater macht, das ich nie zu Gesicht bekomme, weil ich Düsseldorf als Stadt so gräßlich finde, daß ich dort nie hinfahren würde. Mitte der 70er Jahre (1974) inszenierte ich in Frankfurt eine Revue («Internationale Schlagerparade») mit Tally Brown und Evelyn Künneke. Dann 1976 inszenierte ich unter Zadek am Schauspielhaus in Bochum «Menschen im Hotel», eine bewußt kitschige Version mit der

Tanztheater «Schlagsahne der Illusionen». Foto Sabine Gudath

Künneke in der Greta-Garbo-Rolle.

1985 choreografierte ich das Tanztheater für das Berliner Renaissance-Theater. Und es wurde für mich vielleicht die schönste und aufregendste Arbeit meines Lebens. Vielleicht, weil ich selbst miteinbezogen war, mich körperlich entdeckte, meine Phantasie ganz neue Wege gehen konnte.

Wir probten monatelang in Lottis Tanzstudio, wo sie immer, wie sie es nennt, nach Bewegungstherapie unterrichtet. Ich dachte mir für Lotti einen Tango im Museum mit einer nackten Statue aus, die von dem geilen muskulösen Peter Althoff getanzt wurde. Sie tanzte die Salome, wobei sie dem Publikum ihren nackten Arsch zeigte. Und sie hatte den größten Erfolg mit einem Sketch, den ich nach einer von ihr übersetzten Kitschnovelle für sie erfand. «Fehltritt in den Dünen.» Das Publikum schrie und johlte, wenn Lotti sich auf dem Boden zwischen dornigen Disteln lustvoll stöhnend wälzte.

Ich selbst provozierte besonders die Schwulen mit einer Attacke auf die Mütter. In einem hautfarbenen Trikot kroch ich zwischen den Beinen einer überlebensgroßen Lotti-Puppe hervor, saugte an ihren Brüsten und schlug die Puppe enttäuscht zusammen, als ich merkte, wie kalt und herzlos sie war. Ich fickte die Puppe und wurde dann selbst zur Puppe.

Für Ingrid Caven hatte ich provozierende Lieder, die sie in einem feuerroten Kleid dazwischengrölte, geschrieben.

Zum Schluß – nach dem Kitschsong von Johnny Halliday, ‹To be or not to be› – kamen wir alle zu einer Hamletparodie auf die Bühne.

Ich glaube, der Abend war sehr originell. Und mich hat er für den expressionistischen Tanz, den man in jedem Alter, mit jeder Figur tanzen kann, begeistert. Am Ballett stören mich am meisten der genormte Körper und die vorgeschriebenen Bewegungen. Aber auch am modernen Tanz stört mich das Intellektuelle, das kühl Distanzierte. Und ich hoffe auf eine Zeit, in der man sich wieder gestattet, wild und wahnsinnig, vital und leidenschaftlich zu tanzen. Eine Zeit, in der man alte dicke Frauen oder lange dünne Männer, Zwerge und Einbeinige auf der Bühne sieht. Denn alle unsere Unvollkommenheiten sind meist interessanter und ausdrucksstärker als sadistisch antrainierte Gleichförmigkeiten.

Der Abend diente auch als Vorstudie zu meinem Film über die Nackttänzerin Anita Berber. Die Caven sang Gedichte von Anita, und Mikael tanzte ihren Partner Droste.

Ein Virus kennt keine Moral

Die erste Aids-Komödie und der erste Film, der nicht vom Fernsehen mitproduziert wurde
Produktion und Regie: Rosa von Praunheim
Produktionskosten: DM 60 000 (Gagen waren Rückstellungen)
Herstellungsleitung: Renée Gundelach
Kamera: Elfi Mikesch
Musik: Maran Gosov, Die Bermudaas
Darsteller und Mitarbeiter am Drehbuch: Dieter Dicken, Maria Hasenäcker, Christian Kesten, Eva Kurz, Rosa von Praunheim, Regina Rudnick, Thilo von Trotha
Außerdem: Die 3 Tornados, Craig Russel, Ellen Reichardt und Die Bermudaas
Format: 16 mm Farbe
Länge: 82 Min.
Kinostart: 16. 1. 1986
Verleih: Filmwelt (mit engl. Untertiteln: Exportfilm)

Inhalt:

Ein reaktionärer Saunabesitzer, dessen Freund Theologie studiert und Bach-Chöre singt, eine Therapeutin, die AIDS-Kranke Todesmeditation und -gymnastik lehrt, eine Reporterin, die sich als Mann verkleidet und die Gay- und AIDS-Szene ausspioniert, eine Frau Professor Doktor Blut, die sich das Virus in Afrika einfängt, ein Minister mit falschen Versprechungen, reiche Tunten und schwule Revolutionäre sind die Hauptcharaktere des Films.

«Ein Virus kennt keine Moral» will das Thema AIDS mit grellen Einfällen und einem makabren «Rundumschlag» einkreisen. Auf einem trostlosen Tuntenball singt die Schwulenband Bermudaas «Hurra, wir leben noch». Am Ende haben alle Personen AIDS und die Nachtschwestern würfeln, wer als erster sterben wird. Die Regierung schickt alle Infizierten ins geschlossene Lager auf die Insel Hell-Gay-Land. Schwarzer Humor als Akt wütender Provokation.

Zum Film:

Eine Komödie über AIDS zu machen war und ist immer noch etwas ungewöhnliches. Darf man das überhaupt? Ich denke, daß man Menschen am besten über Humor erreicht, auch bei ernsthaften Themen, besser jedenfalls, als durch Belehrung, Zeigefinger und Moral. Der Film entstand durch einen Workshop, den ich in Berlin im Frühjahr '85 in der Presse ankündigte, um neues Blut für meine Arbeit zu finden. Ich hatte ungeheueres Glück, fantastische Darsteller zu finden, keine professionellen Schauspieler, mit denen ich ja kaum arbeite, weil sie meist so eingefahren, ängstlich, phantasielos und unspontan sind. Für Typen, Laien, Charaktere ist die Bühne oder der Film nur ein Nebenprodukt, und sie vermitteln ihre persönlichen Erfahrungen in ihren Rollen.

Bald fand ich eine Gruppe von Leuten, mit denen ich mich regelmäßig über 6 Monate traf und diesen Film entwickelte. Wir improvisierten vor der Videokamera. Ich schrieb die Texte ab. Wir schrieben um, wählten aus. Besonders Regina Rudnik – die ich später Ina Blum nannte, eine kleine, etwas kompakte Frau mit wunderschönen Augen – begeisterte mich durch ihren Humor und ihre unendliche Phantasie. Ihr fielen die schönsten Szenen für den Film ein. Während der Proben hatte ich es mir angewöhnt, mich an den Improvisationen zu beteiligen, war ich doch vielleicht am Betroffensten von dem Thema aufgrund meiner Ängste als Schwuler, selbst infiziert sein zu können. Ich spürte Verantwortung – als jemand, der die Schwulenbewegung mit ins Leben gerufen hatte –, zu diesem Thema Stellung zu nehmen. Ich wollte mithelfen aufzuklären.

Durch meine vielen Freunde in Amerika erfuhr ich mehr als andere darüber, wie schlimm und schnell sich die Krankheit ausbreitete, und ich hatte die Vorstellung, daß man hier in der BRD noch etwas verhindern könnte, indem man die drei Jahre Vorsprung vor der Katastrophe durch genaue Aufklärung nutzte. 1985 hatte ich einen sehr kontroversen Artikel im *Spiegel* geschrieben, eine Aktionsgruppe im Schwulenzentrum gegründet, erfuhr aber immer mehr, daß man von einem Krieg nicht erzählen kann, nicht mit Worten oder Bildern warnen kann. Die Erfahrungen muß man selbst machen, die Gefahr am eigenen Leibe spüren, ehe man sie ernst nimmt. Das erfuhr ich leidvoll aus vielen Diskussionen, die ich nach dem Film führte.

Anita – Tänze des Lasters

Produktion: Rosa von Praunheim/ Road Movies in Zusammenarbeit mit dem ZDF
Produktionskosten: DM 600 000 (aus Filmförderungsmitteln und vom ZDF)
Produktionsleitung: Nani Mahlo
Redaktion: Christoph Holch
Herstellungsleitung: Renée Gundelach
Buch: Rosa von Praunheim, Hannelene Limpach
Regie: Rosa von Praunheim
Regieassistenz: Rudolf Oshege
Kamera: Elfi Mikesch
Kameraassistenz: Susanne Philipp
Schnitt: Rosa von Praunheim, Michael Schäfer
Ton: Michael Schäfer, Ian Wright
Licht: Stefan Breitel und Folkert Oehme
Ausstattung: Inge Stiborski, Michael Fechner, Christa Kleemann, Volker März, Wolfgang Peetz
Kostüme: Anne Jud u. a.
Maske: Uschi Menzel, Willi P. Konze, Oliver Ziem
Musik: Konrad Elfers und Rainer Rubbert, Alan Marks, Ed Lieber
Darsteller: Lotti Huber, Ina Blum, Mikael Honesseau u. v. a.
Format: 16 mm Farbe/schwarzweiß
Gedreht in Berlin
Kinostart: 19. 2. 1988, von 16 mm auf 35 mm aufgeblasen
Fernsehausstrahlung: ZDF, 18. 9. 1989
Verleih: Filmwelt (mit engl. Untertiteln: Exportfilm)

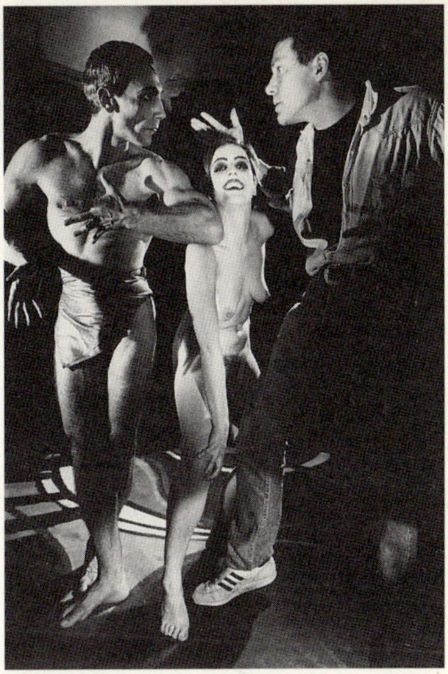

«Anita – Tänze des Lasters»
Foto Elfi Mikesch

Die Idee zu diesem Film bekam ich durch ein Buch über die 20er-Jahre-Nackttänzerin Anita Berber, genau recherchiert von Lothar Fischer. Ich war begeistert von dem skandalumwitterten Leben dieser exzentrischen, wilden Person, die so im Gegensatz zu unserer heutigen verschlafenkonservativen Zeit steht. Sie nahm Drogen, war bisexuell und starb 1928 mit 29 Jahren. Ihre große Zeit war die Inflationszeit in Deutschland. Der extreme Wandel von der sittsamen Kaiserzeit zu der Auflösung materieller und moralischer Werte nach Ende des 1. Weltkrieges machte Anita zum Symbol der verrückten Zwanziger. Ihre Devise war:

«Wer A sagt, muß auch RSCH sagen!» Mir ihrem Partner Sebastian Droste tanzte sie die Tänze des Lasters, des Grauens und der Ekstase. Themen waren «Die Leiche auf dem Seziertisch» oder «Morphium». Sie liebten es, das Bürgertum – das von überallher anreiste, um sie zu sehen – zu schockieren und zu provozieren. Aber Nackttanz wurde bald unmodern und ihr Partner verließ Anita. Sie tourte im Orient, wo sie den großen Fehler machte, Drogen und Alkohol zu entsagen. Entkräftet von diesem Entzug starb sie im Berliner Bethanienkrankenhaus.

Aber wie konnte ich in einem Film über eine junge Frau, die sich im intensiven Lebensrausch früh verbrannt hat und sehr jung gestorben ist, meine alte Freundin Lotti Huber miteinbeziehen. Ich überlegte mir eine Fiktion. Was wäre, wenn Anita noch leben würde. Vielleicht würde sie in eine Irrenanstalt gesperrt worden sein. Lotti war von der Idee begeistert.

Ich schrieb mit Hannelore Limpach ein Drehbuch und hatte das Glück, von der Filmförderung und vom ZDF Geld zu bekommen.

Mit ungefähr DM 600000 machten wir einen opulenten Ausstattungsfilm. Mit Hunderten von Statisten in 20er-Jahre-Kostümen. Ein finanziell gewagtes Unternehmen, das durch die geniale Kamera von Elfi Mikesch so wunderbar gelang. Sie konnte viele historische Ungenauigkeiten durch Tricks mit dem Licht vertuschen. Alle Szenen in der Gegenwart sind in Schwarz/Weiß mit Ton. Alle Erinnerungen der alten Anita sind in Farbe als Stummfilmgroteske gedreht, mit Zwischentiteln und bombastischer Musik von Konrad Elfers.

Der Film wurde ein internationaler Erfolg. Lotti Huber begleitete den Film von Zürich bis New York mit ihrer Personality Show.

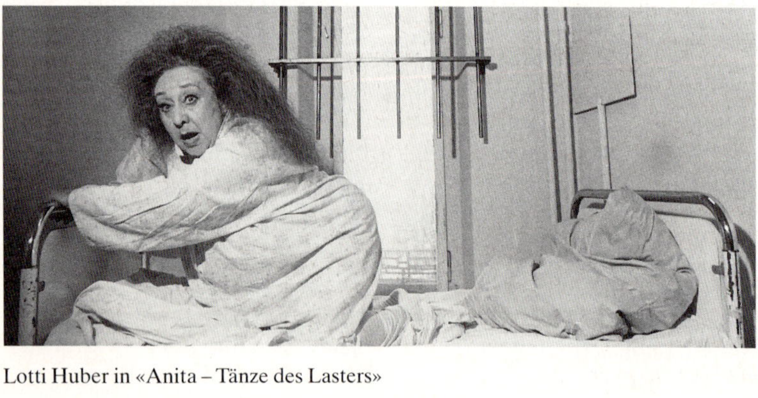

Lotti Huber in «Anita – Tänze des Lasters»

Dolly, Lotte und Maria

Dokumentarfilm über drei deutsche Stars in New York
Produktion: Rosa von Praunheim und der NDR
Redaktion: Dagmar Voss
Beratung: Renée Gundelach
Regie: Rosa von Praunheim
Kamera: Jeff Preiss
Mit Dolly Haas, Lotte Goslar und Maria Ley Piscator
Format: 16 mm Farbe
Länge: 75 Min.
Gedreht in New York
Fernsehausstrahlung: 16. 2. 1987
Verleih: Metropolis Kino Hamburg
Es existiert eine deutsche und eine englische Fassung

1986 traf ich in New York auf drei faszinierende alte Damen: Maria Ley Piscator, Dolly Haas und Lotte Goslar. Maria Ley Piscator war einstmals erfolgreiche Tänzerin. Sie heiratete 1936 den berühmten Regisseur Erwin Piscator in Paris und zog mit ihm in die Emigration nach New York, wo beide eine Theaterschule leiteten.

Dolly Haas war Filmstar in Deutschland in den dreißiger Jahren. Sie zog nach New York, wo sie am Broadway mit Yul Brynner spielte und mit Hitchcock einen Film drehte.

Lotte Goslar, Clowntänzerin, hatte vor den Nazis vielverspre-

Maria Ley Piscator

chende Karriereaussichten. Sie kam über Prag und Zürich nach Los Angeles, wo sie für Brecht choreographierte und dann in New York einen bekannten Pantomimenzirkus gründete.

Alle drei – nicht jüdisch und nicht politisch aktiv – entschlossen sich, Deutschland aus Solidarität mit ihren Freunden zu verlassen. Sie hatten es schwer, in Amerika eine neue Karriere anzufangen.

Ich war begeistert von Marias schönem, altem Gesicht, von Dollys spröder Eleganz und besonders von Lottes Herzlichkeit. Wieder war ich in meinem Element. Es muß etwas Wunderbares sein, das uns als Schwuler zu alten, starken Frauen hinzieht. Ersatzmütter, Identifikation mit sexuell Verbannten oder die Stärke im schwachen Geschlecht suchen.

Ich hatte das Glück, einen großartigen Kameramann zu haben, der mit ähnlich großer Bildkraft wie Elfi Mikesch arbeitete: Jeff Preiss. Mit ganz einfachen Mitteln setzte er Licht, machte mit einer kleinen Bolexkamera aus der Hand die wunderbarsten Bewegungen. Er war in seinem Einfallsreichtum und seiner Begeisterung ideal für einen Dokumentarfilm, der mit wenig Geld gedreht werden mußte. Jeff wurde bald sehr berühmt durch Werbespots und seine Kameraarbeit für die ersten Filme von Bruce Weber (Let's Get Lost – ein Film über Chet Baker).

Claudia Steinberg, eine junge Deutsche, die seit langem in New York lebt und für Maria Piscator an deren Memoiren gearbeitet hatte, war Mädchen für alles. Später schrieb ich mit ihr Drehbücher und schließlich ist sie eine der Hauptpersonen in «Überleben in New York». Der Film wurde zuerst im Nachmittagsprogramm des 1. Fernsehens ausgestrahlt und bekam sehr gute Resonanzen. Das Metropolis Kino in Hamburg nahm ihn später in den Kinoverleih. Ich machte eine englische Version mit den Originalstimmen der Frauen (in meinem amerikanischen Verleih «First Run Features»).

Überleben in New York

«Überleben in New York»

Dokumentarfilm über das Leben dreier junger deutscher Frauen in New York
Produktion: Rosa von Praunheim und der WDR
Produktionsleitung: Elke Peters
Redaktion: Klaus Hennig
Beratung: Renée Gundelach
Kamera: Jeff Preiss
Kameraassistenz: Evan Estern
Schnitt: Rosa von Praunheim, Mike Shephard
Ton: Philip Roth
Musik: Roy Campbell
Mit Claudia, Anna und Uli
Format: 16 mm Farbe
Länge: 90 Min.
Gedreht 1989 in New York
Uraufführung: Festival Hof, 26. 10. 1989
Kinostart: 26. 11. 1989
Fernsehausstrahlung: WDR III, 16. 7. 1991
Verleih: Filmwelt (engl. Fassung: Exportfilm)

Zum Film:

Als ich meinen Film «Überleben in New York» plante, dachte ich, daß ich seit langer Zeit wieder einen Film mit sogenannten «normalen Menschen» machen würde: Die Schicksale dreier deutscher junger Frauen, die seit 10 Jahren in Amerika leben, faszinierten mich, war ich doch von Amerika ähnlich begeistert, sah es zuweilen genauso kritisch.

Alle drei Frauen waren von New York wie hypnotisiert, für sie war die Stadt wie eine Droge. Armut, Schmutz und Kriminalität schienen sie nicht zu stören. Im Gegenteil.

Ausgebrochen aus ihrer bürgerlichen deutschen Umgebung, bedeutete New York Befreiung, Abenteuer, Kampf. Hier mußte man sich beweisen, hier war der Lebensweg nicht so vorgezeichnet wie in Deutschland. Aber nach zwei, drei Jahren schien für alle die Euphorie nachzulassen: Geldschwierigkeiten, die fehlende Arbeitserlaubnis, keine Krankenversicherung, der tägliche Stress, kalte Winter und sehr heiße Sommer, teure Mieten und schlechte Wohnungen und Verbrechen an jeder Ecke der Stadt. Drei Frauen, drei Schicksale, und das Leben geht weiter, aber mein Film hat nur 90 Minuten.

Claudia trennt sich von ihrem Freund, mit dem sie nach New York gekommen ist, und beginnt sich sexuell mehr und mehr für Frauen zu interessieren, bis sie schließlich eine feste Beziehung zu ihrer Freundin Ryan eingeht. Sie macht die unterschiedlichsten Jobs: Sie erstellt chinesische Horoskope, renoviert Wohnungen, telext ihrer Schwester Horrorstories aus New York für deutsche Boulevardblätter durch und hat es sehr schwer, sich als Journalistin in ihrem eigentlichen Beruf durchzusetzen. Kurz vor den Dreharbeiten wird sie brutal vergewaltigt. Der Täter verläßt sie in dem Glauben, sie sei tot.

Anna macht anfänglich Theater, arbeitet in einem Musikstudio und verdient ihr Geld mehr oder weniger als Stripperin in einer Bar. Das Geld benutzt sie für ihr Studium als Psychotherapeutin. Jetzt unterrichtet sie in zwei katholischen Schulen verhaltensgestörte Kinder und macht nur noch Strip, wenn sie dringend Geld benötigt. Sie heiratet einen schwarzen Modedesigner, verliebt sich aber zum Zeitpunkt ihrer Hochzeit in einen Rechtsanwalt und Richter. Beide Männer hatte sie in der Bar kennengelernt. Der Richter zieht zu ihr, gibt seinen Beruf auf und kauft eine Striptease-Bar. Anna ist die zufriedenste von den Frauen.

Uli kann in ihrem alten Beruf als Krankenschwester in Amerika nicht mehr arbeiten. Sie hätte eine neue, schwierige Prüfung ablegen müssen. So putzt sie zuerst bei reichen Leuten, wohnt in Jugendherbergen und verliebt sich in einen Guardian Angel, einen Schutzengel, der ehrenamtlich U-Bahnen bewacht. Er kommt von einer exotischen Insel und ist wunderschön. Mit ihm zieht sie nach Harlem, wo sie die einzige weiße Frau in ihrer Gegend ist. Ihr Freund Rocky wird mit der Stadt New York psychisch nicht fertig, hört auf zu arbeiten, verliert seine Wohnung, übernachtet im Central Park und hört ganz auf zu reden.

Uli verliebt sich neu in einen Ex-Vietnam-Soldaten namens Ronny, der ebenfalls psychische Probleme hat. Sie zieht zu ihm nach Brighton Beach, an den Stadtrand, und findet einen Job in der Notaufnahme der psychiatrischen Abteilung. Im Sommer vor den Dreharbeiten ersticht ihr Freund in Notwehr einen Mann. Uli kehrt nach Berlin zurück.

«Überleben in New York» wurde mein bisher kommerziellster Film im Kino. Allein in Berlin lief er 32 Wochen.

Die AIDS-Trilogie

POSITIV

Die Antwort schwuler Männer in New York auf AIDS
Ein Film von Rosa von Praunheim unter Mitarbeit von Phil Zwickler, Robert Hilferty, Steven Weiss
Produktion: Rosa von Praunheim in Coproduktion mit dem WDR und mit Unterstützung der Berliner Filmförderung
Produktionsleitung: Elke Peters
Redaktion: Hans Jürgen Rosenbauer, Gerhard Honal
Kamera: Mike Kuchar, Evan Estern
Schnitt: Mike Shephard, Rosa von Praunheim
Ton: Mark Milano
Musik: Diamanda Galas, Michael Callen, Ricky Ian Gordon, Jim Ferreras
Darsteller: Phil Zwickler, Larry Kramer, Michael Callen, Peter Staley, Gary Eller, Diamanda Galas, Jay Corcoram, John Finch, Ronald Reagan, Larry Mass, Ernie Kantrowitz
Format: 16 mm Farbe
Länge: 79 Min.
Uraufführung: Filmfestspiele Berlin, Februar 1990
Kinostart: Mai 1990
Fernsehausstrahlung: WDR, 9. 2. 1991
Verleih: Filmwelt (engl. Originalfassung: Exportfilm)

POSITIV zeigt die Antwort schwuler Männer in New York auf AIDS. Er zeigt den großartigen und mutigen Kampf einer Minderheit, die sich selbst organisiert hat, da Staat und Stadt sie mit Ignoranz behandelten. Ronald Reagan und der damalige Bürgermeister von New York, Ed Koch, leistete wenig an Aufklärung und finanzieller Unterstützung, um die AIDS-Krise zu meistern.

POSITIV zeigt Helden der AIDS-Bewegung wie den Schriftsteller Larry Kramer, der die erste AIDS-Selbsthilfegruppe anregte, und schließlich die militante AIDS-Aktionsgruppe Act Up. Sie stellt den Sänger Michael Callen vor, der mithalf, AIDS-infizierte

Menschen zu organisieren und der Mitbestimmung an sie betreffenden Entscheidungen fordert. Er selbst ist einer der am längsten überlebenden AIDS-Infizierten und macht damit seinen Freunden Mut, sich nicht als Opfer zu sehen, sondern als aktive Menschen, die mithelfen können im Kampf gegen AIDS.

Hauptperson meiner Dokumentation ist der Journalist Phil Zwickler, der sich nach dem Tod seines Geliebten entschlossen hatte, seinen Schmerz nicht nur privat zu sehen, sondern öffentlich, aktiv und radikal als Teil einer großen Bewegung, die ihre Wut hinausschreit vor dem Hintergrund von 200 000 bis 400 000 Infizierten allein in New York. 1989 waren über 20 000 AIDS-Erkrankungen in der Stadt aktenkundig, die Hälfte der Betroffenen war verstorben. Man schätzt 10 000 obdachlose infizierte Menschen in New York. Krankenhäuser sind überfüllt, und da die meisten keine Krankenversicherung haben, werden sie auch schlecht versorgt. Kirchen verhindern Kondomwerbung. Inzwischen haben sich die Schwulen in der Stadt durch private Spenden, die sie in unzähligen Benefizveranstaltungen einnehmen, beispiellos organisiert, und die Infektionsrate bei schwulen Männern ist durch Aufklärungsarbeit drastisch gesenkt worden.

Inzwischen sind die schwarzen und braunen Minderheiten in der Stadt die Hauptbetroffenen, um die sich wenige kümmern und die in ihren Ghettos unbemerkt sterben.

Mein Film endet mit der AIDS-Konferenz in Montreal im Juni 1989, wo Betroffene der medizinischen Fachwelt klarmachten, daß sie nicht nur Nummern sind, sondern Menschen.

POSITIV soll ein Beispiel setzen und dazu anregen, die Krankheit nicht passiv zu ertragen und zu verdrängen, der Film soll Mut geben, sich öffentlich zu machen in seiner Krankheit, in seinem Schmerz, in seiner Trauer und seinen politischen Forderungen. Solange wir in einer Demokratie leben, haben wir die Chance, für unsere Rechte selbst einzutreten, gegen Einsamkeit und Isolation, gegen Scham und Vorurteile und für eine freie Sexualität, die verantwortungsvoll sich und andere vor AIDS zu schützen lernt.

Mein Mitarbeiter Phil Zwickler starb 1991. Ich vermisse ihn sehr.

SCHWEIGEN = TOD

Künstler in New York kämpfen gegen AIDS
Ein Film von Rosa von Praunheim unter Mitarbeit von Phil Zwickler
Produktion: Rosa von Praunheim und der Süddeutsche Rundfunk
Produktionsleitung: Elke Peters
Redaktion: Manfred Naegele
Mitarbeit: Michael Lutetin, Marina Zurkow, Mike Shephard
Regieassistenz: Steven Weiss
Kamera: Mike Kuchar, Evan Estern
Ton: Mark Milano
Musik: «This is the Law of the Plague» aus dem Album «The Divine Punishment» von Diamanda Galas
Darsteller: David Wojnarowicz, Rafael Gamba, Paul Smith, Peter Kunz, Don Moffet, Bern Boyle, Keith Haring, Allen Ginsberg, Emilio Cubiero
Format: 16 mm Farbe
Länge: 55 Min.
Gedreht 1989
Festival Nyon, Oktober 1989 (Preis der Jugend); Filmfestspiele Berlin, Februar 1990
Kinostart: Mai 1990
Fernsehausstrahlung: ARD, 17. 2. 1990
Verleih: Filmwelt (engl. Originalfassung: Exportfilm)

Keith Haring in «Schweigen = Tod»

SCHWEIGEN = TOD ist zum Symbol der AIDS-Bewegung in Amerika geworden. Zu Tausenden protestieren die Menschen auf der Straße gegen das unzureichende Gesundheitssystem, gegen die Ignoranz des Staates, der nur schwerfällig Gelder für AIDS freigibt, da nur Schwule, Fixer und Schwarze betroffen sind. Wenn wir schweigen, dann sterben wir. Sie schreien ihre Wut heraus, so auch der Künstler David Wojnarowicz, eine der Hauptpersonen in meinem Film. David hat AIDS, verlor seinen Liebhaber an AIDS. Da er nicht weiß, wie lange er noch zu leben hat, stürzt er sich mit großer Intensität in seine Arbeit. Er malt, macht Plastiken, filmt und schreibt wütende Texte, die eine ignorante Gesellschaft anklagen.

Die AIDS-Kranken in New York wollen keine Opfer sein, keine Totgeweihten, sie wollen nicht voller Mitleid behandelt werden. Sie wollen lebendig, aktiv ihre eigene Situation mitbestimmen, Mediziner, Politiker und Medien kontrollieren. Viele Künstler in New York fühlen, daß Kunst nicht nur im Elfenbeinturm gemacht werden kann, daß im Zeichen von AIDS besonders schwule Künstler die Aufgabe haben, mit ihrem Talent mitzuhelfen, aufzuklären und anzuklagen.

«Gran Fury», zu Deutsch «große Wut», ist eine Organisation von Künstlern, die mit Werbemethoden, leicht verständlichen Symbolen und Grafiken an die Öffentlichkeit treten. Daneben gibt es viele etablierte Künstler, die sich entschlossen haben, nicht mehr zu schweigen, wie der Maler Keith Haring, der lange Zeit mit Postern und bemalten T-Shirts zu Safer Sex aufrief und der inzwischen leider selber an der Krankheit gestorben ist.

Der Verlust von Künstlern, die an AIDS sterben, ist in New York City, der Kunstmetropole der Welt, unbeschreiblich. Alle Kunstsparten sind betroffen: Mode, Musik, Malerei, Film, Literatur und Theater. Unvorstellbar der Verlust, aber passive Trauer wird ersetzt durch aktive Teilnahme, Mithilfe, Protest und Hilfsbereitschaft. In New York ist inzwischen jeder von AIDS betroffen – sei es durch Freunde, Nachbarn oder Mitarbeiter –, und man rückt zu einer großen Familie zusammen, organisiert sich selbst, da der Staat den Einzelnen allein läßt.

Mein Film soll anregend sein für uns, für eine allzu passive Situation in Deutschland, in der oft ein sozial gesichertes Netz die Leute seelisch verarmen, sie einsam sterben läßt. Unser Schweigen ändert nichts, es bedeutet Tod.

FEUER UNTERM ARSCH

Vom Leben und Sterben schwuler Männer in Berlin
Ein Film von Rosa von Praunheim unter Mitarbeit von Patrick Hamm
Produktion: Rosa von Praunheim in Coproduktion mit dem WDR und mit Unterstützung der Berliner Filmförderung
Produktionsleitung: Elke Peters
Redaktion: Hans Jürgen Rosenbauer, Gerhard Honal
Kamera: Elfi Mikesch
Schnitt: Rosa von Praunheim, Patrick Hamm
Musik: Melitta Sundström, Roland Ingolf
Format: 16 mm Farbe
Länge: ca. 50 Min.
Kinostart: Frühjahr 1990
Fernsehausstrahlung: WDR III, 9. 2. 1991
Verleih: Filmwelt

FEUER UNTERM ARSCH ist der Name einer AIDS-Aktionsgruppe, die sich im Sommer 89 gegründet hat, inspiriert von Act Up in New York.

Im Gegensatz zu den USA hat die BRD ein beneidenswertes Gesundheitssystem. Die AIDS-Hilfen sind hochsubventioniert; das macht viele Betroffene passiv. Nur wenige wehren sich, fordern, machen sich öffentlich. Krankheit

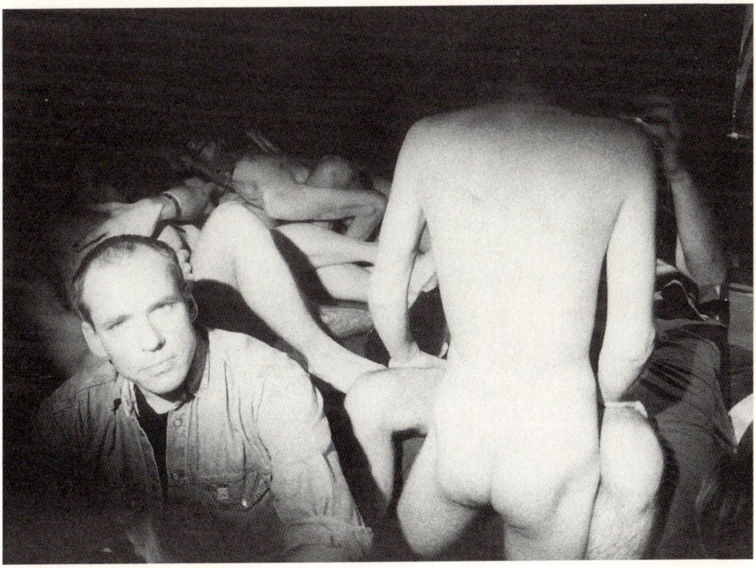

und Sterben wird in der Szene größtenteils verdrängt. Aufklärungsarbeit kommt hauptsächlich in anonymen Broschüren vor, was seit der Öffnung der Mauer besonders tragisch ist, denn viele Osttunten werden infolge der Unachtsamkeit sterben.

Trotzdem gibt es in Berlin viel mehr Aktivitäten in Bezug auf AIDS als im Rest des Landes, vielleicht auch als in ganz Europa. Eine radikale Tuntenszene, eine riesige alternative Subkultur mit schwulen Buchläden, schwulem Radio, Sportverein, Männerchor und vieles mehr.

Mein Film soll Wut ausdrücken über das Unvermögen, andere zu schützen. Er soll Mut machen, zu helfen und zu kämpfen, am Beispiel von Einzelkämpfern, die anregen und aufregen. Die Passivität der Szene zu durchbrechen, nicht alles auf den Staat zu schieben, sondern selbst für die eigenen Rechte einzutreten – das sind die Ziele, die wir uns wünschen.

Affengeil

Eine Reise durch Lottis Leben

Ein Film von Rosa von Praunheim
Produktion: Rosa von Praunheim in Coproduktion mit dem WDR/SFB und mit Unterstützung der Berliner Filmförderung
Produktionsleitung: Elke Peters
Redaktion: Joachim Mengershausen, Christa Vogel
Herstellungsleitung: Renée Gundelach
Mitarbeit: Maren Frese, G. Rautenberg, Arbeitsgemeinschaft Medienpädagogik e. V., Jutta Mailliet, M. Tavares
Kamera: Klaus Janschewsky, Mike Kuchar
Kameraassistenz: Bernd Schönherr, Susanne Philipp
Schnitt: Mike Shephard
Ausstattung: Volker März
Musik: Maran Gosov und Thomas Marquard
Darsteller: Lotti Huber, Rosa von Praunheim, Helga Sloop, Gertrud Mischwitzky, Thomas Woischnig, Hans Peter Schwade, Frank Schäfer
Format: 16 mm Farbe
Länge: 85 Min.
Uraufführung: Festival Hof 1990
Kinostart: 20. 12. 1990, von 16 mm auf 35 mm aufgeblasen

Dieser Film – vielleicht eine Liebesgeschichte zwischen Lotti Huber und Rosa von Praunheim – war nicht leicht fertigzustellen. Vor zwei Jahren fingen wir mit Videos an, insgesamt 30 Stunden; wir hatten ein richtiges Drehbuch – eine Komödie übers Filmemachen sollte es werden –, und wir ließen die Kamera einfach laufen, auch nach den geplanten Szenen, das ist der Vorteil von Video, denn Videobänder kosten fast nichts im Vergleich zu Filmmaterial. Lotti blühte erst richtig auf, wenn sie dem Team aus ihrem reichen Leben erzählen konnte, und sie überraschte selbst mich mit immer neuen Varianten. Zur gleichen Zeit tourten wir mit unserem Film «Anita – Tänze des Lasters» durch die Welt (New York, London, Amsterdam usw.), und Lotti machte danach eine erfolgreiche live show, in der sie mit Gesang und Tanz aus ihrem Leben erzählte – sie begeisterte das Publikum durch ihre Vitalität, ihren Humor, ihre Kraft trotz ihres hohen Alters.

Woher nimmt sie nur ihren Optimismus, trotz ihres schweren Lebens? Der Film «Affengeil» beantwortet diese Frage.

«Affengeil» wurde immer mehr zu einem Film über Lottis Leben. Ich kann mich noch erinnern, wie ich Lotti vor fast 10 Jahren kennenlernte – ich suchte ältere Darstellerinnen für meinen Film «Unsere Leichen leben noch». Ich machte ein Interview mit Lotti und fragte sie, wie es so meine Art ist, sofort nach ihrem Sexleben – sie zitierte ganz cool Oscar Wilde: Fragen sind nie unanständig – Antworten bisweilen. Dann, als sie herausfand, daß sie mit vier anderen älteren Damen zusammenspielen sollte, meinte sie bestimmt: Warum lassen Sie die anderen vier nicht weg und machen einen Film nur über mich, ich habe viel zu erzählen –, aber dann reihte sie sich doch erfolgreich ein. «Unsere Leichen leben noch» wurde mein größter Kinoerfolg, und die «Leichen» wurden kleine Stars. Da Lotti zufällig in Berlin in meiner Straße wohnt, begannen wir, uns sehr oft zu besuchen – es wurde eine sehr intime, leidenschaftliche und kreative Zusammenarbeit. Ich schrieb für sie den Film «Horror vacui», die Bühnenshow «Schlagsahne der Illusionen», wo wir beide live auf der Bühne tanzten, und den Kinohit «Anita – Tänze des Lasters», wo sie eine alte Nackttänzerin in der Klapsmühle spielte – ihr größter künstlerischer Erfolg.

Danach riß man sich um sie in deutschen TV-Talkshows – ich ermunterte sie, ihre Memoiren zu schreiben, und da sie ja lange Zeit Kitschnovellen aus dem Englischen übersetzt hatte, fiel ihr das Schreiben nicht schwer. Dann fing

Lotti Huber in «Affengeil»

sie – sehr zu meinem Leidwesen – an, Gedichte zu schreiben, die sich sogar reimten, zu meinem Verdruß fand sie einen Komponisten, der einige Werke dann noch vertonte, und sie begann zu singen. Wir zerstritten uns, denn sie wollte mir ihre Memoiren nicht zu lesen geben, und meine ständige Kritik erboste sie. Es kam zum Bruch – der Film blieb liegen. Inzwischen hatte mein Freund Mike, der fast alle meine Filme seit zwölf Jahren schneidet, eine 60 Minuten-Version des Films erstellt. Ich dachte lange darüber nach, wie ich den Film ohne Lotti fertigstellen könnte – dachte mir aus, daß sie ausgestopft im Filmmuseum, mit einem Monitor zwischen den Beinen, mit typischen Reliquien aus ihrem Leben, ausgestellt werden und als Rahmenhandlung ein völlig entnervter Museumswärter durch den Film gehen könnte. Dazu kam es nicht – auf den Filmfestspielen im Februar 1990 versöhnten wir uns wieder – ich machte vor der internationalen Presse, die sie umschwärmte, einen theatralischen Kniefall, und Lotti verzieh mir. Wir drehten die fehlenden Szenen im Sommer auf Film nach, übertrugen die Videoteile ebenfalls auf Film, und waren von der technischen Brillianz überrascht.

Inzwischen hatte Lotti auch ihre erste LP fertiggestellt, und ich muß zugeben, daß ihre Lieder besser sind als ich dachte, und mir gefällt ihre Stimme und wir bauten in den Film zwei Lieder ein.

Im Oktober 1990 ist Lotti 78 Jahre alt geworden, und ich frage mich des öfteren, wann platzt sie denn nun. All diese Energie und nicht enden wollende Vitalität scheint so unnatürlich – warum sitzt sie nicht, wie andere anständige alte Damen, im Café bei Kuchen und Schlagsahne und redet über Krankheiten. Lotti nennt mich einen Klischeeonkel, wenn ich so etwas sage. Ihre Lebensphilosophie ist: «Das Leben ist wie eine Gurke, mal hat man's in der Hand und mal im Gesäß – ich wünsche allen, daß Euch die Gurke nie aus der Hand fällt.»

Nun hat Lotti Huber mitnichten ein leichtes Leben gehabt.

Tänzerin und Schauspielerin durfte sie im Nazideutschland nicht werden, denn sie ist Jüdin – ihr Geliebter, der Sohn des Oberbürgermeisters ihrer Geburtstadt Kiel, mit dem sie nach Berlin zog, wurde verhaftet wegen Rassenschande, und man erschoß ihn in Untersuchungshaft – Lotti kam ins KZ. Wie durch ein Wunder kam sie wieder heraus – tanzte in Cabarets im damaligen Palästina und auch vor König Faruk in Kairo.

Sie heiratete einen englischen Major und eröffnete ein Hotel auf Zypern. Mit einem anderen britischen Offizier verließ sie nach vielen Jahren die Insel und heiratete ihn, den Colonel Huber, den sein Beruf schließlich nach Berlin führte. Zuerst hatte sie Angst vor Deutschland, wo waren die Nazis, gab es sie noch? Sie schaute besonders ältere Menschen ängstlich an, doch dann entdeckte sie die Jugend – sie gründete eine Schule der Dame, dann eine Gruppe für Ausdruckstanz, sie übersetzte Kitschnovellen. Plötzlich starb ihr geliebter Mann. Lotti war inzwischen 60 Jahre alt, und da sie ihren Mann erst nach dessen Pensionierung geheiratet hatte, hatte sie, nach britischem Recht, keinen Anspruch auf Pension. Sie bekam einen Job als Werbedame in Kaufhäusern für eine Schnapsfirma. Sieben Jahre stand sie jeden Tag hinter einem kleinen Verkaufsstand und schenkte Schnapsproben aus. Auch hier ließ sie ihr Optimismus nicht im Stich. Sie brach alle Verkaufsrekorde. Schließlich, durch einen Zufall, wurde sie als Statistin in dem Film «Gigolo» mit David Bowie engagiert. Ein Film reichte dem anderen die Hand. Man nannte sie bald die Königin der Statisten. Dann trafen wir uns, und alle ihre Bekannten warnten sie und meinten, der wird dich ausquetschen wie eine Zitrone, und sie antwortete sehr selbstbewußt: «Diese Zitrone hat viel Saft.»

«Affengeil» wurde mein persönlichster Film.

Ein Mann namens Pis
Zur Erinnerung an Erwin Piscator

Ein Film von Rosa von Praunheim
Produktion: Rosa von Praunheim im Auftrag des Südwestfunks Baden-Baden
Redaktion: Hannelore Kelling
Mitarbeit: Horst L. Lonius, Sven Schlötcke, Eva Kurz
Kamera: Klaus Janschewsky
Schnitt und Ton: Mike Shephard
Mit Prof. Peter Jung, Marco Bahr, Nils Düwell, Michael Meister, Rene Reinhard, Jeff Burrell, Thomas Gohlke, Eva Kurz, Astrid Arnold, Gerhard Miersch
Format: Video, Betacamp SP
Länge: 44 Min.
Fernsehausstrahlung: SWF III, 18. 3. 1991

Im Winter 1990 machte ich einen Workshop mit den Studenten der Hochschule für Schauspielkunst Ernst Busch in Ostberlin. Mit respektlosen Improvisationen wollten wir uns dem Theaterregisseur Erwin Piscator nähern.

Die Ostberliner Schauspieler bewiesen ungeheures komödiantisches Talent und hatten großen Spaß, nach der Wende ungezwungen mit politischen Idealen umzugehen.

Prof. Peter Jung ist Prorektor der Schauspielschule und lehrte viele Jahre das Fach Deutsche Arbeitergeschichte.

Nach der Wende wurde ihm der Professorentitel aberkannt und er

Schauspieler der Hochschule für Schauspielkunst Ernst Busch in «Ein Mann namens Pis»

beschäftigt sich jetzt unter anderem mit dem Leben und Werk Erwin Piscators.

Ihn fasziniert an dem Theaterrevolutionär, daß er seine Identität und seine Überzeugung zwar veränderte, aber nicht preisgab.

Piscator wurde am 17. Dezember 1893 in Ulm geboren. Als er fünf Jahre alt war, zog die Familie nach Marburg um, wo er bald seinen Spitznamen Pis bekam.

Erwin Piscator wird 1993 hundert Jahre alt. In den 20er Jahren begründete er das politische Theater in Berlin und wurde besonders durch technische Erneuerungen auf der Bühne – wie Projektionen, das laufende Band, Simultanbühne und anderes – bekannt.

In den dreißiger Jahren machte er einen Film in der Sowjetunion, «Die Fischer von Santa Barbara» und ging dann über Paris nach New York, wo er eine Theaterschule leitete, in der viele berühmte Studenten wie Marlon Brando, Rod Steiger, Harry Belafonte ausgebildet wurden. 1951 kam er nach Deutschland zurück und tingelte durch die Provinz, bis er in den 60er Jahren die Intendanz der Berliner Volksbühne bekam und mit Inszenierungen wie «Der Stellvertreter» von Hochhuth und «Die Ermittlung» von Peter Weiss noch einmal berühmt wurde. 1967 starb er in Starnberg.

Stolz & schwul

Ein Film von Rosa von Praunheim
Produktion: WDR
Redaktion: Werner Filmer
Kamera: Klaus Janschewsky
Schnitt: Mike Shephard
Ton: Claudia Mielke, Bernd Schönherr
Darsteller: Harry Toste genannt Straps Harry, Kurt von Ruffin, Andreas Meyer-Hanno
Format: Video, Betacamp SP
Länge: 44 Min.
Fernsehausstrahlung: WDR III, 28.5.1991

Ein Film über drei ältere homosexuelle Männer.

Straps Harry erzählt von den für Schwule freizügigen 20er Jahren in Berlin.

Kurt von Ruffin ist Sänger und Schauspieler, er berichtet von den dreißiger Jahren, in denen er wegen Homosexualität ins KZ kam.

Andreas Meyer-Hanno ist Professor an der Musikhochschule in Frankfurt/Main und berichtet von den schwulenfeindlichen 40er und 50er Jahren.

Der Film zeigt am Beispiel von drei mutigen Männern ein Stück Schwulengeschichte.

Straps Harry und Rosa von Praunheim in «Stolz & schwul»

Schrill, schräg und schwul

Von Februar bis April 1991 produzierte ich 8 Sendungen, jede Woche 1 Stunde, des ersten deutschen Schwulen Fernsehens, das auf dem Kabelkanal FAB in Berlin ausgestrahlt wurde.

Meine Mitarbeiter setzten diese erfolgreiche Sendung ab April unter dem Titel «Anders rum» alle 14 Tage fort.

Mein Wunsch ist, schwules Fernsehen auch überregional zu machen.

Filmographie

von Rosa von Praunheim
Produktion, Buch und Regie: Rosa von Praunheim
Produktionskosten: DM 1000
Kamera: Dieter Krammig
Schnitt: Fee Gürsching
Darsteller: Carla Aulaulu, Frau Klostermann, die drei Töchter Klostermann
Format: 16 mm s/w Magnetton
Länge: 12 Min., Drehverhältnis 1 : 3
Gedreht in Frankfurt am Main 1967, in der Wohnung von Donatus Bölkow
Uraufführung: Internationale Filmwoche Mannheim, 1968
Fernsehausstrahlung: Herbst 1968 von allen 3. Programmen, «Auswahl Mannheimer Kurzfilme»
Verleih: Atlas Schmalfilm

Grotesk – Burlesk – Pittoresk
Buch und Regie: Rosa von Praunheim und Werner Schroeter
Schnitt: Werner Schroeter
Darsteller: Rosa von Praunheim, Magdalena Montezuma
Format: Normal 8 s/w und Farbe ohne Ton
Gedreht in Heidelberg 1968
Originalfilm im Besitz von Werner Schroeter

Rosa Arbeiter auf Goldener Straße I. Teil
Produktion, Buch, Regie, Kamera und Schnitt: Rosa von Praunheim
Produktionskosten: DM 100
Ton: Collage aus Schlagertexten und DDR-Rundfunk (Interviews)
Zusammenstellung von Rosa von Praunheim (Ton existiert nicht mehr)
Darsteller: Carla Aulaulu, Rainer Kranich
Format: 8 mm s/w und Farbe (16-mm-Fassung ungeschnitten)
Länge: ca. 12 Min.
Gedreht in Berlin 1968 in Rosa von Praunheims damaliger Wohnung
Uraufführung: Berlinale 1968
Vorhandene Fassung 8 mm ohne Ton im Besitz Rosa von Praunheims (der Film wurde im Projektor geschnitten)

Rosa Arbeiter auf Goldener Straße II. Teil
Produktion, Buch, Regie und Kamera: Rosa von Praunheim
Produktionskosten: DM 2000
Schnitt: Gisela Bienert
Darsteller: Carla Aulaulu, Klaus Tino S. V. P., Statisten
Format: 16 mm Farbe Agfa Color negativ Magnetton
Länge: 12 Min., Drehverhältnis 1 : 3
Gedreht in Berlin im Herbst 1968 auf der Bühne des SDS-Hauses (jetzt abgerissen), im Park bei Schloß Bellevue, in den Wohnungen von K.T.S.V.P. und Hans Jürgen Saschmilewski
Uraufführung: Westdeutsche Kurzfilmtage Oberhausen, 1969
Fernsehausstrahlung: «Der internationale Kurzfilm» ZDF
Prädikat: «Besonders wertvoll»
Kulturfilmprämie
Verleih: Atlas Schmalfilm

Schwestern der Revolution
Produktion, Buch, Regie, Kamera und Schnitt: Rosa von Praunheim
Produktionskosten: DM 10000
Darsteller: Carla Aulaulu, Hannes Flutsch, Luzi Kryn, Alix Buchen, Werner Schroeter, Dietmar Kracht, Eva Suffa, Sven Buscha, Steven Adamschewski, Thomas Vassilev, Michael Bolze
Format: 16 mm s/w und Farbe Agfa Umkehr Magnetton
Länge: 20 Min.
Gedreht in Berlin 1969
Ausgezeichnet mit einem Filmdukaten der Internationalen Filmwoche Mannheim
Prädikat: «Wertvoll»
Verleih: Atlas Schmalfilm

Samuel Beckett
Regie: Rosa von Praunheim
Kamera: Daniel Schmid
Schnitt: Rosa von Praunheim
Ton: Werner Schroeter
Format: 16 mm Farbe Agfa Magnetton
Länge: ca. 12 Min.
Gedreht vorm Schillertheater Berlin 1969
Fernsehausstrahlung: SFB 3. Programm

Macbeth
Produktion: WDR
Produktionskosten: DM 40000
Buch, Regie, Kamera und Schnitt: Rosa von Praunheim
Ton: nach einer Partitur Rosa von Praunheims
Darsteller: Magdalena Montezuma, Berryt Bohlen, Volker Eschke, Steven Adamschewski, Rainer Kranich
Sprecherin des Textes der Lady Macbeth: Lynn French
Format: 16 mm s/w Magnetton
Länge: 45 Min.
Gedreht in Südengland und Berlin, Januar 1970
Fernsehausstrahlung: auf Wunsch der Regisseure zusammen mit der mit elektronischer Kamera aufgenommenen «Macbeth»-Fassung Werner Schroeters vom Hessischen Fernsehen, 3. Programm, am 27. 12. 1971 und vom WDR-Fernsehen am 20. 4. 1972
Verleih: Atlas Schmalfilm

Die Bettwurst
Produktion, Buch, Regie und Kamera: Rosa von Praunheim
Produktionskosten: DM 50000
Regieassistenz: Peter Hartwell, Christa Stock
Kameraassistenz: Bernd Upnmoor
Schnitt: Rosa von Praunheim, Gisela Bienert, Bernd Upnmoor
Darsteller: Luzi Kryn, Dietmar Kracht, Steven Adamschewski
Format: 16 mm Farbe Ferrania Umkehr Color Magnetton
Länge: 78 Min., Drehverhältnis 1 : 3
Gedreht in Kiel, Sommer 1970
Fernsehausstrahlung: Nachtstudio des ZDF im Februar 1971
Verleih: Atlas Schmalfilm

Was die Rechte nicht sieht, kommt erst recht aus dem Ohr hinaus
Produktion: Rosa von Praunheim im Auftrag des ZDF Nachtstudio
Produktionskosten: DM 20000
Buch, Regie und Schnitt: Rosa von Praunheim
Kamera: Robert van Ackeren
Darsteller: Carla Aulaulu, Magdalena Montezuma, Steven Adamschewski, Alix Buchen, Rainer

Kranich, Dietmar Kracht, Luzi Kryn
Format: 16 mm Farbe Ferrania Color
Länge: 15 Min., Drehverhältnis 1:3
Gedreht in Berlin im Sommer 1970

Nicht der Homosexuelle ist pervers, sondern die Situation in der er lebt
Produktion: Bavaria Atelier GmbH im Auftrag des WDR
Produzent: Werner Kliess
Produktionsleitung: Dieter Minx
Produktionsetat: zw. DM 200 000 u. 300 000
Buch und Regie: Rosa von Praunheim
Mitarbeit: Martin Dannecker, Sigurd Wurl
Kamera: Robert van Ackeren
Schnitt: Jean-Claude Peroué
Darsteller: Bernd Feuerhelm, Berryt Bohlen, Ernst Kuchling u. v. a.
Sprecher: Volker Eschke, Michael Bolze, Rosa von Praunheim
Format: 16 mm Farbe Kodak Magnetton
Länge: ca. 70 Min.
Gedreht in Berlin 1970
Uraufführung: Forum des jungen Films, Berlinale 1970
Fernsehausstrahlung: am 31. 1. 1972 im 3. Programm WDR – am 15. 1. 1973 im 1. Programm ARD (außer Bayern)
Verleih: Freunde der Kinemathek, Berlin – Filmverlag der Autoren, München

Sylvester 70/71
unvollendeter und unveröffentlichter Film Rosa von Praunheims. Es existieren ca. zwei Stunden ungeschnittenes Material (Muster) im Besitz Rosa von Praunheims

Homosexuelle in New York
Dokumentarfilm von Rosa von Praunheim über eine politische Demonstration von Homosexuellen-Befreiungsorganisationen am 27. 6. 1971 in New York
Format: 16 mm Magnetton (live)
Länge: 12 Min.
Fernsehausstrahlung im 3. Programm des Hessischen Rundfunks, 1971

Leidenschaften
Produktion: Rosa von Praunheim im Auftrag des ZDF
Buch, Regie, Kamera und Schnitt: Rosa von Praunheim
Mitarbeit: Oh Muvie
Darsteller: Fritz Mikesch
und: Mr. World, Taylor Mead, Tally Brown, Diana, Yotuta Nagarakawa, Mino Kurata, Roberto Queen of Sheba, Florence Sun, Janie To Tsang, Zung Chang, Carmen Parecmita, Noini Git Git, Jonny Surabaja u. v. a.
Format: S 8 Farbe Zweiband
Verleihkopie: 16 mm Farbe Kodak auf Gevachrom aufgeblasen, Magnetton
Länge: 74 Min., Drehverhältnis. 1 : 14
Gedreht in Glasgow, New York, Kalkutta, Tokio, Singapur, Hongkong, Hawaii, Mexico City, Acapulco, Hongkong, Bali, Innsbruck (Reihenfolge der Sequenzen), Drehzeit 4 Monate, Sept.–Dez. 1971
Uraufführung = Ausstrahlung im ZDF = 16 mm-Fassung; Forum des jungen Films, Berlinale 1972

Berliner Bettwurst
Rosa von Praunheims erster Film in 35 mm
Buch, Regie und Kamera: Rosa von Praunheim
Schnitt: Frau Kramski
Technische Leitung: Bernd Upnmoor
Darsteller: Luzi Kryn, Dietmar Kracht, Berryt Bohlen, Lou van Burg, Wolfgang Macke, Statisten
Format: 35 mm Farbe Eastman Color
Länge: 90 Min.
Gedreht mit einer Drehbuchprämie des Innenministeriums (DM 250 000) in Berlin und auf Mallorca im Frühjahr 1973

Axel von Auersperg
Rosa von Praunheims erster historischer Kostümfilm nach Villiers de L'Isle Adam, und sein zweiter Film in 35 mm
Produktion: Rosa von Praunheim und das ZDF
Produktionskosten: DM 170 000
Produktionsleitung: Regina Ziegler
Buch und Regie: Rosa von Praunheim (Buch nach Villiers de L'Isle Adams 1890 posth. veröffentl. Roman)
Darsteller: Vincent Kluwe, Gundula von Woyna, Evelyn Künneke, Peggy von Schnottgenberg
Format: 35 mm Farbe Eastman Color
Länge: 70 Min.
Uraufführung: ZDF 1974, um 30 Minuten zensiert

Rosa von Praunheim zeigt
Film zu den Proben einer Show mit Evelyn Künneke, Peter Schneider und Dietmar Kracht auf der Bühne des Theaters am Turm in Frankfurt am Main
Kamera: Albert Schöpflin
Format: 16 mm Farbe
Länge: 20 Min.
Gedreht Mai 1974

Monolog eines Stars
Produktion: Rosa von Praunheim im Auftrag des WDR
Produktionsetat: DM 60 000
Buch, Kamera, Regie und Schnitt: Rosa von Praunheim
Mitarbeiter: Hannes Eyber
Licht und technische Leitung: Ekkehard Heinrich
Darsteller: Millie Büttner, Mr. Frankfurt, Anna Rosenky, Evelyn Künneke
Format: 16 mm Farbe
Länge: 60 Min.
Gedreht 1974

Portrait Marianne Rosenberg
für die Sendung «Treffpunkte» im SWF
Format: 16 mm Farbe
Länge: 10 Min.
Gedreht im April 1976 in Berlin

Underground and Emigrants
Produktion: Rosa von Praunheim im Auftrag von SFB, DAAD und Berliner Festwochen
Buch und Regie: Rosa von Praunheim
Mitarbeit: Alice Carey
Kamera: Lloyd Williams, Scott Sorenson, Ed Lieber und Rosa von Praunheim
Mit Rosa von Praunheim, Greta Keller, Lil Picard u. a.
Format: 16 mm Farbe
Länge: 90 Min.
Gedreht in New York City 1976

Ich bin ein Antistar. Das skandalöse Leben der Evelyn Künneke
Produktion: Rosa von Praunheim im Auftrag des WDR
Produktionskosten: ca. DM 40 000
Redaktion: Joachim von Mengershausen
Buch: Rosa von Praunheim
Kamera: Edvard Lieber
Schnitt: Gigi Hummel
Licht: Eckehard Heinrich
Musik: «Antistar», «Sing Nachtigall sing», «Karneval der Liebe», «Stewardess», «Surabaja Johnny», «Kikilala Hawai», «Ich bin wieder da», «Als der Hergott Mai gemacht», «So lang noch die Hose am Kronleuchter», «Bei mir bist Du schön», «Allerdings, sprach die Sphinx», «Ich bin nur ein armer Wandergesell», «Menschen im Hotel», «I am Young», «Ich bin ein rosa Elefant», gesungen von Evelyn Künneke; «Die Girls von Little Rock», gesungen von Evelyn Künneke und Angèle Durand; «Haben Sie schon mal im Dunkeln geküßt», gesungen von Evelyn Künneke und Dietmar Kracht; «Ich kann ganz ohne Menschen sein», gesungen von Christina Kracht; Klavierkonzert Nr. 2 von Eduard Künneke, gespielt von Edvard Lieber
Darsteller: Evelyn Künneke, Angèle Durand, Christina Kracht, Nicolai Rhein, Hilda, Dietmar Kracht, Dieter Hatje, Jürgen Hartmann, Luminitia, Martin Jason, Rainer Beckmann, Maurus Pacher, Walter Haas
Sprecher: Rosa von Praunheim
Format: 16 mm Farbe
Originallänge: 81 Min.
Gedreht in Berlin und Emmerich, Sommer 1976
Uraufführung: 5. 12. 1976, Kommunales Kino Frankfurt/M.; 2. 7. 1977, Internationales Forum des jungen Films Berlin
Fernsehausstrahlung: WDR III, 28. 5. 1977
Verleih: Filmwelt
Ausschnitte aus folgenden Filmen/Theaterinszenierung wurden verwendet: «Karneval der Liebe», 1942, Regie: Paul Martin; «Axel von Auersperg, Rosa von Praunheim zeigt: Stewardess» (Fernsehshow); «Menschen im Hotel» (Theater)

Der 24. Stock
Produktion, Buch, Regie und Kamera: Rosa von Praunheim
1975 Kurzfilmprämie des Innenministeriums
Realisation: Herbst 1976 – Winter 77/78 im Auftrag des HR
Mitarbeit: Bert Schmidt
Endfassung: 2 Teile, ca. 180 Min.

Homosexualität und Kommerz – die Geschichte der amerikanischen Schwulenbewegung von Stonewall bis Anita Bryant
Produktion: Rosa von Praunheim im Auftrag des WDR
Produktionskosten: DM 70 000 bis 80 000
Redaktion: Michael Kramberg
Format: 16 mm Farbe
Länge: ca. 60–90 Min.
Gedreht im Sommer 1977, fertiggestellt im Sommer 1978

Armee der Liebenden oder Aufstand der Perversen
Dokumentarfilm über die Homosexuellenbewegung in den USA

Produktion, Buch, Regie und Schnitt: Rosa von Praunheim
Mitarbeit: Mike Shephard
Kamera: Rosa von Praunheim, Ben van Meter, Michael Oblowitz, John Rome, Werner Schroeter, Bob Schub, Nikolai Ursin, Juliana Wang, Lloyd Williams
Format: 16 mm Farbe
Länge: 107 Min.
Gedreht von 1972 bis 1979 mit Mitteln des WDR
Uraufführung: Filmex Los Angeles, 12. 3. 1979
Fernsehausstrahlung: WDR III, 14. 8. 1979
Verleih: Filmwelt (engl. Fassung: Exportfilm)

Tally Brown New York
Dokumentarfilm im Auftrag des WDR
Redaktion: Joachim von Mengershausen
Regie: Rosa von Praunheim
Mitarbeit: Mike Shephard
Kamera: Michael Oblowitz, Juliana Wang, Ed Lieber, Lloyd Williams, Rosa von Praunheim
Mit Tally Brown, Divine, Taylor Mead, Holly Woodlawn, Andy Warhol, Edward Caton
Format: 16 mm Farbe
Länge: 110 Min.
Gedreht 1978 in New York
Fernsehausstrahlung: HR III, 23. 1. 1980; WDR III, 2. 3. 1980
Bundesfilmpreis 1979
Verleih: Filmwelt (engl. Originalfassung: Exportfilm)

Todesmagazin oder: Wie werde ich ein Blumentopf
Produktion, Buch und Regie: Rosa von Praunheim im Auftrag des ZDF
Kamera: Rosa von Praunheim, Michael Oblowitz, Bernhard Stampfer, Boy Inigies
Schnitt: Rosa von Praunheim, Mike Shephard
Mit Helen Adam, Al Goldstein, Rosa von Praunheim
Format: 16 mm Farbe
Länge: 73 Min.
Gedreht 1979
Uraufführung: Festival Locarno, August 1979
Verleih: Filmwelt

Unsere Leichen leben noch
Produktion: Rosa von Praunheim und Hessischer Rundfunk
Produktionskosten: DM 80 000
Redaktion: Dietmar Schings
Herstellungsleitung: Renée Gundelach
Regie und Schnitt: Rosa von Praunheim
Regieassistenz und Ton: Michael Schäfer, Dieter Grönling
Kamera: Stephan Köster
Kameraassistenz: Wolfgang Pilgrim
Ausstattung: Inge Stiborski, Gisela Klötzer
Musik: Hans Wittstatt
Darsteller: Lotti Huber, Inka Köhler, Luzi Kryn, Maria Christiana Leven, Madlen Lorei
Gäste: Helen und Pat Adam, Rosa von Praunheim
Format: 16 mm Farbe
Länge: 90 Min.
Gedreht 1981
Verleih: Basis Film (mit engl. Untertiteln: Exportfilm)

Rote Liebe
gewidmet Alexandra Kollontai und Helga Goetze

Produktion, Buch, Regie und Schnitt: Rosa von Praunheim
Produktionsleitung: Bernhard Stampfer, Birgit Lelek
Redaktion: Christoph Holch
Herstellungsleitung: Renéc Gundelach
Regieassistenz: Anke-Rixa Hansen, Dorothee von Meding
Kamera: Mike Kuchar, Rosa von Praunheim
Kameraassistenz: Wolfgang Pilgrim
Ton: Michael Schäfer
Ausstattung: Uli Bergfelder mit Objekten von Fritz Mikesch und Peter Fahrin
Musik: Ideal, DIN A Testbild, Jakob Lichtmann
Darsteller: Sascha Hammer, Mark Eins, Helga Goetze, Olga Demetriescu, Rosa Hammer, Bettina Sukroff, Barbara Gould, Tu Tu, Sarah Pfeifer
Gaststar: Eddie Constantine
Format: 16 mm Farbe
Länge: 80 Min.
Gedreht 1982 mit Mitteln des Berliner Senats und des ZDF
Uraufführung: Internationales Forum des Jungen Films Berlin 1982
Verleih: Basis Film (mit engl. Untertiteln: Exportfilm); Video: Atlas Schmalfilm durch Zweitausendeins

Stadt der verlorenen Seelen
Produktion: Rosa von Praunheim, SFB und HR
Produktionsleitung: Johannes Surek
Redaktion: Dietmar Schings
Herstellungsleitung: Renée Gundelach
Filmgeschäftsführung: Traute Gören
Buch, Regie und Schnitt: Rosa von Praunheim
Kamera: Stephan Köster
Assistenz und Ton: Wolfgang Pilgrim, Marianne Enzensberger, Mike Shephard, Ian Wright
Ausstattung: Inge Stiborski unter Mithilfe von Frieder Müller, Gisela Klötzer, Heike Weidmann, Irmtraud Simon
Musik: Holger Münzer
Lieder: Alexander Kraut, Jayne County, Angie Stardust
Darsteller: Jayne County, Angie Stardust, Judith Flex, Gary Miller, Joaquin la Habana, Tara O'Hara, Tron von Hollywood, Manfred Finger, Wolfgang Schumacher, Lorraine Muthke u. v. a.
Format: 16 mm Farbe
Länge: 91 Min.
Kinostart: Februar 1983
Fernsehausstrahlung: NDR/RB/SFB/WDR/HR, 1. 8. 1985
Verleih: Basis Film (engl. Fassung: Exportfilm); Video: Atlas Schmalfilm durch Zweitausendeins

Horror vacui
Produktion: Rosa von Praunheim und der WDR
Herstellungsleitung: Renée Gundelach
Buch: Rosa von Praunheim, Marianne Enzensberger
Regie: Rosa von Praunheim
Kamera: Elfi Mikesch
Ausstattung: Ingeborg Stiborski
Musik: Maran Gosov
Darsteller: Lotti Huber, Friedrich Steinhauer, Folkert Milster, Thomas Vogt, Ingrid van Bergen
Format: 16 mm Farbe
Länge: 85 Min.
Kinostart: Februar 1984
Fernsehausstrahlung: NDR III, 28. 5. 1985; WDR III, 3. 6. 1985; HR III, 3. 7. 1985

Los Angeles Film Critics Association Award 1985 für Best Independent/Experimental Film
Verleih: Basis Film (mit engl. Untertiteln: Exportfilm)

Ein Virus kennt keine Moral
Die erste Aids-Komödie und der erste Film, der nicht vom Fernsehen mitproduziert wurde
Produktion und Regie: Rosa von Praunheim
Produktionskosten: DM 60000 (Gagen waren Rückstellungen)
Herstellungsleitung: Renée Gundelach
Kamera: Elfi Mikesch
Musik: Maran Gosov, Die Bermudaas
Darsteller und Mitarbeiter am Drehbuch: Dieter Dicken, Maria Hasenäcker, Christian Kesten, Eva Kurz, Rosa von Praunheim, Regina Rudnick, Thilo von Trotha
Außerdem: Die 3 Tornados, Craig Russel, Ellen Reichardt und Die Bermudaas
Format: 16 mm Farbe
Länge: 82 Min.
Kinostart: 16. 1. 1986
Verleih: Filmwelt (mit engl. Untertiteln: Exportfilm)

Anita – Tänze des Lasters
Produktion: Rosa von Praunheim/Road Movies in Zusammenarbeit mit dem ZDF
Produktionskosten: DM 600000 (aus Filmförderungsmitteln und vom ZDF)
Produktionsleitung: Nani Mahlo
Redaktion: Christoph Holch
Herstellungsleitung: Renée Gundelach
Buch: Rosa von Praunheim, Hannelene Limpach
Regie: Rosa von Praunheim
Regieassistenz: Rudolf Oshege
Kamera: Elfi Mikesch
Kameraassistenz: Susanne Philipp
Schnitt: Rosa von Praunheim, Michael Schäfer
Ton: Michael Schäfer, Ian Wright
Licht: Stefan Breitel und Folkert Oehme
Ausstattung: Inge Stiborski, Michael Fechner, Christa Kleemann, Volker März, Wolfgang Peetz
Kostüme: Anne Jud u. a.
Maske: Uschi Menzel, Willi P. Konze, Oliver Ziem
Musik: Konrad Elfers und Rainer Rubbert, Alan Marks, Ed Lieber
Darsteller: Lotti Huber, Ina Blum, Mikael Honesseau u. v. a.
Format: 16 mm Farbe/schwarzweiß
Gedreht in Berlin
Kinostart: 19. 2. 1988, von 16 mm auf 35 mm aufgeblasen
Fernsehausstrahlung: ZDF, 18. 9. 1989
Verleih: Filmwelt (mit engl. Untertiteln: Exportfilm)

Dolly, Lotte und Maria
Dokumentarfilm über drei deutsche Stars in New York
Produktion: Rosa von Praunheim und der NDR
Redaktion: Dagmar Voss
Beratung: Renée Gundelach
Regie: Rosa von Praunheim
Kamera: Jeff Preiss
Mit Dolly Haas, Lotte Goslar und Maria Ley Piscator
Format: 16 mm Farbe
Länge: 75 Min.
Gedreht in New York
Fernsehausstrahlung: 16. 2. 1987

Verleih: Metropolis Kino Hamburg
Es existiert eine deutsche und eine englische Fassung

Überleben in New York
Dokumentarfilm über das Leben dreier junger deutscher Frauen in New York
Produktion: Rosa von Praunheim und der WDR
Produktionsleitung: Elke Peters
Redaktion: Klaus Hennig
Beratung: Renée Gundelach
Kamera: Jeff Preiss
Kameraassistenz: Evan Estern
Schnitt: Rosa von Praunheim, Mike Shephard
Ton: Philip Roth
Musik: Roy Campbell
Mit Claudia, Anna und Uli
Format: 16 mm Farbe
Länge: 90 Min.
Gedreht 1989 in New York
Uraufführung: Festival Hof, 26. 10. 1989
Kinostart: 26. 11. 1989
Fernsehausstrahlung: WDR III, 16. 7. 1991
Verleih: Filmwelt (engl. Fassung: Exportfilm)

Die AIDS-Trilogie

POSITIV
Die Antwort schwuler Männer in New York auf AIDS
Ein Film von Rosa von Praunheim unter Mitarbeit von Phil Zwickler, Robert Hilferty, Steven Weiss
Produktion: Rosa von Praunheim in Coproduktion mit dem WDR und mit Unterstützung der Berliner Filmförderung
Produktionsleitung: Elke Peters
Redaktion: Hans Jürgen Rosenbauer, Gerhard Honal
Kamera: Mike Kuchar, Evan Estern
Schnitt: Mike Shephard, Rosa von Praunheim
Ton: Mark Milano
Musik: Diamanda Galas, Michael Callen, Ricky Ian Gordon, Jim Ferreras
Darsteller: Phil Zwickler, Larry Kramer, Michael Callen, Peter Staley, Gary Eller, Diamanda Galas, Jay Corcoram, John Finch, Ronald Reagan, Larry Mass, Ernie Kantrowitz
Format: 16 mm Farbe
Länge: 79 Min.
Uraufführung: Filmfestspiele Berlin, Februar 1990
Kinostart: Mai 1990
Fernsehausstrahlung: WDR, 9. 2. 1991
Verleih: Filmwelt (engl. Originalfassung: Exportfilm)

SCHWEIGEN = TOD
Künstler in New York kämpfen gegen AIDS
Ein Film von Rosa von Praunheim unter Mitarbeit von Phil Zwickler
Produktion: Rosa von Praunheim und der Süddeutsche Rundfunk
Produktionsleitung: Elke Peters
Redaktion: Manfred Naegele
Mitarbeit: Michael Lutetin, Marina Zurkow, Mike Shephard
Regieassistenz: Steven Weiss
Kamera: Mike Kuchar, Evan Estern
Ton: Mark Milano
Musik: «This is the Law of the Plague» aus dem Album «The Divine Punishment» von Diamanda Galas
Darsteller: David Wojnarowicz,

Rafael Gamba, Paul Smith, Peter Kunz, Don Moffet, Bern Boyle, Keith Haring, Allen Ginsberg, Emilio Cubiero
Format: 16 mm Farbe
Länge: 55 Min.
Gedreht 1989
Festival Nyon, Oktober 1989 (Preis der Jugend); Filmfestspiele Berlin, Februar 1990
Kinostart: Mai 1990
Fernsehausstrahlung: ARD, 17. 2. 1990
Verleih: Filmwelt (engl. Originalfassung: Exportfilm)

FEUER UNTERM ARSCH
Vom Leben und Sterben schwuler Männer in Berlin
Ein Film von Rosa von Praunheim unter Mitarbeit von Patrick Hamm
Produktion: Rosa von Praunheim in Coproduktion mit dem WDR und mit Unterstützung der Berliner Filmförderung
Produktionsleitung: Elke Peters
Redaktion: Hans Jürgen Rosenbauer, Gerhard Honal
Kamera: Elfi Mikesch
Schnitt: Rosa von Praunheim, Patrick Hamm
Musik: Melitta Sundström, Roland Ingolf
Format: 16 mm Farbe
Länge: ca. 50 Min.
Kinostart: Frühjahr 1990
Fernsehausstrahlung: WDR III, 9. 2. 1991
Verleih: Filmwelt

Affengeil – Eine Reise durch Lottis Leben
Ein Film von Rosa von Praunheim
Produktion: Rosa von Praunheim in Coproduktion mit dem WDR/SFB und mit Unterstützung der Berliner Filmförderung
Produktionsleitung: Elke Peters
Redaktion: Joachim Mengershausen, Christa Vogel
Herstellungsleitung: Renée Gundelach
Mitarbeit: Maren Frese, G. Rautenberg, Arbeitsgemeinschaft Medienpädagogik e. V., Jutta Mailliet, M. Tavares
Kamera: Klaus Janschewsky, Mike Kuchar
Kameraassistenz: Bernd Schönherr, Susanne Philipp
Schnitt: Mike Shephard
Ausstattung: Volker März
Musik: Maran Gosov und Thomas Marquard
Darsteller: Lotti Huber, Rosa von Praunheim, Helga Sloop, Gertrud Mischwitzky, Thomas Woischnig, Hans Peter Schwade, Frank Schäfer
Format: 16 mm Farbe
Länge: 85 Min.
Uraufführung: Festival Hof 1990
Kinostart: 20. 12. 1990, von 16 mm auf 35 mm aufgeblasen

Schrill, schräg und schwul
Acht einstündige TV-Produktionen für den Kabelkanal FAB
Ausgestrahlt zwischen Februar und April 1991

Ein Mann namens Pis
Zur Erinnerung an Erwin Piscator
Ein Film von Rosa von Praunheim
Produktion: Rosa von Praunheim im Auftrag des Südwestfunks Baden Baden
Redaktion: Hannelore Kelling
Mitarbeit: Horst L. Lonius, Sven Schlötcke, Eva Kurz
Kamera: Klaus Janschewsky

Schnitt und Ton: Mike Shephard
Mit Prof. Peter Jung, Marco Bahr, Nils Düwell, Michael Meister, Rene Reinhard, Jeff Burrell, Thomas Gohlke, Eva Kurz, Astrid Arnold, Gerhard Miersch
Format: Video, Betacamp SP
Länge: 44 Min.
Fernsehausstrahlung: SWF III, 18. 3. 1991

Stolz & Schwul
Ein Film von Rosa von Praunheim
Produktion: WDR
Redaktion: Werner Filmer
Kamera: Klaus Janschewsky
Schnitt: Mike Shephard
Ton: Claudia Mielke, Bernd Schönherr
Darsteller: Harry Toste genannt Straps Harry, Kurt von Ruffin, Andreas Meyer-Hanno
Format: Video, Betacamp SP
Länge: 44 Min.
Fernsehausstrahlung: WDR III, 28. 5. 1991

Anhang

Die Verleihfirmen von Rosa von Praunheim sind:

Filmwelt
Ismaninger Straße 51
8000 München 80

Basis Film
Güntzelstraße 60
1000 Berlin 60

Für das Ausland:

Exportfilm Bischoft
Isabellastraße 20
8000 München 40

Videos von Rosa von Praunheims Filmen sind
über Zweitausendeins erhältlich.

Inhalt